2025 공무원 시험대비 【7월분】

# 주간 합격모의고사
## 7월
### 합격을 만드는

## - 제1회 -

이 름: _____

제1과목 국어
제2과목 영어
제3과목 한국사
제4과목 행정법총론
제5과목 행정학개론

주간 모의고사 정오표

합격까지 박문각

# 국 어

**1.** 다음 글과 부합하지 않는 것은?

모음은 크게 단모음과 이중모음으로 나뉜다. 단모음은 발음 중 입술 모양이나 혀의 위치가 변하지 않는 모음으로, 'ㅏ, ㅐ, ㅓ, ㅔ, ㅗ, ㅚ, ㅜ, ㅟ, ㅡ, ㅣ'가 이에 해당한다. 이중모음은 발음 도중 변화가 있는 모음으로, 반모음과 단모음이 결합한 소리다. 예를 들어 'ㅑ'는 반모음 [j]와 단모음 'ㅏ'의 결합이고, 'ㅘ'는 반모음 [w]와 단모음 'ㅏ'의 결합이다. 이와 같이 [j]가 앞에 오는 이중모음에는 'ㅑ, ㅒ, ㅕ, ㅖ, ㅛ, ㅠ, ㅢ'가 있으며, [w]가 앞에 오는 경우는 'ㅘ, ㅙ, ㅝ, ㅞ'이다. 'ㅢ'는 예외적으로 반모음이 뒤에 온다. 'ㅚ'와 'ㅟ'는 단모음으로 발음하는 것이 원칙이지만, 실제로는 이중모음처럼 [w]와 'ㅔ', 또는 [w]와 'ㅣ'의 연속 발음으로 실현되는 경우도 표준어 규정에서 허용하고 있다.

① 'ㅖ'는 반모음 [j]와 단모음 'ㅔ'가 결합한 소리이다.
② 'ㅘ'는 단모음 'ㅗ' 뒤에 반모음 [j]가 결합하여 이루어진다.
③ 'ㅐ'는 단모음이므로 발음 중 입술 모양이나 혀의 위치 변화가 없다.
④ 'ㅚ'는 원칙적으로 단모음이지단, 현실에서는 [w]와 'ㅔ'처럼 이중모음으로 발음되기도 한다.

**2.** 다음 글에 대한 이해로 적절하지 않은 것은?

음운의 동화는 인접한 두 음운이 비슷하거나 같은 소리로 바뀌는 현상이다. 대표적인 동화에는 비음화, 유음화, 구개음화가 있다. 비음화는 파열음인 'ㅂ, ㄷ, ㄱ'이 비음 'ㅁ, ㄴ' 앞에서 비음 'ㅁ, ㄴ, ㅇ'으로 바뀌는 것이다. 예를 들어 '국민'은 [궁민]으로 소리 난다. 유음화는 비음 'ㄴ'이 유음 'ㄹ'과 만나 'ㄹ'로 바뀌는 것으로, '칼날'이 [칼랄]로 발음되는 경우가 있다. 구개음화는 'ㄷ, ㅌ'이 모음 'ㅣ'로 시작하는 조사나 접미사 앞에서 구개음 'ㅈ, ㅊ'으로 바뀌는 현상이다. 예를 들어 '해돋이'는 [해도지]로 소리 난다. 이 세 가지 동화는 모두 인접한 음운이 비슷해져 발음이 쉬워지는 효과가 있으며, 이를 발음의 경제성이라고 한다.

① 음운 동화는 발음을 쉽게 하기 위한 변화로 볼 수 있다.
② 유음화는 'ㄴ'과 'ㄹ'이 만날 때 'ㄹ'로 소리 나는 현상이다.
③ 비음화는 파열음이 비음 앞에서 비음으로 바뀌는 현상이다.
④ 구개음화는 모음으로 시작하는 모든 접미사 앞에서는 일어나지 않는다.

**3.** 다음 글의 설명에 부합하지 않는 것은?

'ㅎ'이 관여하는 거센소리되기는 예사소리 'ㄱ, ㄷ, ㅂ, ㅈ'과 만나 'ㅋ, ㅌ, ㅍ, ㅊ'으로 바뀌는 현상으로, 두 음운이 하나로 합쳐지는 '축약'이다. 'ㅎ'이 앞에 있는 경우는 항상 거센소리되기가 먼저 적용된다. 예를 들어, '놓고[노코], 않던[안턴]'이 있다. 반면 'ㅎ'이 뒤에 오는 경우는 교체나 탈락과 같은 다른 변동과의 적용 순서에 따라 다르다. 예를 들어, '꽃히다[꼬치다], 밟히다[발피다]'와 달리 '빛하고[비타고], 닭 한 마리[다칸마리]'처럼 단어 경계에서는 교체나 탈락이 먼저 일어난 뒤 거센소리되기가 적용된다. 한편, '낳은[나은], 않아[아나], 쌓이다[싸이다]'처럼 'ㅎ' 뒤에 모음이 오면 'ㅎ'은 예외 없이 탈락한다.

① '잃고[일코]'는 어간 말 'ㅎ'이 뒤의 'ㄱ'과 축약된 것이다.
② '끓이다[끄리다]'는 'ㅎ'이 탈락하고 'ㄹ'이 연음된 것이다.
③ '먹히다[머키다]'는 예사소리 'ㄱ'과 'ㅎ'이 결합하여 거센소리가 된 것이다.
④ '하찮은[하차는]'은 'ㅎ'이 탈락한 후 'ㅈ'이 거센소리로 바뀐 것이다.

**4.** 다음 글에 대한 설명으로 가장 적절한 것은?

사이시옷은 두 단어 또는 형태소가 결합한 합성어에서 그 사이에 표기되는 'ㅅ'을 말한다. '한글 맞춤법' 제30항에 따르면 사이시옷은 다음의 조건을 만족할 때 표기된다. 첫째, 합성어의 구성 조건이다. 고유어와 고유어, 고유어와 한자어, 한자어와 고유어가 결합한 합성어일 때 사이시옷을 쓸 수 있다. 그러나 파생어, 외래어가 포함된 합성어, 한자어만으로 된 합성어는 원칙적으로 사이시옷을 표기하지 않는다. 다만 '곳간, 셋방, 숫자, 찻간, 툇간, 횟수'는 예외적으로 사이시옷을 쓴다. 둘째, 음운 변동 조건이다. 앞말이 모음으로 끝나야 하며, 다음 중 하나의 음운 현상이 일어나야 한다. 즉, 뒷말 첫소리가 된소리로 바뀌는 경우, 뒷말 첫소리 'ㄴ, ㅁ' 앞에 'ㄴ'이 덧나는 경우, 뒷말 첫소리 모음 앞에 'ㄴㄴ'이 덧나는 경우가 이에 해당한다. 이 두 가지 조건을 모두 만족해야 사이시옷이 표기된다.

① '해장국'은 앞말이 자음으로 끝나므로 사이시옷이 표기되지 않는다.
② '찻잔'은 한자어끼리 결합했지만 예외 단어이므로 사이시옷이 표기된 것이다.
③ '고기국'은 뒷말 첫소리가 된소리로 바뀌지 않기 때문에 사이시옷을 쓸 수 없다.
④ '우윳빛'은 고유어와 고유어의 결합으로, 음운 변동 조건을 만족하므로 사이시옷이 표기된 것이다.

**5.** 문맥적 의미가 ⊙과 가장 유사한 것은?

일할 사람을 ⊙ 얻는 일이 쉽지가 않다.

① 그는 쓸만한 인재를 얻어서 다행이라고 생각하였다.
② 민서는 거실에 놓을 의자를 이웃집에서 얻어 왔다.
③ 수지는 자신이 하는 일에서 보람을 얻어 무척 기뻐했다.
④ 민호는 교통편이 좋은 지역에 집을 하나 얻었다고 한다.

6. 다음 진술이 모두 참일 때 반드시 참인 것은?

○ 지훈이가 운동을 하면, 민수도 운동을 한다.
○ 민수가 운동을 하면, 유진이도 운동을 한다.
○ 유진이가 운동을 하면, 수빈이도 운동을 한다.

① 민수가 운동을 하면, 지훈이도 운동을 한다.
② 지훈이가 운동을 하면, 수빈이도 운동을 한다.
③ 수빈이가 운동을 하면, 지훈이도 운동을 한다.
④ 유진이가 운동을 하지 않으면, 민수는 운동을 한다.

7. 다음 진술이 모두 참일 때 반드시 참인 것은?

○ 보라가 박물관에 가면, 민지도 박물관에 간다.
○ 준수가 박물관에 가면, 보라도 박물관에 간다.
○ 민지가 박물관에 가지 않으면, 현준이도 박물관에 가지 않는다.

① 현준이 박물관에 가면, 보라도 박물관에 간다.
② 준수가 박물관에 가면, 민지는 박물관에 가지 않는다.
③ 보라가 박물관에 가지 않으면, 현준이가 박물관에 간다.
④ 민지가 박물관에 가지 않으면, 준수도 박물관에 가지 않는다.

8. (가)와 (나)를 전제로 결론을 이끌어 낼 때, 빈칸에 들어갈 말로 가장 적절한 것은?

(가) 논리적인 사고를 하는 모든 사람은 수학을 좋아한다.
(나) 논리적인 사고를 하는 어떤 사람은 말싸움에서 이긴다.
따라서 [         ]

① 수학을 좋아하는 어떤 사람은 말싸움에서 이긴다.
② 말싸움에서 이기는 사람은 모두 수학을 좋아한다.
③ 수학을 좋아하는 모든 사람은 논리적인 사고를 한다.
④ 수학을 좋아하는 사람은 모두 말싸움에서 이긴다.

9. 다음 조건이 모두 참일 때, ㉠~㉣에서 반드시 참인 것을 모두 고르면?

○ 쌍화차를 좋아하는 사람은 모두 산책을 좋아한다.
○ 연극을 좋아하는 사람 중에는 쌍화차를 좋아하는 사람도 있다.
○ 운동을 좋아하지 않는 사람은 모두 산책을 좋아하지 않는다.
○ 독서를 좋아하는 사람 중에는 운동을 좋아하는 사람도 있다.
-----------------------------------------
㉠ 연극을 좋아하는 사람 중에는 독서를 좋아하지 않은 사람도 있다.
㉡ 연극을 좋아하는 사람 중에는 산책을 좋아하는 사람도 있다.
㉢ 운동을 좋아하지 않는 사람은 모두 독서를 좋아하지 않는다.
㉣ 쌍화차를 좋아하는 사람 모두 운동을 좋아한다.

① ㉠, ㉡
② ㉠, ㉣
③ ㉡, ㉢
④ ㉡, ㉣

10. <공공언어 바로 쓰기 원칙>에 따라 <공문서>의 ㉠~㉣을 수정한 것으로 적절하지 않은 것은?

< 공공언어 바로 쓰기 원칙 >
○ 생소한 외래어나 외국어는 우리말로 다듬을 것.
○ 주어와 서술어의 관계를 명확하게 표현할 것.
○ 문맥에 맞는 정확한 어휘를 사용할 것.
○ 지나친 명사 나열을 피하고 적절한 조사와 어미를 활용하여 문장을 구성할 것.

< 공문서 >
○○시청
수신: 관련 부서
제목: 공동 사업 추진 계획 알림
1. 귀 부서의 노고에 감사드립니다.
2. 본 시는 지역 경제 활성화를 위한 ㉠이니셔티브의 일환으로 중소기업 ㉡지원 방안을 마련하고자 됩니다.
3. 이번 방안은 민관 협업 체계를 구축함으로써 실질적인 성과를 ㉢배제하고, ㉣시민 체감형 정책 실현에 기여하려는 목적을 갖고 있습니다.

① ㉠: 계획의 하나
② ㉡: 지원 방안을 마련하고자 합니다.
③ ㉢: 이루고
④ ㉣: 시민 체감형 정책 실현에 기여하려는 목적을 갖고자 합니다.

**11.** <개요>의 빈칸에 들어갈 내용으로 적절하지 않은 것은?

```
                    < 개 요 >
○ 제목: 미세먼지 문제의 원인과 해결 방안
Ⅰ. 미세먼지 발생의 주요 원인
   1. 산업체의 대기 오염 물질 과다 배출
   2. 도로 교통량 증가에 따른 배출가스 증가
   3. 중국 등 국외에서 유입되는 오염 물질
Ⅱ. 미세먼지 확산의 영향
   1. 호흡기 질환 등 국민 건강 악화
   2. 시야 감소로 인한 교통사고 증가
   3. 생물다양성 증가 및 생태계 건강 회복
Ⅲ. 미세먼지 문제의 해결 방안
```

① 대중교통 확대 및 친환경 차량 보급 확대
② 국제 협력을 통한 국외 오염 물질 공동 대응
③ 산업체의 오염 물질 배출 기준 강화 및 이행 점검
④ 미세먼지 농도 상승 시 야외 활동 의무화 정책 수립

**12.** 빈칸에 들어갈 내용으로 가장 적절한 것은?

이탈리아에서 커피는 단순한 음료 이상의 의미를 지닌다. 하루의 시작을 알리는 에스프레소 한 잔은 잠을 깨우는 데 그치지 않고, 친구나 이웃과의 짧은 인사를 가능케 한다. 점심 식사 후의 카푸치노는 식사의 마무리이자 여유의 상징이며, 저녁 무렵 바에 들러 마시는 커피는 하루를 돌아보는 작은 의식과도 같다. 커피를 마시는 방식에도 정해진 예법이 있으며, 이를 지키는 것은 단순한 습관이 아니라 생활 양식의 일부다. 이탈리아인들은 커피를 서서 마시는 짧은 순간에도 공동체의 일원이라는 느낌을 공유하고, 이는 자연스럽게 정체성과 자부심으로 이어진다. 그렇기 때문에 외국인이 카페에서 긴 시간 앉아 커피를 홀짝이는 모습은 종종 이탈리아인들에게 당혹스럽게 비친다. 그들에게 커피는 소비의 대상이 아니라 _____.

① 사회적 관계를 확인하는 문화적 행위이다
② 하루의 긴장을 풀기 위한 개인적 선택이다
③ 다양한 향과 맛으로 세계인의 사랑을 받는 음료다
④ 일상의 소소한 기쁨을 완성하는 미각의 즐거움이다

**13.** 다음 글의 ㉠~㉢ 중 지시 대상이 같은 것만으로 묶인 것은?

중세 유럽의 성당은 신의 절대성을 드러내는 상징물이었다. 성당의 첨탑, 스테인드글라스, 돔의 설계 등은 모두 신의 존재를 상기시키기 위한 장치였으며, 사제들은 신의 존재를 반영하여 성당을 설계할 때, 건축 양식을 넘어서는 정신적 권위로 받아들였다. 따라서 ㉠그들은 인간의 미천함을 부각하는 방식으로 공간을 연출했고, 결과적으로 보는 이에게 경외감을 불러일으켰다. 반면 르네상스 시대의 건축가들은 인간 중심적 사고를 바탕으로 구조를 계획했고, ㉡그들의 건축은 인간의 이성과 비례에 따라 조화를 이루었다. 르네상스의 건축가들은 고대 로마의 양식을 재해석하여, 고전적 아름다움을 구현하려 했다. 물론 ㉢그들도 신의 존재를 여전히 인식하고 있었지만, 그것은 더 이상 두려움의 대상이 아니었다. 신보다 인간을 중심에 둔 이 새로운 시도는, 결국 ㉣그들에게 독립적 창작자로서의 정체성을 부여하게 되었다.

① ㉠, ㉢
② ㉡, ㉢
③ ㉢, ㉣
④ ㉡, ㉢, ㉣

**14.** (가)~(라)를 논리적 순서에 맞게 배열한 것은?

(가) 인공지능 기술이 인간의 감각을 흉내 내는 수준에 이르면서, 인간의 '느낌'과 기계의 '반응' 사이의 차이에 대한 논의가 활발해졌다. 예를 들어 AI는 특정한 소리를 '기분 좋은 음악'으로 분류할 수 있지만, 그것이 실제로 감정을 느꼈다고 할 수는 없다.

(나) 인간의 감각은 단순한 자극의 수용이 아니라, 기억, 정서, 맥락이 결합된 복합적인 체험이다. 같은 장면을 보더라도 누군가는 눈물을 흘리고, 누군가는 아무 감흥을 느끼지 않는 이유가 여기에 있다.

(다) 따라서 기술이 아무리 정교해져도 인간 감각의 '해석' 기능까지 온전히 재현하기는 어렵다는 주장이 나온다. 감각은 정보가 아니라 의미를 구성하는 과정과 밀접하게 얽혀 있기 때문이다.

(라) 결국 인간 감각을 단순히 측정 가능한 데이터로 환원하는 것은 한계가 있으며, 기술이 대체하지 못하는 인간 고유의 영역으로서 감각의 가치가 새롭게 조명되고 있다.

① (가)-(나)-(다)-(라)
② (가)-(다)-(나)-(라)
③ (나)-(가)-(라)-(다)
④ (다)-(가)-(나)-(라)

15. 다음 글의 주제로 가장 적절한 것은?

팬데믹과 같은 위기는 사람들의 삶의 조건을 극단적으로 바꾸어 놓는다. 이러한 변화는 기존의 구조적 모순이나 불평등을 가시화하기도 하며, 동시에 새로운 연대와 조직의 가능성을 열어 주기도 한다. 예를 들어, 의료 자원의 불균형이나 노동 조건의 취약성은 위기 상황에서 더욱 명확히 드러나지만, 반면에 지역사회 돌봄이나 생활협동조합과 같은 대안적 구조도 활발해지는 경향이 있다. 이는 단순히 위기를 극복하는 차원을 넘어, 기존의 일상에 질문을 던지고 다른 삶의 가능성을 실험하는 계기가 된다. 결국 위기는 그 자체로 의미 있는 것이 아니라, 그 안에서 무엇을 보고 어떻게 대응하느냐에 따라 사회의 방향이 달라질 수 있다.

① 팬데믹이 촉발한 의료 기술의 발전
② 재난 상황에서 정부의 책임과 역할
③ 지역사회의 붕괴와 공동체 회복의 어려움
④ 위기가 드러내는 구조적 모순과 대응의 중요성

16. 다음 글에 대한 이해로 적절하지 않은 것은?

학습심리학에서 '전이'란 이전에 경험한 학습이나 훈련이 이후의 학습과 수행에 영향을 미치는 현상을 말한다. 전이는 두 경험이 속하는 내용 영역이나 위계적 관계에 따라 구분된다. 먼저, 내용 영역을 기준으로 전이는 세 가지로 나뉜다. 기존 경험과 새로운 과제가 동일한 영역에 속할 경우 '동종 전이'라 한다. 예를 들어, 기존에 해결한 확률 문제의 풀이 전략을 새로운 확률 문제에 적용하는 경우다.

반면, 기존 경험과 새로운 과제가 인접한 영역에 속할 경우 '계열 전이'가 일어난다. 예를 들어, 수열 규칙 찾기 경험이 함수의 변화율 이해에 도움이 되는 경우가 여기에 해당한다. 두 경험이 완전히 다른 영역에 속하면서도 하나가 다른 하나에 영향을 준다면 '원거리 전이'다. 철학자가 예술 작품을 감상하는 중 인간 존재에 대한 사유를 얻는 것이 그 예다. 또한 전이는 경험 간 위계적 관계에 따라 '수직적 전이'와 '수평적 전이'로 나뉜다. 기존의 학습이 새로운 학습의 전제가 되는 경우는 '수직적 전이', 서로 구조적으로 유사하나 전제 관계는 없는 경우는 '수평적 전이'로 분류된다.

① 의사가 의과대학에서 배운 폐암 수술 지식을 활용하여 폐암 수술을 집도한 것은 동종 전이에 해당한다.
② 학생이 영어의 어순 규칙을 일본어 어순 학습에 적용한 것은 계열 전이에 해당한다.
③ 생물학자가 개미 집단 관찰 경험을 바탕으로 인간 사회의 조직 원리를 고찰하는 것은 원거리 전이에 해당한다.
④ 초등학생이 분수의 개념을 익힌 뒤 분수의 덧셈 문제를 해결한 것은 수평적 전이에 해당한다.

17. 다음 글의 핵심 논지로 가장 적절한 것은?

다큐멘터리와 드라마의 본질적 차이는 '사실의 재현'과 '사실의 구성'이라는 관점에서 이해될 수 있다. 다큐멘터리는 실제 있었던 사건이나 인물을 최대한 왜곡 없이 전달하는 데 초점을 둔다. 그렇기 때문에 사실에 대한 증거와 기록이 중요한 요소가 된다. 반면 드라마는 같은 사건을 다루더라도 인물의 심리나 사건의 인과관계를 극적으로 재구성함으로써 이야기를 만들어 낸다. 즉, 다큐멘터리는 사실을 있는 그대로 보여주려 하고, 드라마는 사실을 바탕으로 새로운 의미를 창조하려 한다. 물론 다큐멘터리도 편집과 구성을 통해 일정한 관점을 담지만, 그것이 주장이나 상상력의 개입과는 다르다. 이처럼 같은 현실을 바탕으로 하지만 두 장르는 그 접근 방식에서 명확한 차이를 보인다.

① 다큐멘터리는 허구의 요소가 강조되고, 드라마는 사실성을 강조한다.
② 다큐멘터리와 드라마는 모두 작가의 상상력과 해석이 중심이 되는 창작 장르이다.
③ 다큐멘터리와 드라마는 모두 현실을 있는 그대로 재현하는 데 초점을 둔 장르이다.
④ 다큐멘터리는 사실의 기록에 집중하고, 드라마는 사실을 재구성하여 의미를 부여한다.

18. 다음 글에서 추론할 수 있는 것만을 <보기>에서 모두 고른 것은?

사르트르는 인간이 본질보다 먼저 존재한다고 말한다. 이는 인간이 어떤 고정된 본성에 따라 살아가는 존재가 아니라, 존재한 이후에 스스로 자신을 만들어가는 존재라는 뜻이다. 그러므로 인간은 자유롭다. 그러나 사르트르는 이 자유가 해방감이 아니라 오히려 무거운 책임으로 다가온다고 본다. 자신이 하는 선택 하나하나가 곧 '자기 정의'이기 때문이다. 그에 따르면, 인간은 언제나 선택할 수 있고, 어떤 상황에서도 그 선택의 책임을 피할 수 없다. '나는 어쩔 수 없었다'는 말은 자기 기만에 불과하며, 심지어 행동하지 않는 것조차 하나의 선택이다. 이런 의미에서 사르트르는 인간이 '자신의 행위로부터 도망칠 수 없는 존재'라고 말한다.

< 보 기 >
㉠ 인간은 자신의 선택에 대해 책임을 지지 않을 자유는 없다.
㉡ 사르트르에게 자유란 도덕적 해방감이나 쾌락이 아니라 자기 창조의 조건이다.
㉢ 사르트르에 따르면 인간은 도덕적 본성에 따라 정해진 삶을 살아가야 한다.

① ㉠, ㉡
② ㉠, ㉢
③ ㉡, ㉢
④ ㉠, ㉡, ㉢

19. 다음 글을 이해한 것으로 <보기>에서 옳은 것만을 모두 고른 것은?

파스퇴르가 짧은 휴가를 떠나면서 닭 콜레라 세균 배양접시를 내버려 둔 덕에 멋진 행운이 일어났다. 휴가를 마치고 돌아와 다시 일을 시작한 파스퇴르는 방치되었던 접시의 세균을 닭에게 주사하였다. 놀랍게도 닭들은 병에 걸리지 않았다. 이번에는 정상적인 세균을 배양하여 다시 닭들에게 주사하였다. 그러자 배양된 지 오래된 세균을 한 번 주사했던 닭들은 여전히 병에 걸리지 않았지만, 정상적인 세균을 처음으로 주사한 닭들은 병에 걸려 곧 죽어 버렸다. 파스퇴르는 그것이 무엇을 의미하는지 금세 알아차렸다. 우연히 그는 세균을 쇠약하게 만들고 그 독성을 제거했다. 약화한 세균은 닭에게 약한 콜레라만 일으키고는 독성이 강한 정상 세균의 공격에 대한 면역을 만들어 준 셈이다.

그의 발견은 사람들이 수천 년 동안 알고 있던 사실과 일치하였다. 그것은 홍역, 천연두, 페스트에 한 번 걸렸다가 회복된 사람은 같은 병에 다시 걸리는 일이 거의 없다는 사실이다. 더욱이 파스퇴르의 발견은 그의 시대 이전에 이루어진 주요한 의학적 발견 중 하나인 제너의 종두법에 과학적 근거를 제공했다. 일찍이 중국인과 아랍인은 심하지 않은 천연두의 부스럼을 취하여 건강한 사람에게 감염시킴으로써 면역을 얻는 기술을 개발하였다. 이 기술은 18세기에 콘스탄티노플의 영국 대사 부인이었던 몬태규 부인에 의해서 서유럽에 소개되었고, 죄수와 고아들을 대상으로 시험을 거친 후 영국 하노버가의 왕들에 의해 채택되었다. 어떤 역사가는 산업혁명을 유발한 인구 증가의 한 원인으로 천연두 사망률의 저하를 들기도 한다.

< 보 기 >
㉠ 파스퇴르가 예방 접종의 원리를 발견하는 데는 우연이 큰 몫을 했다.
㉡ 파스퇴르는 제너의 종두법을 응용하여 예방 접종의 원리를 발견했다.
㉢ 아시아에서 유럽으로 전해진 천연두 예방 기법이 산업혁명의 간접적 원인이 되었다는 견해도 있다.

① ㉠
② ㉠, ㉢
③ ㉡, ㉢
④ ㉠, ㉡, ㉢

20. 다음 글을 이해한 것으로 <보기>에서 옳지 않은 것만을 모두 고른 것은?

국민주권에 바탕을 둔 민주주의 원리는 모든 국가기관의 의사가 국민의 의사로 귀착될 수 있어야 한다는 것이다. 이러한 민주주의 원리로부터 국민의 생활에 큰 영향을 미치는 국가기관일수록 국민의 대표성이 더 반영되어야 한다는 '민주적 정당성'의 원리가 도출된다. 헌법재판 역시 그 중대성을 고려할 때 국민의 대의기관이 직접 담당하는 것이 민주적 정당성의 원리에 부합할 것이다.

헌법재판은 과거 세대와 현재 및 미래 세대에게 아울러 적용되는 헌법과 인권의 가치를 수호하는 특수한 기능을 수행한다. 헌법재판소는 항구적인 인권 가치를 수호하기 위하여 의회 입법이나 대통령의 행위를 위헌이라고 선언할 수 있다. 이는 현재 세대의 의사와 배치될 수도 있는 작업이다. 그렇다면 이는 의회와 같은 현세대의 대표자가 직접 담당하기에는 부적합하다. 헌법재판관들은 현재 다수 국민의 실제 의사를 반영하기 위하여 임명되는 것이 아니다. 그들의 임무는 현재 국민이 헌법을 개정하지 않는 한 헌법에 선언된 과거 국민의 미래에 대한 약정을 최대한 실현하는 것이다. 그렇다면 헌법재판은 의회로부터 어느 정도 독립되고, 전문성을 갖춘 재판관들이 담당해야 한다. 즉 사법적으로 이루어질 때, 더욱 공정하고 독립적으로 이루어질 수 있다. 이는 독립된 재판관에 의하여 이루어지는 법 해석을 중심으로 판단이 이루어져야 한다는 것을 말한다.

< 보 기 >
㉠ 헌법재판관들은 현행 헌법 개정에 구속되지 않고 미래 세대에 대한 약정을 최대한 실현해야 한다.
㉡ 헌법재판소가 다수의 이익을 대표하는 대의기관의 행위를 위헌이라고 판단하는 것은 민주적 정당성의 원리에 배치된다.
㉢ 헌법재판은 현재와 미래 세대에게 아울러 적용되는 헌법과 항구적인 인권의 가치를 수호해야 하지만, 이는 현재 세대의 의사와 배치되어서는 안 된다.

① ㉠, ㉡
② ㉠, ㉢
③ ㉡, ㉢
④ ㉠, ㉡, ㉢

1. 밑줄 친 부분에 들어갈 말로 가장 적절한 것을 고르시오.

Another element of manners is _____, a trait that enables a person to understand other's pain or unhappiness and to do something to minimize it.

① empathy
② unrest
③ urge
④ rage

2. 밑줄 친 부분에 들어갈 말로 가장 적절한 것을 고르시오.

When deciding on major financial steps like signing a mortgage or investing in a large insurance policy, it is often wise to _____ until you have fully reviewed all the details and sought professional advice. Rushing into such decisions can result in long-term financial trouble.

① have in common
② have to do with
③ hold office
④ hold off

3. 밑줄 친 부분에 들어갈 말로 가장 적절한 것을 고르시오.

A new born chick uses its egg tooth to break the shell of its egg and escape from it when hatching. This tooth is useless, after its only use is to help the bird break the eggshell. Egg teeth of the chick are consequently _____.

① degraded
② affluent
③ growing
④ upgraded

4. 다음 대화의 빈칸에 들어갈 말로 가장 적절한 것은?

A: I still can't believe you agreed to watch my dog while I'm away. Thank you so much!
B: Of course! I love dogs. _____?
A: Yes, he eats twice a day, and don't forget his evening walk.
B: Got it. I'll make sure to keep him on his schedule.
A: Oh, and he usually gets a treat after his walk. It helps him settle down.
B: You're the best! And if anything comes up, just call me anytime.
A: Will do! Enjoy your trip.

① How many times does he eat
② What kind of food does he usually like
③ Is there a vet clinic nearby in case of emergency
④ Should I bring my own dog over to play with him

5. 밑줄 친 부분에 들어갈 말로 가장 적절한 것을 고르시오.

His blindness remained severe and forced _____ to give up reading books.

① him
② them
③ himself
④ themselves

6. 다음 대화의 빈칸에 들어갈 말로 가장 적절한 것은?

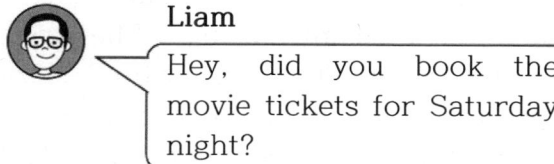

Liam
Hey, did you book the movie tickets for Saturday night?
5:20 pm

Emma
Yes, I just got them! _____?
5:21 pm

Liam
Sure! I can't wait to know which seats you picked.
5:22 pm

Emma
We got the middle row — best view!
5:23 pm

Liam
Awesome. Let's grab dinner before the movie.
5:24 pm

Emma
Sounds good! I'll make a reservation.
5:24 pm

① Did you get a discount when you booked the tickets just now
② Do you want to know the seat numbers for our movie night
③ Is it a romantic comedy that we'll be watching together
④ Did you check the parking lot situation near the theater

7. 밑줄 친 부분 중, 어법상 틀린 것은?

Euthanasia has become a legal, medical and ethical issue over ① which opinion is divided. Euthanasia can be either active or passive. Active euthanasia means that the director of the internal department with nurses, residents or fellows ② take a deliberate action that will induce death. Passive euthanasia, ③ called 'death with dignity', means letting a patient die for lack of treatment or suspending treatment that has begun. In fact, there is ④ such a good deal of the controversy about euthanasia that this issue is not established legally throughout the world.

8. 다음 글의 제목으로 가장 적절한 것은?

About twenty years ago, Time magazine described a study by a psychologist of people who had lost their jobs three times due to plant closings. The writers were amazed by what they discovered. They expected the people being laid off to be beaten down and discouraged. However, they found them to be incredibly resilient. Why was that? They concluded that people who had weathered repeated hardships had learned to bounce back. People who had lost a job and found a new one twice before were much better prepared to deal with difficulty than someone who had always worked at the same place and had never faced trouble. It may sound ironic, but if you have experienced a lot of failure, you are actually in a better position to achieve success than people who have not.

① Adversity: Not All Bad
② Job Satisfaction vs. Adversity
③ Searching for the Causes of Human Despair
④ Hardship and Success: An inappropriate Combination

9. 밑줄 친 부분에 들어갈 말로 가장 적절한 것을 고르시오.

Most of us automatically associate snow with cold. Actually, snow turns out to be an effective insulator of plants and animals in cold mountainous regions. Although the temperature near the top of a deep snowbank may fall far below zero, the temperature on the ground underneath rarely falls very far below freezing. In addition, a snowbank acts as a temperature regulator, keeping the ground at nearly the same temperature, in spite of the extreme gyrations of temperature experienced at the surface. High in the Rockies, in June, scientists made several test borings through a twelve-foot drift. At the bottom they found a tiny snow buttercup just in the process of opening its yellow buds. To mountain plants, such as the snow buttercup, snow is _____.

① a compass, not a map
② a problem, not a solution
③ a protection, not a risk
④ a challenge, not a disaster

[10~11] 다음 글을 읽고 물음에 답하시오.

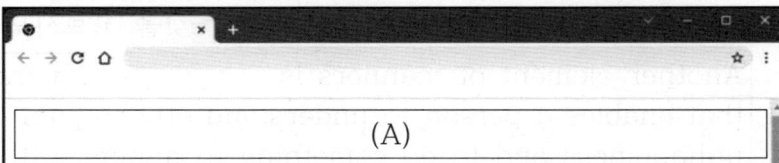

(A)

In recent years, the global movement to reduce plastic use has gained significant attention. Governments, environmental groups, and individuals are working together to cut back on single-use plastics like straws, bags, and bottles.

The push for change intensified after scientists highlighted the severe impact of plastic waste on marine life in the early 2010s. As awareness spread, many countries introduced bans or taxes on plastic products, aiming to reduce their environmental footprint.

Currently, plastic pollution remains one of the most urgent environmental challenges. Reducing plastic use, recycling correctly, and supporting eco-friendly alternatives are key ways to protect our oceans and wildlife.

You can get involved:
☐ Carry a reusable water bottle and shopping bag
☐ Avoid products with excessive packaging
☐ Participate in local cleanup events

10. (A)에 들어갈 윗글의 제목으로 가장 적절한 것은?
① The Rise of Plastic Production
② How Plastics Revolutionized Our Lives
③ Building a Future Without Plastic Waste
④ Encouraging the Use of Single-Use Plastics

11. 윗글에서 캠페인에 관한 내용과 일치하지 않는 것은?
① 여러 단체와 개인이 함께 노력하고 있다.
② 과학자들이 해양 생물 피해를 강조했다.
③ 플라스틱 오염은 심각한 환경 문제로 여겨진다.
④ 지역 청소 행사는 참여할 수 없다.

12. 다음 중 어법상 적절하지 않은 것은?

In 1990, researchers moved to Vietnam to let a program which was authorized by U.N ① fight child malnutrition in poor rural villages. While surveys were conducted so as to get some of the individuals ② to understand the scope of the issue, they grew curious about the handful of children who, despite coming from families as poor as all the others, were perfectly healthy — the positive deviants. What were these families impelled ③ to do differently? If they could discover behaviours that enabled even the most materially deprived parents ④ raised healthy children, the influences would be tremendous.

[13~14] 다음 글을 읽고 물음에 답하시오.

**Enjoying Public Spaces**

We remind all visitors to follow safety guidelines while enjoying the amusement park. Paying attention to the posted signs, listening to staff instructions, and using the rides properly can help prevent accidents and ensure a fun experience for everyone.

Before getting on any ride, make sure you meet the height and health requirements. Keep your hands and feet inside the ride at all times, and secure any loose items.

If you have any questions or feel unsure about the safety rules, do not hesitate to ask a staff member for help. By cooperating with the safety measures, you contribute to making the amusement park a safer place for all visitors.

13. 밑줄 친 secure의 의미와 가장 가까운 것은?
   ① fasten    ② loosen
   ③ remove    ④ exchange

14. 윗글의 목적으로 가장 적절한 것은?
   ① To introduce the history of the amusement park
   ② To explain the rules for safe use of the amusement park
   ③ To promote new rides and attractions at the amusement park
   ④ To announce new and safe design of the amusement park rides

15. 다음 글의 목적으로 가장 적절한 것은?

Dear Athletics Club Members,

We are excited to announce that our annual track and field event will take place on July 20, 2025. This is a fantastic opportunity for athletes of all ages to showcase their skills and for our community to come together in celebration of sportsmanship.

To make this event a success, we are seeking enthusiastic volunteers to help with various tasks, including setting up equipment, assisting athletes, guiding spectators, and ensuring everything runs smoothly on the day of the event.

If you are interested in volunteering, please contact us by June 30, 2025. Your time and support will play a crucial role in creating a memorable experience for everyone involved. We appreciate your consideration and look forward to working with you!

Thank you,
Event Coordinator, Athletics Club

① to recruit volunteers for a track and field event
② to explain the history of the track and field event
③ to promote ticket sales for a track and field event
④ to introduce new athletes joining the track and field event

16. 다음 글의 내용과 일치하지 않는 것은?

**Digital Detox Retreat 2025**

**Introduction**

As more people struggle with constant digital distractions, wellness centers are offering digital detox retreats. These programs allow participants to take a break from smartphones, social media, and emails, helping them reconnect with themselves and the natural world.

**Retreat Activities**

Participants engage in activities such as yoga, meditation, nature walks, and art workshops. Meals are designed to be healthy and nourishing, with an emphasis on mindful eating. Evening group discussions encourage reflection on the role of technology in daily life.

**Benefits and Support**

Many guests report improved sleep, reduced stress, and greater mental clarity after the retreat. Staff members provide guidance on how to maintain a balanced relationship with technology after returning home. Some programs also offer follow-up sessions to support long-term lifestyle changes.

① Digital detox retreats allow participants to step away from smartphones and emails.
② Guests take part in yoga, meditation, nature walks, and art workshops.
③ Evening discussions are held to help guests reflect on the impact of technology.
④ Participants are required to permanently give up all technology use after going home.

**17.** 다음 글에서 전체 흐름과 관계없는 문장은?

Almost everything, from miniature alpine plants to fruit-bearing fig trees, can be grown in containers as long as you've got the right-sized pot and a place to put it. ① Not having a proper piece of land for a garden might seem boring, but designing a container garden can bring many benefits. ② All but the largest containers are easily portable and can be moved on a whim to fill empty spaces, soften rough edges, and add instant charm. ③ Like container gardening, raised bed gardening allows the gardener to have a joy for seeing the soil being used to grow plants. ④ If you become bored with your garden or something just isn't working right, rearranging a few containers is a lot easier than digging up an entire garden. Containers aren't just vessels for holding soil but a key part of the design — and since they come in a wide variety of colors, shapes, and sizes, your possibilities are endless.

\* raised bed gardening: 올린 화단 정원 가꾸기

**18.** 다음 주어진 문장이 들어가기에 가장 적절한 곳은?

In other words, our behavior is neither wholly determined by our genes nor wholly free from them.

Grub's birth rekindled my interest in the nature vs. nurture debate, which was at that time producing bitter arguments in scientific circles. ( ① ) Were we humans mainly the product of our genetic makeup or the product of our environment? ( ② ) In recent years, this flame of controversy have died down, and it is now accepted that in all animals with reasonably complex brains, adult behavior is acquired through a mix of inherited traits and experience gained as the individual goes through life. ( ③ ) The more sophisticated an animal's brain, the greater the role that learning is likely to play in shaping its behavior, and the more variation we shall find between one individual and another. ( ④ ) And the information acquired and lessons learned during infancy and childhood, when behavior is at its most flexible, are likely to have particular significance.

**19.** 주어진 글 다음에 이어질 글의 순서로 가장 적절한 것은?

For most dictionaries, objectivity is associated with what is external to the mind rather than belonging to the consciousness of the perceiver; relates to outward things, uncolored by feelings or opinions.

(A) For this reason, columns, editorials and other forms of news analysis will never qualify as objective reporting: the voice of the journalist is either too loud or too self-central for them to be objective.

(B) This distancing is not the same as removing all value judgements from a report. Instead, it requires that the fact and opinion in a news report needs to be that of people other than a journalist.

(C) However, objectivity does not mean this to most journalists. Essentially, to file an objective report a journalist needs to distance him or herself from the truth claims of the report.

① (A) - (C) - (B)
② (B) - (C) - (A)
③ (C) - (A) - (B)
④ (C) - (B) - (A)

**20.** 다음 글의 내용과 일치하는 것은?

**COMMUNITY GARDEN WORKSHOP 2025**

**Event Overview**

The Greenville Community Center is hosting a hands-on gardening workshop this summer for local residents interested in sustainable gardening practices. Participants will learn how to grow herbs, vegetables, and flowers in both small urban spaces and larger garden plots.

**Registration Details**

The workshop is open to adults and teens aged 15 and up. Registration opens on May 1, and the $40 fee covers materials, seeds, and instruction. Early registration is encouraged, as space is limited to 30 participants per session.

**Workshop Schedule**

Workshops will be held every Saturday from June 1 to July 20, from 10 a.m. to 12 p.m. Topics include composting, organic pest control, and water-efficient gardening techniques.

**Final Showcase**

At the end of the program, participants are invited to display their garden projects at a community showcase on July 27, where prizes will be awarded for creativity and sustainability.

① Participants will learn gardening techniques for both small and large spaces.
② Only adults over the age of 21 can register for the gardening workshop.
③ Workshop sessions are held on Sunday mornings throughout June and July.
④ The program concludes with a community showcase where no awards are given.

# 한 국 사

1. 다음 유적지와 관련된 시대에 대한 설명으로 옳은 것은?
   - 단양 수양개
   - 연천 전곡리 유적
   - 공주 석장리 유적

   ① 농경과 목축이 시작되었다.
   ② 빗살무늬 토기를 만들었다.
   ③ 뼈도구와 뗀석기를 사용하였다.
   ④ 반달 돌칼로 곡식을 추수하였다.

2. 밑줄 친 국왕의 업적으로 옳은 것은?

   을사년 8월 12일 영동대장군 사마왕은 상기의 금액으로 … 남서 방향의 토지를 매입해서 능묘를 만들었기에 문서를 작성하여 명확한 증험으로 삼으며 모든 율령에 구애받지 않는다.

   ① 6좌평제를 제정하였다.
   ② 국호를 남부여라고 하였다.
   ③ 신라 대야성을 공격하였다.
   ④ 22담로에 왕족을 파견하였다.

3. 빈칸에 들어갈 국왕에 대한 설명으로 옳은 것은?

   발해의 ○○ 때에 '대흥'이라는 연호를 사용하고 신라와 상설 교통로를 개설하였다.

   ① 동모산에서 나라를 건국하였다.
   ② 지방제도를 5경 15부 62주로 정비하였다.
   ③ 수도를 중경에서 북쪽의 상경으로 옮겼다.
   ④ 장문휴를 보내 당나라 등주를 공격하였다.

4. 밑줄 친 '왕' 때의 사실로 옳은 것은?

   섬사람들은 바닷물이 깊다는 것을 믿고 건방지게 신하로서의 도리를 지키지 않았다. 왕은 이찬 이사부에게 명하여 군사를 거느리고 그들을 토벌케 하였다. 이사부는 나무 사자를 만들어 큰 배 위에 싣고 그들을 위협하며 말하기를, "항복하지 않으면 이 짐승을 풀겠다."고 하자, 섬사람들이 두려워 항복하였다.

   ① 국호를 '신라'로 정하였다.
   ② 상대등 제도를 마련하였다.
   ③ 개국이라는 연호를 사용하였다.
   ④ 화랑도 제도를 확대·개편하였다.

5. 다음 (가)~(라)에 대한 설명으로 옳지 않은 것은?

   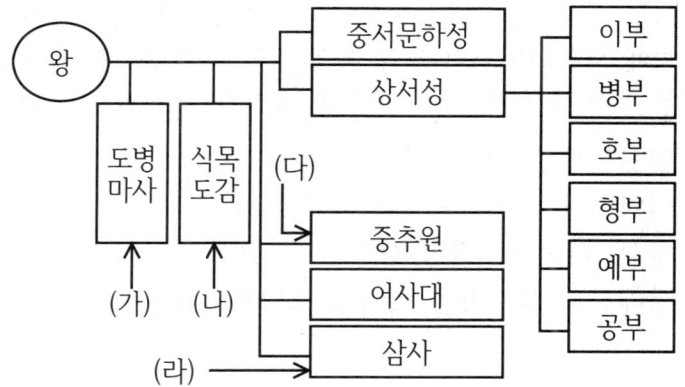

   ① (가) : 고려 후기에 도평의사사로 개편되었다.
   ② (나) : 법제 등을 만드는 고려의 독자적인 기구였다.
   ③ (다) : 2품 이상의 재신과 3품 이하의 낭사로 구성되었다.
   ④ (라) : 화폐와 곡식의 출납에 대한 회계를 담당하였다.

6. 다음 정책을 시행한 왕에 대한 설명으로 옳은 것은?
   - 백관의 공복을 정하였다. 원윤 이상은 자삼으로, 중단경 이상은 단삼으로, 도항경 이상은 비삼으로, 소주부 이상은 녹삼으로 하였다.
   - 개경을 황도(皇都)라 하고, 서경을 서도(西都)라 하였다.

   ① 광군을 조직하였다.
   ② 노비환천법을 실시하였다.
   ③ '건흥'이라는 연호를 사용하였다.
   ④ 제위보를 설치하여 빈민을 구제하였다.

7. 다음 시기에 집권했던 인물에 대한 설명으로 옳은 것은?

> 노비 만적 등 여섯 명이 북산에 나무하러 갔다가 공사 노비들을 모아 놓고 말하기를, "우리나라에서는 경계 이래로 고위 관리들이 천민과 노비에서 많이 나왔다. 장군과 재상이 어찌 타고난 씨가 따로 있겠는가? 때만 만나면 누구나 될 수 있는 것이다. …"라고 하였다.

① 정방을 설치하였다.
② 삼별초를 조직하였다.
③ 교정도감을 설치하였다.
④ 조위총의 난을 진압하였다.

8. 다음 시기의 경제 상황에 대한 설명으로 옳은 것은?

> 초기에는 은 1근으로 우리나라 지형을 본떠 만들었는데 그 가치는 포목 100필에 해당하는 고액이었다. 주로 외국과의 교역에 사용되었으며 후에 은의 조달이 힘들어지고 동을 혼합한 위조가 성행하자, 크기를 축소한 소은병을 만들었다.

① 민정문서를 작성하였다.
② 이앙법이 전국적으로 보급되었다.
③ 주점, 다점 등 관영 상점을 두었다.
④ 청해진을 설치하여 해적을 소탕하였다.

9. 다음 업무를 수행한 조선 시대의 관리에 대한 설명으로 옳은 것은?

> 임금께서 말하기를, "칠사라는 것은 무엇인가?" 하니, 변징원이 대답하기를, "농사와 양잠을 성하게 하는 일, 유학 교육을 일으키는 일, 소송을 간략하게 하는 일, 간사하고 교활한 것을 없애는 일, 군정을 닦는 일, 호구를 늘리는 일, 부역을 고르게 하는 일이 바로 칠사입니다."라고 하였다.

① 부·목·군·현에 파견되었다.
② 청요직(淸要職)이라고 불렸다
③ 임기는 1년이고, 감영에 머물렀다.
④ 병마절도사와 수군절도사를 겸임하였다.

10. 밑줄 친 '그'에 대한 설명으로 옳지 않은 것은?

> 그는 공민왕 때에 성균관에서 성리학을 강론하였고, 이인임의 친원 외교를 비판하여 전라도 나주로 유배되었다. 조선 왕조의 제도와 문물을 정리하고, 성리학을 통치 이념으로 확립하는 데에 커다란 역할을 하였다.

① 요동 정벌을 계획하였다.
② '불씨잡변'을 저술하였다.
③ '삼강행실도'를 편찬하였다.
④ 1차 왕자의 난 때 제거되었다.

11. 밑줄 친 국왕이 추진한 정책으로 옳지 못한 것은?

> 국왕께서 왕위에 즉위한 첫 해에 맨 먼저 도서집성 5천여 권을 연경의 시장에서 사오고, 또 옛날 홍문관에 간직했던 책과 강화부 행궁에 소장했던 책과 명에서 보내온 책들을 모았다. … 창덕궁 안 규장각 서남쪽에 열고관을 건립하여 중국본을 저장하고, 북쪽에는 국내본을 저장하니, 총 3만 권 이상이 되었다.

① 초계문신제도를 실시하였다.
② 법전인 '속대전'을 편찬하였다.
③ 시전상인의 금난전권을 철폐하였다.
④ 백성의 상언과 격쟁의 기회를 늘려주었다.

12. 다음과 같이 주장한 인물에 대한 설명으로 옳은 것은?

> 농사를 힘쓰지 않은 자 중에 그 좀이 여섯 종류가 있는데, 장사꾼은 그 중에 들어가지 않는다. 첫째가 노비요, 둘째가 과거요, 셋째가 벌열이요, 넷째가 기교요, 다섯째가 승니요, 여섯째가 게으름뱅이들이다.

① 제자를 길러 성호학파를 형성하였다.
② '목민심서', '경세유표' 등을 저술하였다.
③ 자영농 육성을 위해 균전론을 주장하였다.
④ 생산과 소비와의 관계를 우물물에 비유하였다.

13. 밑줄 친 '그'에 대한 설명으로 옳지 않은 것은?

> 그가 대단한 능력을 발휘하여 힘써 교정하고 쇄신하니 치도(治道)가 맑고 깨끗하여 국가의 재정이 풍족하게 된 것은 득이며 장점인 것이요. … 쇄국을 스스로 장하다 하여 대세의 흐름을 부질없이 반대하였으니 이것은 단점이요 실정인 것이다.

① 경복궁을 중건하였다.
② 호포법을 실시하였다.
③ 다수의 서원을 철폐하였다.
④ 비변사의 기능을 강화하였다.

14. 다음 단체에 대한 설명으로 옳은 것은?

> 헌정 연구회를 모체로 설립된 단체로 독립을 위해 '자강(自强)'을 주장하였다. … 전국 각지에 지회를 설치하고 월보의 간행과 강연회를 개최하였다.

① 대성학교와 오산학교를 설립하였다.
② 남만주에 독립운동 기지를 건설하였다.
③ 일제가 날조한 105인 사건으로 해체되었다.
④ 고종의 강제 퇴위에 반대하는 운동을 주도하였다.

15. 다음 조약에 대한 설명으로 옳은 것은?

> 경기·충청·전라·경상·함경 5도 연해 중에서 통상하기 편리한 항구 두 곳을 택하여 개항한다.

① 최초의 근대적 조약이다.
② 최혜국 대우를 규정하였다.
③ 임오군란 이후에 체결되었다.
④ 무항세 규정 등이 포함되었다.

16. 다음 민족 운동에 대한 설명으로 옳은 것은?

> 국채 1,300만원은 나라의 존망과 관계한다. 갚으면 나라가 살고 갚지 못하면 망하는 것은 시대의 대세이다. 현재 국고로는 이 국채를 갚기 어려운, 즉 삼천리 강토가 자칫 우리나라와 백성의 것이 아니 될 위험에 처하게 되었다.

① 을사조약이 체결되면서 중단되었다.
② 대한매일신보, 황성신문 등이 참여하였다.
③ 평양에서 시작되어 전국으로 확대되었다.
④ 일제의 황무지 개간권 요구에 반대하였다.

17. (가) 지역에서 활동한 독립운동 단체로 옳은 것은?

> (가) 지역의 한인은 집단으로 거주하면서 100여 개에 이르는 신한촌을 세우고, 자치 기구와 학교를 만들었다. 일제가 우리나라를 강점할 무렵에는 의병들을 중심으로 이주 한인이 크게 증가하였다.

① 흥사단
② 독립의군부
③ 신흥강습소
④ 대한광복군 정부

18. 밑줄 친 '새로운 정책'에 대한 설명으로 옳은 것은?

> 신임 총독은 전임 총독이 시행한 정책에 대신해 새로운 정책을 실시하였다고 말한다. … 신임 총독의 정책 중에서 그나마 주목할 만한 것이 있다면 지방 제도를 개정해 일정 금액 이상의 세금을 내는 조선인들에게 선거권을 주고 부 협의회 선거를 처음으로 실시한 것 정도이다. 하지만 그것도 자문 기구에 불과하다.

① 토지 조사 사업을 실시하였다.
② 농촌 진흥 운동을 전개하였다.
③ 국민학교라는 명칭을 사용하였다.
④ 회사 설립을 신고제로 완화되었다.

19. 다음 강령을 내세운 단체에 대한 설명으로 옳은 것은?

> ○ 우리는 정치적, 경제적 각성을 촉구한다.
> ○ 우리는 단결을 공고히 한다.
> ○ 우리는 기회주의를 일체 부인한다.

① 이봉창, 윤봉길 등이 활약하였다.
② 원산 노동자 총파업을 지원하였다.
③ 민립 대학 설립 운동을 주도하였다.
④ 김원봉이 만주 길림에서 조직하였다.

20. 다음 내용과 관련된 개헌에 대한 설명으로 옳은 것은?

> 나는 국민적 정당성을 대표하는 대통령으로서 나에게 부과된 역사적 사명에 충실하기 위해 부득이 정상적 방법이 아닌 비상조치로써 남북 대화의 적극적인 전개와 주변 정세의 급변하는 사태에 대처하기 위한 우리 실정에 가장 알맞은 체제 개혁을 단행하여야 하겠다는 결심을 하기에 이르렀습니다.

① 대통령 직선제, 국회 양원제를 규정하였다.
② 국회 해산권, 긴급조치권 등을 명시하였다.
③ 5년 단임의 대통령 직선제를 내용으로 하였다.
④ 초대 대통령에 한해 중임 제한 철폐를 명시하였다.

# 행정법총론

1. 「행정심판법」에 대한 설명으로 옳지 않은 것은? (다툼이 있는 경우 판례에 의함)
   ① 간접강제결정의 효력은 피청구인인 행정청이 소속된 국가·지방자치단체 또는 공공단체에 미치며, 결정서 정본은 간접강제결정에 불복하는 행정소송의 제기와 관계없이 「민사집행법」에 따른 강제집행에 관하여는 집행권원과 같은 효력을 가진다.
   ② 재결 자체의 고유한 하자가 있는 경우, 처분행정청은 위원회가 한 처분을 취소하는 재결에 불복하여 행정소송을 제기할 수 있다.
   ③ 처분의 상대방이 아닌 제3자가 심판청구를 한 경우 행정심판위원회는 재결서의 등본을 지체 없이 피청구인을 거쳐 처분의 상대방에게 송달하여야 한다.
   ④ 법령의 규정에 따라 공고하거나 고시한 처분이 재결로써 취소되거나 변경되면 처분을 한 행정청은 지체 없이 그 처분이 취소 또는 변경되었다는 것을 공고하거나 고시하여야 한다.

2. 취소소송의 대상이 되는 처분 등에 대한 설명으로 옳은 것은? (다툼이 있는 경우 판례에 의함)
   ① 공정거래위원회가 「하도급거래 공정화에 관한 법률」 제26조(관계 행정기관의 장의 협조)에 따라 관계 행정기관의 장에게 한 원사업자 또는 수급사업자에 대한 입찰참가자격의 제한을 요청한 결정은 항고소송의 대상이 되는 처분에 해당한다.
   ② 행정행위의 부관인 부담에 정해진 바에 따라 당해 행정청이 아닌 다른 행정청이 그 부담상의 의무이행을 요구하는 의사표시를 하였을 경우, 이러한 행위는 당연히 항고소송의 대상이 되는 처분에 해당한다.
   ③ 구 「지방세징수법」상 지방세의 결손처분은 국세의 결손처분과 마찬가지로 납세의무가 소멸하는 사유가 되고, 결손처분의 취소 또한 국민의 권리와 의무에 영향을 미치므로 결손처분과 결손처분의 취소는 모두 항고소송의 대상이 되는 행정처분에 해당한다.
   ④ 징계혐의자에 대한 감봉 1월의 징계처분을 견책으로 변경한 소청결정 중 그를 견책에 처한 조치는 재량권의 남용 또는 일탈로서 위법하다는 사유는 소청결정 자체에 고유한 위법을 주장하는 것이어서 소청결정의 취소사유가 된다.

3. 「행정절차법」에 대한 설명으로 옳은 것은? (다툼이 있는 경우 판례에 의함)
   ① 행정청이 「행정절차법」 제20조 제1항의 처분기준 사전공표 의무를 위반하여 미리 공표하지 아니한 기준을 적용하여 처분을 한 경우, 그러한 처분은 절차하자가 존재하는 것으로서 곧바로 위법하게 된다.
   ② 처분 당시 당사자가 어떠한 근거와 이유로 처분이 이루어진 것인지를 충분히 알 수 있어서 그에 불복하여 행정구제절차로 나아가는 데에 별다른 지장이 없었던 것으로 인정되는 경우에도 처분서에 처분의 근거와 이유가 구체적으로 명시되어 있지 않았다면 그 처분은 위법하다.
   ③ 「행정절차법」상 문서주의 원칙에도 불구하고, 행정청의 처분서의 문언만으로는 행정청이 어떤 처분을 하였는지 불분명하다는 등 특별한 사정이 있는 때에는 처분 경위나 처분 이후의 상대방의 태도 등 다른 사정을 고려하여 처분서의 문언과 달리 그 처분의 내용을 해석할 수도 있다.
   ④ 교육부장관이 어떤 후보자를 총장 임용에 부적격하다고 판단하여 배제하고 다른 후보자를 임용제청하는 경우라면 그러한 임용제청행위 자체로서 「행정절차법」상 이유제시의무를 다한 것이다.

4. 행정행위의 부관에 대한 설명으로 옳지 않은 것은? (다툼이 있는 경우 판례에 의함)
   ① 법정부관에 대하여는 행정행위에 부관을 붙일 수 있는 한계에 관한 일반적인 원칙이 적용되지 아니한다.
   ② 행정청은 처분에 재량이 없는 경우에는 법률에 근거가 있는 경우에 부관을 붙일 수 있다.
   ③ 도로점용허가의 점용기간을 정함에 있어 위법사유가 있다면 도로점용허가처분 전부가 위법하게 된다.
   ④ 행정처분에 부담인 부관을 붙인 경우 부관의 무효화에 의하여 본체인 행정처분 자체의 효력에도 영향이 있게 될 수 있으며, 그 처분을 받은 사람이 부담의 이행으로 사법상 매매 등의 법률행위를 한 경우 그 법률행위 자체는 당연무효이다.

5. 인허가의제에 대한 설명으로 옳지 않은 것은? (다툼이 있는 경우 판례에 의함)
   ① 관련 인허가에 필요한 심의, 의견 청취 등 절차에 관하여는 법률에 인허가의제 시에도 해당 절차를 거친다는 명시적인 규정이 있는 경우에만 이를 거친다.
   ② 인허가의제의 효과는 관련 인허가의 해당 법률에 규정된 관련 인허가에 한정된다.
   ③ 주된 인허가에 의해 의제되는 인허가는 원칙적으로 주된 인허가로 인한 사업을 시행하는 데 필요한 범위 내에서만 그 효력이 유지되는 것이므로, 주된 인허가로 인한 사업이 완료된 이후에는 인허가의제의 효력이 없다.
   ④ 「건축법」에서 관련 인허가 의제 제도를 둔 취지는 인·허가 의제사항 관련 법률에 따른 각각의 인허가 요건에 관한 일체의 심사를 배제하려는 것이 아니다.

6. 신뢰보호의 원칙에 대한 설명으로 옳지 않은 것은? (다툼이 있는 경우 판례에 의함)
① 어떤 행정처분이 실효의 법리를 위반하여 위법한 것이라면 이는 행정처분의 당연무효사유에 해당한다.
② 폐기물처리업에 대하여 사전에 관할 관청으로부터 적정통보를 받고 허가요건을 갖춘 다음 허가신청을 하였음에도 다수 청소업자의 난립으로 안정적이고 효율적인 청소업무의 수행에 지장이 있다는 이유로 한 불허가처분은 신뢰보호의 원칙에 반한다.
③ 행정청이 외국인인 상대방에게 공신력이 있는 주민등록번호와 이에 따른 주민등록증을 부여한 행위는 그 상대방에게 대한민국 국적을 취득하였다는 공적인 견해를 표명한 것이라고 보아야 한다.
④ 국회에서 일정한 법률안을 심의하거나 의결한 적이 있다고 하더라도 그것이 법률로 확정되지 아니한 이상 국가가 이해관계자들에게 위 법률안에 관련된 사항을 약속하였다고 볼 수 없으며, 이러한 사정만으로 어떠한 신뢰를 부여하였다고 볼 수도 없다.

7. 「정보공개법」에 대한 설명으로 옳지 않은 것은?
① 다른 법률 또는 법률에서 위임한 대통령령, 총리령 및 부령에 따라 비밀이나 비공개사항으로 규정된 정보는 비공개대상정보에 해당한다.
② 정보의 공개를 청구하는 자는 해당 정보를 보유하거나 관리하고 있는 공공기관에 정보공개 청구서를 제출하거나 말로써 정보의 공개를 청구할 수 있다.
③ 정보공개를 청구하여 정보공개 여부에 대한 결정의 통지를 받은 자가 정당한 사유 없이 해당 정보의 공개를 다시 청구하는 경우, 공공기관은 종전 청구와의 내용적 유사성·관련성 등을 고려하여 해당 청구를 종결 처리할 수 있다.
④ 공공기관의 비공개결정에 불복하는 정보공개청구인은 정보공개법 제18조에 따른 이의신청 절차를 거치지 아니하고 행정심판을 청구할 수 있다.

8. 행정소송의 당사자에 대한 설명으로 옳은 것은? (다툼이 있는 경우 판례에 의함)
① 「행정소송법」상 당사자소송의 피고적격에 관한 규정은 당사자소송의 경우 피고적격이 인정되는 권리주체를 행정주체로 한정한다는 취지이므로, 사인을 피고로 하는 당사자소송을 제기할 수는 없다.
② 「행정소송법」 제8조는 행정소송에 관하여 「민사소송법」의 규정을 준용하고 있으므로, 행정청은 「행정소송법」에 의한 소송참가를 할 수 있을 뿐만 아니라 「민사소송법」상의 보조참가를 할 수도 있다.
③ 국가는 허가권자인 지방자치단체의 장이 한 건축협의 거부행위에 대하여 법적 분쟁을 해결할 실효적인 다른 법적 수단이 없는 경우 허가권자를 상대로 항고소송을 통해 그 거부처분의 취소를 구할 수 있다.
④ 의과대학 교수, 전공의 또는 수험생은 교육부 장관이 각 대학에 대하여 한 의대정원 증원배정 처분의 집행정지를 구할 법률상 이익이 있다.

9. 신고에 대한 설명으로 옳지 않은 것은? (다툼이 있는 경우 판례에 의함)
① 「수산업법」상 신고어업을 하려면 법령이 정한 바에 따라 관할 행정청에 신고하여야 하고, 행정청의 수리가 있을 때에 비로소 법적 효과가 발생하게 된다.
② 수리를 요하지 아니한 신고에 있어서 적법한 요건을 갖춘 신고의 경우에는 행정청의 수리처분 등 별단의 조치를 기다릴 필요 없이 그 접수시에 신고로서의 효력이 발생하는 것이므로 그 수리가 거부되었다고 하여 무신고 영업이 되는 것은 아니다.
③ 건축허가권자는 건축신고가 「건축법」, 「국토의 계획 및 이용에 관한 법률」 등 관계 법령에서 정하는 명시적인 제한에 배치되지 않는 경우에도 건축을 허용하지 않아야 할 중대한 공익상 필요가 있는 경우에는 건축신고의 수리를 거부할 수 있다.
④ 장기요양기관의 폐업신고 자체가 효력이 없음에도 행정청이 이를 수리한 경우, 그 수리행위는 공정력에 의해 수리행위 자체에 중대하고 명백한 하자가 있는 경우에 한하여 무효로 된다.

10. 행정소송의 집행정지에 대한 설명으로 옳은 것은? (다툼이 있는 경우 판례에 의함)
① 행정처분의 무효란 행정처분이 처음부터 아무런 효력도 발생하지 아니한다는 의미이므로 무효등 확인소송에 대해서는 집행정지가 인정되지 아니한다.
② 항고소송을 제기한 원고가 본안소송에서 패소확정판결을 받은 경우에는 집행정지결정의 효력이 소급적으로 소멸한다.
③ '처분등이나 그 집행 또는 절차의 속행으로 인한 손해발생의 우려' 등 적극적 요건에 관한 주장·소명 책임은 원칙적으로 신청인 측에 있고, 이 요건을 결여하였다는 이유로 효력정지 신청을 기각한 결정에 대하여 행정처분 자체의 적법 여부를 가지고 불복사유로 삼을 수 있다.
④ 집행정지는 행정쟁송절차에서 실효적 권리구제를 확보하기 위한 잠정적 조치일 뿐이므로, 본안 확정판결로 해당 제재처분이 적법하다는 점이 확인되었다면 처분청은 제재처분의 상대방이 집행정지를 통해 집행정지가 이루어지지 않은 경우와 비교하여 제재를 덜 받게 되는 결과가 초래되도록 해서는 안 된다.

11. 행정의 실효성 확보수단에 대한 설명으로 옳지 않은 것은? (다툼이 있는 경우 판례에 의함)
   ① 「행정절차법」에 따르면, 행정청은 공표된 내용이 사실과 다른 것으로 밝혀지거나 공표에 포함된 처분이 취소된 경우라도 당사자가 원하지 아니하면 정정한 내용을 공표하지 아니할 수 있다.
   ② 가산세는 세법에서 규정하는 의무의 성실한 이행을 확보하기 위하여 세법에 따라 산출한 본세액에 가산하여 징수하는 조세로서, 본세에 감면사유가 인정된다면 가산세도 감면대상에 포함된다.
   ③ 병무청장이 「병역법」에 따라 병역의무 기피자의 인적사항 등을 공개하기로 하는 행정결정을 공개 대상자에게 미리 통보하지 않은 것이 적절한지는 본안에서 해당 처분이 적법한가를 판단하는 단계에서 고려할 요소이다.
   ④ 지방국세청장이 조세범칙행위에 대하여 고발을 한 후에 동일한 조세범칙행위에 대하여 통고처분을 하여 조세범칙행위자가 이를 이행한 경우, 고발에 따른 형사절차의 이행은 일사부재리의 원칙에 반하지 아니한다.

12. 행정상 강제집행에 대한 설명으로 옳은 것은? (다툼이 있는 경우 판례에 의함)
   ① 「행정기본법」에 따르면, 행정청은 의무 불이행의 동기, 목적 및 결과 등을 고려하여 이행강제금의 부과금액을 감경할 수는 있으나 이를 가중할 수는 없다.
   ② 수용재결에 따른 행정청의 철거 및 퇴거명령에도 불구하고 상대방이 토지 인도의무를 이행하지 않을 경우, 그 토지 인도의무는 공법상 의무에 해당하므로 그 권리에 끼칠 현저한 손해를 피하기 위한 경우라 하더라도 행정청이 그 권리를 피보전권리로 하는 민사상 명도단행가처분을 구할 수는 없다.
   ③ 체납자 등은 다른 권리자에 대한 공매통지의 하자를 들어 공매처분의 위법사유로 주장할 수는 없다.
   ④ 건물의 점유자가 철거의무자일 때에도 건물철거의무에 퇴거의무가 당연히 포함되는 것으로 볼 수는 없으므로 행정청이 퇴거를 명하기 위해서는 별도로 퇴거를 명하는 집행권원이 필요하다.

13. 법치행정과 행정입법에 대한 설명으로 옳지 않은 것은? (다툼이 있는 경우 판례에 의함)
   ① 국가공무원인 교원의 보수에 관한 구체적인 내용(보수 체계, 보수 내용, 지급 방법 등)까지 반드시 법률의 형식으로만 정해야 하는 '기본적인 사항'이라고 보기는 어렵고, 이를 행정부의 하위법령에 위임하는 것은 불가피하다.
   ② 행정기관 내부의 사무처리준칙에 불과한 행정규칙은 공포되어야 하는 것은 아니므로 특별한 규정이 없는 한, 수명기관에 도달된 때부터 효력이 발생한다.
   ③ 법률조항의 위임에 따라 대통령령으로 규정한 내용이 헌법에 위반될 경우라도 그로 인하여 입법권을 위임한 수권법률조항까지도 위헌으로 되는 것은 아니다.
   ④ 행정권의 행정입법 등 법집행의무는 헌법적 의무라고 보아야 할 것이므로, 하위 행정입법의 제정 없이 상위 법령의 규정만으로 집행이 이루어질 수 있는 경우라도 하위 행정입법을 하여야 할 헌법적 작위의무는 인정된다.

14. 행정행위의 하자에 대한 설명으로 옳은 것은? (다툼이 있는 경우 판례에 의함)
   ① 선행처분인 도시·군계획시설결정에 하자가 있더라도 그것이 당연무효가 아닌 한 원칙적으로 후행처분인 실시계획인가에 승계되지 않는다.
   ② 수도과태료의 부과처분에 대한 납세고지서의 송달이 부적법하면 그 부과처분은 효력이 발생할 수 없지만 처분의 상대방이 객관적으로 위 부과처분의 존재를 인식할 수 있었다는 사실로써 송달의 하자가 치유된다.
   ③ 구 「학교보건법」상 학교환경위생정화구역에서의 금지행위 및 시설의 해제 여부에 관한 행정처분을 하면서 학교환경위생정화위원회의 심의를 누락한 흠이 있다면, 특별한 사정이 없는 한 이는 행정처분을 위법하게 하는 무효사유가 된다.
   ④ 과세처분에 불가쟁력이 발생하였고, 조세채권의 집행을 위한 체납처분의 근거규정 자체에 대하여는 따로 위헌결정이 내려진 바 없었던 이상, 과세처분의 근거법률에 대한 위헌결정이 있은 이후에도 조세채권의 집행을 위한 새로운 체납처분에 착수하거나 이를 속행하는 것은 허용된다.

15. 취소소송의 판결에 대한 설명으로 옳지 않은 것은? (다툼이 있는 경우 판례에 의함)
   ① 취소 확정판결의 기속력은 전소 판결의 소송물과 동일한 후소를 허용하지 않음과 동시에, 후소에서 전소 판결의 판단과 다른 주장을 하는 것을 허용하지 않는 작용을 한다.
   ② 주민 등의 도시관리계획 입안 제안을 거부한 처분을 이익형량에 하자가 있어 위법하다고 판단하여 취소하는 판결이 확정되었더라도 행정청이 다시 새로운 이익형량을 하여 적극적으로 도시관리계획을 수립하였다면 취소판결의 기속력에 따른 재처분의무를 이행한 것이라고 보아야 한다.
   ③ 전소의 판결이 확정된 경우 후소의 소송물이 전소의 소송물과 동일하지 않더라도 전소의 소송물에 관한 판단이 후소의 선결문제가 되는 경우에 후소에서 전소 판결의 판단과 다른 주장을 하는 것은 기판력에 반한다.
   ④ 간접강제결정에 기한 배상금은 확정판결의 취지에 따른 재처분의 지연에 대한 제재나 손해배상이 아니다.

16. 행정행위의 취소와 철회에 대한 설명으로 옳지 않은 것은? (다툼이 있는 경우 판례에 의함)
    ① 수익적 행정처분에 대한 취소권 등의 행사는 기득권의 침해를 정당화할 만한 중대한 공익상의 필요 또는 제3자의 이익보호의 필요가 있는 때에 한하여 허용될 수 있다는 법리는 처분청이 수익적 행정처분을 직권으로 취소·철회하는 경우에 적용되는 법리일 뿐 쟁송취소의 경우에는 적용되지 않는다.
    ② 수익적 행정처분을 직권으로 취소하는 경우, 행정청이 종전 처분과 양립할 수 없는 처분을 함으로써 묵시적으로 종전의 수익적 행정처분을 취소할 수도 있다.
    ③ 처분에 대하여 행정심판이나 행정소송이 제기되어 쟁송이 진행되고 있는 도중에도 행정청은 스스로 대상 처분을 취소할 수 있다.
    ④ 도로점용허가의 일부분에 위법이 있는 경우, 도로점용허가 전부를 취소하여야 하며 도로점용허가 중 특별사용의 필요가 없는 부분에 대해서만 직권취소할 수는 없다.

17. 손실보상에 대한 설명으로 옳지 않은 것은? (다툼이 있는 경우 판례에 의함)
    ① 공공용물에 관하여 적법한 개발행위 등이 이루어짐으로 말미암아 이에 대한 일정범위의 사람들의 일반사용이 종전에 비하여 제한받게 되었다 하더라도 특별한 사정이 없는 한 그로 인한 불이익은 손실보상의 대상이 되는 특별한 손실에 해당한다고 할 수 없다.
    ② 「공익사업을 위한 토지 등의 취득 및 보상에 관한 법률」에 따른 사업폐지 등에 대한 보상청구권은 공법상 권리로서 그에 관한 소송은 행정소송절차에 의하여야 한다.
    ③ 「하천법」 부칙과 이에 따른 특별조치법이 하천구역으로 편입된 토지에 대하여 손실보상청구권을 규정하였다고 하더라도 당해 법률규정이 아니라 관리청의 보상금지급결정에 의하여 비로소 손실보상청구권이 발생한다.
    ④ 공익사업의 시행자가 사전보상을 하지 않은 채 공사에 착수함으로써 토지소유자와 관계인이 손해를 입은 경우, 토지소유자와 관계인이 입은 손해는 손실보상청구권이 침해된 데에 따른 손해이므로 사업시행자가 배상해야 할 손해액은 원칙적으로 손실보상금이다.

18. 행정상 계약에 대한 설명으로 옳은 것은? (다툼이 있는 경우 판례에 의함)
    ① 「행정기본법」에 따르면 긴급히 처리할 필요가 있거나 사안이 경미한 경우에는 말 또는 서면으로 공법상 계약을 체결할 수 있다.
    ② 계약직공무원 채용계약해지의 의사표시는 일반공무원에 대한 징계처분과는 다르지만, 「행정절차법」의 처분절차에 의하여 근거와 이유를 제시하여야 한다.
    ③ 지방자치단체를 당사자로 하는 계약에 관하여는 그 계약의 성질이 사법상 계약인지 공법상 계약인지와 상관없이 원칙적으로 「지방자치단체를 당사자로 하는 계약에 관한 법률」의 규율이 적용된다고 보아야 한다.
    ④ 공법상 계약의 한쪽 당사자가 다른 당사자를 상대로 효력을 다투거나 이행을 청구하는 소송은 공법상의 법률관계에 관한 분쟁이므로 분쟁의 실질이 손해배상액의 구체적인 산정방법·금액에 국한되는 경우에도 공법상 당사자소송으로 제기하여야 한다.

19. 과징금에 대한 설명으로 옳은 것은? (다툼이 있는 경우 판례에 의함)
    ① 구 「독점규제 및 공정거래에 관한 법률」 소정의 부당지원행위에 대한 과징금은 부당지원행위의 억지라는 행정목적을 실현하기 위한 행정상 제재금으로서의 성격에 부당이득환수적 요소도 부가되어 있으므로 국가형벌권 행사로서의 처벌에 해당하지 아니한다.
    ② 처분을 할 것인지 여부와 처분의 정도에 관하여 재량이 인정되는 과징금 납부명령에 대하여 그 명령이 재량권을 일탈하였을 경우, 법원은 재량권의 범위 내에서 어느 정도가 적정한 것인지에 관하여 판단할 수 있고 그 일부를 취소할 수 있다.
    ③ 과징금부과처분은 반드시 현실적인 행위자가 아니라도 법령상 책임자로 규정된 자에게 부과되고 원칙적으로 위반자의 고의·과실이 없으면 부과할 수 없다.
    ④ 「부동산 실권리자명의 등기에 관한 법률」상 실권리자명의 등기의무에 위반하여 부과된 과징금 채무는 대체적 급부가 불가능한 의무이므로 과징금을 부과받은 자가 사망한 경우 그 상속인에게 승계되지 아니한다.

20. 국가배상에 대한 설명으로 옳지 않은 것은? (다툼이 있는 경우 판례에 의함)
    ① 군인이 교육훈련으로 공상을 입은 경우라도 「군인연금법」 또는 「국가유공자예우 등에 관한 법률」에 의하여 재해보상금·유족연금·상이연금 등 별도의 보상을 받을 수 없는 경우에는 「국가배상법」 제2조제1항 단서의 적용 대상에서 제외하여야 한다.
    ② 경찰공무원인 피해자가 구 「공무원연금법」의 규정에 따라 공무상 요양비를 지급받은 경우 「국가배상법」 제2조제1항 단서에서 정한 '다른 법령의 규정'에 따라 보상을 지급받는 것에 해당하므로 이와 별도로 국가에 대하여 손해배상을 청구할 수 없다.
    ③ 직무집행과 관련하여 공상을 입은 군인이 먼저 「국가배상법」상 손해배상을 받은 다음 구 「국가유공자 등 예우 및 지원에 관한 법률」상 보훈급여금의 지급을 청구하는 경우, 국가배상을 받았다는 이유로 그 지급을 거부할 수 없다.
    ④ 「국가배상법」 제2조제1항 단서에서 정한 '다른 법령의 규정'에 따른 보상청구권이 모두 시효로 소멸된 경우라고 하더라도 「국가배상법」 제2조제1항 단서 규정이 적용된다.

# 행정학개론

1. 엽관주의(spoils system)에 대한 설명으로 옳은 것은?
   ① 관료가 정당을 위해서 봉사하기 때문에 행정의 공정성 확보가 용이하다.
   ② 국민의 지지에 따라서 정부가 구성되므로 정책 추진이 용이하며 의회와 행정부 간의 조정이 활성화된다.
   ③ 모든 사람은 누구나 일정한 자격만 갖추면 공직에 취임할 수 있다는 기회균등의 정신을 구현할 수 있다.
   ④ 엽관주의란 공직임용기준을 개인의 객관적인 능력, 자격, 성적에 두는 인사행정제도이다.

2. 우리나라 지방의회의 권한(기능)으로 가장 적절하지 않은 것은?
   ① 조례의 제정 및 개폐
   ② 행정사무 감사 및 조사권
   ③ 선결처분
   ④ 예산의 의결 및 결산의 승인

3. 행태론적 접근방법에 대한 설명으로 가장 옳지 않은 것은?
   ① 현상들 간의 정확한 인과관계를 규명하고자 한다.
   ② 인간행태의 규칙성을 가정하는 접근방법이다.
   ③ 인간행태의 진정한 의미를 이해하기 위해 외면적으로 드러난 객관적 사실 뿐만 아니라 내면의 주관적 의지, 감정, 가치 등도 주요 연구대상으로 한다.
   ④ 연구대상 이외의 다른 대상에도 보편적으로 적용될 수 있는 일반법칙성을 추구한다.

4. 권력모형에 대한 다음 설명 중 옳게 짝지은 것은?
   ○ (㉠)은 정책결정시 결정자가 로비활동이 강한 이익집단의 이익보다는 말 없는 다수의 이익을 고려하여 정책을 결정한다고 본다.
   ○ (㉡)은 잘 조직화된 소수집단의 이익만 정책에 반영될 뿐 조직화되지 못한 다수의 이익은 정책에 반영되기 곤란하다고 본다.
   ○ (㉢)은 특수이익보다는 다수의 이익에 가까운 주장을 하는 이익집단의 의사가 정책에 보다 잘 반영된다고 본다.

   |   | ㉠ | ㉡ | ㉢ |
   |---|---|---|---|
   | ① | 잠재이익집단론 | 이익집단자유주의론 | 공공이익집단론 |
   | ② | 잠재이익집단론 | 공공이익집단론 | 이익집단자유주의론 |
   | ③ | 공공이익집단론 | 이익집단자유주의론 | 잠재이익집단론 |
   | ④ | 공공이익집단론 | 잠재이익집단론 | 이익집단자유주의론 |

5. 갈등관리전략에 대한 설명으로 옳지 않은 것은?
   ① 계층제에 의한 명령과 강제를 강화하거나 조직의 수평적 분화의 촉진 등은 갈등해소전략에 해당한다.
   ② 기존의 업무관행에 변화를 주어 불확실성을 제고하거나 개방형 임용제를 활용한 외부인사의 영입 등은 갈등조성전략에 해당한다.
   ③ 상담, 팀형성, 감수성훈련 등 행태변화기법의 활용은 갈등해소전략에 해당한다.
   ④ 의사전달 통로의 변경을 통한 정보의 재분배나 정보전달의 억제 등은 갈등조성전략에 해당한다.

6. 다양한 행정이론에 대한 설명이다. 옳은 것으로 잘 연결된 것은?

   ㉠ 과학적관리론은 과학적 분석에 의해 유일 최선의 업무방식(one best way)을 개발하고자 하였다.
   ㉡ 인간관계론은 호오손(Hawthorne) 실험을 통해 조직의 환경요소인 비공식적 조직의 중요성을 밝혀내었다.
   ㉢ 행정행태론은 자연현상과 사회현상을 구별하지 않고 가치중립적 연구를 추구하였다.
   ㉣ 행정체제론은 구체적인 운영 측면 및 미시적 현상을 경시하였으나 행정이 추구해야 할 가치와 목적을 명확히 제시해 주었다.

   ① ㉠, ㉡
   ② ㉠, ㉢
   ③ ㉡, ㉢
   ④ ㉢, ㉣

7. 다음 중 정책유형과 예가 잘못 연결된 것은?
   ① 재분배정책 - 자영업자 코로나 피해 금융지원
   ② 분배정책 - 주택자금 대출
   ③ 보호적 규제정책 - 최저임금제
   ④ 구성정책 - 공무원 보수 및 연금제도 개편

8. 예산 한정성 원칙의 예외로 볼 수 없는 것은?
   ① 예비비 편성
   ② 추가경정예산
   ③ 특별회계 운용
   ④ 예산의 이용 및 전용

9. 다음 중 행정권의 오용이 아닌 것은?
   ① 법규 중심의 융통성 없는 인사
   ② 부여된 재량권을 행사하지 않고 적극적 조치를 취하지 않는 무사안일
   ③ 정보의 선별적 배포를 통한 실책의 은폐
   ④ 입법의도의 편향된 해석을 통한 행정행위

10. 다음 상황을 설명하는 데 가장 적합한 용어는?

    > 정부는 빈부격차의 심화를 해소하기 위해 최저임금제를 인상하였다. 그러나 이로 인해 최저임금제를 적용받는 일자리가 크게 감소하였다. 이는 사용자들이 임금인상에 대한 대응으로 노동자의 고용을 크게 줄였기 때문이다.

    ① X - 비효율성
    ② 공공조직의 내부성
    ③ 비경합성
    ④ 파생적 외부효과

11. 다음은 정책결정 모형 가운데 점증주의 모형에 대한 설명이다. 가장 타당하지 않은 것은?
    ① 정책결정과정이 소수 몇몇 집단에 의해 주도될 가능성이 있다.
    ② 사회가 불안정할 때는 적용이 곤란하다.
    ③ 기존 정책이 잘못된 것이면 악순환이 초래된다.
    ④ 환경 변화에 대한 적응력은 강하나 혁신이 저해될 가능성이 있다.

12. 조직목표 변동의 한 유형으로 조직이 추구하고자 하는 원래의 목표가 다른 목표로 뒤바뀌어 조직의 목표가 왜곡되는 현상을 일컫는 용어는?
    ① 목표의 대치
    ② 목표의 다원화
    ③ 목표의 승계
    ④ 목표의 심화

13. 오스본(D. Osborne)과 개블러(T. Gaebler)의 저서 「정부재창조론」에서 제시된 정부 운영의 원리에 대한 설명으로 옳은 것은?
    ① 정부의 새로운 역할로 종래의 방향잡기보다는 노젓기를 강조한다.
    ② 규칙 및 역할 중심 관리방식에서 사명 지향적 관리방식으로 전환되어야 함을 강조한다.
    ③ 예방적 정부보다는 치료 중심적 정부로 바뀌어야 함을 강조한다.
    ④ 주민에게 권한을 부여하기보다는 서비스를 제공하는 방향으로 전환되어야 함을 강조한다.

14. 국가공무원과 지방공무원에 대한 설명으로 옳은 것은?
    ① 국가공무원과 지방공무원은 모두 인사관리에 적용되는 기본법률이 동일하다.
    ② 국가공무원과 지방공무원은 모두 고위공무원단제를 시행하고 있다.
    ③ 국가공무원과 지방공무원의 보수재원은 모두 국비로 충당한다.
    ④ 국가공무원과 지방공무원은 모두 「공직자윤리법」, 「공무원연금법」, 「부정청탁 및 금품수수의 금지에 관한 법률」의 적용대상이다.

15. 살라몬(L. M. Salamon)의 정책수단분류에서 직접성의 정도가 낮은 유형에 속하는 것끼리 묶은 것은?

    ㉠ 경제규제(economic regulation)
    ㉡ 보조금(grant)
    ㉢ 바우처(voucher)
    ㉣ 공기업(government corporations)

    ① ㉠, ㉢
    ② ㉠, ㉣
    ③ ㉡, ㉢
    ④ ㉡, ㉣

16. 티부(Tiebout)의 '발로 하는 투표' 가설의 가정으로 옳지 않은 것은?
① 주민이 선택할 수 있는 다수의 지방정부가 존재한다.
② 해당 지역 공공서비스의 비용과 편익은 이웃 주민들에게 영향을 주어야 한다.
③ 모든 지방정부는 최적규모를 추구하기 위해 노력한다.
④ 지방정부는 최소한 한 가지 이상의 고정적 생산요소를 가지고 있어야 한다.

17. 나카무라와 스몰우드(Nakamura & Smallwood)의 정책결정자와 집행자 간 관계 유형 중 아래 내용에 해당하는 것은?

정책집행 담당 관료들이 정책 과정 전체를 좌지우지하며 정책 결정권까지도 행사한다. 상위 결정자들은 형식상 결정권을 소유하고 있지만, 집행자들에 의해 만들어진 정책과 목표를 받아들일 수밖에 없다. 모든 실권을 집행자들이 가지고 있기 때문이다.

① 재량적 실험형
② 지시적 위임형
③ 관료적 기업가형
④ 협상가형

18. 품목별 예산제도에 대한 설명으로 옳지 않은 것은?
① 회계 책임을 분명히 할 수 있고, 지출을 통제하는 것이 용이하다.
② '무엇을 위한 지출인가'에 대해서 충분한 정보를 제공해 준다.
③ 예산을 집행할 때 재량권의 범위가 제약되기 때문에 신축적이지 못하다.
④ 투입 중심 예산이기 때문에 지출에 따른 효과는 제대로 고려되지 않는다.

19. 다음 내용과 관련된 거시조직이론은 무엇인가?

○ 조직은 환경의 절대적인 영향 하에 있으며 조직의 번성과 쇠퇴는 조직 스스로의 힘이 아니라 외부환경의 특성과 선택에 의해 좌우된다고 본다.
○ 생물학의 자연도태나 적자생존의 법칙을 조직연구에 적용한 이론이다.

① 제도화이론
② 조직군생태학
③ 자원의존이론
④ 조직경제학

20. 행정의 연구(The study of administration)를 발표한 윌슨(W. Wilson)에 관한 내용으로 옳지 않은 것은?
① 유럽 국가의 행정을 참고하기보다 미국의 독창적인 행정이론 개발을 역설하였다.
② 행정부패를 막기 위해서 그 진원지가 되는 정치로부터 행정을 격리하려는 논리를 전개하였다.
③ 팬들턴(Pendleton)법의 제정에 따라 추진되기 시작한 공무원 인사제도의 개혁에 관한 이론적 뒷받침을 시도하였다.
④ 행정의 영역이 경영의 영역과 크게 다르지 않다고 보고, 경영적 행정의 필요성을 주장하였다.

2025 공무원 시험대비 【7월분】

- 제2회 -

이 름: _____

제1과목 국어
제2과목 영어
제3과목 한국사
제4과목 행정법총론
제5과목 행정학개론

주간 모의고사 정오표

합격까지 박문각

# 국 어

**1. 다음 글의 내용과 일치하는 것은?**

국어의 모음은 발음 중 변화 여부에 따라 단모음과 이중모음으로 나뉜다. 단모음은 소리를 내는 동안 입술 모양이나 혀의 위치가 바뀌지 않으며, 대표적으로 'ㅏ, ㅐ, ㅓ, ㅔ, ㅗ, ㅚ, ㅜ, ㅟ, ㅡ, ㅣ'가 이에 해당한다. 그리고 이중모음은 발음 중 음질의 변화가 있으며, '반모음'이라 불리는 소리가 단모음과 결합하여 형성된다. 반모음은 혼자서 음절을 구성할 수 없고, 단모음과 결합할 때만 나타난다. 이때 반모음에는 [j]와 [w]가 있으며, 각각 'ㅣ'와 'ㅗ/ㅜ'의 짧은 발음에 가깝다. 예를 들어 'ㅑ'는 반모음 [j]와 단모음 'ㅏ'가 결합한 이중모음이고, 'ㅘ'는 반모음 [w]와 단모음 'ㅏ'가 결합한 것이다. 이때 대부분의 이중모음은 반모음이 앞에 오지만, 'ㅢ'는 단모음 'ㅡ' 뒤에 [j]가 결합한 특수한 구조를 가진다. 한편, 'ㅚ'와 'ㅟ'는 표준 발음상 단모음이지만 실제 언어생활에서는 각각 [w]+'ㅔ', [w]+'ㅣ'처럼 이중모음으로 발음되는 일이 있다. 이러한 현실 발음을 '표준어 규정'에서도 허용하고 있다.

① 단모음은 반모음과 단모음이 결합하여 형성되는 소리이다.
② 'ㅚ'와 'ㅟ'는 표준어 규정상 이중도음으로만 발음해야 한다.
③ 이중모음은 반모음 [j]나 [w]가 뒤에 결합하는 경우만 존재한다.
④ 'ㅢ'는 일반적인 이중모음과 달리 반모음이 뒤에 오는 예외적 구조이다.

**2. 다음 글에 대한 이해로 가장 적절한 것은?**

음운 변동은 음운이 환경에 따라 바뀌는 현상으로, 비음화, 거센소리되기, 모음 탈락 등이 있다. 비음화는 'ㄱ, ㄷ, ㅂ'이 'ㄴ, ㅁ' 앞에서 각각 'ㅇ, ㄴ, ㅁ'으로 바뀌는 현상이며, '밥만 → [밤만]', '닫는 → [단는]'이 그 예이다. 또한 'ㄹ'이 'ㅁ, ㅇ' 뒤에서 'ㄴ'으로 바뀌는 것도 비음화로 본다. 거센소리되기는 예사소리 'ㄱ, ㄷ, ㅂ, ㅈ'이 'ㅎ'과 만나 'ㅋ, ㅌ, ㅍ, ㅊ'으로 바뀌는 자음 축약 현상으로, '축하 → [추카]'가 그 예이다. 모음 탈락은 두 모음이 이어질 때 하나가 탈락하는 현상이며, '담그아 → 담가'처럼 나타난다. 참고로, 비음화는 음운의 수가 그대로이지만, 거센소리되기와 모음 탈락은 음운의 수가 줄어든다.

① '종로[종노]'는 'ㄹ'이 'ㅇ' 앞에서 'ㄴ'으로 바뀐 비음화의 예이다.
② '놓다[노타]'는 자음 축약이 일어났지만, 음운의 수가 그대로이다.
③ '축하[추카]'는 'ㄱ'과 'ㅎ'이 축약되어 음운의 수가 줄어든 거센소리되기 현상이다.
④ '담가[담가]'는 어간 말 모음 'ㅡ'가 어미 '-아'와 결합하면서 어간과 어미 모두 탈락한 모음 탈락 현상이다.

**3. 다음 글에 대한 설명으로 적절하지 않은 것은?**

된소리되기는 예사소리가 특정 환경에서 된소리로 바뀌는 음운 현상이다. 받침 'ㄱ, ㄷ, ㅂ' 뒤에 'ㄱ, ㄷ, ㅂ, ㅅ, ㅈ'이 오면 예외 없이 된소리되기가 일어난다. 예를 들어, '그는 국밥을 먹었다.'에서 '국밥'은 [국빱], '걷다'는 [걷따]로 발음된다. 그러나 음운 환경이 같아도 조건에 따라 결과가 달라지기도 한다. 첫째, 용언의 어간이 'ㄴ'이나 'ㅁ' 받침일 때, 그 뒤에 예사소리 어미가 오면 된소리되기가 일어난다. '나는 신을 신고 갔다.'에서 '신고'는 [신꼬]로 발음되지만, '신고서를 작성했다.'처럼 '신고'가 명사일 때는 [신고]로 발음된다. 둘째, 한자어에서 받침 'ㄹ' 뒤에 'ㄷ, ㅅ, ㅈ'이 오면 된소리되기가 일어난다. '물질이 섞였다.'에서는 '물질'이 [물찔]로 발음되지만, '물잠자리가 날아간다.'처럼 고유어일 경우 [물잠자리]로 발음된다. 셋째, 관형사형 어미 '-(으)ㄹ' 뒤에 체언이 오면 된소리되기가 일어난다. '살 것을 정해 두었다.'라는 문장에서 '살 것'은 [살껃]으로 발음된다.

① '물질이 풍부하다.'에서 '물질'은 한자어 조건에 따라 [물찔]로 발음된다.
② '면접을 준비하다.'에서 '면접'은 한자어 조건에 따라 된소리로 발음된다.
③ '밥을 먹다.'에서 '먹다'는 된소리되기가 예외 없이 일어나는 환경에 해당한다.
④ '삶고 있다.'에서 '삶고'는 용언 어간 뒤 예사소리 어미가 와서 [삼꼬]로 발음된다.

**4. 다음 글에 대한 설명으로 적절하지 않은 것은?**

사이시옷은 두 단어 또는 형태소가 결합해 만들어진 합성어에서 그 사이에 쓰이는 'ㅅ'을 말한다. '한글 맞춤법' 제30항에 따르면, 사이시옷은 두 가지 조건을 모두 만족할 때 표기할 수 있다. 첫째, 형태적 조건이다. 사이시옷은 고유어+고유어, 고유어+한자어, 한자어+고유어의 결합일 때 표기할 수 있다. 반면, 외래어가 포함된 합성어나 한자어끼리 결합한 합성어, 파생어에서는 사이시옷을 쓰지 않는다. 단, '곳간, 셋방, 숫자, 찻간, 툇간, 횟수'는 예외적으로 사이시옷을 표기한다. 둘째, 음운적 조건이다. 앞말이 모음으로 끝나야 하며, 결합 후 다음 중 하나의 현상이 나타나야 한다. 즉, 뒷말 첫소리가 된소리로 바뀌는 경우, 뒷말 첫소리 'ㄴ, ㅁ' 앞에 'ㄴ' 소리가 덧나는 경우, 뒷말 첫소리가 모음일 때 'ㄴㄴ' 소리가 덧나는 경우이다. 이 조건들을 충족할 때만 사이시옷을 표기할 수 있다.

① '아랫사람'은 '사람'이 한자어이므로 사이시옷을 표기해야 한다.
② '오렌지빛'은 외래어가 포함된 합성어이므로 사이시옷이 표기되지 않는다.
③ '콧김'은 앞말이 모음으로 끝나고, 뒷말 첫소리가 된소리로 바뀌므로 사이시옷이 표기된 것이다.
④ '찻길'은 '차(車)'가 한자어이고 '길'이 고유어로, 음운 조건을 만족하므로 사이시옷이 표기된 것이다.

5. 문맥적 의미가 ㉠과 가장 유사한 것은?

   시간을 ㉠ 보내는 방식이 예전과는 많이 달라졌다.

   ① 그는 외국에서 몇 해를 보내며 공부했다.
   ② 누나가 막냇동생을 시장에 심부름을 보냈다.
   ③ 아이는 손에 쥔 풍선을 하늘로 보내며 아쉬워했다.
   ④ 어머니는 먼 곳으로 떠나는 딸에게 편지를 보내 주었다.

6. 다음 진술이 모두 참일 때 반드시 참인 것은?

   ○ 하람이가 발표하면, 나래도 발표한다.
   ○ 나래가 발표하면, 도윤이도 발표한다.
   ○ 도윤이가 발표하면, 예진이도 발표한다.

   ① 나래가 발표하면, 하람이도 발표한다.
   ② 예진이가 발표하면, 하람이도 발표한다.
   ③ 도윤이가 발표하지 않으면, 나래는 발표한다.
   ④ 예진이가 발표하지 않으면, 하람이도 발표하지 않는다.

7. 다음 명제가 모두 참일 때, 반드시 참인 명제는?

   ○ 해온이가 지도를 보면 지후는 지도를 보지 않는다.
   ○ 태경이가 비밀 지도를 발견하면 지후도 지도를 본다.
   ○ 태경이가 비밀 지도를 발견하지 않으면 윤아가 탐험을 떠난다.

   ① 지후가 지도를 보면 해온이가 지도를 본다.
   ② 윤아가 탐험을 떠나면 해온이가 지도를 본다.
   ③ 해온이가 지도를 보면 윤아가 탐험을 떠난다.
   ④ 윤아가 탐험을 떠나지 않으면 태경이는 비밀 지도를 발견하지 않는다.

8. (가)와 (나)를 전제로 결론을 이끌어 낼 때, 빈칸에 들어갈 말로 가장 적절한 것은?

   (가) 모든 친절한 사람은 인기가 많다.
   (나) 어떤 친절한 사람은 운동을 잘한다.
   따라서 ☐

   ① 인기가 많은 사람은 모두 친절하다.
   ② 운동을 잘하는 사람은 모두 인기가 많다.
   ③ 운동을 잘하는 어떤 사람은 인기가 많다.
   ④ 친절하지 않은 어떤 사람은 운동을 잘하지 않는다.

9. 다음 명제가 모두 참일 때, 반드시 참인 명제는?

   ○ 갑이 자전거를 타면, 을은 택시를 탄다.
   ○ 병은 도보로 걸으면, 을은 택시를 타지 않는다.
   ○ 갑이 자전거를 타지 않으면, 정은 지하철을 탄다.

   ① 을이 택시를 타면, 병이 도보로 걷는다.
   ② 병이 도보로 걸으면, 정은 지하철을 탄다.
   ③ 정이 지하철을 타면, 병이 도보로 걷는다.
   ④ 정이 지하철을 타지 않으면, 갑이 자전거를 타지 않는다.

10. <공공언어 바로 쓰기 원칙>에 따라 <공문서>의 ㉠~㉣을 수정한 것으로 적절하지 않은 것은?

    < 공공언어 바로 쓰기 원칙 >
    ○ 생소한 외래어나 외국어는 우리말로 다듬을 것.
    ○ 주어와 서술어의 관계를 명확하게 표현할 것.
    ○ 외국어 번역 투를 삼갈 것.
    ○ 대등한 것끼리 접속할 때는 구조가 같은 표현을 사용할 것.

    < 공문서 >
    ○○교육청
    수신: 각급 학교장
    제목: 학부모 교육 자료 배포 협조 요청
    1. 항상 교육 발전에 힘써 주셔서 감사합니다.
    2. 본 교육청은 학부모의 ㉠ 에듀케이션 니즈를 반영한 자료를 제작하였습니다.
    3. 본 자료는 실제 사례를 바탕으로 ㉡ 활용도가 높고, 학부모의 ㉢ 이해 증진에 있어서 ㉣ 교육 공동체 형성에 기여합니다.

    ① ㉠: 교육 수요
    ② ㉡: 사용성을 향상시키고
    ③ ㉢: 이해를 돕고자 하며
    ④ ㉣: 교육 공동체 형성에 기여하고자 합니다.

## 11. <개요>의 빈칸에 들어갈 내용으로 적절하지 않은 것은?

< 개 요 >

○ 제목: 도시 교통 혼잡의 원인과 해소 방안
Ⅰ. 교통 혼잡의 원인
  1. 자가용 중심의 교통 문화 확산
  2. 대중교통의 불편함과 접근성 부족
  3. 도심 내 인구 과밀 및 기반 시설 부족
Ⅱ. 교통 혼잡으로 인한 사회적 비용
  1. 출퇴근 시간 증가로 인한 노동 생산성 저하
  2. 교통사고 발생 빈도 증가
  3. 교통 혼잡으로 인한 주차 공간 과잉 공급
Ⅲ. 교통 혼잡 해소를 위한 정책 방안

① 자전거 및 도보 인프라 확대
② 자가용 이용 억제를 위한 혼잡 통행료 도입
③ 대중교통 환승 시스템 개선 및 보조금 지급
④ 심야 시간 모든 신호등 제거를 통한 통행속도 향상

## 12. 빈칸에 들어갈 내용으로 가장 적절한 것은?

일본의 벚꽃은 단지 봄의 시작을 알리는 식물 그 이상이다. 벚꽃이 만개하면 사람들은 공원이나 강변에 돗자리를 펴고 '하나미(花見)'라 불리는 꽃구경을 즐긴다. 이때의 벚꽃은 단순한 자연 경관이 아니라, 가족과 친구, 직장 동료들과 함께하는 시간의 배경이 되며, 지나간 계절을 보내고 새로운 시작을 맞이하는 감정을 상징한다. 벚꽃은 아름답게 피었다가 빠르게 지는 특징 때문에, 덧없고도 찬란한 삶의 한순간을 되새기게 한다. 이처럼 벚꽃은 일본인의 정서 속에 깊이 뿌리내려, 여러 문학 작품과 예술, 대중문화 속에서도 자주 등장한다. 결국 일본인에게 벚꽃은 _____

① 도시 미관을 위한 정원수로 널리 활용된다.
② 환경 보호와 생태 보존의 상징으로 간주된다.
③ 인생의 무상함을 떠올리게 하는 감성적 매개체다.
④ 사회적 유대를 확인하고 기념하는 문화 상징이다.

## 13. 다음 글의 ⊙~㉢ 중 지시 대상이 같은 것만으로 묶인 것은?

19세기 중엽, 사실주의 화가들은 기존의 낭만주의적 기법에서 벗어나, 현실 세계의 민낯을 화폭에 담고자 했다. ⊙그들은 영웅이 아니라 농부와 노동자의 삶을 그렸다. 화려한 이상보다는 거칠고 때론 처절한 현실을 담담히 보여주는 데 집중했다. 이전까지 회화는 귀족과 신화를 중심으로 형상화되었지만, 이들은 사회의 가장 낮은 층위를 예술의 중심으로 끌어올렸다. 그러나 이러한 시도는 예술의 품격을 떨어뜨린다는 비난을 받기도 했다. ⓒ그들의 작품은 종종 보수적 평론가와 상류층의 비판 대상이 되었다. 당시 기득권층은 그저 아름답고 안락한 장면만을 감상하고 싶어 했기에, ⓒ그들은 이런 현실 고발적인 회화를 불편해하며 배척했다. 하지만 시간이 흐르면서 평범한 삶에 대한 사회적 관심이 높아졌고, 미술계 역시 새로운 시선을 받아들이기 시작했다. 결국 ㉢그들에 대한 평가도 점차 긍정적으로 바뀌게 되었다.

① ⊙, ⓒ
② ⓒ, ⓒ
③ ⓒ, ㉢
④ ⊙, ⓒ, ㉢

## 14. (가)~(라)를 논리적 순서에 맞게 배열한 것은?

(가) 심리학자들은 인간이 얼마나 즉각적인 보상에 끌리는지를 알아보기 위해 다양한 실험을 설계해 왔다. 대표적인 것이 '마시멜로 실험'인데, 아이들에게 당장 마시멜로 하나를 먹을지, 일정 시간 기다려 두 개를 받을지를 선택하게 했다.

(나) 즉각적인 보상을 추구하는 성향은 생존 본능과 관련이 있다. 인류가 자원을 언제 다시 얻을 수 있을지 몰랐던 환경에 살던 시절, 눈앞의 보상을 놓치지 않는 성향은 오히려 적응에 유리했다.

(다) 하지만 현대 사회에서는 이러한 경향이 오히려 해로울 수 있다. 장기적인 목표를 위해 현재의 만족을 유보하는 능력이 개인의 성공이나 삶의 만족도에 더 큰 영향을 미치기 때문이다.

(라) '마시멜로 실험'은 단순한 선택을 넘어, 자기 통제력과 미래 예측 능력이 어떻게 인생의 궤적에 영향을 미치는지를 보여주며 오늘날에도 여전히 인용되고 있다.

① (가)-(다)-(나)-(라)
② (가)-(다)-(라)-(나)
③ (나)-(다)-(가)-(라)
④ (다)-(나)-(가)-(라)

**15.** 다음 글에서 ㉠의 원인으로 가장 적절한 것은?

> 한 미술관은 현대미술의 대중화와 감상 확대를 위해 특별한 전시 기획을 진행했다. 지하철역 출입구에 유명 작가들의 회화 작품을 전시해 출근길 시민들도 예술을 쉽게 접할 수 있도록 한 것이다. 작품 옆에는 작가의 의도와 작품 해설이 QR코드로 제공되었고, 조명을 설치해 작품이 눈에 띄게 배치되었다. 하지만 일주일간 관찰한 결과, ㉠ 작품 앞에 멈춰 선 시민은 전체 유동 인구 중 1%도 되지 않았다. 해설을 스캔한 사람은 그보다 더 적었다.

① 전시된 작품이 모두 초현실주의라 난해했기 때문이다.
② 출근 시간대에 시민들은 정해진 동선 외에는 관심을 보이지 않았기 때문이다.
③ QR코드를 인식할 수 있는 장비가 미술관 측에 없었기 때문이다.
④ 작품 조명이 시민의 눈을 자극했기 때문이다.

**16.** 다음 글에 대한 이해로 일치하지 않는 것은?

> '화가의 눈'은 세상이 감추고 있는 의미를 찾아가는 눈이다. 그것은 예술가에게만 주어진 것이 아니라, 누구나 잠재하고 있다. 그러나 익숙한 지식에 길들여진 우리의 맹목적인 시각이 이 눈을 가린다. 세잔이 말했듯, 우리가 빌려온 눈이 아닌 거짓 없는 눈으로 세상을 보면, 비밀로 가득한 세상이 모습을 드러낸다. 어린이의 눈에 세상이 비밀스럽게 보이는 것도 그 때문이다. 화가의 눈으로 그려진 작품은 숨겨진 의미를 포착한 소우주이며, 낯섦과 기대를 동시에 던진다. 하지만 이런 작품은 쉽게 해석되지 않는다. 그렇다고 해서 작품이 우리에게서 멀어져야 하는 것은 아니다. 우리는 여러 관점과 상상의 힘으로 대상을 이해하는 즐거움을 느낄 수 있기 때문이다. 이때 중요한 또 하나의 시각이 '대중의 눈'이다. 이는 작품의 의미를 다양하게 끌어내도록 돕는, 우리의 눈이다.

① 어린이의 눈에는 세상이 비밀로 가득 차 있는 것처럼 보인다.
② 대중의 눈은 예술 작품을 다양한 관점에서 이해하도록 돕는 역할을 한다.
③ 화가의 눈은 누구나 지니고 있으나, 익숙한 지식에 의해 가려질 수 있다.
④ 화가의 작품은 의미가 분명히 드러나기 때문에 별다른 해석 없이도 곧바로 이해된다.

**17.** 다음 글의 핵심 논지로 가장 적절한 것은?

> 역사 소설과 전기 문학은 모두 실존 인물을 중심으로 이야기를 전개하지만, 작가의 태도와 글쓰기 방식에는 뚜렷한 차이가 있다. 전기 문학은 인물의 생애를 사실에 근거하여 서술하고, 이를 통해 인물의 가치나 영향력을 드러내려 한다. 반면 역사 소설은 같은 인물을 다루더라도 상상력을 가미하여 인물의 감정, 행동, 상황을 구성함으로써 허구적 세계를 창조한다. 다시 말해, 전기는 '무엇이 실제로 있었는가'를 따지는 데 중점을 두고, 역사 소설은 '무엇이 있었을 수도 있는가'를 상상하는 데 집중한다. 이 차이는 곧 문학의 진실과 역사적 사실의 진실을 구분하는 기준이 된다.

① 역사 소설은 실존 인물을 배제하고 허구적 인물만을 중심으로 구성된다.
② 전기 문학과 역사 소설은 모두 사실보다는 상상에 의존하는 글쓰기 방식이다.
③ 전기 문학은 문학적 상상력을 강조하고, 역사 소설은 역사적 사실에 근거한다.
④ 전기 문학은 사실에 기반한 인물의 생애를 기술하고, 역사 소설은 상상력을 통해 허구의 이야기를 만든다.

**18.** 다음 글에서 추론할 수 있는 것만을 <보기>에서 모두 고른 것은?

> 사회학에서는 개인이 사회 내에서 수행하는 다양한 기능을 '역할'이라고 부른다. 예컨대, 한 사람이 동시에 부모, 직장인, 친구로 존재할 수 있는데, 이는 각각의 사회적 기대에 따라 특정한 행동이 요구되기 때문이다. 그러나 이러한 역할들은 항상 조화를 이루는 것은 아니다. 예를 들어, 직장에서의 과도한 업무 요구가 자녀 돌봄을 방해할 수 있고, 이는 역할 간 충돌로 이어진다. 이러한 갈등은 단지 시간의 문제만이 아니라, 상이한 가치와 규범이 충돌하기 때문에 생기는 것이다. 따라서 역할 갈등은 사회적 맥락 속에서 개인이 감당해야 할 복합적 긴장을 의미한다.

< 보 기 >
㉠ 역할 갈등은 개인이 동시에 여러 규범에 따라 행동해야 할 때 발생할 수 있다.
㉡ 역할 갈등은 개인 내부의 심리적 성향에 의해 주로 결정된다.
㉢ 사회적 역할은 특정 집단이 기대하는 행동 기준에 따라 형성된다.

① ㉠, ㉡
② ㉠, ㉢
③ ㉡, ㉢
④ ㉠, ㉡, ㉢

**19.** 다음 글을 이해한 것으로 <보기>에서 옳은 것만을 모두 고른 것은?

'만약 내가 절박한 상황에 부닥쳐, 지킬 생각을 하지도 않으면서 어떤 약속을 하는 것은 해서는 안 될 일이 아닌가?'라는 물음에 대한 대답을 가장 빠르고 또 가장 확실하게 찾으려면, 먼저 스스로 다음과 같이 물어보면 된다. 즉, "(거짓 약속을 통해 곤경을 벗어난다는) 나의 이러한 준칙이 보편 법칙으로서 (나와 다른 사람 모두에게) 마땅히 통용된다면, 과연 이 사실에 만족할 수 있을까?"라고 말이다.

그러면 나는, 곤경에 빠진 사람은 만일 다른 방법으로는 그로부터 빠져나올 수 없다고 생각하게 되면, 누구나 거짓 약속을 하게 될 것이라는 사실을 나는 깨닫게 된다. 그리하여 나는, 비록 내가 거짓말하는 것을 원할 수 있을지라도, 거짓말하는 것을 보편 법칙으로 만드는 일은 결코 원할 수 없다는 사실을 깨닫게 된다. 왜냐하면 그와 같은 법칙에 따르게 되면 약속이란 것은 아예 성립할 수조차 없을 것이기 때문이다.

나의 말을 믿지 않는 다른 사람들에게 미래의 행위에 관한 나의 의지를 이야기한다는 것은 아무 소용이 없는 일일 것이다. 또한 비록 그들이 경솔하게 나의 말을 믿게 될 때라도 그들은 다시금 나에게 같은 방식으로 보복하게 될 것이다. 결국 나의 그러한 준칙은, 그것이 보편 법칙으로 됨과 동시에 곧바로 파기되고 만다.

< 보 기 >
㉠ 나의 준칙은 언제나 보편 법칙이 될 수 없다.
㉡ 약속은 때에 따라서 인간관계를 불편하게 만들기도 한다.
㉢ 거짓 약속을 보편 법칙으로 통용된다는 의미는 약속 개념 자체의 파기를 뜻한다.

① ㉡
② ㉢
③ ㉠, ㉡
④ ㉡, ㉢

**20.** 다음 글을 이해한 것으로 <보기>에서 옳지 않은 것만을 모두 고른 것은?

정신에 대한 전통적인 설명에 따르면, 인간의 육체는 비물질적 실체인 영혼으로 가득 차 있으며 그 영혼이 때때로 유령이나 귀신의 모습으로 나타난다. 그러나 이 이론은 극복할 수 없는 문제에 부딪힌다. 그 유령이 어떻게 유형의 물질과 상호작용하는가? 무형의 비실체가 어떻게 번쩍이고 쿡 찌르고 빽 소리를 내는 외부 세계에 반응하고 팔다리를 움직이게 만드는가? 그뿐 아니라 정신은 곧 뇌의 활동임을 보여주는 엄청난 증거들도 극복할 수 없는 문제다. 오늘날 밝혀진 바에 따르면, 비물질적이라 생각했던 영혼도 칼로 해부되고, 화학물질로 변질되고, 전기로 나타나거나 사라지고, 강한 타격이나 산소 부족으로 인해 소멸하곤 한다. 현미경으로 보면 뇌는 풍부한 정신과 완전히 일치하는 대단히 복잡한 물리적 구조를 갖추고 있다.

정신을 어떤 특별한 형태의 물질에서 발생하는 것으로 보는 견해도 있다. 다윈은 뇌가 정신을 '분비한다'라고 적었고, 최근에 철학자 존 설은 유방의 세포 조직이 젖을 만들고 식물의 세포 조직이 당분을 만드는 것처럼, 뇌 조직의 물리화학적 특성들이 정신을 만들어 낸다고 주장했다. 그러나 뇌종양 조직이나 접시 안의 배양 조직은 물론이고 모든 동물의 뇌 조직에도 똑같은 종류의 세포막, 기공, 화학물질들이 존재한다는 사실을 생각해 보라. 그 모든 신경세포 조직이 같은 물리화학적 특성들을 갖고 있지만, 그것들 모두가 인간과 같은 지능을 보이진 않는다. 물론 인간 뇌를 구성하는 세포 조직의 어떤 측면이 우리의 지능에 필수적인 것은 사실이지만, 그 물리적 특성들로는 충분하지 않다. 벽돌의 물리적 특성으로는 음악을 설명하기에 불충분한 것과 같다. 중요한 것은 신경세포 조직의 '패턴' 속에 존재하는 어떤 것이다.

< 보 기 >
㉠ 다윈과 존 설은 뇌 조직이 인간 정신의 근원이라고 주장했다.
㉡ 지능에 대한 전통적 설명 방식은 내적 모순으로부터 자유롭지 않다.
㉢ 인간의 뇌를 구성하는 세포 조직의 물리적 특성은 인간 지능의 필요충분조건이다.

① ㉡
② ㉢
③ ㉠, ㉡
④ ㉡, ㉢

# 영 어

1. 밑줄 친 부분에 들어갈 말로 가장 적절한 것을 고르시오.

   Mediterranean cultures like Italy are very open to all kinds of embracing, but countries in northern Europe _____ physical contact with strangers.

   ① advocate
   ② dedicate
   ③ pursue
   ④ detest

2. 밑줄 친 부분에 들어갈 말로 가장 적절한 것을 고르시오.

   Korea boasts of being the world's 10th largest economy. However, without _____ corruption, Korea has limits to economic and social progress.

   ① alternating
   ② excavating
   ③ conserving
   ④ uprooting

3. 다음 밑줄 친 부분 중 어법상 틀린 것은?
   ① Eloquent though she was, she could not persuade him.
   ② So vigorous did he protest that they reconsidered his case.
   ③ The sea has its currents, so do the river and the lake.
   ④ Only in this way is it possible to explain their actions.

4. 밑줄 친 부분 중, 어법상 틀린 것은?

   The pilot rigidly said that he might as well ① give up piloting as ② surrender to the enemy. He ③ cannot have accepted to give in to threats. He insisted that a soldier ④ took his responsibility.

5. 밑줄 친 부분 중, 어법상 틀린 것은?

   If you lead a healthy life, you will be able to get better ① much more quickly. We can all postpone ② doing things that we think ③ damages the body, such as smoking cigarettes, drinking alcohol or ④ taking harmful drugs.

6. 다음 대화의 빈칸에 들어갈 말로 가장 적절한 것은?

   **Jin**
   Hey, did you get permission to use the school bulletin board?
   2:45 pm

   **Mina**
   Yes, I just got approval from the teacher! _____?
   2:46 pm

   **Jin**
   Sure! I'd love to know what you're planning to post.
   2:47 pm

   **Mina**
   I'm making a poster for the club event next week!
   2:48 pm

   **Jin**
   That's terrific. Let me know if you need help designing it.
   2:49 pm

   **Mina**
   Thanks! I'll show you the draft tomorrow.
   2:49 pm

   ① Did you have to wait long for the teacher's answer
   ② Do you want to hear the idea for the poster design
   ③ Is the event going to be held in the school auditorium
   ④ Did you check the rules for using the bulletin board

7. 다음 글의 흐름상 가장 어색한 문장은?

   There is an increasing body of evidence that shows the time of the day that we take medicine makes a difference to how successful the treatment will be. ① Asthma sufferers, for example, are several hundred times more likely to have an attack at night than during the day. ② Doctors, however, are still taught to prescribe equal doses of medication across the course of the day. ③ Success in treatment is to some degree dependent on the cooperation between the patient and the doctor. ④ Physicians working in the field are calling for medical training to include education on the daily rhythms of illness and research into time specific treatment.

8. 밑줄 친 부분에 들어갈 말로 가장 적절한 것을 고르시오.

She is prettier _____ in this office.

① than all the other girls
② than any other girls
③ as any other girl
④ as any other girls

9. 다음 대화의 빈칸에 들어갈 말로 가장 적절한 것은?

A: Thanks again for helping me take my little sister to the hospital tomorrow.
B: No problem! _____
A: We need to be there by 10 a.m., so let's leave early.
B: Got it. I'll bring her ID and insurance card just in case.
A: That would be great. I'll also pack some snacks in case we have to wait.
B: Good idea. I'll make sure the car has enough gas.
A: Thanks. I'm a little nervous, but I'm glad you're coming with us.
B: Don't worry, everything will be fine.
A: She's been scared about the visit, so maybe you can help keep her calm.
B: Of course, I'll do my best to make her feel better.

① What time should I get to your place?
② You should be careful driving to the hospital.
③ Is it better to visit the hospital in the evening?
④ You will probably need to reschedule the visit.

10. 다음 글의 제목으로 가장 적절한 것은?

A woman who had been receiving treatment for skin cancer at a clinic on a regular basis began to procrastinate about going in for periodic examinations and care. When her family asked why she had not gone in on schedule, she replied, "They gave me a new dermatologist, and he's not very nice. He treats me like a number, and I feel uncomfortable talking to him — he talks down to me when I ask him questions." Many patients have stories about negative experiences with doctors, and these experiences can lead people to delay or stop getting the medical attention they need. These stories often involve the doctor's hurried manner, insensitivity, lack of responsiveness, failure to explain the medical problem or the treatment, or unwillingness to involve the client in planning the treatment.

① Treating Anxiety Disorders with Psychotherapy
② Where on Earth Is the Doctor's Good Attitude?
③ Why Are Patients Afraid to Go See a Doctor?
④ The Causes of Doctor's Unkind Manners

11. 다음 글의 내용과 일치하지 않는 것은?

**Sustainable Travel Workshop 2025**

Introduction

With growing concern about climate change, many travelers are seeking ways to reduce their environmental impact. The Sustainable Travel Workshop 2025 offers participants practical strategies for eco-friendly tourism, helping them make responsible choices when exploring new places.

Workshop Activities

Attendees learn how to minimize carbon emissions by choosing greener transportation options and staying at eco-certified accommodations. They take part in interactive sessions cover topics such as ethical wildlife tourism, reducing plastic waste, and supporting local communities through fair trade.

Benefits and Outcomes

Participants report feeling more empowered to travel responsibly after the workshop. Organizers provide resources and follow-up materials to help attendees continue making sustainable decisions on future trips. Some even join online communities to share tips and experiences with like-minded travelers.

① The workshop teaches travelers how to make eco-friendly choices.
② Attendees participate in interactive sessions on ethical wildlife tourism.
③ Organizers provide follow-up materials and resources after the workshop ends.
④ Organizers do not offer any follow-up materials after the event.

12. 다음 글의 빈칸에 들어갈 말로 가장 적절한 것은?

When people began to bind books with pages that could be turned rather than unrolled like papyrus, the process of _____ changed. Now the reader could easily move backward in the text to find a previously read passage or browse between widely separated sections of the same work. With one technological change, cross-referencing became possible, while the physical space needed to house a collection of books was sharply reduced. Page numbers became a possibility, as did indexes; tables of contents became workable references.

*papyrus: 파피루스

① abusing technology
② finding information
③ eliminating documents
④ creating characters

[13~14] 다음 글을 읽고 물음에 답하시오.

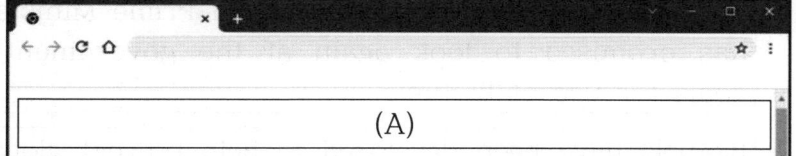

(A)

Maintaining good friendships is essential for emotional well-being and personal growth. People with strong social connections tend to experience less stress, greater happiness, and better mental health.

Efforts to build positive relationships often start in childhood but become especially important during teenage years, when peer influence is strongest. Schools and families play key roles in helping young people develop empathy, communication skills, and respect for others.

Today, social media adds both opportunities and challenges to friendships. While it allows people to stay connected easily, it can also lead to misunderstandings or feelings of exclusion. Practicing kindness, listening actively, and setting healthy boundaries are essential for maintaining strong and respectful friendships.

**You can strengthen your friendships:**
☐ Show appreciation and gratitude
☐ Spend quality time together
☐ Support friends during difficult times

13. (A)에 들어갈 윗글의 제목으로 가장 적절한 것은?
① The Importance of Setting Social Boundaries
② Building and Maintaining Positive Friendships
③ How Technology Replaces Real-Life Friends
④ Overcoming Peer Pressure in School

14. 윗글에서 캠페인에 관한 내용과 일치하지 않는 것은?
① 강한 사회적 연결을 가진 사람들은 스트레스가 적게 느껴진다.
② 긍정적인 관계를 쌓는 노력은 청소년기에 특히 중요해진다.
③ 소셜 미디어는 교우관계에서 항상 긍정적인 역할만 한다.
④ 친구를 도우며 어려운 시기를 함께하는 것은 우정을 강화할 수 있다.

[15~16] 다음 글을 읽고 물음에 답하시오.

**Announcing Community Events**

We would like to inform all residents that the location of the upcoming parade has been changed. Due to unexpected road construction, the parade will no longer take place on Main Street. Instead, it will be held on Riverside Avenue.

Please check the updated route on the city's official website or the flyers <u>distributed</u> in your neighborhood. We apologize for any inconvenience this may cause and thank you for your understanding and cooperation.

Additionally, extra staff and volunteers will be stationed along the new parade route to help guide residents and manage the crowd. We encourage everyone to follow their instructions to ensure a smooth and enjoyable event for all participants.

15. 밑줄 친 distributed의 의미와 가장 가까운 것은?
① collected
② delivered
③ removed
④ stored

16. 윗글의 목적으로 가장 적절한 것은?
① to inform about the change of the parade location
② to describe the history of the community parade
③ to invite residents to join a neighborhood meeting
④ to explain the purpose of the road construction

17. 주어진 문장 다음에 이어질 글의 순서로 가장 적절한 것은?

Experienced travel agents of yesterday are being rapidly replaced by new ones who have less firsthand knowledge of destinations. What this new breed faces are clients who do not know much about geography but have leisure time and money at their disposal. The solution is to equip these less knowledgeable travel agents with computer and video technology to help them match clients with right destinations.

(A) The client then views video programs on those destinations that seem most appealing, and finalizes his or her vacation plan. This way, travel agencies use modern technology to compensate for the inexperience of many agents on their payroll.

(B) Responses collected are fed into a computer program to produce a list of suggested destinations and itinerary options matched to the client's preferences.

(C) The key is to ask a client about his or her preferred vacation in mind. Included might be specific requests the representatives of which are "I don't like to pack and unpack repeatedly," or "I don't like to quickly move around and see many things."

① (A)-(C)-(B)
② (B)-(A)-(C)
③ (C)-(A)-(B)
④ (C)-(B)-(A)

18. 다음 글의 목적으로 가장 적절한 것은?

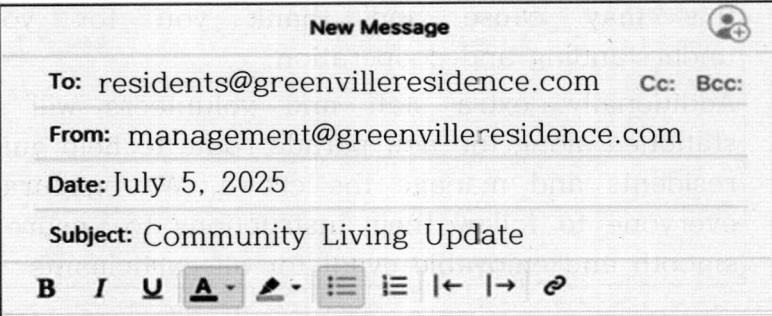

Dear Greenville Residence Tenants,

We hope this message finds you well. We would like to inform you that one of our residents has begun interior decoration work in their unit, which will involve construction noise during daytime hours. We sincerely apologize for any inconvenience this may cause and appreciate your understanding as we work to accommodate the resident's improvement plans.

The renovation work is expected to take place between July 10 and July 20, between 9 a.m. and 5 p.m. daily. We kindly ask for your patience during this period and recommend planning accordingly if you are sensitive to noise.

If you have any urgent concerns or experience excessive disturbances, please contact the building management office. We are committed to ensuring a comfortable living environment for all residents and will do our best to address any issues promptly.

Thank you for your cooperation.

Greenville Residence Management

① to request understanding for renovation noise in an apartment
② to announce the completion of a major apartment renovation
③ to inform tenants about a scheduled maintenance inspection
④ to introduce a new noise reduction policy for the building

19. 주어진 문장이 들어가기에 가장 적절한 곳은?

Following this argument, the British Prime Minister has promised to look again at the government's goals for use of biofuels.

Biofuels have been developed to help prevent global warming by cutting down the greenhouse gas emissions produced by regular fuels. However, they have also been criticized for using land and resources that could be used for food production. ( ① ) For example, biofuels are made from various natural materials such as corn, soybeans, wheat, and sugar cane. ( ② ) Prices of a number of food types used for biofuels have doubled in the last couple of years. ( ③ ) Thus the World Bank and the United Nations held there should be a review of the approach to biofuels. ( ④ ) On the other hand, the Thailand Prime Minister attacked the World Bank and the United Nations, saying that they criticized biofuel producers while supporting oil exporters.

20. 다음 글의 내용과 일치하는 것은?

**YOUTH ROBOTICS CHALLENGE 2025**

**Event Introduction**

The Greenville Innovation Center invites middle and high school students to join the 2025 Youth Robotics Challenge, where teams will design and build robots to complete a series of fun and complex tasks. This event encourages creativity, teamwork, and problem-solving.

**Registration Guidelines**

Participants must be between the ages of 12 and 18. Teams can register online by March 15. The registration fee is $100 per team, covering materials and access to the Innovation Lab.

**Competition Schedule**

Preliminary rounds will be held on April 12 and 13, with the final competition taking place on April 20. All events will be hosted at the Greenville Innovation Center, and the top three teams will receive awards.

**Awards Ceremony**

At the end of the challenge, families and friends are welcome to attend the awards ceremony and watch the top teams showcase their winning robots in action.

① The event invites middle and high school students to design and build robots.
② Only students aged 15 and older can register for the competition.
③ The final round of the competition will be held on April 22.
④ Only participants are allowed to attend the awards ceremony.

# 한 국 사

1. 다음 유물이 처음 사용된 시대에 대한 설명으로 옳은 것은?

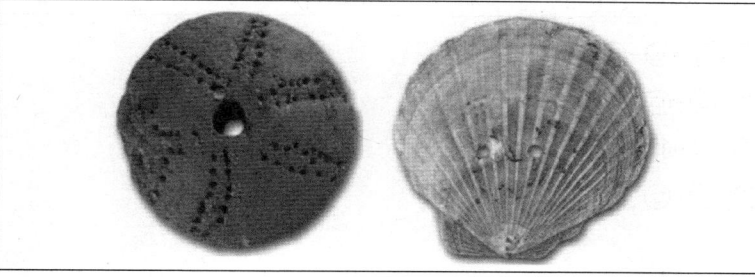

① 고인돌과 돌무지 무덤을 만들었다.
② 사유재산제도와 계급이 출현하였다.
③ 애니미즘, 토테미즘 등이 등장하였다.
④ 이동 생활을 하며 사냥과 채집을 하였다.

2. (가)에 들어갈 국가에 대한 설명으로 옳지 않은 것은?

> 법흥왕 19년에 (가)의 왕인 김구해가 왕비와 세 명의 아들, 즉 첫째 노종, 둘째 무덕, 막내 무력을 데리고 나라의 창고에 있던 보물을 가지고 와서 항복하였다.

① 김수로가 건국하였다.
② 중계 무역이 발달하였다.
③ 국사를 총괄하는 대대로를 선출하였다.
④ 고구려 군대의 공격을 받고 거의 몰락하였다.

3. 다음은 백제 어느 국왕 때의 세력 판도를 나타낸 지도이다. 이 국왕의 업적으로 옳은 것은?

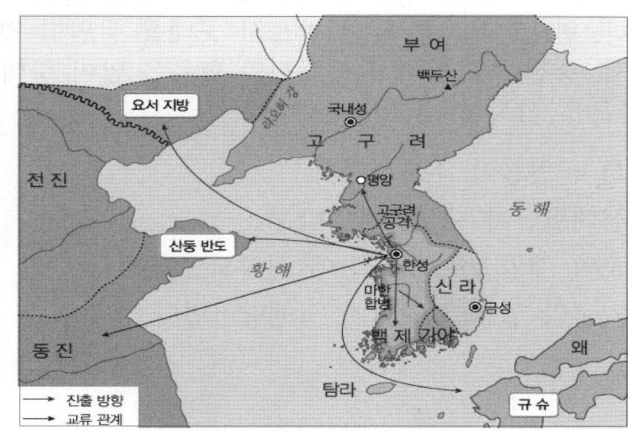

① 불교를 수용하였다.
② 노리사치계를 일본에 보냈다.
③ 신라와 나·제 동맹을 체결하였다.
④ 왕위의 부자 상속제를 확립하였다.

4. 다음 역사적 사실들을 순서대로 바르게 나열한 것은?

> ㉠ 나·당 연합군이 평양성을 함락시켰다.
> ㉡ 계백의 결사대가 황산벌에서 패배하였다.
> ㉢ 신라가 기벌포에서 당군을 크게 물리쳤다.
> ㉣ 백제 부흥군이 백강에서 나·당 연합군과 전투를 벌였다.

① ㉡-㉣-㉠-㉢
② ㉡-㉣-㉢-㉠
③ ㉡-㉢-㉠-㉣
④ ㉣-㉡-㉠-㉢

5. 고려의 지방 행정 제도에 대한 설명으로 옳은 것을 모두 고르면?

> ㉠ 성종 때 12목을 설치하였다.
> ㉡ 지방의 모든 군현에 지방관이 파견되었다.
> ㉢ 일반 행정 구역인 5도에 안찰사가 파견되었다.
> ㉣ 특수 행정구역인 향·소·부곡이 모두 소멸되었다.

① ㉠, ㉡
② ㉠, ㉢
③ ㉡, ㉢
④ ㉢, ㉣

6. 다음 자료와 관련 있는 국왕에 대한 설명으로 옳은 것은?

> 3. 왕위 계승은 적자·적손을 원칙으로 할 것
> 4. 중국의 제도와 꼭 같게 할 필요는 없으며, 거란과 같은 야만국의 풍속을 본받지 말 것
> 5. 서경은 수덕이 순조로워 우리나라 지맥의 근본이니 후세의 왕들이여, 100일간 그곳에서 머물라.

① 상평창을 설치하였다.
② 노비안검법을 만들었다.
③ 서경 천도를 추진하였다.
④ 사심관 제도를 실시하였다.

7. 밑줄 친 '그'의 재위 기간에 있었던 사실로 옳은 것은?

   > 그는 불교를 신봉하여 흥왕사를 준공하였다. 왕자 후(煦)를 출가시켜 승려가 되게 하였는데, 그가 곧 대각국사 의천이다. 불교뿐만 아니라 유학도 장려하여 최충의 9재를 비롯한 12도의 사학(私學)을 진흥시켰다.

   ① 주전도감을 설치하였다.
   ② 강조가 정변을 일으켰다.
   ③ 경정 전시과를 시행하였다.
   ④ 지방에 경학박사를 파견하였다.

8. 다음 밑줄 친 '그'와 관련된 내용으로 옳은 것은?

   > 그는 선과 교학이 근본에 있어 둘이 아니라는 정혜쌍수를 사상적 바탕으로 삼았으며, 선종을 중심으로 교종을 통합하고자 하였다. 그리고 수선사 결사 운동을 주도하여 불교계의 타락상을 비판하고, 승려 본연의 자세로 돌아가 독경과 선 수행, 노동에 고루 힘쓰자고 하였다.

   ① 돈오점수
   ② 백련사결사
   ③ 유불일치설
   ④ 해동천태종

9. 밑줄 친 '그'에 대한 설명으로 옳은 것은?

   > 그는 왕권을 안정시키기 위해 권세 있는 신하는 공신이든 처남이든 가리지 않고 처단하고, 6조를 직접 장악하여 의정부 재상 중심의 정책 운영을 국왕 중심 체제로 바꾸었다.

   ① 공법을 만들었다.
   ② 호패법을 실시하였다.
   ③ '경국대전'을 편찬하였다.
   ④ 훈민정음이 창제·반포하였다.

10. 다음 업적을 세운 국왕의 재위 기간에 있었던 일로 옳은 것은?

    > ○ 세자 시절에 분조(分朝)를 이끌며 일본군에 항전
    > ○ 임진왜란 때 소실된 궁궐의 중건, 사고의 정비
    > ○ 허준에게 명해 '동의보감'을 완성하게 함

    ① 무오사화가 일어났다.
    ② 예송논쟁이 발생하였다.
    ③ 훈련도감을 설치하였다.
    ④ 북인이 정권을 장악하였다.

11. 다음 사건들을 순서대로 바르게 나열한 것은?

    > ㉠ 신해통공을 시행하였다.
    > ㉡ 경신환국이 발발하였다.
    > ㉢ 이인좌가 반란을 일으켰다.
    > ㉣ 공노비 6만여 명을 해방시켰다.

    ① ㉠-㉡-㉢-㉣
    ② ㉡-㉢-㉠-㉣
    ③ ㉡-㉢-㉣-㉠
    ④ ㉢-㉡-㉠-㉣

12. 다음 시기의 경제 상황에 대한 설명으로 옳지 못한 것은?

    > 옷차림은 신분의 귀천을 나타내는 것이다. 그런데 어찌된 까닭인지 근래 이것이 문란해져 상민과 천민이 갓을 쓰고 도포를 입는 것이 마치 조정의 관리나 선비같이 한다. 진실로 한심스럽기 짝이 없다. 심지어, 시전 상인이나 군역을 지는 상민까지도 서로 양반이라 부른다.

    ① '농사직설' 등 농서가 편찬되었다.
    ② 밭농사에서는 견종법이 보급되었다.
    ③ 면화, 담배 등 상품 작물을 재배하였다.
    ④ 강경, 원산 등이 상업 중심지로 성장하였다.

13. (가)에 들어갈 역사적 사건에 대한 설명으로 적절한 것은?

    > (가)는/은 실패할 수밖에 없을 것이다. 그 이유는 다음과 같다. 첫째, 임금을 위협하여 자신들의 뜻을 관철하려 하기 때문이다. … 넷째, 청군이 처음에는 연유를 몰라 가만히 있으나, 한 그 이유를 알면 반드시 군대를 동원할 것이다. 다섯째, 중전이 가까이하는 중전의 혈육을 많이 죽여 중전의 마음을 설득할 수 없을 것이다.

    ① 구식 군인들이 주도하였다.
    ② 흥선대원군이 재집권하였다.
    ③ 청군의 개입으로 3일 만에 진압되었다.
    ④ 별기군의 일본인 교관이 살해당하였다.

14. 다음 역사적 사실들을 순서대로 바르게 나열한 것은?

㉠ 대한제국의 군대를 해산하였다.
㉡ 대한제국의 사법권을 빼앗았다.
㉢ 대한제국의 외교권을 박탈하였다.
㉣ 1차 한·일 협약으로 고문을 두어 내정을 간섭하였다.

① ㉡ - ㉣ - ㉠ - ㉢
② ㉡ - ㉣ - ㉢ - ㉠
③ ㉣ - ㉠ - ㉢ - ㉡
④ ㉣ - ㉢ - ㉠ - ㉡

15. 밑줄 친 ㉠과 ㉡의 사건에 대한 설명으로 옳은 것은?

㉠ 조선 국왕이 프랑스 주교 2인과 선교사 9인 그리고 신도 다수를 살해했다고 한다. 조선 국왕이 프랑스 신부를 잔살하는 날은 곧 조선국 최후 멸망의 날이 될 것이다. ㉡ 수일 내로 조선 정복을 위해 출정할 것이다.
- 「벨로네 서한」 -

① ㉠ - 동학 교조 최제우도 함께 처형되었다.
② ㉡ - 한성근과 양헌수의 부대가 활약했다.
③ ㉡ - 프랑스 군이 '직지심체요절' 등을 약탈하였다.
④ ㉠, ㉡ - 제너럴 셔먼호 사건의 원인이 되었다.

16. 다음 의병 활동에 대한 설명으로 옳은 것은?

군사장은 미리 군비를 신속히 정돈하여 철통과 같이 함에 한 방울의 물도 샐 틈이 없는지라. 이에 전군에 명령을 내려 일제히 진군을 재촉하여 동대문 밖으로 진군하였다. … 그 목적은 서울로 들어가 통감부를 쳐부수고 성하(城下)의 맹(盟)을 이루어 저들의 소위 신협약 등을 파기하여 대대적 활동을 기도함이라.

① 최익현·민종식 등이 활약했다.
② 고종의 해산 명령으로 해산하였다.
③ 단발령 실시에 항거하여 일어났다.
④ 연합 의병 부대인 13도 창의군이 결성되었다.

17. 대한민국 임시정부에 대한 설명으로 옳지 않은 것은?
① 기관지로 독립신문을 간행하였다.
② 총 5차례에 이르는 개헌이 이루어졌다.
③ 3권 분립에 입각한 민주 공화제 정부이다.
④ 국민 대표 회의 이후, 더욱 활발히 활동하였다.

18. 다음 사건이 발생한 이후에 전개된 사실로 옳은 것은?

좌익 세력의 무장 봉기 이후 7년여에 걸쳐 제주도의 수많은 양민들이 학살된 사건이다. 주민들은 남한만의 단독 선거 반대 등을 주장하며 무장봉기 했으나 정부는 이들을 무력으로 진압했고 그 과정에서 수많은 희생자가 발생했다. 2025년 이 사건 관련 기록물이 유네스코 문화유산으로 등재되었다.

① 5·10 총선거가 실시되었다.
② 1차 미소 공동 위원회가 개최되었다.
③ 좌·우 합작 운동을 주도하던 여운형이 암살되었다.
④ 유엔 총회에서 인구 비례에 의한 총선거가 의결되었다.

19. 다음 의거를 주도한 단체에 대한 설명으로 옳은 것은?

3월 28일, 상하이에 모습을 드러낸 일본 육군 대장이 하선하여 몇 발자국 걸음을 옮기기 시작했을 때, 오성륜의 권총이 불을 뿜어 두 발이 발사되었다. 그런데 불운하게도 서양 여인 한 사람이 그 탄환에 맞아 쓰러졌다. 깜짝 놀란 일본 육군 대장이 대기 중인 자동차를 향해 달음박질치자, 김익상이 그를 겨누어 권총 두 발을 쏘았는데 빗맞아 모자만 꿰뚫었다.

① '흑색 공포단'이라 불리었다.
② 박상진을 중심으로 군대식 조직을 갖추었다.
③ 신흥 무관 학교 출신의 인물을 중심으로 조직되었다.
④ 단원인 강우규가 사이토 총독에게 폭탄을 투척하였다.

20. 다음 전투에 참여한 부대에 대한 설명으로 옳은 것은?

대전자령의 공격은 이천만 대한 인민을 위하여 원수를 갚는 것이다. 총알 한 개 한 개가 우리 조상 수천 수만의 영혼이 보우하여 주는 피의 사자이니 제군은 단군의 아들로 굳세게 용감히 모든 것을 희생하고 만대 자손을 위하여 최후까지 싸우라.
- 지청천, 1933년 중국 대전자령 전투에 앞서서 -

① 쌍성보에서 일본군을 격파하였다.
② 대한민국 임시 정부의 직할 부대이다.
③ 미군과 협력하여 국내 진공 작전을 계획하였다.
④ 중국 관내에서 결성된 최초의 한인 무장 부대였다.

# 행정법총론

1. 행정법의 효력에 관한 「행정기본법」의 내용으로 옳은 것은?
   ① 새로운 법령등은 법령등에 특별한 규정이 있는 경우를 제외하고는 그 법령등의 효력 발생 전에 완성되거나 종결되지 아니한 사실관계 또는 법률관계에 대해서는 적용되지 아니한다.
   ② 법령등의 시행일을 정하거나 계산할 때에는 법령등을 공포한 날부터 일정 기간이 경과한 날부터 시행하는 경우 법령등을 공포한 날을 첫날에 산입한다.
   ③ 법령등의 시행일을 정하거나 계산할 때에는 법령등을 공포한 날부터 일정 기간이 경과한 날부터 시행하는 경우 그 기간의 말일이 토요일 또는 공휴일인 때에는 그 말일로 기간이 만료한다.
   ④ 법령등을 위반한 행위의 성립과 이에 대한 제재처분은 법령등에 특별한 규정이 있는 경우를 제외하고는 제재처분이 행해지는 당시의 법령등에 따른다.

2. 행정절차에 대한 설명으로 옳은 것은? (다툼이 있는 경우 판례에 의함)
   ① 처분의 처리기간에 관한 규정은 강행규정이므로 행정청이 처리기간이 지나 처분을 하였다면 이는 처분을 취소할 절차상 하자로 볼 수 있다.
   ② 영업시간 제한 등 처분의 대상인 대규모 점포 중 개설자의 직영매장 이외에 개설자에게서 임차하여 운영하는 임대매장이 병존하는 경우에도, 전체 매장에 대하여 법령상 대규모 점포 등의 유지·관리책임을 지는 개설자만이 처분 상대방이 되고, 임대매장의 임차인이 별도로 처분 상대방이 되는 것은 아니다.
   ③ 신청에 대한 거부처분은 '당사자의 권익을 제한하는 처분'에 해당하므로 처분의 사전통지대상이 된다.
   ④ 「행정절차법」상 사전통지 및 의견제출에 대한 권리를 부여하고 있는 '당사자등'에는 불이익처분의 직접 상대방인 당사자와 행정청이 직권으로 또는 신청에 따라 행정절차에 참여하게 한 이해관계인, 그 밖에 제3자가 포함된다.

3. 「행정조사기본법」에 대한 설명으로 옳지 않은 것은? (다툼이 있는 경우 판례에 의함)
   ① 「행정조사기본법」 제5조 단서에서 정한 '조사대상자의 자발적인 협조를 얻어 실시하는 행정조사'는 개별 법령 등에서 행정조사를 규정하고 있는 경우에도 실시할 수 있다.
   ② 행정조사는 법령등 또는 행정조사운영계획으로 정하는 바에 따라 정기적으로 실시함을 원칙으로 하나, 법령등의 위반에 대한 신고를 받거나 민원이 접수된 경우에는 수시조사를 할 수 있다.
   ③ 「행정조사기본법」 제4조(행정조사의 기본원칙)는 형사·형행에 관한 사항에도 적용된다.
   ④ 자발적인 협조에 따라 실시하는 행정조사에 대하여 조사대상자가 조사에 응할 것인지에 대한 응답을 하지 아니하는 경우에는 법령 등에 특별한 규정이 없는 한 그 조사에 동의한 것으로 본다.

4. 국가배상에 대한 설명으로 옳은 것은? (다툼이 있는 경우 판례에 의함)
   ① 구 「군인연금법」이 정하고 있는 급여 중 사망보상금은 일실손해의 보전을 위한 것으로 불법행위로 인한 소극적 손해배상과 같은 종류의 급여이므로, 군복무 중 사망한 망인의 유족이 국가배상을 받은 경우 국가는 사망보상금에서 소극적 손해배상금 상당액을 공제할 수 있을 뿐, 이를 넘어 정신적 손해배상금 상당액까지 공제할 수는 없다.
   ② 외국인이 피해자인 경우에는 해당 국가와 상호보증이 있을 때에만 「국가배상법」이 적용되며, 상호보증은 해당 국가와 조약이 체결되어 있어야 한다.
   ③ 배상청구권의 시효와 관련하여 '가해자를 안다는 것'은 피해자나 그 법정대리인이 가해 공무원의 불법행위가 그 직무를 집행함에 있어서 행해진 것이라는 사실까지 인식함을 요구하지 않는다.
   ④ 「국가배상법」 제2조 제1항 단서의 면책조항은 전투·훈련 또는 이에 준하는 직무집행에 관하여만 국가 등의 배상책임을 제한하는 것일 뿐, '일반 직무집행'에 관해서는 적용되지 않는다.

5. 행정행위의 하자에 대한 설명으로 옳은 것은? (다툼이 있는 경우 판례에 의함)
   ① 환경영향평가법령에서 요구하는 환경영향평가절차를 거쳤더라도 그 내용이 다소 부실한 경우, 그 부실의 정도가 환경영향평가를 하지 아니한 것과 마찬가지인 정도가 아니라면 이는 당해 사업계획승인처분 등의 취소사유에 해당한다.
   ② '4대강 살리기 사업' 중 한강 부분에 관한 각 하천공사시행계획 및 각 실시계획승인처분에 보의 설치와 준설 등에 대한 예비타당성조사를 실시하지 아니한 하자는 예산 자체의 하자가 되며 이에 따라 해당 하천 부분에 관한 각 하천공사시행계획 및 각 실시계획승인처분의 하자도 인정된다.
   ③ 어떤 행정처분이 실효의 법리를 위반하여 위법한 것이라고 하더라도, 이는 행정처분의 취소사유에 해당할 뿐 당연무효사유는 아니다.
   ④ 「공인중개사법」 위반으로 업무정지처분을 받고 그 업무정지기간 중 중개업무를 하였다는 이유로 중개사무소개설등록취소처분을 받은 경우, 양 처분은 서로 결합하여 1개의 법률효과를 완성하는 때에 해당한다고 볼 수 있으므로, 선행처분인 업무정지처분에 존재하는 취소사유인 하자를 후행처분인 중개사무소개설등록취소처분에 대한 취소소송에서 주장할 수 있다.

6. 행정행위에 대한 설명으로 옳은 것은? (다툼이 있는 경우 판례에 의함)
   ① 속임수나 그 밖의 부당한 방법으로 보험자에게 요양급여비용을 부담하게 한 요양기관이 폐업한 때에는 폐업 후 그 요양기관의 개설자가 새로 개설한 요양기관에 대하여 업무정지처분을 할 수 있다.
   ② 「관세법」 제78조 소정의 보세구역의 설영특허는 보세구역의 설치, 경영에 관한 권리를 설정하는 이른바 공기업의 특허로서 그 특허의 부여 여부는 행정청의 자유재량에 속하며, 특허기간이 만료된 때에 특허는 당연히 실효되는 것이어서 특허기간의 갱신은 실질적으로 권리의 설정과 같으므로 그 갱신여부도 특허관청의 자유재량에 속한다.
   ③ 무허가건물을 무허가건물관리대장에 등재하거나 등재된 내용을 변경 또는 삭제하는 경우 그로 인하여 당해 무허가 건물에 대한 실체상의 권리관계에 변동을 가져오게 되므로, 행정청이 무허가건물을 무허가건물관리대장에서 삭제하는 행위는 다른 특별한 사정이 없는 한 항고소송의 대상이 되는 행정처분에 해당한다.
   ④ 공유수면매립준공인가처분을 하면서 매립지 일부에 대하여 한 국가 및 지방자치단체에의 귀속처분은 부관 중 부담에 해당하므로 독립하여 행정소송 대상이 될 수 있다.

7. 취소소송의 심리에 대한 설명으로 옳은 것은? (다툼이 있는 경우 판례에 의함)
   ① 집행정지결정을 한 후 본안소송이 취하되어 소송이 계속하지 아니한 것으로 되더라도 법원의 취소결정이 없는 한 집행정지결정의 효력이 당연히 소멸되는 것은 아니다.
   ② 처분사유의 추가 또는 변경에 있어서, 추가 또는 변경된 사유가 당초의 처분시 그 사유를 명기하지 않았을 뿐 처분시에 이미 존재하고 있었고 당사자도 그 사실을 알고 있었다 하여 당초의 처분사유와 동일성이 있는 것이라 할 수 없다.
   ③ 법원이 어느 하나의 사유에 의한 과징금부과처분에 대하여 그 사유와 기본적 사실관계의 동일성이 인정되지 아니하는 다른 처분사유가 존재한다는 이유로 적법하다고 판단하는 것은 특별한 사정이 없는 한 직권심사주의의 한계를 넘는 것이 아니다.
   ④ 행정청에 대한 거부처분의 효력을 정지하면 거부처분이 없었던 것과 같은 상태, 즉 거부처분이 있기 전의 신청시의 상태로 되돌아가는 바, 결국 거부처분의 효력정지는 그 거부처분으로 인하여 신청인에게 생길 손해를 방지하는 데 필요하므로 신청인에게는 그 효력정지를 구할 이익이 있다.

8. 행정입법에 대한 설명으로 옳지 않은 것은? (다툼이 있는 경우 판례에 의함)
   ① 법령보충적 행정규칙은 물론이고 재량권 행사의 준칙이 되는 행정규칙이 행정의 자기구속원리에 따라 대외적 구속력을 가지는 경우에는 헌법소원의 대상이 될 수 있다.
   ② 행정청의 위법한 처분등의 취소 또는 변경을 구하는 취소소송의 대상이 될 수 있는 것은 구체적인 권리의무에 관한 분쟁이어야 하고 일반적, 추상적인 법령이나 규칙 등은 그 자체로서 국민의 구체적인 권리의무에 직접적 변동을 초래케 하는 것이 아니므로 그 대상이 될 수 없다.
   ③ 행정규칙의 내용이 상위법령이나 법의 일반원칙에 반하는 것이라면 행정내부적 효력도 인정될 수 없다.
   ④ 행정관청 내부의 사무처리규정에 불과한 전결규정에 위반하여 원래의 전결권자 아닌 보조기관 등이 처분권자인 행정관청의 이름으로 행정처분을 한 경우, 그 처분은 권한 없는 자에 의하여 행하여진 것으로 무효이다.

9. 영업양도에 대한 설명으로 옳지 않은 것은? (다툼이 있는 경우 판례에 의함)
   ① 영업양도행위가 무효임에도 행정청이 승계신고를 수리하였다면 양도자는 민사쟁송이 아닌 행정소송으로 신고수리처분의 무효확인을 구할 수 있다.
   ② 사실상 영업이 양도·양수되었지만 승계신고 및 수리처분이 있기 전에 양도인이 허락한 양수인의 영업 중 발생한 위반행위에 대한 행정적 책임은 양도인에게 귀속된다.
   ③ 관할 행정청은 여객자동차운송사업의 양도·양수에 대한 인가를 한 후에도 그 양도·양수 이전에 있었던 양도인에 대한 운송사업면허 취소사유를 들어 양수인의 사업면허를 취소할 수 있다.
   ④ 불법증차를 실행한 운송사업의 양수인에 대하여는 양수인의 지위승계 전에 불법증차에 관하여 발생한 유가보조금 부정수급액에 대해서까지 양수인을 상대로 반환명령을 할 수 있다.

10. 과태료에 대한 설명으로 옳지 않은 것은? (다툼이 있는 경우 판례에 의함)
    ① 구 「주택건설촉진법」의 규정을 위반하여 과태료에 처하게 되는 경우, 주택을 공급한 자와 제3자 간에 체결한 주택공급계약의 사법적 효력도 부인된다.
    ② 「질서위반행위규제법」에 따르면, 하나의 행위가 2 이상의 질서위반행위에 해당하는 경우에는 각 질서위반행위에 대하여 정한 과태료 중 가장 중한 과태료를 부과한다.
    ③ 「질서위반행위규제법」에 따르면, 과태료 사건은 다른 법령에 특별한 규정이 있는 경우를 제외하고는 당사자의 주소지의 지방법원 또는 그 지원의 관할로 한다.
    ④ 「질서위반행위규제법」에 따르면, 당사자와 검사는 과태료 재판에 대하여 즉시항고를 할 수 있으며, 이 경우 항고는 집행정지의 효력이 있다.

11. 공법관계와 사법관계에 대한 설명으로 옳지 않은 것은? (다툼이 있는 경우 판례에 의함)
   ① 조달청장이 구「예산회계법」에 따라 계약을 체결하는 것은 사법관계에 해당하나, 입찰보증금 국고귀속조치를 취하는 것은 공법관계에 해당한다.
   ② 기부자가 기부채납한 부동산을 일정기간 무상 사용한 후에 한 사용허가기간 연장신청을 거부한 지방자치단체의 장의 행위는 사법상의 행위이다.
   ③ 한국공항공단이 무상사용허가를 받은 행정재산에 대하여 하는 전대행위는 사법관계이다.
   ④ 국유재산 등의 관리청이 하는 행정재산의 사용·수익에 대한 허가는 순전히 사경제주체로서 행하는 사법상의 행위가 아니라 관리청이 공권력을 가진 우월적 지위에서 행하는 행정처분이다.

12. 정보공개에 대한 설명으로 옳지 않은 것은? (다툼이 있는 경우 판례에 의함)
   ① 「공공기관의 정보공개에 관한 법률」상 공개청구의 대상이 되는 정보란 공공기관이 직무상 작성 또는 취득하여 현재 보유·관리하고 있는 문서에 한정되지 않고, 그 문서가 반드시 원본일 필요도 없다.
   ② 사립초등학교는 공공기관의 정보공개에 관한 법령상 공공기관에 해당한다.
   ③ 모든 국민은 정보의 공개를 청구할 권리를 가진다.
   ④ 비공개대상정보로 '진행 중인 재판에 관련된 정보'는 재판에 관련된 일체의 정보가 그에 해당하는 것은 아니고, 진행 중인 재판의 심리 또는 재판결과에 구체적으로 영향을 미칠 위험이 있는 정보에 한정된다.

13. 행정계획에 대한 설명으로 옳지 않은 것은? (다툼이 있는 경우 판례에 의함)
   ① 도시계획시설결정 대상면적이 도시기본계획에서 예정했던 것보다 증가하였다 하여 그것이 도시기본계획의 범위를 벗어나 위법한 것은 아니다.
   ② 도시관리계획결정·고시와 그 도면에 특정 토지가 도시관리계획에 포함되지 않았음이 명백한데도 도시관리계획을 집행하기 위한 후속 계획이나 처분에서 그 토지가 도시관리계획에 포함된 것처럼 표시되어 있는 경우, 그 표시된 부분은 구 「국토의 계획 및 이용에 관한 법률」에서 정한 도시관리계획 변경절차를 거치지 않는 한 당연무효이다.
   ③ 도시계획시설결정의 장기미집행으로 인해 재산권이 침해된 경우, 도시계획시설결정의 실효를 주장할 수 있고, 이는 헌법상 재산권으로부터 당연히 직접 도출되는 권리이다.
   ④ 행정주체가 구체적인 행정계획을 입안·결정할 때 가지는 형성의 자유의 한계에 관한 법리는 주민의 입안 제안 또는 변경신청을 받아들여 도시관리계획결정을 하거나 도시계획시설을 변경할 것인지를 결정할 때에도 동일하게 적용된다.

14. 행정행위의 효력에 대한 설명으로 옳은 것은? (다툼이 있는 경우 판례에 의함)
   ① 과세처분에 취소사유가 되는 하자가 존재하는 이상 과세관청이 이를 스스로 취소하거나 항고쟁송절차에 의하여 취소되지 않았다고 하더라도, 그로 인한 조세의 납부는 부당이득이 된다.
   ② 행정처분이 불복기간의 경과로 인하여 확정될 경우 그 처분의 기초가 된 사실관계나 법률적 판단이 확정되고 당사자들이나 법원이 이에 기속되어 모순되는 주장이나 판단을 할 수 없게 된다.
   ③ 자동차 운전면허 취소처분을 받은 사람이 자동차를 운전하였으나 운전면허 취소처분의 원인이 된 교통사고 또는 법규 위반에 대하여 범죄사실의 증명이 없는 때에 해당한다는 이유로 무죄판결이 확정된 경우에는 그 취소처분이 취소되지 않았더라도 「도로교통법」에 규정된 무면허운전의 죄로 처벌할 수는 없다.
   ④ 「행정기본법」에 따르면, 당사자는 제재처분이 행정심판, 행정소송 및 그 밖의 쟁송을 통하여 다툴 수 없게 된 경우라도, 법원의 확정판결이 있는 경우를 제외하고는, 그 처분의 근거가 된 사실관계 또는 법률관계가 추후에 당사자에게 유리하게 바뀐 경우에는 해당 처분을 한 행정청에 처분을 취소·철회하거나 변경하여 줄 것을 신청할 수 있다.

15. 항고소송에 대한 설명으로 옳지 않은 것은? (다툼이 있는 경우 판례에 의함)
   ① 상대방의 권리를 제한하는 행위라 하더라도 행정청 또는 그 소속기관이나 권한을 위임받은 공공단체 등의 행위가 아닌 한 이를 행정처분이라고 할 수 없다.
   ② 신청에 대한 거부처분이 재결에서 취소된 경우, 그 신청에 대한 이해관계를 갖는 제3자는 위 재결의 취소를 구할 법률상 이익이 있다.
   ③ 근로자가 부당해고 구제신청을 할 당시 이미 정년에 이르거나 근로계약기간 만료, 폐업 등의 사유로 근로계약관계가 종료하여 근로자의 지위에서 벗어난 경우에는 노동위원회의 구제명령을 받을 이익은 소멸하였다.
   ④ 「행정소송법」 제14조에 의한 피고경정은 사실심변론종결시까지 허용된다.

16. 행정상 손실보상에 대한 설명으로 옳지 않은 것은? (다툼이 있는 경우 판례에 의함)
    ① 「공익사업을 위한 토지 등의 취득 및 보상에 관한 법률」상 토지에 대한 보상액은 가격시점에서의 현실적인 이용상황과 일반적인 이용방법에 의한 객관적 상황을 고려하여 산정하되, 일시적인 이용상황과 토지소유자나 관계인이 갖는 주관적 가치 및 특별한 용도에 사용할 것을 전제로 한 경우 등은 고려하지 아니한다.
    ② 「공익사업을 위한 토지 등의 취득 및 보상에 관한 법률」상 보상금의 증감에 관한 소송인 경우 그 소송을 제기하는 자가 토지소유자 또는 관계인일 때에는 사업시행자를 피고로 한다.
    ③ 도시계획시설의 지정으로 말미암아 당해 토지의 이용가능성이 배제되거나 또는 토지소유자가 토지를 종래 허용된 용도대로도 사용할 수 없기 때문에 이로 인하여 현저한 재산적 손실이 발생하는 경우에는, 원칙적으로 국가나 지방자치단체는 이에 대한 보상을 해야 한다.
    ④ 공용수용은 공공필요에 부합하여야 하므로, 수용 등의 주체를 국가 등의 공적 기관에 한정하여야 한다.

17. 행정상 강제집행에 대한 설명으로 옳은 것은? (다툼이 있는 경우 판례에 의함)
    ① 「건축법」상 이행강제금은 시정명령의 불이행이라는 과거의 위반행위에 대한 제재이다.
    ② 부작위의무 위반행위에 대하여 대체적 작위의무로 전환하는 규정이 없는 경우, 부작위의무 위반결과의 시정을 명하는 원상복구명령은 무효이고, 원상복구명령의 실효성 확보를 위한 대집행의 계고처분 역시 무효이다.
    ③ 철거명령에서 주어진 일정기간이 자진철거에 필요한 상당한 기간이라고 하여도 그 기간 속에는 계고시에 필요한 '상당한 이행기간'이 포함되어 있다고 볼 수 없다.
    ④ 대체적 작위의무가 법률의 위임을 받은 조례에 의해 직접 부과된 경우에는 대집행의 대상이 되지 아니한다.

18. 행정법관계에 대한 설명으로 옳지 않은 것은? (다툼이 있는 경우 판례에 의함)
    ① 국가는 국유재산의 무단점유자에 대하여 변상금부과·징수권의 행사와는 별도로 민사상 부당이득반환청구의 소를 제기할 수 없다.
    ② 행정재산은 공용폐지가 되지 아니하는 한 사법상 거래의 대상이 될 수 없으므로 시효취득의 대상이 되지 아니한다.
    ③ 변상금부과처분이 당연무효인 경우, 당해 변상금부과처분에 의하여 납부한 오납금에 대한 납부자의 부당이득반환청구권의 소멸시효는 납부 또는 징수시부터 진행한다.
    ④ 행정에 관한 기간의 계산에 관하여는 「행정기본법」 또는 다른 법령등에 특별한 규정이 있는 경우를 제외하고는 「민법」을 준용한다.

19. 취소소송의 소송요건에 대한 설명으로 옳은 것은? (다툼이 있는 경우 판례에 의함)
    ① 건축물의 하자를 다투는 입주예정자들은 건물의 사용검사처분에 대해 제3자효 행정행위의 차원에서 행정소송을 통해 다툴 수 있다.
    ② 원고가 「행정소송법」상 항고소송으로 제기해야 할 사건을 민사소송으로 잘못 제기한 경우에 수소법원이 그 항고소송에 대한 관할을 가지고 있지 아니하여 관할법원에 이송하는 결정을 하였고, 그 이송결정이 확정된 후 원고가 항고소송으로 소 변경을 하였다면, 그 항고소송에 대한 제소기간의 준수 여부는 원칙적으로 처음에 소를 제기한 때를 기준으로 판단하여야 한다.
    ③ 외국 국적의 甲이 위명(僞名)인 乙 명의의 여권으로 대한민국에 입국한 뒤 乙 명의로 난민 신청을 하였고 법무부장관이 乙 명의를 사용한 甲을 직접 면담하여 조사한 후에 甲에 대하여 난민불인정 처분을 한 경우, 甲은 난민불인정 처분의 취소를 구할 법률상 이익이 없다.
    ④ 고시 또는 공고에 의하여 행정처분을 하는 경우 고시가 효력을 발생하는 날에 상대방이 그 행정처분이 있음을 알았다고 볼 수는 없고, 그 행정처분에 이해관계를 갖는 자가 당해 처분이 있었다는 사실을 현실적으로 안 날에 그 처분이 있음을 알았다고 보아야 한다.

20. 당사자소송에 대한 설명으로 옳지 않은 것은? (다툼이 있는 경우 판례에 의함)
    ① 소송형태는 당사자소송의 형식을 취하지만 실질적으로는 처분 등의 효력을 다투는 항고소송의 성질을 가지는 소송은 현행법상 인정되고 있다.
    ② 공법상 당사자소송에서는 이행소송이라는 직접적인 권리구제방법이 있다면 확인소송은 허용되지 않는다.
    ③ 공법상 당사자소송에서 재산권의 청구를 인용하는 판결을 하는 경우 가집행선고를 할 수 있다.
    ④ 지방자치단체가 보조금 지급결정을 하면서 일정 기한 내에 보조금을 반환하도록 하는 교부조건을 부가한 경우, 보조사업자에 대한 지방자치단체의 보조금반환청구는 민사소송의 대상이다.

# 행정학개론

1. 신행정학(New Public Administration)에 대한 설명으로 옳지 않은 것은?
   ① 왈도(Waldo), 마리니(Marini), 프레드릭슨(Frederickson) 등이 주도하였다.
   ② 기업식 정부운영을 주장하면서 신자유주의적 행정개혁에 앞장섰다.
   ③ 행태주의의 한계를 지적하면서 가치문제와 처방적 연구를 강조하였다.
   ④ 고객인 국민의 요구를 중시하는 행정을 강조하고 시민참여의 확대를 주장하였다.

2. 다음 정책환경의 상황에 적용할 수 있는 모형으로 옳은 것은?
   ○ 참여자들 간의 포지티브 섬 게임(positive sum game)의 형태가 나타나고 있다.
   ○ 모든 참여자들이 상호교환할 수 있는 권한과 자원을 보유한다.
   ○ 참여자들은 비교적 안정적이고 지속적인 상호작용을 한다.
   ○ 의도한대로 정책산출이 가능하다.
   ① 정책지지연합모형
   ② 정책공동체
   ③ 하위정부모형
   ④ 이슈네트워크

3. 국고채무부담행위에 대한 설명으로 옳지 않은 것은?
   ① 법률에 의한 것과 세출예산금액 또는 계속비의 총액의 범위안의 것 이외에 국가가 채무를 부담하는 행위를 말한다.
   ② 국고채무부담행위에 대한 국회의 의결은 다음 회계연도 이후의 채무부담과 지출권한에 대한 것이다.
   ③ 국가가 금전급부의무를 부담하는 행위로서 그 채무이행의 책임은 다음 회계연도 이후에 있는 것이 원칙이다.
   ④ 국가가 국고채무부담행위를 할 때에는 미리 예산으로서 국회의 의결을 얻어야 한다.

4. 공직부패 유형에 관한 설명으로 가장 적절하지 않은 것은?
   ① 제도화된 부패 - 행정체제 내에서 조직의 임무수행에 필요한 행동규범이 예외적인 것으로 전락되고, 부패가 일상적으로 만연화되어 있는 상황을 지칭하는 부패의 유형이다.
   ② 백색부패 - 사회에 심각한 해가 없거나 관료사익을 추구하려는 기도가 없는 선의의 부패로서 구성원들이 어느 정도 용인할 수 있는 관례화된 부패의 유형이다.
   ③ 흑색부패 - 하급행정관료들이 낮은 보수를 채우기 위해 생계유지 차원에서 저지르는 생계형 부패의 유형이다.
   ④ 회색부패 - 사회체제에 파괴적인 영향을 미칠 수 있는 잠재성을 지닌 부패로서 사회구성원 가운데 일부집단은 처벌을 원하지만 다른 일부집단은 처벌을 원하지 않는 부패의 유형이다.

5. 행정과 경영에 관한 설명으로 가장 옳지 않은 것은?
   ① 신공공관리론적 행정개혁으로 인해 행정과 경영 간의 차이점이 더욱 뚜렷해지고 있다.
   ② 경영이 행정에 비해 신축성이 더 높다.
   ③ 행정과 경영은 모두 관료제의 순기능적 측면과 역기능적 측면을 내포하고 있다.
   ④ 행정에는 경영에서처럼 이윤이라는 명확한 단일의 척도가 없어 비능률성이 커지기 쉽다.

6. 사바띠에(Sabatier)가 제시한 정책지지연합모형에 대한 설명으로 틀린 것은?
   ① 정책변동에 가장 유효한 분석단위는 유사한 신념체계별로 형성된 지지연합으로 구성된 정책하위시스템이다.
   ② 하향적 접근방법의 분석단위를 채택하고, 여기에 영향을 미치는 요인으로 상향적 접근방법의 여러 가지 변수를 결합하였다.
   ③ 정책집행과정은 지속적인 정책변동과정이며, 정책은 점진적으로 변동한다.
   ④ 신념체계에 기초한 지지연합 간의 상호작용, 정책지향적 학습, 정치체제나 사회경제적 환경변화 등이 정책변동의 원인이 된다.

7. 조직의 원리에 대한 설명으로 옳지 않은 것은?
   ① 무니(Mooney)는 계층제의 원리를 조직관리의 제1원리로 제시하였다.
   ② 계층제의 원리는 하위 계층 간 갈등과 분쟁을 조정하여 조직의 통일성과 안정성 유지에 기여할 수 있다.
   ③ 명령계통의 원리는 상위계층의 지시와 명령 및 하위계층의 보고가 각 계층을 차례로 거쳐서 이루어져야 한다는 것이다.
   ④ 사이먼(Simon)은 조직의 원리가 경험적 검증을 거치지 않은 격언에 불과하다고 비판하였다.

8. 탈신공공관리론에 대한 내용으로 옳은 것은?
   ① 신공공관리론을 전면적으로 거부하고 민간과 공공 간 파트너십을 강조한다.
   ② 정부조직을 소규모의 준자율적 조직으로 분절화하는 것을 주요 개혁방안으로 삼는다.
   ③ 관료제를 비판하고 비계층적 구조, 유기적 조직 등의 탈관료제를 지향한다.
   ④ 행정의 효율성뿐만 아니라 민주성·형평성 등 전통적 행정가치를 중시한다.

9. 대표관료제에 대한 다음 설명 중 옳지 않은 것은?
   ① 관료들이 출신 집단의 이익과 무관하게 전체적 이익에 봉사할 것이라는 가정에 기반하고 있다.
   ② 관료제에 대한 외부적 통제는 근본적으로 한계가 있다는 인식하에 내부통제를 강화하기 위한 방안으로 대두되었다.
   ③ 개인주의적·자유주의적 사고와 충돌하며, 역차별을 야기하고 사회의 분열을 조장할 수 있다.
   ④ 우리나라의 구체적인 예로는 양성평등채용제, 장애인의무고용제, 저소득층구분모집제 등이 있다.

10. 넛지(Nudge) 방식에 대한 설명으로 옳지 않은 것은?
    ① 학문적 토대 - 행동경제학
    ② 합리성 - 제한된 합리성
    ③ 이념적 기초 - 신자유주의
    ④ 근거 - 행동적 시장실패

11. 지방자치단체의 사무에 대한 설명으로 옳지 않은 것은?
    ① 고유사무에 대하여 국가는 사후적·합법적 감독이 가능하지만, 예방적·합목적적 감독은 배제된다.
    ② 단체위임사무는 전국적 이해와 지방적 이해를 동시에 가지는 사무로 중앙정부가 결정을 담당하고 지방정부가 집행을 담당한다.
    ③ 기관위임사무는 지방적 이해관계가 없는 국가사무로, 지방의회의 관여가 원칙적으로 배제된다.
    ④ 우리나라는 포괄적 예시주의에 따라 지방자치단체의 사무를 「지방자치법」에 규정하고 있으나 법률에 이와 다른 규정이 있으면 그러하지 아니하다.

12. 다음의 행정이념 중 본질적 가치가 아닌 것은?
    ① 민주성
    ② 공익성
    ③ 형평성
    ④ 자유성

13. 특별회계에 대한 설명으로 옳지 않은 것은?
    ① 일반회계 외의 별도의 회계를 설치한다는 점에서 예산단일성의 원칙의 예외이다.
    ② 기업특별회계는 「정부기업예산법」에 근거하여 설치되며, 기타특별회계는 「국가재정법」 별표1에 규정된 법률에 의하지 아니하고는 이를 설치할 수 없다.
    ③ 세입은 사업소득, 부담금, 수수료, 전입금 등이며, 세출은 특정세출에 충당한다.
    ④ 입법부와 국민에 의한 예산통제를 강조한다면 특별회계의 수는 많을수록 바람직하다.

14. 베버(Weber)의 관료제에 관한 설명으로 옳은 것은?
    ① 카리스마적 권위에 입각한 집권화된 조직구조이다.
    ② 동서양 모든 국가에서 나타나는 보편적 조직구조이다.
    ③ 관료는 겸직이 허용되지 않으며, 성과에 의한 보수를 받는다.
    ④ 증오나 열정이 없는 형식주의적인 비정의성(impersonality)이 중시된다.

15. 엘리슨(Allison)의 정책결정모형 중 Model Ⅱ(조직과정모형)에 대한 설명으로 옳지 않은 것은?
① 정부는 느슨하게 연결된 연합체이다.
② 권력은 반독립적인 하위조직에 분산된다.
③ 정책결정은 SOP에 의해 프로그램 목록에서 대안을 추출한다.
④ 정책결정의 일관성이 강하다.

16. 우리나라의 공직분류체계에 대한 설명으로 옳은 것은?
① 경력직과 특수경력직의 구별 기준은 실적주의와 직업공무원제의 적용 여부이다.
② 특수경력직은 정무직 공무원과 특정직 공무원으로 구분된다.
③ 일정 기간을 정하여 임용하는 임기제 공무원은 특수경력직 공무원에 해당한다.
④ 특정직은 기술·연구 또는 특수분야의 업무를 담당한다.

17. 지방자치의 이념과 사상적 계보에 대한 설명으로 가장 옳지 않은 것은?
① 주민자치는 정치적 의미의 지방자치라면, 단체자치는 법률적 의미의 지방자치이다.
② 주민자치는 지방분권의 원리에 입각해 있다면, 단체자치는 민주주의의 원리에 입각해 있다.
③ 주민자치는 자치권을 천부적 권리로 인식하지만, 단체자치는 전래된 권리로 본다.
④ 주민자치는 주민참여에 초점이 있지만, 단체자치는 사무배분에 초점이 있다.

18. 무의사결정에 대한 설명으로 옳은 것은?
① 기득권 세력의 이익에 대한 현재적 도전을 사후적으로 억압하는 현상이다.
② 기득권 세력이 기존의 이익분배상태를 유지하기 위한 것으로 정책과정 전반에서 발생한다.
③ 기득권 세력의 무지나 실책에 의한 억압으로 발생하는 현상이다.
④ 가장 직접적인 방법은 폭력의 행사이며, 가장 간접적인 방법은 권력의 행사이다.

19. 파킨슨의 법칙(Parkinson's Law)에 대한 다음 설명 중 옳지 않은 것으로 묶인 것은?

㉠ 정부는 본질적 업무 및 파생적 업무의 증가와 상관없이 공무원 수가 일정한 비율로 증가한다는 법칙이다.
㉡ '업무배증의 법칙'과 '부하배증의 법칙'은 각각 별개로 작용하며 서로 영향을 주지 않는다.
㉢ 공무원 수의 증가는 경쟁대상자의 증원을 원하지 않고 부하 직원의 증원을 원하는 관료들의 심리적 요인에 기인한다.
㉣ 파킨슨의 법칙(Parkinson's Law)은 정부실패의 유형 중 파생적 외부효과와 관련된다.

① ㉠, ㉡
② ㉠, ㉣
③ ㉠, ㉡, ㉣
④ ㉡, ㉢, ㉣

20. 과학적 관리론, 베버(Weber)의 관료제, 행정관리론 등 고전적 조직이론의 공통적 속성이 아닌 것은?
① 정치행정일원론
② X이론적 인간관
③ 폐쇄체제
④ 공식적·합리적 구조

2025 공무원 시험대비 【7월분】

- 제3회 -

이 름: _____

제1과목 국어
제2과목 영어
제3과목 한국사
제4과목 행정법총론
제5과목 행정학개론

주간 모의고사 정오표

합격까지 박문각

# 국 어

**1.** 다음 글에 대한 이해로 적절하지 않은 것은?

> 조사는 문장 속에서 체언이나 부사 등에 붙어 문법적 관계를 나타내거나 뜻을 보완하는 품사이다. 조사는 기능에 따라 격 조사, 보조사, 접속 조사로 나뉜다. 격 조사는 앞말이 주어나 목적어 등으로 기능하게 하며, '이/가'는 주격 조사로 주어를, '되다, 아니다' 앞의 '이/가'는 보격 조사로 보어를 나타낸다. '을/를'은 목적격 조사로 목적어를 만든다. '의'는 관형격 조사로 관형어를, '에, 에서, 보다' 등은 부사격 조사로 부사어를 만든다. '아/야'는 호격 조사로 부름말을 만든다. 특히 '이다'는 체언에 붙어 서술어가 되게 하는 서술격 조사로, 용언처럼 활용한다.
> 보조사는 문법적 관계를 드러내기보다는 앞말에 특별한 뜻을 더한다. '은/는, 도, 만, 까지, 마저, 부터' 등이 이에 해당하며, 체언뿐 아니라 부사나 어미에도 붙을 수 있다. 예컨대 '많이도 올랐구나'의 '도'는 부사 '많이'에 붙어 의미를 강조한다. 접속 조사는 단어나 구를 같은 자격으로 이어 준다. '와/과, 하고, (이)나, (이)랑' 등이 있으며, '구두랑 모자랑 샀다'처럼 쓰인다.
> 한편, 같은 형태의 조사라도 문맥에 따라 서로 다른 기능을 할 수 있다. '가'는 주격 조사이기도 하고, 보조사로 강조 기능을 할 수도 있다. '에'는 격 조사로 쓰이기도 하고, 접속 조사로 두 사물을 이어 줄 수도 있다.

① '많이도 올랐다'에서 '도'는 부사에 붙어 의미를 보태는 보조사로 쓰였다.
② '인물이 아니다'에서 '이'는 체언 '인물'에 붙어 주어의 자격을 나타내는 격 조사이다.
③ '무슨 날이니?'에서 '이니'는 '날'에 붙어 문장의 서술어가 되게 하는 서술격 조사이다.
④ '구두랑 모자랑 샀다'에서 '랑'은 단어를 대등하게 이어 주는 접속 조사로 쓰였다.

**2.** 다음 글에 대한 이해로 적절하지 않은 것은?

> '품사'는 공통된 성질이 있는 단어들을 묶어 놓은 단어의 갈래이며, '문장 성분'은 문장 안에서 일정한 기능을 수행하는 요소를 말한다. 즉, 관형사는 명사, 대명사, 수사 앞에서 그것을 꾸며주는 품사이고, 관형어는 문장에서 체언을 수식하는 문장 성분이다. 이처럼 이름과 기능이 비슷하여 혼동되기 쉬우나, 관형사는 항상 관형어로만 기능하며, 관형어는 다양한 품사로 실현될 수 있다.
> 먼저, 관형사는 고정된 형태로만 쓰이며 조사와 결합하지 않는다. '헌 책, 새 구두'처럼 체언 앞에 쓰여 명사를 꾸며준다. 이와 달리 명사가 다른 명사를 꾸며 주는 관형어 역할을 할 수 있다. '고향 집, 여름 바다'에서처럼 앞의 명사는 뒤 체언을 수식하는 관형어로 쓰인다. 또한 관형격 조사 '의'가 붙은 명사, 예를 들어 '어머니의 자랑'에서 '어머니의'는 관형어이고, 형용사나 동사가 관형사형 어미 '-(으)ㄴ, -는, -던' 등을 취하여 관형어로 실현되기도 한다. '달리는 버스, 친한 친구, 가던 길'처럼 다양한 방식으로 관형어는 나타날 수 있다.

① '모든 아이들'에서 '모든'은 관형사로, 관형어 역할을 한다.
② '가던 걸음'에서 '가던'은 동사 어간에 관형사형 어미가 붙은 관형어이다.
③ '친한 친구'에서 '친한'은 형용사 어간에 관형사형 어미가 붙은 관형어이다.
④ '간절하게 그리워했다'에서 '간절하게'는 관형어로, 형용사에서 파생된 부사이다.

**3.** 다음 글에 대한 이해로 적절하지 않은 것은?

> 선어말 어미는 용언의 어간과 어말 어미 사이에 위치하여, 주로 시제, 높임, 공손, 추측, 회상 등의 문법적 의미를 드러낸다. 어말 어미는 단어의 종결 형태를 결정하므로 항상 필요하지만, 선어말 어미는 선택적으로 결합된다. 따라서 ㉠ 선어말 어미가 아예 쓰이지 않을 수도 있으며, ㉡ 하나만 쓰일 수도 있고, ㉢ 두 개 이상이 연속으로 쓰일 수도 한다. 예를 들어 '가셨겠다'에는 '-시-'(높임), '-었-'(과거), '-겠-'(추측)이 순차적으로 결합하며, 이 순서는 고정된다. 이처럼 선어말 어미는 기능적 의미뿐 아니라 결합 순서에서도 일정한 규칙을 지닌다.

① '우리는 너를 믿을 수 있다.'에서 '믿을'과 '있다'는 모두 ㉠의 예로, 선어말 어미가 쓰이지 않았군.
② '문이 저절로 닫혔다.'에서 '닫혔다'는 ㉠의 예이며, 선어말 어미 없이 어간과 어말 어미만 쓰였군.
③ '나는 이제 다 잊었다.'에서 '잊었다'는 ㉡에 해당하군.
④ '그가 오셨겠지?'에서 '오셨겠지'는 높임, 과거, 추측이 결합한 ㉢의 예로 보이는군.

4. 다음 글에 대한 이해로 적절하지 않은 것은?

문장은 주어와 서술어의 관계가 한 번 나타나는 홑문장과, 두 번 이상 나타나는 겹문장으로 나뉜다. 겹문장 가운데 안은문장은 하나의 문장이 다른 문장 안에서 문장 성분처럼 기능하는 구조로, 이때 포함된 문장을 '안긴문장'이라 한다.
안긴문장은 기능에 따라 명사절, 관형절, 부사절, 인용절 등으로 나뉜다. 예를 들어 '나는 그가 사라졌음을 알았다.'처럼 명사형 어미 '-(으)ㅁ, 기'가 붙은 절은 명사절로서 목적어 역할을 한다. '잘 다져진 음식은 아이가 먹기에 알맞다.'에서 '먹기'에는 명사형 어미인 '-기'와 부사격 조사 '에'가 결합한 명사절이 부사어 기능을 한다. 게다가 '잘 다져진 음식'에서 '다져진'은 관형사형 어미인 '-(으)ㄴ, -는, -(으)ㄹ, -던'이 결합한 관형절로 체언을 꾸미는 기능을 한다. 또한 '그가 발밑을 조심하라고 외쳤다.'와 같은 문장에서 '조심하라고'는 인용절이며, 인용된 내용을 그대로 전달한다. 이때 안긴문장은 안은문장의 주어와 중복될 때, 한 쪽이 생략되기도 하며, 하나의 안긴문장 안에 또 다른 문장이 안기는 형태도 가능하다.

① '나는 그가 범인임을 알았다.'에서 '범인임'은 명사형 어미 '-(으)ㅁ'이 쓰인 명사절이며, 안은문장에서 목적어로 기능한다.
② '날씨가 농사를 하기에 알맞다.'에서 '하기'는 명사형 어미 '-기'에 부사격 조사 '에'가 붙은 명사절로, 형용사 '알맞다'를 수식한다.
③ '운동장을 달리는 나에게 그가 발밑을 조심하라고 외쳤다.'에서 '운동장을 달리는'은 관형절로 다음의 대명사인 '나'를 수식한다.
④ '그는 잘 다져진 채소를 샀다.'에서 '채소'는 안긴문장의 주어이나, 안은문장의 주어와 다르므로 생략되지 않고 드러나 있다.

5. 문맥적 의미가 ㉠과 가장 유사한 것은?

여행을 다녀오느라 힘들었을 텐데 푹 쉬면서 피로를 ㉠ 풀도록 하여라.

① 나는 노독을 풀기 위해서 찜질방에 갔다.
② 아이는 실로 묶인 매듭을 풀며 집중했다.
③ 연우는 실타래를 풀다가 다시 감기 시작했다.
④ 그는 동아리에서 자신의 역할을 풀어 설명했다.

6. 다음 진술이 모두 참일 때 반드시 참인 것은?

○ 수아가 노래를 부르면, 재윤이도 노래를 부른다.
○ 재윤이가 노래를 부르면, 하은이도 노래를 부른다.
○ 하은이가 노래를 부르면, 민재도 노래를 부른다.

① 민재가 노래를 부르면, 수아도 노래를 부른다.
② 재윤이가 노래를 부르면, 민재는 노래를 부르지 않는다.
③ 하은이가 노래를 부르지 않으면, 수아는 노래를 부른다.
④ 민재가 노래를 부르지 않으면, 수아도 노래를 부르지 않는다.

7. 다음 명제가 모두 참일 때, 반드시 참인 명제는?

○ 어떤 사람이 야구를 좋아하면, 축구를 좋아하지 않는다.
○ 어떤 사람이 농구를 좋아하면, 축구도 좋아한다.
○ 어떤 사람이 농구를 좋아하지 않으면, 골프를 좋아한다.

① 어떤 사람이 축구를 좋아하면, 야구도 좋아한다.
② 어떤 사람이 골프를 좋아하면, 야구도 좋아한다.
③ 어떤 사람이 야구를 좋아하면, 골프도 좋아한다.
④ 어떤 사람이 골프를 좋아하지 않으면, 농구도 좋아하지 않는다.

8. (가)와 (나)를 전제로 결론을 이끌어 낼 때, 빈칸에 들어갈 말로 가장 적절한 것은?

(가) 그림을 잘 그리는 사람은 모두 공간 지각 능력이 뛰어나다.
(나) 그림을 잘 그리는 어떤 사람은 수학도 잘한다.
따라서 ⬚

① 공간 지각 능력이 뛰어난 사람은 모두 수학을 잘한다.
② 수학을 잘하는 사람은 모두 공간 지각 능력이 뛰어나다.
③ 수학을 잘하는 어떤 사람은 공간 지각 능력이 뛰어나다.
④ 공간 지각 능력이 뛰어난 어떤 사람은 그림을 잘 그리지 못한다.

9. '시후와 준서는 화가 나면 항상 음악을 듣는다.'가 참이라면 다음 중 참인 것은?
① 시후와 준서가 음악을 들으면 화가 난 것이다.
② 시후와 준서가 음악을 듣지 않으면 화가 난 것이 아니다.
③ 시후와 준서는 화가 나지 않으면 음악을 듣지 않을 것이다.
④ 시후가 준서보다 음악을 자주 듣는다면 시후가 더 자주 화가 나는 것이다.

10. <공공언어 바로 쓰기 원칙>에 따라 <공문서>의 ㉠~㉣을 수정한 것으로 적절하지 않은 것은?

< 공공언어 바로 쓰기 원칙 >
○ 생소한 외래어나 외국어는 우리말로 다듬을 것.
○ 주어와 서술어의 관계를 명확하게 표현할 것.
○ 외국어 번역 투를 삼갈 것.
○ 문맥에 맞는 정확한 어휘를 사용할 것.

< 공문서 >
△△보건소
수신: 지역 의료 기관장
제목: 건강 검진 확대 협조 요청
1. 귀 기관의 노고에 감사드립니다.
2. 우리 보건소는 시민들의 건강 ㉠리터러시 향상을 위해 ㉡다양한 프로그램을 운영되고 있습니다.
3. 이번 사업은 검진 항목의 확대를 통해 서비스 접근성을 높이며, ㉢의료 사각지대 해소에 목표를 두고 있습니다.
4. ㉣귀 기관의 적극적인 참석을 부탁드립니다.

① ㉠: 이해도
② ㉡: 다양한 프로그램을 운영하고 있습니다
③ ㉢: 의료 사각지대 해소를 목표로 합니다
④ ㉣: 귀 기관의 참석에 무척 감사드립니다

11. <개요>의 빈칸에 들어갈 내용으로 적절하지 않은 것은?

< 개 요 >
○ 제목: 공교육 신뢰 회복을 위한 과제와 대책
Ⅰ. 공교육의 신뢰 저하 원인
  1. 입시 위주의 교육으로 인한 학습 흥미 저하
  2. 사교육 의존도 증가로 인한 형평성 문제
  3. 교사 전문성 부족 및 평가 제도의 불합리성
Ⅱ. 공교육 불신이 초래한 문제
  1. 사교육비 증가로 인한 가계 부담
  2. 교육 격차 심화 및 사회적 불평등 확산
  3. 학생들의 학교 생활 만족도 상승
Ⅲ. 공교육 신뢰 회복을 위한 방안

① 학생 참여형 수업 확대 및 교육과정 개편
② 교사 연수 강화 및 공정한 평가 제도 마련
③ 사교육 업체 육성을 통한 교육 기회의 다양화
④ 지역 간 교육 자원 격차 해소를 위한 예산 지원

12. 글의 맥락을 고려할 때, 빈칸에 들어갈 내용으로 옳은 것은?

후발주자들이 ☐☐☐☐☐☐☐☐ 신기술 투자는 일종의 모험이다. 생소한 영역을 개척하는 일이다. 미래가치를 창출하기 위해 생소한 영역에서 위험을 감수하고 모험을 감행하는 것이 기업가 정신이다. 이러한 기업가 정신을 발휘하려면 모험하는 대상을 충분히 이해해야 한다. 나는 게으름은 대부분 이해 부족에서 비롯된다고 생각한다. 미리 준비하지 않은 사람들은 대부분 "그렇게 중요한지 몰랐다."라면서 자신의 이해 부족을 후회한다. 인공지능에 대한 불충분한 이해가 더딘 도입의 근본적인 원인이다.

① 인공지능을 생소하게 여기는 이유는 무엇일까?
② 인공지능을 이해하지 못하는 이유는 무엇일까?
③ 인공지능을 도입하지 못하는 이유는 무엇일까?
④ 인공지능을 모험이라고 보지 않는 이유는 무엇일까?

13. 다음 글의 ㉠~㉣ 중 지시 대상이 같은 것만으로 묶인 것은?

중국의 산수화는 단순한 자연 풍경의 묘사에 머물지 않는다. 화가들은 산과 물, 안개와 절벽을 바라보며, 그 자체로 철학을 담고 있다. ㉠이들은 도가의 자연 순응 사상과 유불선이 결합한 심미관을 반영한다. 이처럼 산수화는 외부 세계를 복제하기보다, 내면의 이상 세계를 구현하는 예술로 여겨졌다. ㉡그들은 실제 자연이 아닌 '이상적 자연'을 표현하고자 했다. 이를 위해 다양한 시점을 결합해 하나의 풍경을 구성했고, ㉢그들의 그림은 보는 이로 하여금 자연 속에서 유영하는 듯한 감각을 느끼게 한다. 화면 속 자연은 고요하지만, 그 속엔 관조적 삶의 태도가 스며 있다. 반면 궁정 화가들은 황제의 정치적 의도를 구현하는 역할을 맡았다. 그들은 왕실의 명령에 따라 특정 장소나 사건을 재현했으며, ㉣그들은 개인의 이상보다는 권력의 요구에 응답하는 작품을 남겼다. 자연을 통한 정신 수양보다는 국가적 기념과 기록이 우선이었다. 따라서 ㉣그들은 이상을 그리기보다는 현실을 문서처럼 기록하는 데 충실했던 것이다.

① ㉡, ㉢
② ㉢, ㉣
③ ㉠, ㉡, ㉢
④ ㉡, ㉢, ㉣

**14.** (가)~(라)를 논리적 순서에 맞게 배열한 것은?

(가) 결국 인간의 기억은 감정과 분리된 기능이 아니라, 삶의 경험을 정서적으로 재구성하고 해석하는 도구라는 점에서 단순한 저장 장치 이상의 의미를 지닌다.

(나) 기억은 단지 과거를 저장하는 창고가 아니라, 현재의 감정과 사고에 영향을 미치는 역동적인 정신 작용이다. 사람들은 어떤 기억을 떠올릴 때, 당시의 감정까지 함께 되살아나는 경험을 종종 한다.

(다) 그래서 우리는 특정한 냄새를 맡거나 음악을 들었을 때, 의식하지 않아도 오래된 감정을 떠올리는 일이 생긴다. 이는 기억이 단절된 정보가 아니라 정서적 맥락 속에서 구성된다는 것을 보여준다.

(라) 이러한 현상은 기억과 감정을 담당하는 뇌 부위가 서로 긴밀히 연결되어 있기 때문이다. 예컨대, 해마는 사실 정보를, 편도체는 감정 반응을 담당하는데, 이 두 부위는 상호작용하며 기억의 내용과 느낌을 동시에 저장한다.

① (가)-(나)-(다)-(라)
② (나)-(가)-(라)-(다)
③ (나)-(라)-(가)-(다)
④ (나)-(라)-(다)-(가)

**15.** 다음 글의 주제로 가장 적절한 것은?

재난은 기본적으로 끔찍하고 비극적이고 슬픈 일이며, 제아무리 긍정적인 효과와 가능성이 부수적으로 나타난다 해도 바람직하다고 말할 수는 없다. 그러나 마찬가지 이유, 즉 재난 속에서 생겨났다는 이유로 그런 효과를 무시할 수는 없다. 사람들이 자각한 열망과 가능성은 너무도 강력해서 폐허 속에서도, 잿더미 속에서도, 아수라장 속에서도 빛을 발한다. 요컨대 재난을 환영하자는 게 아니다. 재난이 선물을 창조하지는 않지만, 선물이 도착하는 통로가 될 수 있다는 뜻이다. 재난은 사회적 열망과 가능성을 보여주는 놀라운 창을 제공하며, 재난 시에 증명된 것은 평상시에도, 다른 특별한 순간에도 중요하다.

대부분의 사회적 변화는 선택으로 생겨난다. 예를 들어, 우리는 사회안전망이나 지역사회가 함께하는 농업의 가치를 믿기에 협동조합에 가입한다. 하지만 재난은 선호에 따라 우리를 분류하지 않는다. 재난은 우리가 무엇을 선택하건, 우리가 무슨 일을 하건, 스스로 생존하거나 이웃을 구하기 위해 솔선수범하여 용감하고 이타적으로 행동할 것을 요구하는 비상 상황으로 우리를 던져 넣는다. 그러므로 우리에겐 유대가 필요하다. 유대는 목적의식과 직접성, 주체성뿐 아니라 기쁨까지 가져다준다. 재난 생존자들의 증언에서 발견되는 놀랍고 날카로운 기쁨 말이다. 사람들의 증언은 모든 낙원이 필요로 하는 시민들, 용감하고 융통성 있고 마음 씀씀이가 넓은 시민들이 이미 존재한다는 사실을 보여준다.

① 재난의 긍정적 효과
② 재난 발생의 사회적 원인
③ 경제구조와 재난의 관련성
④ 사회안전망의 확충을 통한 재난 방지

**16.** 다음 글에 대한 이해로 일치하지 않는 것은?

'철학자의 질문'은 단순히 답을 찾기 위한 도구가 아니다. 그것은 우리가 익숙하게 받아들이는 전제를 낯설게 바라보게 하며, 그 안에 숨겨진 함의를 드러내는 역할을 한다. 이런 질문은 일상의 사소한 경험에서도 비롯될 수 있으며, 누구나 철학적 사유를 시작할 수 있다는 가능성을 열어 준다. 그러나 때때로 사람들은 철학적 질문을 불필요한 혼란이나 공허한 사변으로 치부한다. 이는 질문 자체가 지닌 성찰의 힘을 간과한 태도이다. 질문은 우리가 당연시한 것들을 다시 살펴보게 하며, 삶을 새롭게 바라보게 만든다. 따라서 철학자의 질문은 실천과 무관한 이론이 아니라, 삶을 더 깊이 이해하려는 노력의 출발점이다.

① 철학자의 질문은 삶에 대한 새로운 이해를 가능하게 한다.
② 질문은 익숙한 전제를 낯설게 보게 하여 그 안의 함의를 드러낸다.
③ 철학자의 질문은 누구나 시도할 수 있는 사유의 출발점이 될 수 있다.
④ 사람들은 철학적 질문이 실용적 가치를 지닌다고 일반적으로 받아들인다.

**17.** 다음 글의 핵심 논지로 가장 적절한 것은?

은유와 직유는 모두 유사성을 바탕으로 사물을 표현하는 수사법이지만, 표현 방식과 인식 효과에 차이가 있다. 직유는 '~같이', '~처럼'과 같은 연결어를 사용해 두 사물이 다름을 인식한 채 유사성을 드러낸다. 반면 은유는 연결어 없이 하나의 사물을 다른 사물로 단정함으로써 독자가 두 사물을 동일시하게 만든다. 이 차이는 표현의 강도와 상상력의 폭에 영향을 준다. 직유가 설명적이고 인식의 거리를 유지한다면, 은유는 그 거리를 제거하고 사물 간의 본질적 연관을 창출하려는 시도를 한다. 그래서 은유는 보다 강한 표현 효과와 상징적 함축을 지니게 된다.

① 직유는 감정 이입을 유도하지만, 은유는 설명 중심의 표현 방식이다.
② 은유는 사물 간의 동일화를 통해 표현의 강도와 상상력을 확장시킨다.
③ 직유는 사물 간의 동일성을 전제로 하고, 은유는 유사성만을 드러낸다.
④ 은유와 직유는 모두 동일한 방식으로 인식의 거리를 유지하려는 수사법이다.

18. 다음 글에서 추론할 수 있는 것만을 <보기>에서 모두 고른 것은?

> 사회가 지속되기 위해서는 구성원들의 행위가 일정한 방향으로 유지될 필요가 있다. 이를 가능하게 하는 주요 메커니즘 중 하나가 규범의 내면화다. 규범은 외부에서 강제로 주입되는 것이 아니라, 성장 과정에서 자연스럽게 받아들여져 개인의 행동 기준으로 자리 잡는다. 그 결과, 사람들은 외부의 감시나 처벌이 없더라도 스스로 규범을 지키려 한다. 물론 모든 사람이 같은 규범을 똑같이 내면화하는 것은 아니다. 하지만 규범의 내면화가 널리 이뤄질수록 사회는 비교적 안정적인 상태를 유지할 수 있다.

< 보 기 >
㉠ 규범은 외부 통제로 개인의 행동을 조율해야 한다.
㉡ 규범의 내면화는 감시와 처벌에 의해 이루어진다.
㉢ 규범 내면화가 널리 퍼지면 사회는 질서를 유지하기 쉬워진다.

① ㉠
② ㉢
③ ㉠, ㉡
④ ㉡, ㉢

19. 다음 글을 이해한 것으로 <보기>에서 옳은 것만을 모두 고른 것은?

> 조선시대의 신분제도는 기본적으로 양천제였다. 조선은 국역을 지는 양인을 보다 많이 확보하기 위해 양천제의 법제화를 적극 추진해 나갔다. 양천제에서 천인은 공민이 아니었으므로 벼슬할 수 있는 권리가 박탈되었다. 그뿐만 아니라 양인·천인 모두가 지게 되어 있는 역의 경우 천인에게 부과된 역은 징벌의 의미를 띤 신역의 성격으로 남녀 노비 모두에게 부과되었다. 그에 반해 양인이 지는 역은 봉공의 의무라는 국역의 성격을 지닌 것으로 남자에게만 부과되었다.
> 한편, 양인 내에는 다양한 신분 계층이 존재하였다. 그중에서도 양반과 중인, 향리, 서얼 등을 제외한 대부분의 사람은 상민이라고 불렸다. 상민은 보통 사람이란 뜻이다. 상민은 어떤 독자적인 신분 결정 요인에 의해 구별된 범주가 아니라 양인 중에서 다른 계층을 제외한 잔여 범주라고 할 수 있다. 따라서 후대로 갈수록 양인의 계층 분화가 진행됨에 따라 상민의 성격은 더욱 분명해졌고 그 범위는 축소되었다. 그런데도 상민은 조선시대 신분제 아래에서 가장 많은 인구를 포괄하는 주요 신분 범주 중 하나였다.
> 상민은 특히 양반과 대칭되는 개념으로 사용되기 시작하였는데 반상이란 표현은 이런 의미를 포함하고 있다. 상민을 천하게 부를 때에 '상놈[常漢]'이라고 한 것도 양반과의 대칭을 염두에 둔 표현이라고 할 수 있다. 상민은 현실적으로 피지배 신분의 위치에 있었지만, 법적으로는 양인의 일원으로서 양반과 동등한 권리를 가지고 있었다.

< 보 기 >
㉠ '상놈'은 법제적 신분으로는 천인이 아니지만 역의 편제상으로는 천인이었다.
㉡ 양천제를 강화하기 위해 국가가 노력한 이유는 천인을 보다 많이 확보하기 위함이다.
㉢ 양천제에서 남성은 모두 역을 부담하였지만, 여성이 모두 역을 부담하였던 것은 아니다.

① ㉠
② ㉢
③ ㉠, ㉡
④ ㉡, ㉢

20. 다음 글을 이해한 것으로 <보기>에서 옳지 않은 것만을 모두 고른 것은?

> 우리나라 국기인 태극기에는 태극 문양과 4괘가 그려져 있는데, 중앙에 있는 태극 문양은 만물이 음양 조화로 생장한다는 것을 상징한다. 또 태극 문양의 좌측 하단에 있는 이괘는 불, 우측 상단에 있는 감괘는 물, 좌측 상단에 있는 건괘는 하늘, 우측 하단에 있는 곤괘는 땅을 각각 상징한다. 4괘가 상징하는 바는 그것이 처음 만들어질 때부터 오늘날까지 변함이 없다.
> 태극 문양을 그린 기는 개항 이전에도 조선 수군이 사용한 깃발 등 여러 개가 있는데, 태극 문양과 4괘만 사용한 기는 개항 후에 처음 나타났다. 1882년 5월 조미수호조규 체결을 위한 전권대신으로 임명된 이응준은 회담 장소에 내걸 국기가 없어 곤란해하다가 회담 직전 태극 문양을 활용해 '조선의 기'를 만들고 그것을 회담장에 걸었다. 그 기의 중앙에는 태극 문양이 있으며 네 모서리에 괘가 하나씩 있는데, 좌측 상단에 감괘, 우측 상단에 건괘, 좌측 하단에 곤괘, 우측 하단에 이괘가 있다.
> 조선이 국기를 공식적으로 처음 정한 것은 1883년의 일이다. 1882년 9월에 고종은 박영효를 수신사로 삼아 일본에 보내면서, 그에게 조선을 상징하는 기를 만들어 사용해 본 다음 귀국하는 즉시 제출하게 했다. 이에 박영효는 태극 문양이 가운데 있고 4개의 모서리에 각각 하나씩 괘가 있는 기를 만들어 사용한 후 그것을 고종에게 바쳤다. 이 기는 일본에 의해 강제 병합되기까지 국기로 사용되었는데, '조선 국기' 좌측 상단에 있는 괘가 '조선의 기'에는 우측 상단에 있고, '조선의 기'의 좌측 상단에 있는 괘는 조선 국기의 우측 상단에 있다. 또 조선 국기의 좌측 하단에 있는 괘는 '조선의 기'의 우측 하단에 있고, '조선의 기'의 좌측 하단에 있는 괘는 조선 국기의 우측 하단에 있다.

< 보 기 >
㉠ 조미수호조규 체결을 위한 회담 장소에서 사용하고자 이응준이 만든 기는 태극 문양이 담긴 최초의 기다.
㉡ 고종이 받은 기의 우측 상단에 있는 괘와 '조선의 기'의 좌측 하단에 있는 괘가 상징하는 것은 같다.
㉢ 오늘날 태극기의 우측 하단에 있는 괘와 고종이 조선 국기로 채택한 기의 우측 하단에 있는 괘는 모두 땅을 상징한다.

① ㉠, ㉡
② ㉠, ㉢
③ ㉡, ㉢
④ ㉠, ㉡, ㉢

# 영어

1. 밑줄 친 부분에 들어갈 말로 가장 적절한 것을 고르시오.

   Even though the number of demands for contemporary arts increases by 40 percent this year, experts point out the _____ of Korea's antique markets due to the increase of fakes.

   ① contraction
   ② negotiation
   ③ advocacy
   ④ surge

2. 밑줄 친 부분에 들어갈 말로 가장 적절한 것을 고르시오.

   She doesn't listen to anyone because she grows up alone and she is so _____.

   ① affectionate
   ② amiable
   ③ delightful
   ④ stubborn

3. 밑줄 친 부분과 의미가 가장 가까운 것을 고르시오.

   The main reason the show was able to captivate such a multi-generational audience is its ability to use the essence of human angst.

   ① allure
   ② exploit
   ③ bolster
   ④ postpone

4. 밑줄 친 부분에 들어갈 말로 가장 적절한 것을 고르시오.

   The event that you were involved in must _____ for everyone who witnessed it or heard about it two days ago.

   ① be confused
   ② be confusing
   ③ have been confused
   ④ have been confusing

5. 우리말을 영어로 옮긴 것 중 밑줄 친 부분이 어법상 옳은 것은?
   ① 영어선생님은 스파게티와 미트볼을 만드는 데 익숙하다.
   → My English teacher is used to make spaghetti and meatballs.
   ② 또 다른 시도는 우주선을 Requiems의 궤도와 비슷한 궤도로 진입시키는 것이다.
   → Another attempt is to place a spacecraft into an orbit that is similar to that of Requiems.
   ③ 그 수리공은 그의 손을 자유롭게 사용할 수 있다.
   → The mechanic is able to liberal use his hands.
   ④ 이상하게도 실업은 당사자보다 그 배우자에 많은 문제를 일으킬 수 있다.
   → Oddly enough, unemployment can cause many problems to the spouse than the unemployed person.

6. 밑줄 친 부분 중, 어법상 틀린 것은?

   Artificial intelligence has become a technological, economic, and social issue ① which opinion is divided over. Artificial intelligence can be either weak or strong. Weak AI means that the system through a programmed algorithm designed for specific tasks ② perform functions such as voice recognition or data analysis to assist users. Strong AI, ③ called 'true intelligence,' refers to machines with the ability to think, reason, and make decisions like humans. In fact, there is such a good deal of the debate about AI development ④ that this issue is not universally accepted in many industries.

7. 다음 대화의 빈칸에 들어갈 말로 가장 적절한 것은?

   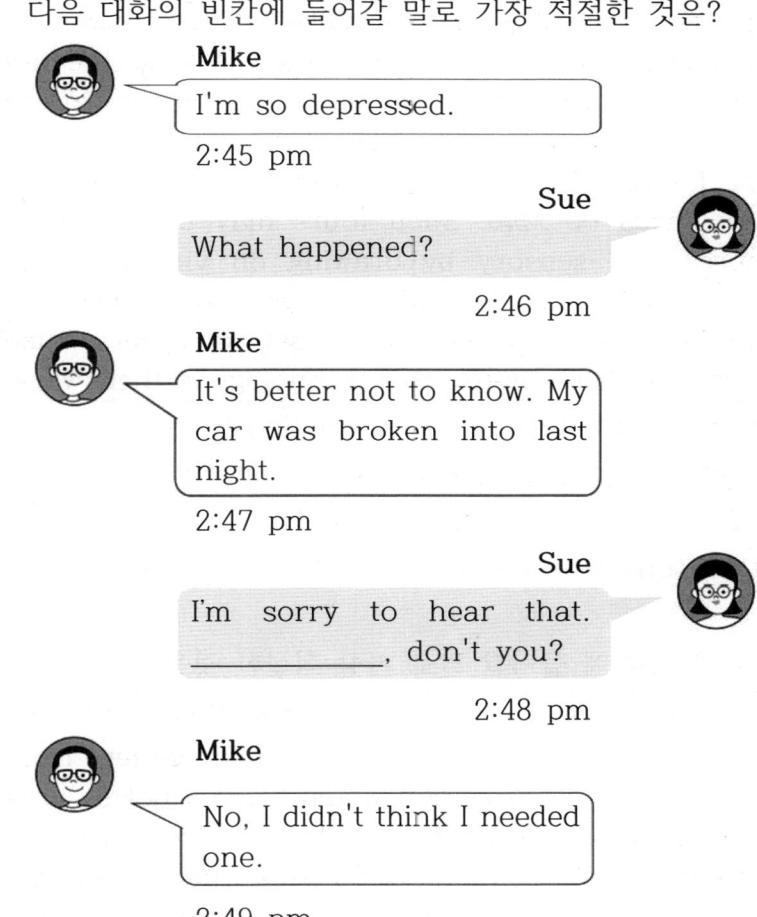

   ① You have had your car fixed last weekend
   ② You need to fix it with your insurance
   ③ You have the black box on your car
   ④ You need to report this to the police

**8.** 다음 대화의 빈칸에 들어갈 말로 가장 적절한 것은?

A: How long do I have to rest? I was hoping you could give me something to ease the pain so that I could get back to work this afternoon.
B: Well, I'm afraid that any kind of hard work is out of the question right now.
A: Is it really that serious? I have some important deadlines coming up.
B: Yes, it is. You _____. Pushing yourself too soon could make things worse.

① have already recovered
② can start working right away
③ need to prioritize your recovery
④ don't have to follow the doctor's advice

**9.** 다음 글의 제목으로 가장 적절한 것은?

Everyone knows what the *Mona Lisa* and Michelangelo's *David* look like — or do we? They are reproduced so often that we may feel we know them even if we have never been to Paris or Florence. Each has countless spoofs — *David* in boxer shorts or the *Mona Lisa* with a mustache. Art reproductions are ubiquitous. We can now sit in our pajamas while enjoying virtual tours of galleries and museums around the world via the Web and CD-ROM. We can explore genres and painters and zoom in to scrutinize details. The Louvre's Website offers spectacular 360-degree panoramas of artworks like the *Venus de Milo*. Such tours may become ever more multi-sensory by drawing on virtual reality technology, which includes things like goggles and gloves. Lighting and stage set designers, like architects, already use this technology in their work.

① Should We Ban Art Reproductions?
② Why Are Virtual Artworks So Popular?
③ Art: More Widely Accessible Than Ever!
④ Reasons Why Galleries and Museums Vanish

**10.** 밑줄 친 부분에 들어갈 말로 가장 적절한 것을 고르시오.

In books I had read — from time to time, when the plot called for it — someone would suffer from _____. A person would leave a not so very nice situation and go somewhere else, somewhere a lot better, and then long to go back where it was not very nice. How impatient I would become with such a person, for I would feel that I was in a not so nice situation myself, and how I wanted to go somewhere else. But now I, too, felt that I wanted to be back where I came from. I understood it, I knew where I stood there. Had I had to draw a picture of my future then, it would have been a large gray patch surrounded by black, blacker, blackest.

① drowsiness   ② impatience
③ depression   ④ homesickness

**11.** 다음 안내문의 내용과 일치하지 않는 것은?

**Youth Tennis Camp 2025**

The 2025 Youth Tennis Camp is a fantastic opportunity for children to learn tennis from qualified and experienced instructors. Held in high-quality indoor tennis courts, this camp focuses on teaching basic tennis skills in a fun and engaging environment. Whether your child is a beginner or wants to improve their abilities, the camp is designed to provide a positive and educational experience for all participants to grow.

**Who:** Ages 13 to 18
**When:** January 15–18, 2025
**Time:** Monday to Thursday, 9:00 a.m.–12:00 p.m.
**Registration Fee:** $100 (lunch included)
**Cancellation Policy**
○ 5 days before the class: 100% refund
○ 1–4 days before the class: 50% refund
○ On the day of the class and afterwards: No refund
**Notes**
○ No outside food is allowed.
○ Participants must fetch their own tennis equipment.
Registration is ONLY available online and will start on December 16. Visit our website at www.ytc2025.com to register.

① 자격을 갖춘 테니스 강사들이 지도한다.
② 강습 당일 취소 시 환불을 받을 수 없다.
③ 참가자들은 테니스 장비를 가져와야 한다.
④ 등록은 현장에서도 가능하다.

**12.** 다음 주어진 문장이 들어가기에 가장 적절한 곳은?

Human beings, on the other hand, are not only the smartest of creatures but, by far the most adaptable.

The birds that live in the woods behind your house would disappear if you were to cut down the trees. If you were to cut down all similar forest environments, the other birds of that species might vanish as well. ( ① ) Many creatures inhabit such a narrow ecological environment that a seemingly insignificant change in their habitat can took their species to extinction. ( ② ) Even so, our fellow inhabitants of planet Earth are the excellent job specialists. ( ③ ) We dominate the earth partially because of this ability and seem to be able to make do with whatever Mother Nature throws at us, too. ( ④ ) In the working world, this translates into each of us being able to fill a wide range of jobs. Given sufficient intelligence, the average human can do just about anything with appropriate competence.

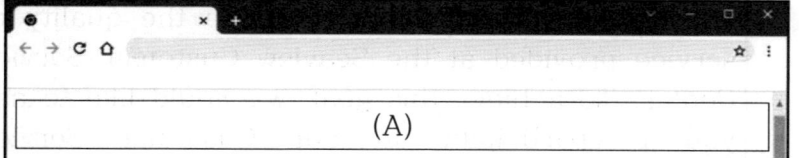

[13~14] 다음 글을 읽고 물음에 답하시오.

(A)

The Evergreen Tea Society warmly invites you to the second annual K-Tea Culture Program! This unique event offers an opportunity to immerse yourself in the world of traditional Korean tea culture. Come and savor a refreshing cup of authentic Korean tea while exploring the rich history and customs behind this centuries-old tradition. You'll also get a chance to participate in interactive sessions, where experts will demonstrate proper tea-making techniques and explain the cultural significance of tea in Korea. Don't miss this wonderful occasion to relax, learn, and connect with tea enthusiasts!

**Program Includes:**
1) Watching a short video about the history of Korean tea culture
2) Observing a demonstration of a traditional Korean tea-ceremony (dado)
3) Participating in the ceremony yourself
4) Tasting a selection of teas along with cookies

**When:** Saturday, September 24, 3:00 p.m.－5:00 p.m.
**Where:** Evergreen Culture Center
**Participation Fee:** $20 per person (traditional teacup included)

Reservations should be made online (www.egtsociety.or.kr) at least one day before your visit.

13. (A)에 들어갈 윗글의 제목으로 가장 적절한 것은?
① The Modern Tea Society's New Event
② Discover Korean Tea Culture: K-Tea Program
③ Learn About Evergreen Tea Leaves in Our Shop
④ Traditional Korean Tea: How Beautiful It Is

14. 위의 안내문의 내용과 일치하지 않는 것은?
① 한국의 차 문화 역사에 관한 영상을 시청한다.
② 한국 전통 다도 시연을 본다.
③ 참가비에는 전통 찻잔이 포함되어 있다.
④ 예약은 방문 일주일 전까지 해야 한다.

15. 주어진 문장 다음에 이어질 글의 순서로 가장 적절한 것은?

Some might have had the impression that early scientists like Newton and Galileo belonged to a small sect that conjured science out of the blue as a result of mystical investigation. This wasn't so. Their work did not take place in a cultural vacuum. Instead, it was the product of many ancient traditions.

(A) Rather, there is a coherent scheme of things. This is often expressed by the simple saying that there is order in nature. But scientists have gone beyond this vague notion to formulate a system of well-defined laws.

(B) And then there were religions which encouraged belief in a created world order. The founding assumption of science is that the physical universe is neither random nor absurd; it is not just a meaningless jumble of objects and phenomena randomly placed side by side.

(C) One of these conventions was Greek philosophy, which encouraged the belief that the world could be explained by logic, reasoning, and mathematics. Another was agriculture, from which people learned about order and chaos by observing the cycles and rhythms of nature, interrupted periodically by sudden and unpredictable disasters.

*sect:종파 **conjure:(마법으로)불러내다

① (A)-(C)-(B)
② (B)-(A)-(C)
③ (C)-(A)-(B)
④ (C)-(B)-(A)

16. 다음 글의 흐름상 가장 어색한 문장은?

For the New World as a whole, the Indian population decline in the century or two following Columbus's arrival is estimated to have been as large as 95 percent. ① The main killers were Old World germs to which Indians had never been exposed, and against which they therefore had neither immune nor genetic resistance. Smallpox, measles, influenza and typhus competed for the top rank among the killers. ② For example, in 1837, the Mandan Indian tribe, with one of the most elaborate cultures in our Great Plains, contracted smallpox from a steamboat traveling up the Missouri River from St. Louis. ③ The Mandan survived mainly by hunting, farming and gathering wild plants, though some food came from trade. ④ The population of one Mandan village plummeted from 2,000 to fewer than 40 within a few weeks.

[17~18] 다음 글을 읽고 물음에 답하시오.

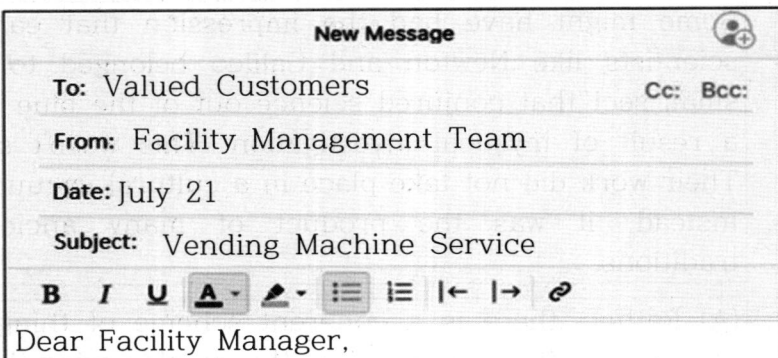

Dear Facility Manager,
I hope this message finds you well. I am writing to bring your attention to an issue regarding the vending machine located on the first floor of our office building. Over the past few weeks, I and several colleagues have noticed recurring problems with this vending machine. Firstly, many of the popular items, such as snacks and drinks, are frequently out of stock, leaving limited options for employees who rely on it during busy workdays. Secondly, the machine often malfunctions, either swallowing the money or <u>dispensing</u> the wrong items. Lastly, a few individuals have reported being overcharged or charged multiple times for a single purchase. Considering the importance of providing convenient and reliable services for employees, I kindly request that you arrange for the vending machine to be restocked more frequently and maintained properly to prevent these issues in the future. This small improvement would make a big difference for everyone in the building. Thank you for your time and attention to this matter.
Sincerely,
Emily Johnson

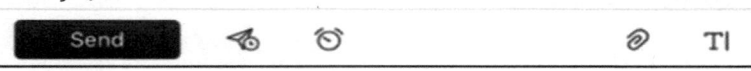

17. 밑줄 친 "dispensing"의 의미와 가장 가까운 것은?
① retaining        ② inserting
③ confining       ④ releasing

18. 윗글의 목적으로 가장 적절한 것은?
① 자판기 이용 요금을 환불받으려고
② 사무실 간식 제공 프로그램을 제안하려고
③ 자판기 재고와 유지 보수 개선을 요청하려고
④ 자판기 위치를 다른 층으로 옮길 것을 요구하려고

19. 다음 글의 목적으로 가장 적절한 것은?

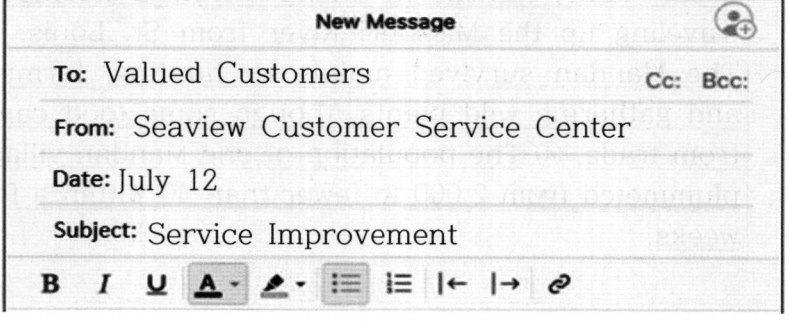

Dear Esteemed Customer,
We are always striving to improve the quality of service provided at the Seaview Customer Service Center. To achieve this goal, we would like to ask you to participate in our Customer Service Satisfaction Survey, specifically rating the courtesy and kindness of our staff. Your feedback is invaluable in helping us identify areas of improvement. The survey will take less than 5 minutes to complete and can be accessed online at www.seaview.com/survey. As a token of our appreciation, you will be automatically entered into a draw to win a $50 gift card upon completion of the survey. Should you have additional comments or immediate inquiries, please do not hesitate to contact us at 1-800-SERVICE-CARE.
Thank you for taking the time to share your thoughts and for continuing to trust Seaview Customer Service Center for your needs.
Sincerely,

① To inform customers of the procedures for using the customer service center
② To promote an event aimed at improving customer satisfaction
③ To announce the facility upgrades at the customer service center
④ To request feedback on the friendliness of customer service center staff

20. 다음 글의 내용과 일치하는 것은?

When it comes to food choices, young children are considerably vulnerable to peer influences. A teenage girl may eat nothing but a lettuce salad for lunch, even though she will become hungry later, because that is what her friends are eating. A slim boy who hopes to make the wrestling team may routinely overload his plate with foods that are dense in carbohydrates and proteins to 'bulk up' like the wrestlers of his school. An overweight teen may eat moderately while around his friends but then devour huge portions when alone. Few young people are completely free of food-related pressures from peers, whether or not these pressures are imposed intentionally.

① With respect to food choices, peer pressure has a strong effect on juveniles.
② Starving as a young girl will be, she will never have a lettuce salad for lunch.
③ A thin boy who hopes to be a wrestler tries to evade his diet such as carbohydrates and proteins.
④ An obese child may not eat greedily while around his friends but he may eat adequately when alone.

# 한국사

1. 다음 자료의 나라에 대한 설명으로 옳은 것은?

   집안 사람들이 죽으면 가매장하였다가 뼈를 추려 커다란 목곽 안에 묻었다. 목곽 안에는 살아 있을 때의 모습을 나무로 만들어 넣었다.

   ① 1세기 초 왕호를 사용하였다.
   ② 신성 지역인 소도가 존재하였다.
   ③ 민며느리제라는 혼인 풍습이 있었다.
   ④ 사회 질서 유지를 위해 8조법을 만들었다.

2. 다음은 신라의 어느 국왕 때 실시된 정책들이다. 이 국왕의 업적으로 옳지 않은 것은?

   ○ 병부를 설치하여 왕이 군권을 장악하였다.
   ○ 이찬 비조부의 동생을 보내 대가야와 결혼 동맹을 맺었다.

   ① 율령을 반포하였다.
   ② 불교를 공인하였다.
   ③ 대가야를 병합하였다.
   ④ 백관의 공복을 제정하였다.

3. 밑줄 친 '태왕'에 대한 설명으로 옳은 것은?

   태왕의 유일한 목적은 북방의 강성한 선비를 정벌하여 지금의 봉천, 직예 등의 땅을 차지하는 것이었다. … 중국 역사상 일대 용맹한 인물들이 모두 그 기세가 꺾이어 할 수 없이 수천 리의 토지를 고구려에 넘겨줌으로써, … 토지를 광개(廣開)함에 이르렀다.
   - 「조선상고사」 -

   ① 중원 고구려비를 설립하였다.
   ② '건원'이라는 연호를 사용하였다.
   ③ 고구려 최대 영토를 확보하였다.
   ④ 신라에 침입한 왜군을 물리쳤다.

4. 다음 (가) 인물이 쓴 저술로 옳은 것은?

   문무왕이 경주에 도성을 쌓으려 하자, (가)이/가 이를 만류하면서 "임금이 초라한 집에 살더라도 정도를 걸어가면 나라가 편안해진다."고 말하였다.

   ① 세속오계
   ② 십문화쟁론
   ③ 왕오천축국전
   ④ 화엄일승법계도

5. 다음 사건들을 순서대로 올바르게 나열한 것은?

   ㉠ 공민왕이 왕위에 올랐다.
   ㉡ 박위가 쓰시마를 정벌하였다.
   ㉢ 이성계가 위화도 회군을 단행했다.
   ㉣ 홍건적의 침입으로 개경이 함락되었다.

   ① ㉠-㉣-㉡-㉢
   ② ㉠-㉣-㉢-㉡
   ③ ㉣-㉠-㉢-㉡
   ④ ㉣-㉢-㉠-㉡

6. 다음 토지 제도에 대한 설명으로 옳은 것은?

   직관, 산관의 각 품의 전시과를 제정하였는데 … 자삼 이상은 18품으로 나눈다. … 문반 단삼 이상은 10품으로 나눈다. … 비삼은 8품으로 나눈다. … 녹삼 이상은 10품으로 나눈다. … 전시과 등급 사정에 미처 들지 못한 이에게는 모두 전 15결을 준다.

   ① 공음전시가 신설되었다.
   ② 관품과 인품을 함께 반영하였다.
   ③ 신진사대부의 경제적 기반이 되었다.
   ④ 현직 관리만을 대상으로 지급하였다.

7. 밑줄 친 '왕'의 업적으로 옳은 것은?

   양경과 12목에 상평창을 설치하였다. 그리고 왕께서 말씀하시기를 "한서 식화지에 천승의 나라는 반드시 천금의 값이 있어 해마다 풍흉에 따라서 조적을 행하되 백성에게 남음이 있으면 적게 거두고 백성이 부족하면 이를 많이 나누어 주었다."라고 하였다.

   ① 훈요 10조를 남겼다.
   ② 귀법사를 창건하였다.
   ③ 과거제를 실시하였다.
   ④ 문무산계제를 실시하였다.

8. 밑줄 친 '왕'에 대한 설명으로 옳은 것은?

   왕은 왕권 강화를 위해 중앙 집권 체제를 강화하고, 지역 중심 방어 체제인 진관 체제를 실시하는 등 국방을 강화하였다. 또 국가 재정을 안정시키기 위해 직전법을 실시하였다.

   ① 집현전을 폐지하였다.
   ② 수시력을 채용하였다.
   ③ 4군 6진을 설치하였다.
   ④ '국조오례의'를 편찬하였다.

9. 다음 (가)~(라) 시기에 들어갈 사실로 옳은 것은?

   | (가) | (나) | (다) | (라) |
   |---|---|---|---|
   | 조선 건국 | 삼포왜란 | 을묘왜변 | 임진왜란 |

   ① (가) - 이괄의 난을 진압했다.
   ② (나) - 을사사화가 발발하였다.
   ③ (다) - 서인은 노론과 소론으로 분열되었다.
   ④ (라) - 대마도주와 계해약조를 체결하였다.

10. 조선 전기의 경제 상황으로 가장 적절한 것은?
    ① 벽란도가 국제항으로 번성하였다.
    ② 고구마, 감자 등을 구황 작물로 활용하였다.
    ③ 토지의 비옥도에 따라 조세를 차등 징수하였다.
    ④ 철제 농기구가 점차 보급되고 우경이 시작되었다.

11. 다음 시기에 집권했던 왕에 대한 설명으로 옳은 것은?

    조선과 청의 두 나라 대표가 백두산 일대를 답사하고, 국경을 확정하는 백두산정계비를 세웠다.

    ① 금위영을 설치하였다.
    ② 탕평교서를 발표하였다.
    ③ 삼정이정청을 설치하였다.
    ④ 규장각을 정치 기구로 육성하였다.

12. 다음 자료와 관련된 민란에 대한 설명으로 옳은 것은?

    나는 덕이 부족하여 위로는 천명을 두려워하지 못하고 아래로는 민심에 답하지 못하였으므로, 밤낮으로 잊지 못하고 근심하며 두렵게 여기면서 혹시라도 선대왕께서 물려주신 소중한 유업이 잘못되지 않을까 걱정하였다. 그런데 지난번 가산에서 일어난 도적 무리가 변란을 일으켜 청천강 이북의 수많은 생명이 도탄에 빠지고 죽임을 당하였으니 나의 죄이다.

    ① 공주 명학소에서 일어났다.
    ② 농민들이 집강소를 설치하였다.
    ③ 몰락 양반인 홍경래가 주도하였다.
    ④ 김부식이 이끄는 관군이 진압하였다.

13. 다음 사건과 관련 있는 내용으로 옳은 것은?

    구식 군인들은 1년 넘게 월급을 받지 못한 데다가 겨우 받은 한 달 치 월급에 겨와 모래가 절반 이상 섞여 있자 마침내 폭동을 일으켰다. 도시 하층민까지 가담하면서 군란의 규모는 걷잡을 수 없이 커졌다. 이들은 일부 고관과 일본인 교관을 죽이고 일본 공사관을 습격하였다.

    ① 이 결과, 청·일 전쟁이 발발하였다.
    ② 일본의 강요로 한성 조약을 체결하였다.
    ③ 보국안민, 제폭구민을 내세워 봉기하였다.
    ④ 조·청 상민 수륙 무역 장정이 체결되었다.

14. 다음 중 대한제국 시기에 볼 수 있는 모습으로 옳은 것은?
    ① 영화 아리랑을 보는 여학생
    ② 전차를 타고 통학하는 학생들
    ③ '한성순보'를 읽고 있는 개화 지식인
    ④ 원산학사 설립 기금 모금에 참여하는 부인들

15. 다음 조약에 대한 설명으로 옳은 것은?

    일본국 정부는 한국과 타국 간에 현존하는 조약의 실행을 완전히 하는 임무가 있으며, 한국 정부는 금후(今後)에 일본국 정부의 중개를 거치지 아니하고 국제적 성질을 가진 하등조약(何等條約)이나 약속을 하지 않기로 함.

    ① 운요호 사건을 계기로 체결되었다.
    ② 이 조약에 따라 통감부를 설치하였다.
    ③ 일본인 메가타를 재정 고문으로 임명하였다.
    ④ 대한제국의 국외 중립 선언을 무시하고 체결하였다.

16. 독립협회에 대한 설명으로 옳지 않은 것은?
    ① 황국 협회 회원들과의 충돌로 해산되었다.
    ② 러시아의 절영도 조차 요구를 철회시켰다.
    ③ 일제의 황무지 개간권 요구에 반대하였다.
    ④ 영은문이 있던 자리 부근에 독립문을 세웠다.

17. 다음과 같이 주장한 인물에 대한 설명으로 옳은 것은?

    오늘날 우리 민족 모두가 우리 조상의 피로써 골육을 삼고 우리 조상의 혼으로 영혼을 삼고 있으니 … 우리 민족이 그 다른 것에서 구함이 옳다고 하겠는가. 무릇 우리 형제는 늘 잊지 말며 형체와 정신을 전멸시키지 말 것을 구구히 바란다.

    ① '조선 혁명 선언'을 작성하였다.
    ② '한국독립운동지혈사'를 저술하였다.
    ③ 유물 사관에 입각하여 역사를 연구하였다.
    ④ 역사 연구의 목표를 조선 얼의 유지에 두었다.

18. 밑줄 친 '이 시기'에 추진된 일제 정책으로 옳은 것은?

    이 시기 일제는 범죄 즉결례를 만들어 정해진 법적 수속이나 정식 재판 절차를 거치지 않고 한국인을 체포하였다.

    ① 양지아문과 지계아문을 설치하였다.
    ② 동아일보, 조선일보의 발행을 허용하였다.
    ③ 치안유지법을 만들어 독립운동을 탄압하였다.
    ④ 회사를 설립할 때 총독의 허가를 받도록 하였다.

19. 다음 특징을 가진 부대에 대한 설명으로 옳은 것은?

    ○ 총사령관은 이청천, 참모장에는 이범석을 선임했다.
    ○ 인도, 미얀마 전선에서 영국군과 공동 작전을 펼쳤다.
    ○ 국내 진공 작전을 계획하였으나 실현되지 못했다.

    ① 조선혁명군
    ② 조선의용대
    ③ 한국독립군
    ④ 한국광복군

20. 다음 강령을 선포한 단체의 활동으로 옳지 않은 것은?

    ○ 우리는 완전한 독립 국가의 건설을 기함
    ○ 우리는 전 민족의 정치적, 사회적 기본 요구를 실현할 수 있는 민주주의 정권의 수립을 기함
    ○ 우리는 일시적 과도기에 있어서 국내 질서를 자주적으로 유지하며 대중생활의 확보를 기함

    ① 치안대를 조직하였다.
    ② 좌·우 합작 운동을 주도하였다.
    ③ 여운형, 안재홍 등이 중심이 되었다.
    ④ 조선 건국 동맹을 모체로 조직하였다.

# 행정법총론

1. 행정법의 일반원칙에 대한 설명으로 옳지 않은 것은? (다툼이 있는 경우 판례에 의함)
   ① 음주운전 2회 적발 시 운전면허를 필요적으로 취소하도록 한 구 「도로교통법」 제93조 제1항 단서 제2호 중 '제44조 제1항(음주운전 금지)을 위반한 사람이 다시 같은 조 제1항을 위반하여 운전면허 정지 사유에 해당된 경우'에 관한 부분은 헌법에 위반되지 아니한다.
   ② 처분청이 착오로 행정서사업 허가처분을 한 후 20년이 다 되어서야 취소사유를 알고 행정서사업 허가를 취소한 경우, 그 허가취소처분은 실권의 법리에 저촉되지 않는다.
   ③ 제1종 보통면허로 운전할 수 있는 승합자동차를 음주운전한 경우, 제1종 보통면허뿐만 아니라 제1종 대형면허까지 취소할 수 있다.
   ④ 관할 교육지원청 교육장이 교육환경평가승인신청에 대한 보완요청서에 '휴양 콘도미니엄등이 「교육환경법」 제9조 제27호에 따른 금지행위 및 시설로 규정되어 있지 않다.'라는 의견을 밝힌 것은 교육장이 최종적으로 교육환경평가를 승인해 주겠다는 취지의 공적 견해를 표명한 것이라고 볼 수 있다.

2. 취소송의 대상이 되는 처분에 대한 설명으로 옳지 않은 것은? (다툼이 있는 경우 판례에 의함)
   ① 상대방의 권리를 제한하는 행위라 하더라도 행정청 또는 그 소속기관이나 권한을 위임받은 공공단체 등의 행위가 아닌 한 이를 행정처분이라고 할 수 없다.
   ② 공기업·준정부기관이 입찰을 거쳐 계약을 체결한 상대방에 대해 「공공기관의 운영에 관한 법률」 등에 따라 계약조건 위반을 이유로 입찰참가자격제한처분을 하기 위해서는 입찰공고와 계약서에 미리 계약조건과 그 계약조건을 위반할 경우 입찰참가자격 제한을 받을 수 있다는 사실을 모두 명시해야 한다.
   ③ 거부처분의 처분성을 인정하기 위한 전제요건이 되는 신청권의 존부는 구체적 사건에서 신청인이 누구인지를 고려하여 관계 법규의 해석에 의하여 그러한 신청권을 인정하고 있는가를 살펴 구체적으로 결정한다.
   ④ 신청기간을 제한하는 특별한 규정이 있더라도 재신청이 신청기간을 도과하였는지는 본안에서 재신청에 대한 거부처분이 적법한가를 판단하는 단계에서 고려할 요소이지, 소송요건 심사단계에서 고려할 요소가 아니다.

3. 사인의 공법행위에 대한 설명으로 옳지 않은 것은? (다툼이 있는 경우 판례에 의함)
   ① 「민법」 제107조 제1항 단서의 비진의 의사표시의 무효에 관한 규정은 그 성질상 사인의 공법행위에 적용되지 아니하므로 공무원의 사직원을 받아들여 의원면직처분한 것을 당연무효라고 할 수 없다.
   ② 사설납골시설의 설치신고는 「장사 등에 관한 법률」 및 동법 시행령에서 정한 설치기준에 부합하는 한 이를 수리하여야 하나, 보건위생상의 위해를 방지하거나 국토의 효율적 이용 및 공공복리의 증진 등 중대한 공익상 필요가 있는 경우에는 그 수리를 거부할 수 있다.
   ③ 공무원의 사직의 의사표시는 상대방에게 도달한 후에는 철회할 수 없다.
   ④ 법령등으로 정하는 바에 따라 행정청에 일정한 사항을 통지하여야 하는 신고로서 법률에 신고의 수리가 필요하다고 명시되어 있는 경우에는, 행정기관의 내부 업무 처리 절차로서 수리를 규정한 경우가 아닌 한, 행정청이 수리하여야 효력이 발생한다.

4. 행정작용의 내용에 대한 설명으로 옳지 않은 것은? (다툼이 있는 경우 판례에 의함)
   ① 「도시 및 주거환경정비법」에 근거한 조합설립인가처분은 행정주체로서의 지위를 부여하는 설권적 처분이고, 조합설립결의는 조합설립인가처분의 요건이므로, 조합설립결의에 하자가 있다면 그 하자를 이유로 직접 항고소송의 방법으로 조합설립인가처분의 취소 또는 무효확인을 구하여야 한다.
   ② 지적공부 소관청의 토지대장 직권말소행위는 항고소송의 대상이 되는 행정처분에 해당하지 않는다.
   ③ 당사자의 신청에 따른 처분은 법령등에 특별한 규정이 있거나 처분 당시의 법령등을 적용하기 곤란한 특별한 사정이 있는 경우를 제외하고는 처분 당시의 법령등에 따른다.
   ④ 「가축분뇨의 관리 및 이용에 관한 법률」에 따른 가축분뇨 처리방법 변경허가는 허가권자의 재량행위에 해당한다.

5. 취소소송의 소송요건에 대한 설명으로 옳지 않은 것은? (다툼이 있는 경우 판례에 의함)
   ① 개발제한구역 중 일부 취락을 개발제한구역에서 해제하는 내용의 도시관리계획변경결정에 대하여, 개발제한구역 해제대상에서 누락된 토지의 소유자는 위 결정의 취소를 구할 법률상 이익이 없다.
   ② 대리기관이 대리관계를 표시하고 피대리 행정청을 대리하여 행정처분을 한 때에는 피대리 행정청이 피고로 되어야 한다.
   ③ 부작위위법확인의 소는 부작위상태가 계속되는 한 그 위법의 확인을 구할 이익이 있다고 보아야 하므로 원칙적으로 제소기간의 제한을 받지 않으나, 행정심판 등 전심절차를 거친 경우에는 「행정소송법」 제20조가 정한 제소기간 내에 부작위위법확인의 소를 제기하여야 한다.
   ④ 「도시 및 주거환경정비법」상 주택재건축사업조합이 새로이 조합설립인가처분을 받은 것과 동일한 요건과 절차를 거쳐 조합설립변경인가처분을 받은 경우, 당초의 조합설립인가처분이 유효한 것을 전제로 당해 주택재건축사업조합이 시공사 선정 등의 후속행위를 하였다 하더라도 특별한 사정이 없는 한 당초의 조합설립인가처분의 무효확인을 구할 소의 이익은 없다.

6. 행정행위의 취소와 철회에 대한 설명으로 옳은 것은? (다툼이 있는 경우 판례에 의함)
    ① 행정청이 의료법인의 이사에 대한 이사취임승인취소처분(제1처분)을 직권으로 취소(제2처분)한 경우, 제1처분과 제2처분 사이에 법원에 의하여 선임결정된 임시이사들의 지위는 법원의 해임결정이 없더라도 당연히 소멸된다.
    ② 현역병 입영대상편입처분을 보충역편입처분으로 변경한 경우, 보충역편입처분에 불가쟁력이 발생한 이후 보충역편입처분이 하자를 이유로 직권취소 되었다면 종전의 현역병 입영대상편입처분의 효력은 되살아난다.
    ③ 수익적 행정처분에 대한 취소권 등의 행사는 기득권의 침해를 정당화할 만한 중대한 공익상의 필요 또는 제3자의 이익보호의 필요가 있는 때에 한하여 허용될 수 있다는 법리는 처분청이 수익적 행정처분을 직권으로 취소·철회하는 경우뿐만 아니라 쟁송취소의 경우에도 적용된다.
    ④ 행정행위를 한 처분청이 그 행위의 하자를 이유로 수익적 행정처분을 취소하려는 경우에는 별도의 법적 근거가 있어야 한다.

7. 행정대집행에 대한 설명으로 옳은 것은? (다툼이 있는 경우 판례에 의함)
    ① 부작위의무도 대체적 작위의무로 전환하는 규정을 두고 있는 경우에는 대체적 작위의무로 전환한 후에 대집행의 대상이 될 수 있다.
    ② 대체적 작위의무가 법률의 위임을 받은 조례에 의해 직접 부과된 경우에는 대집행의 대상이 되지 아니한다.
    ③ 「공익사업을 위한 토지 등의 취득 및 보상에 관한 법률」상의 협의취득시 건물소유자가 매매대상 건물에 대한 철거의무를 부담하겠다는 취지의 약정을 한 경우, 위와 같은 철거의무는 「행정대집행법」에 의한 대집행의 대상이 된다.
    ④ 권원 없이 국유재산에 설치한 시설물에 대하여 관리청이 행정대집행을 통해 철거를 하지 않는 경우에도 그 국유재산에 대하여 사용청구권을 가진 것에 불과한 자는 국가를 대위하여 민사소송으로 그 시설물의 철거를 구할 수는 없다.

8. 법치행정과 행정입법에 대한 설명으로 옳은 것은? (다툼이 있는 경우 판례에 의함)
    ① 법외노조 통보는 적법하게 설립된 노동조합의 법적 지위를 박탈하는 중대한 침익적 처분으로서 원칙적으로 국민의 대표자인 입법자가 스스로 형식적 법률로써 규정하여야 할 사항이고, 행정입법으로 이를 규정하기 위하여는 반드시 법률의 명시적이고 구체적인 위임이 있어야 한다.
    ② 국가공무원인 교원의 보수에 관한 구체적인 내용(보수 체계, 보수 내용, 지급 방법 등)은 반드시 법률의 형식으로만 정해야 하는 '기본적인 사항'에 해당하므로, 이를 행정부의 하위법령에 위임하는 것은 의회유보의 원칙에 위배되어 허용되지 아니한다.
    ③ 헌법에서 채택하고 있는 조세법률주의의 원칙상 과세요건과 징수절차에 관한 사항을 명령·규칙 등 하위법령에 구체적·개별적으로 위임하여 규정할 수 없다.
    ④ 행정소송에 대한 대법원판결에 의하여 명령·규칙이 헌법 또는 법률에 위반된다는 것이 확정된 경우에는 대법원은 지체없이 그 사유를 법무부장관에게 통보하여야 한다.

9. 공법관계와 사법관계에 대한 설명으로 옳지 않은 것은? (다툼이 있는 경우 판례에 의함)
    ① 지방자치단체의 관할구역 내에 있는 각급 학교에서 학교회계직원으로 근무하는 것을 내용으로 하는 근로계약은 사법상 계약에 해당한다.
    ② 폐기물처리업의 허가를 받은 자가 지방자치단체와 「지방자치단체를 당사자로 하는 계약에 관한 법률」에 따라 재활용품의 수집·운반 업무를 대행하는 계약을 체결한 것은 공법상 계약에 해당한다.
    ③ 공익사업을 위한 토지 등의 취득 및 보상에 관한 법령에 의한 협의취득은 사법상의 법률행위이므로 당사자 사이의 자유로운 의사에 따라 채무불이행책임이나 매매대금 과부족금에 대한 지급의무를 약정할 수 있다.
    ④ 국립의료원 부설 주차장에 관한 위탁관리용역운영계약은 행정재산에 대한 사용·수익 허가로서, 순전히 사경제주체로서 행하는 사법상의 행위가 아니라 관리청이 공권력을 가진 우월적 지위에서 행하는 행정처분으로서 특정인에게 행정재산을 사용할 수 있는 권리를 설정하여 주는 강학상 특허에 해당한다.

10. 행정행위에 대한 설명으로 옳지 않은 것은? (다툼이 있는 경우 판례에 의함)
    ① 「여객자동차 운수사업법」에 따르면, 여객자동차 운수사업자가 거짓이나 부정한 방법으로 지급받은 보조금에 대한 국토교통부장관 또는 시·도지사의 환수처분은 기속행위에 해당한다.
    ② 건축허가권자는 건축허가신청이 「건축법」 등 관계 법령에서 정하는 제한에 배치되지 않는 이상 건축허가를 하여야 하고, 중대한 공익상의 필요가 없음에도 불구하고 관계 법령에서 정하는 제한사유 이외의 사유를 들어서 요건을 갖춘 자에 대한 허가를 거부할 수는 없다.
    ③ 개인택시 운송사업의 양도·양수 당시 양도인에 대한 운송사업면허 취소사유가 현실적으로 발생하지 않은 이상, 설령 그 원인되는 사실이 이미 존재하였다고 하더라도 관할관청으로서는 그 후 발생한 운송사업면허 취소사유에 기하여 양수인의 사업면허를 취소할 수는 없다.
    ④ 법률에 개인택시운송사업자의 운전면허가 취소된 때에 그의 개인택시운송사업면허를 취소할 수 있도록 규정되어 있더라도, 관할관청은 개인택시운송사업자에게 운전면허 취소사유가 있다는 사유만으로 개인택시운송사업면허를 취소할 수는 없다.

11. 행정행위의 부관에 대한 설명으로 옳지 않은 것은? (다툼이 있는 경우 판례에 의함)
    ① 부담의 이행으로서 하게 된 사법상 매매 등의 법률행위는 부담을 붙인 행정처분과는 별개의 법률행위이므로, 그 부담의 불가쟁력의 문제와는 별도로 법률행위가 사회질서 위반이나 강행규정에 위반되는지 여부 등을 따져보아 그 법률행위의 유효 여부를 판단하여야 한다.
    ② 행정처분에 부담인 부관을 붙인 경우 부관이 무효로 되더라도 본체인 행정처분 자체의 효력에는 영향이 없다.
    ③ 일반적으로 보조금 교부결정에 관해서는 행정청에게 광범위한 재량이 부여되어 있고, 행정청은 보조금 교부결정을 할 때 법령과 예산에서 정하는 보조금의 교부 목적을 달성하는 데에 필요한 조건을 붙일 수 있다.
    ④ 행정청이 임시이사를 선임하면서 임기를 '후임 정식이사가 선임될 때까지'로 기재한 것은 근거 법률의 해석상 당연히 도출되는 사항을 주의적·확인적으로 기재한 이른바 '법정부관'일 뿐, 행정청의 의사에 따라 붙이는 본래 의미의 행정처분 부관이라고 볼 수 없고, 후임 정식이사가 선임되었다는 사유만으로 임시이사의 임기가 자동적으로 만료되어 임시이사의 지위가 상실되는 효과가 발생하지는 않는다.

12. 「질서위반행위규제법」에 대한 설명으로 옳은 것은?
    ① 신분에 의하여 성립하는 질서위반행위에 신분이 없는 자가 가담한 때에는 신분이 없는 자에 대하여는 질서위반행위가 성립하지 않는다.
    ② 과태료 재판은 검사의 명령으로써 집행하고, 검사는 과태료를 최초 부과한 행정청에 대하여 과태료 재판의 집행을 위탁할 수 있다.
    ③ 행정청에 의해 부과된 과태료는 질서위반행위가 종료된 날(다수인이 질서위반행위에 가담한 경우에는 최종행위가 종료된 날을 말한다)부터 5년간 징수하지 아니하거나 집행하지 아니하면 시효로 인하여 소멸한다.
    ④ 당사자와 검사는 과태료 재판에 대하여 즉시항고를 할 수 있으며, 이 경우 항고는 집행정지의 효력이 없다.

13. 「토지보상법」에 대한 설명으로 옳은 것은? (다툼이 있는 경우 판례에 의함)
    ① 사업인정고시는 수용재결절차로 나아가 강제적인 방식으로 토지소유자나 관계인의 권리를 취득·보상하기 위한 요건으로서, 영업손실 보상청구를 위해서는 반드시 사업인정이나 수용이 전제되어야 한다.
    ② 동일한 소유자에게 속하는 일단의 토지의 일부가 협의에 의하여 매수되거나 수용됨으로 인하여 잔여지를 종래의 목적에 사용하는 것이 현저히 곤란할 때에는 해당 토지소유자는 사업시행자에게 잔여지를 매수하여 줄 것을 청구할 수 있으며, 사업인정 이후에는 관할 토지수용위원회에 수용을 청구할 수 있고, 이 경우 수용의 청구는 매수에 관한 협의가 성립되지 아니한 경우에만 할 수 있으며 사업 완료일까지 하여야 한다.
    ③ 사업시행자에게 한 잔여지매수청구의 의사표시는 일반적으로 관할 토지수용위원회에 한 잔여지수용청구의 의사표시로 볼 수 있다.
    ④ 사업인정고시가 된 후 토지의 사용으로 인하여 토지의 형질이 변경되는 경우 토지소유자는 토지수용위원회에 토지의 수용을 청구할 수 있고, 토지수용위원회가 이를 받아들이지 않는 재결을 한 경우에는 토지수용위원회를 피고로 하여 「토지보상법」상 보상금의 증감에 관한 소송을 제기할 수 있다.

14. 행정행위의 요건과 효력에 대한 설명으로 옳지 않은 것은? (다툼이 있는 경우 판례에 의함)
    ① 상대방 있는 행정처분이 상대방에게 고지되지 아니한 경우에는 특별한 규정이 없는 한 상대방이 다른 경로를 통해 행정처분의 내용을 알게 되었다고 하더라도 행정처분의 효력이 발생한다고 볼 수 없다.
    ② 서훈은 서훈대상자의 특별한 공적에 의하여 수여되는 고도의 일신전속적 성격을 가지는 것이므로 유족이라고 하더라도 처분의 상대방이 될 수 없다.
    ③ 정보통신망을 이용한 송달은 송달받을 자가 동의하는 경우에만 한다.
    ④ 민사소송에서 어느 행정처분의 당연무효 여부가 선결문제로 되는 경우 행정소송 등의 절차에 의하여 그 취소나 무효확인을 받아야 한다.

15. 행정소송에 대한 설명으로 옳지 않은 것은? (다툼이 있는 경우 판례에 의함)
    ① 부작위위법확인소송의 경우 사실심의 구두변론종결시점의 법적·사실적 상황을 근거로 행정청의 부작위의 위법성을 판단하여야 한다.
    ② 근거 법령이 추가되는 경우 처분의 성질이 기속행위에서 재량행위로 변경되는 경우에는 당초 처분사유와 소송 과정에서 추가한 처분사유는 기본적 사실관계의 동일성이 인정되지 않는다.
    ③ 행정처분을 취소하는 확정판결이 있으면 그 취소판결 자체의 효력에 의해 그 행정처분을 기초로 하여 새로 형성된 제3자의 권리는 당연히 그 행정처분 전의 상태로 환원된다.
    ④ 항고소송에서 처분의 위법 여부는 특별한 사정이 없는 한 그 처분 당시의 법령을 기준으로 판단하여야 하는 것이나, 행정청이 행정규칙에 따라 산재요양 불승인처분을 한 후 그 규칙의 내용이 개정된 경우에 있어서 법원은 개정된 행정규칙의 내용을 참작하여 업무와 질병 사이의 상당인과관계의 존부를 판단할 수 있다.

16. 정보공개에 대한 설명으로 옳지 않은 것은? (다툼이 있는 경우 판례에 의함)
   ① 의사결정과정에 제공된 회의관련자료나 의사결정과정이 기록된 회의록은 의사가 결정되거나 의사가 집행된 경우에는 더 이상 의사결정과정에 있는 사항 그 자체라고는 할 수 없으므로 비공개대상정보에 포함될 수 없다.
   ② 공개청구의 대상이 되는 정보가 이미 다른 사람에게 공개하여 널리 알려져 있다거나 인터넷이나 관보 등을 통하여 공개하여 인터넷검색이나 도서관에서의 열람 등을 통하여 쉽게 알 수 있다는 사정만으로는 비공개결정이 정당화될 수는 없다.
   ③ 「공공기관의 정보공개에 관한 법률」은 정보공개청구권자가 공개를 청구하는 정보와 어떤 관련성을 가질 것을 요구하거나 정보공개청구의 목적에 특별한 제한을 두고 있지 아니하므로 정보공개청구권자의 권리구제 가능성 등은 정보의 공개 여부 결정에 아무런 영향을 미치지 못한다.
   ④ 직무를 수행한 공무원의 성명과 직위는 공개될 경우 개인의 사생활의 비밀 또는 자유를 침해할 우려가 있더라도 비공개대상정보에 해당하지 아니한다.

17. 당사자소송에 대한 설명으로 옳지 않은 것은? (다툼이 있는 경우 판례에 의함)
   ① 당사자소송이란 행정청의 처분등을 원인으로 하는 법률관계에 관한 소송, 그 밖에 공법상의 법률관계에 관한 소송으로서 그 법률관계의 한쪽 당사자를 피고로 하는 소송을 의미한다.
   ② 국가를 상대로 하는 당사자소송의 경우에는 가집행선고를 할 수 없다.
   ③ 공무원의 연가보상비청구권은 공무원이 연가를 실시하지 아니하는 등 법령상 정해진 요건이 충족되면 그 자체만으로 지급기준일 또는 보수지급기관의 장이 정한 지급일에 구체적으로 발생하고 행정청의 지급결정에 의하여 비로소 발생하는 것은 아니라고 할 것이므로, 행정청의 연가보상비 부지급 행위는 항고소송의 대상이 되는 처분이라고 볼 수 없다.
   ④ 구「석탄산업법」상의 석탄가격안정지원금 지급청구에 관한 소송은 당사자소송에 해당한다.

18. 국가배상에 대한 설명으로 옳은 것은? (다툼이 있는 경우 판례에 의함)
   ① '공무원'에는 공무를 위탁받아 실질적으로 공무에 종사하고 있는 자가 포함되나, 공무의 위탁이 일시적이고 한정적인 사항에 관한 활동을 위한 것인 경우 그러한 활동을 하는 자는 포함되지 않는다.
   ② 국가배상의 요건인 '공무원의 직무'에는 국가나 지방자치단체의 비권력적 작용과 사경제 주체로서 하는 작용은 포함되지 않는다.
   ③ 인사업무담당 공무원이 다른 공무원의 공무원증 등을 위조한 행위는 「국가배상법」 제2조 제1항 소정의 '공무원이 직무를 집행하면서 행한 행위'로 인정되지 않는다.
   ④ 헌법재판소 재판관의 위법한 직무집행의 결과 잘못된 각하결정을 함으로써 청구인으로 하여금 본안판단을 받을 기회를 상실하게 한 이상, 설령 본안판단을 하였더라도 어차피 청구가 기각되었을 것이라는 사정이 있다고 하더라도 위자료를 지급할 의무가 있다.

19. 행정의 실효성 확보수단에 대한 설명으로 옳지 않은 것은? (다툼이 있는 경우 판례에 의함)
   ① 형사, 행형 및 보안처분 관계 법령에 따라 행하는 사항이나 외국인의 출입국·난민인정·귀화·국적회복에 관한 사항에 관하여는 「행정기본법」상 행정상 강제에 관한 규정을 적용하지 아니한다.
   ② 「건축법」상 이행강제금을 부과받은 사람이 이행강제금사건의 제1심결정 후 항고심결정이 있기 전에 사망한 경우, 항고심결정은 당연무효이고, 이미 사망한 사람의 이름으로 제기된 재항고는 보정할 수 없는 흠결이 있는 것으로서 부적법하다.
   ③ 구「화물자동차 운수사업법」시행령에서 정한 '위반행위의 횟수에 따른 가중처분기준'이 적용되려면 선행 위반행위에 대한 선행 제재처분이 반드시 구 시행령에서 정한 제재처분기준에 명시된 처분내용대로 이루어진 경우여야 함은 물론 그 처분에 재량권을 일탈·남용한 하자가 없어야 한다.
   ④ 「행정기본법」에 따르면, 행정청은 원칙적으로 법령등의 위반행위가 종료된 날부터 5년이 지나면 해당 위반행위에 대하여 제재처분을 할 수 없으나, 다른 법률에서 이보다 짧거나 긴 기간을 규정하고 있으면 그 법률에서 정하는 바에 따른다.

20. 행정절차에 대한 설명으로 옳지 않은 것은? (다툼이 있는 경우 판례에 의함)
   ① 법령등에서 요구된 자격이 없거나 없어지게 되면 반드시 일정한 처분을 하여야 하는 경우에 그 자격이 없거나 없어지게 된 사실이 법원의 재판에 의하여 객관적으로 증명된 경우에는 사전통지를 생략할 수 있다.
   ② 국가는 어디까지나 행정작용의 주체일 뿐 그 객체가 될 수 없으므로, 국가에 대해 행정처분을 할 때에는 사전 통지, 의견청취, 이유 제시와 관련한 「행정절차법」이 그대로 적용된다고 볼 수 없다.
   ③ 처분상대방이 이미 행정청에 위반사실을 시인하였다는 사정은 사전통지의 예외가 적용되는 '의견청취가 현저히 곤란하거나 명백히 불필요하다고 인정될 만한 상당한 이유가 있는 경우'에 해당하지 아니한다.
   ④ 「도로법」 제25조 제3항에 의한 도로구역변경결정은 「행정절차법」상 사전통지나 의견청취의 대상이 되는 처분에 해당하지 아니한다.

# 행정학개론

1. 공직의 분류에 관한 설명으로 옳지 않은 것은?
   ① 계급제는 직위분류제에 비해 갈등 조정이 용이하다.
   ② 직위분류제는 역동적이고 불확실한 상황에 유용한 공직분류제도이다.
   ③ 계급제는 각 계층의 구성원들이 자기 집단이익의 옹호에 집착할 가능성이 높다.
   ④ 직위분류제는 계급제에 비해 보수의 형평성 확보에 유리하다.

2. 거버넌스로서의 행정에서 강조하는 요소에 해당하는 것을 모두 바르게 묶은 것은?

   | ㉠ 공사구분 | ㉡ 신뢰와 협력적 활동 |
   |---|---|
   | ㉢ 독점성 | ㉣ 조직 간 관계 중시 |
   | ㉤ 결과 | ㉥ 조정자 역할 |

   ① ㉠, ㉡, ㉢
   ② ㉡, ㉣, ㉤
   ③ ㉡, ㉤, ㉥
   ④ ㉡, ㉣, ㉥

3. 인과관계 증명을 위한 조건이라 할 수 없는 것은?
   ① 허위변수와 혼란변수의 배제의 조건
   ② 시간적 선행의 조건
   ③ 공동변화의 조건
   ④ 경쟁적 가설 개입의 조건

4. 허즈버그(Herzberg)의 욕구충족요인 이원론에 대한 설명으로 옳지 않은 것은?
   ① 보수를 높여 주는 것은 동기요인에 속한다고 본다.
   ② 위생요인이 직무행태에 미치는 영향은 단기적이라고 본다.
   ③ 위생요인은 불만을 제거하는 소극적 효과를 가진다고 본다.
   ④ 만족을 얻으려는 욕구와 불만을 피하려는 욕구를 별개의 차원으로 본다.

5. 추가경정예산에 대한 설명으로 옳은 것은?
   ① 추가경정예산은 이미 성립된 예산에 변경을 가할 필요가 있을 때 편성되는 예산으로 단일성의 원칙과 한정성의 원칙의 예외장치이다.
   ② 추가경정예산안의 편성 및 심의절차는 본예산안과 원칙적으로 동일하나 본예산과 별도로 성립되므로 본예산과 별도로 집행된다.
   ③ 전쟁이나 대규모 재해가 발생한 경우 추가경정예산을 편성할 수 있으나, 세계잉여금은 추가경정예산에 사용할 수 없는 것이 원칙이다.
   ④ 정부는 국회에서 추가경정예산이 확정되기 전에 이를 미리 배정하거나 집행할 수 있다.

6. 신공공관리론적 행정개혁의 내용이 아닌 것은?
   ① 시장원리의 도입을 통한 행정서비스 공급의 효율성 향상을 꾀한다.
   ② 책임성 향상에 대한 요구가 증가함에 따라 내부관리에 대한 규제를 보다 강화한다.
   ③ 자원배분의 기준으로서 투입보다는 성과를 중시한다.
   ④ 고객에 대한 대응성과 효율성을 동시에 강조한다.

7. 다음 괄호 안에 들어갈 용어를 옳게 짝지은 것은?

   ㉠ 가 이해당사자들 간에 이익을 보다 많이 얻기 위한 쟁탈전(경쟁)을 묘사한다면, ㉡ 은 이해당사자들이 서로 담합(협력)하는 행태를 묘사한다는 점에서 서로 다른 의미를 지니고 있다. 다만, 현실에서는 ㉠ 을 위한 ㉡ 이 이루어져 동시에 발생하는 것이 일반적이며, 양자 모두 정부예산이 불필요하게 낭비되는 병리적 현상을 초래한다.

   | | ㉠ | ㉡ |
   |---|---|---|
   | ① | 통나무굴리기식 의사결정(log rolling) | 돼지 구유통 정치 (pork barrel) |
   | ② | 통나무굴리기식 의사결정(log rolling) | 지대추구(rent seeking) |
   | ③ | 지대추구(rent seeking) | 통나무굴리기식 의사결정(log rolling) |
   | ④ | 돼지 구유통 정치 (pork barrel) | 통나무굴리기식 의사결정(log rolling) |

8. 다음 중 지방교부세에 대한 설명으로 옳지 않은 것은?
① 중앙정부와 지방정부 사이의 수직적 재정불균형과 지방자치단체 간 수평적 재정불균형을 해소하기 위해 운영된다.
② 지방교부세의 재원은 내국세 총액의 19.24%와 종합부동산세 및 담배에 부과되는 개별소비세 20%로 구성된다.
③ 보통교부세는 지방재정수요액과 지방재정수입액의 차이에 조정율을 반영하여 교부하며, 모든 지방자치단체에 교부되는 것은 아니다.
④ 보통교부세를 교부받지 못한 지방자치단체도 요건에 해당하면 특별교부세, 부동산교부세, 소방안전교부세를 교부받을 수 있다.

9. 공식통제이면서 외부통제에 해당하는 것은?
① 옴부즈만에 의한 통제
② 정당에 의한 통제
③ 독립통제기관에 의한 통제
④ 공무원노조에 의한 통제

10. 다음 중 공익에 대한 설명으로 옳은 것은?
① 실체설은 사익을 조정해 공익을 산출할 수 있다고 보기 때문에 과정설이라고도 한다.
② 과정설은 다원주의 국가에서 일어나는 정책결정 과정을 전제로 한다.
③ 행정의 최고 가치로서 공익개념은 공사행정일원론 시대에 강조되었다.
④ 공익은 국가 권력에 정당성을 부여하지만 정책평가의 기준으로 기능하지 못한다.

11. 다음 중 정책결정과 관련된 이론에 대한 설명으로 옳지 않은 것은?
① 쿠바 미사일 사태에 대한 사례 분석인 앨리슨(Allison)모형은 정부의 정책결정과정은 합리모형보다는 조직과정모형과 정치모형으로 설명하는 것이 더 바람직하다고 주장한다.
② 드로어(Dror)가 주장한 최적모형은 기존의 합리적 결정방식이 지나치게 수리적 완벽성을 추구해 현실성을 잃었다는 점을 지적하고 합리적 분석뿐만 아니라 결정자의 직관적 판단도 중요한 요소로 간주한다.
③ 쓰레기통모형은 문제, 해결책, 선택기회, 참여자의 네 요소가 독자적으로 흘러다니다가 어떤 계기로 만나게 될 때 결정이 이루어진다고 설명한다.
④ 에치오니(Etzioni)의 혼합탐사모형에 의하면 결정은 근본적 결정과 세부적 결정으로 나누어질 수 있으며 합리적 의사결정모형과 점진적 의사결정모형을 보완적으로 사용할 수 있다.

12. 다음 중 유기적 구조의 특징이 아닌 것은?
① 넓고 모호한 직무범위를 갖는다.
② 분화된 채널을 특징으로 한다.
③ 성과측정이 용이한 과제에 적합하다.
④ 합법적 권위가 도전 받는다.

13. 다음 중 시장실패의 유형이 아닌 것은?
① 사적목표의 설정
② 비배제성과 비경합성을 지닌 재화의 존재
③ 외부불경제효과
④ 정보의 편재

14. 다음은 우리나라의 조례제정절차에 대한 것이다. 다음의 ㉮, ㉯, ㉰, ㉱에 들어갈 내용으로 옳은 것은?

○ 조례안이 지방의회에서 의결되면 지방의회의 의장은 의결된 날부터 (㉮)일 이내에 그 단체장에게 이송하여야 한다.
○ 단체장은 조례안을 이송받으면 (㉯)일 이내에 공포하여야 한다.
○ 단체장이 (㉰)일의 기간에 공포하지 아니하거나 재의요구를 하지 아니하더라도 그 조례안은 조례로서 확정된다.
○ 단체장은 확정된 조례를 지체 없이 공포하여야 한다. 조례가 확정된 후 또는 확정조례가 단체장에게 이송된 후 (㉱)일 이내에 단체장이 공포하지 아니하면 지방의회의 의장이 공포한다.

|   | ㉮ | ㉯ | ㉰ | ㉱ |
|---|---|---|---|---|
| ① | 3 | 10 | 10 | 10 |
| ② | 5 | 20 | 20 | 5 |
| ③ | 3 | 20 | 20 | 10 |
| ④ | 5 | 10 | 10 | 5 |

15. 정책델파이에 대한 설명으로 옳지 않은 것은?
① 일반적인 델파이와 달리 개인의 이해관계나 가치판단이 개입될 수 있다.
② 정책문제 해결을 위한 정책대안을 개발하고 그 결과를 예측하기 위해 만들어진 방법이다.
③ 대립되는 정책대안이나 결과가 표면화되더라도 모든 단계에서 익명성이 보장되어야 한다.
④ 정책문제의 성격이나 원인, 결과 등에 대해 전문성과 통찰력을 지닌 사람들이 참여한다.

16. 성과주의예산(PBS)에 대한 설명으로 옳지 않은 것은?
   ① 정치지도자의 예산개입을 약화시키고 관리자의 관리능력을 향상시킨다.
   ② 산출물 증가에 따른 추가 투입액 파악이 용이하다.
   ③ 입법부의 예산심의가 용이하며, 회계책임 확보가 용이하다.
   ④ 사업중심의 예산으로 전략적 목표의식이 결여되어 있다.

17. 우리나라 공무원의 내부임용에 대한 설명으로 옳지 않은 것은?
   ① 전직은 등급은 동일하나 직렬을 달리하는 직위로의 이동으로 원칙적으로 시험을 거쳐야 한다.
   ② 전보는 동일한 직급 내에서의 보직변경으로 전보의 오남용을 방지하기 위해 필수보직기간제도를 두고 있다.
   ③ 강임은 예산감소 등으로 직위가 폐직되거나 과원이 된 경우 하위직급에 임명하는 것을 말한다.
   ④ 겸임은 한 사람에게 둘 이상의 직위를 부여하는 것으로 겸임 기간은 3년 이내로 하고 특히 필요한 경우 2년의 범위에서 연장할 수 있다.

18. 조직구조의 기본변수와 상황변수 간의 관계에 대한 설명 중 옳은 것은?
   ① 비일상적 기술일수록 공식화가 높아질 것이다.
   ② 환경의 불확실성이 높을수록 집권화가 높아질 것이다.
   ③ 비일상적 기술일수록 집권화가 높아질 것이다.
   ④ 조직의 규모가 커짐에 따라 공식화가 높아질 것이다.

19. 공중의제에 대한 설명으로 옳은 것끼리 묶인 것은?
   ㉠ 일반대중이 정부가 해결방안을 강구해야 한다고 공감하는 일련의 이슈를 의미한다.
   ㉡ 문서화되거나 공식화되지 않은 의제를 말한다.
   ㉢ 사회문제의 성격이나 그 해결방안에 대하여 논란이 벌어지면 공중의제가 된다.
   ㉣ 일단 공중의제가 되면 그 사회문제는 해결될 가능성이 매우 높아진다.
   ① ㉠, ㉡
   ② ㉠, ㉢
   ③ ㉡, ㉢
   ④ ㉡, ㉣

20. 다음 중 과학적 관리론에 대한 설명으로 옳지 않은 것은?
   ① 과학적 분석을 통해 업무수행에 적용할 '유일 최선의 방법'을 발견할 수 있다고 보았다.
   ② 조직 내의 인간은 경제적 유인에 의해 동기가 유발되는 타산적 존재라고 보았다.
   ③ 테일러(F. Taylor)는 이러한 접근방법을 주장한 대표적 학자이다.
   ④ 호손 공장의 연구(Hawthorne Studies)가 이러한 접근방법의 실증적 근거가 되었다.

2025 공무원 시험대비 【7월분】

- 제4회 -

이  름: _____

제1과목 국어
제2과목 영어
제3과목 한국사
제4과목 행정법총론
제5과목 행정학개론

주간 모의고사 정오표

합격까지 박문각

# 국 어

1. 다음 글에 대한 이해로 적절하지 않은 것은?

   조사는 체언이나 부사어 등에 붙어 그 말이 문장에서 어떤 역할을 하는지를 나타내거나 의미를 더하는 기능을 한다. 이 중 보조사는 문법적 관계를 드러내기보다는 앞말에 특정한 뜻을 덧붙이는 데 초점을 두는 조사이다. 예컨대 '소설만 읽지 말고 시도 읽어라.'에서 '만'은 '소설'에 '한정'의 의미를 더하고, '도'는 '시'에 '역시'라는 의미를 보태고 있다. 이처럼 보조사는 말의 문법적 기능을 바꾸기보다는 담긴 뜻을 달리하는 데 기여한다.
   한편, 보조사는 격 조사와 함께 쓰일 수 있다. '소설만을 읽었다.'처럼 보조사 '만'이 앞말에 의미를 더하고, 그 뒤의 목적격 조사 '을'이 문법적 관계를 나타낸다. 이때 문장 성분은 격 조사가 결정하며, 보조사는 앞말에 의미를 덧붙이는 역할만 한다. 또한 보조사는 체언뿐 아니라 부사어에도 붙을 수 있다. '아침에는 공원이 한산했다.'에서 '는'은 부사어 '아침에'에 붙은 보조사로, 시간 부사어에도 결합이 가능함을 보여 준다.

   ① '동생만을 믿었다.'에서 '만'은 보조사, '을'은 목적격 조사로 함께 쓰인 예이다.
   ② '형도 운동했다.'에서 '도'는 주격 조사 자리에 나타난 보조사로 앞말에 특정한 뜻을 덧붙인다.
   ③ '라면마저도 품절됐다.'에서 '마저도'는 앞말에 의미를 덧붙이는 보조사와 역할을 드러내는 격 조사가 결합한 형태이다.
   ④ '아침에는 공원이 한산했다.'에서 '는'은 부사어 '아침에'에 붙은 보조사로 체언이 아닌 말에도 결합할 수 있음을 보여 준다.

2. 다음 글에 대한 이해로 적절하지 않은 것은?

   품사는 단어를 공통된 성질에 따라 분류한 갈래이고, 문장 성분은 문장 속에서 그 단어가 수행하는 문법적 역할을 가리킨다. '관형사'는 품사로서 체언 앞에서 그것을 꾸며 주는 단어이며, '관형어'는 문장 성분으로서 체언을 수식하는 역할을 한다. 이름과 기능이 비슷해 혼동되기 쉽지만, 구분이 필요하다. 관형사는 그 자체가 고정된 형태로 체언 앞에 놓이며, 조사와 결합하지 않는다. 예를 들어 '헌 구두, 새 가방'의 '헌, 새'는 관형사로, 각각 관형어의 기능을 한다.
   하지만 관형어는 관형사 외에도 다양한 품사에서 실현된다. 명사에 관형격 조사 '의'가 붙은 '아버지의 손길', 형용사 어간에 관형사형 어미 '-은'이 붙은 '낯선 도시', 동사 어간에 '-는'이나 '-던'이 붙은 '읽는 책, 머물던 집' 모두 관형어로 쓰인 예이다. 또한 체언이 다른 체언을 앞에서 수식할 수도 있다. '가을 하늘'처럼 두 명사가 나란히 오면, 앞의 명사가 뒤의 명사를 꾸며주는 관형어 역할을 한다. 따라서 관형어는 관형사로만 실현되는 것이 아니라, 명사, 동사, 형용사 등 다양한 품사에서 파생될 수 있다.

   ① '고향 풍경'에서 '고향'은 명사로서 다른 체언인 '풍경'을 꾸며 주는 관형어로 기능하고 있다.
   ② '저 두 지나가는 남자'에서 '저'는 관형사로, 뒤의 관형사 '두'를 수식하는 관형어로 기능하고 있다.
   ③ '이른 아침'에서 '이른'은 형용사 어간에 관형사형 어미 '-(으)ㄴ'이 결합한 형태로 관형어로 쓰였다.
   ④ '고양이의 발톱'에서 '고양이의'는 명사에 관형격 조사가 결합하여 체언을 수식하는 관형어로 쓰였다.

3. 다음 글에 대한 이해로 적절하지 않은 것은?

   선어말 어미는 용언의 어간과 어말 어미 사이에 위치하며, 높임, 시제, 추측, 공손 등의 문법적 의미를 표현한다. 단어의 종결이나 연결을 담당하는 어말 어미와 달리, 선어말 어미는 반드시 쓰일 필요는 없고 아예 나타나지 않을 수도 있으며, ㉠ 하나만 쓰이거나 ㉡ 여러 개가 연속될 수도 있다. 예를 들어 '돌아오셨겠다'에는 '-시-'(높임), '-었-'(과거), '-겠-'(추측)의 세 가지 선어말 어미가 순서대로 결합해 있다. 선어말 어미가 결합하는 순서는 일반적으로 높임, 시제, 추측·공손이며, 이를 어길 경우 문법적으로 어색한 문장이 된다. 그러나 용언의 활용형이 복잡해질 경우, 예컨대 보조 용언이 뒤따르거나 관형형 어미가 결합하는 구조에서는 선어말 어미의 기능을 겉보기로만 판단하기 어렵다.
   또한 어말 어미 앞에 오는 모든 형태소가 선어말 어미는 아니다. '-히-, -리-'와 같이 피동이나 사동을 나타내는 접사는 의미를 바꾸어 새로운 단어를 형성하며, 이는 '-었-, -겠-' 등과 같은 선어말 어미와 기능적으로 구분된다. 특히 '닫혔다', '들렸다' 등의 단어는 어간 자체가 변형되므로 형태적 위치만으로 어미를 단정하기 어렵다.

   ① '나는 결국 이 사실을 알게 되었다.'에서 '되었다'는 과거의 의미가 드러난 ㉠의 예이다.
   ② '이 노래는 나에게 크게 들렸다.'에서 '들렸다'는 추측을 나타내는 선어말 어미가 쓰인 ㉠의 예로 볼 수 있다.
   ③ '그는 갑작스레 병이 깊어졌겠지.'에서 '깊어졌겠지'는 두 개의 선어말 어미가 순차적으로 결합한 ㉡의 예이다.
   ④ '그녀는 아이를 조심스럽게 안고 있었겠다.'에서 '안고 있었겠다'는 본용언과 보조 용언 결합 구조이며, '있었겠다'에 선어말 어미가 두 개 이상 쓰인 ㉡의 예이다.

4. 다음 글에 대한 이해로 적절하지 않은 것은?

> 문장은 주어와 서술어의 관계가 한 번만 나타나면 홑문장, 두 번 이상 나타나면 겹문장이다. 겹문장 중 안은문장은 한 문장이 다른 문장 안에서 하나의 성분처럼 기능하는 구조이며, 이때 안긴 문장은 명사절, 관형절, 부사절, 인용절 등으로 나뉜다. 관형절은 '-(으)ㄴ, -는, -(으)ㄹ' 등 관형사형 어미를 활용해 체언을 꾸미며, 이때 안긴문장의 주어가 안은문장의 성분과 중복되면 생략되기도 한다. 예를 들어 '나는 그녀가 좋아하는 책을 읽었다.'에서 관형절 '그녀가 좋아하는'에 주어 '그녀'가 명시되어 있다. 반면 '그는 잘 마른 나뭇가지로 불을 피웠다.'에서는 '잘 마른'이라는 관형절에 안긴문장의 주어는 '나뭇가지'로, 안은문장의 목적어와 동일하여 생략된 것이다. 이처럼 관형절 안의 주어 생략 여부는 문장 구조와 의미 파악에 중요한 단서가 된다.

① '나는 네가 꺼낸 이야기를 기억했다.'에서 '네가 꺼낸'은 관형절이며, 안긴문장의 주어가 명시되어 있다.
② '우리는 그가 준비한 음식을 함께 먹었다.'에서 '그가 준비한'은 관형절이고, 안긴문장의 주어가 생략되어 있어 자연스럽다.
③ '그는 부러진 가지를 조심스레 옮겼다.'에서 '부러진'은 관형절이며, 안긴문장의 주어가 안은문장의 목적어와 같아서 생략된 상태이다.
④ '나는 달려오는 사람을 피해 몸을 돌렸다.'에서 '달려오는'은 관형절이며, 안긴문장의 주어는 '사람'으로 안은문장의 목적어와 동일하여 생략된 것이다.

5. 문맥적 의미가 ㉠과 가장 유사한 것은?

> 무슨 수를 써서라도 이번 일은 꼭 진실을 꼭 ㉠밝히고야 말겠다.

① 두뇌를 밝혀 문명을 일으켰다.
② 사고의 원인을 밝히러 나의 선배를 찾아갔다.
③ 그 기자는 언론에 사건의 전모를 자세히 밝혔다.
④ 안방에서도 등잔에 불을 밝혔는지 장지문이 환해졌다.

6. 다음 진술이 모두 참일 때 반드시 참인 것은?

> ○ 다현이가 독서를 하면, 유림이도 독서를 한다.
> ○ 유림이가 독서를 하면, 하늘이도 독서를 한다.
> ○ 하늘이가 독서를 하면, 서준이도 독서를 한다.

① 다현이가 독서를 하면, 서준이도 독서를 한다.
② 서준이가 독서를 하면, 다현이도 독서를 한다.
③ 유림이가 독서를 하면, 다현이도 독서를 한다.
④ 하늘이가 독서를 하지 않으면, 유림이는 독서를 한다.

7. 다음 명제가 모두 참일 때, 반드시 참인 명제는?

> ○ 루카가 지하실에 들어가면 세윤이는 지하실에 들어가지 않는다.
> ○ 다원이가 지하실 열쇠를 찾으면 세윤이도 지하실에 들어간다.
> ○ 다원이가 지하실 열쇠를 찾지 않으면 하나가 옥상에 올라간다.

① 세윤이가 지하실에 들어가면 루카도 들어간다.
② 하나가 옥상에 올라가면 루카도 지하실에 들어간다.
③ 루카가 지하실에 들어가면 하나는 옥상에 올라간다.
④ 하나가 옥상에 올라가지 않으면 다원이는 열쇠를 찾지 않는다.

8. 다음 명제가 모두 참일 때, 반드시 참인 명제는?

> ○ 갑이 밀크티를 마시면, 을은 유자차를 마신다.
> ○ 갑이 밀크티를 마시지 않으면, 병은 콜라를 마신다.
> ○ 정이 커피를 마시면, 을은 유자차를 마시지 않는다.

① 병이 콜라를 마시면, 정이 커피를 마신다.
② 정이 커피를 마시면, 병이 콜라를 마신다.
③ 을이 유자차를 마시면, 정이 커피를 마신다.
④ 병이 콜라를 마시지 않으면, 갑은 밀크티를 마시지 않는다.

9. (가)와 (나)를 전제로 결론을 이끌어 낼 때, 빈칸에 들어갈 말로 가장 적절한 것은?

> (가) 책을 많이 읽는 사람은 모두 어휘력이 풍부하다.
> (나) 책을 많이 읽는 어떤 사람은 발표를 잘한다.
> 따라서 

① 발표를 잘하는 사람은 모두 어휘력이 풍부하다.
② 발표를 잘하는 어떤 사람은 어휘력이 풍부하다.
③ 어휘력이 풍부한 사람은 모두 책을 많이 읽는다.
④ 어휘력이 풍부한 어떤 사람은 발표를 잘하지 않는다.

**10.** <공공언어 바로 쓰기 원칙>에 따라 <공문서>의 ㉠~㉢을 수정한 것으로 적절하지 않은 것은?

< 공공언어 바로 쓰기 원칙 >
○ 지나친 명사 나열을 피할 것.
○ 주어와 서술어의 관계를 명확하게 표현할 것.
○ 대등한 것끼리 접속할 때는 구조가 같은 표현을 사용할 것.
○ 외국어 번역 투를 삼갈 것.

< 공문서 >
○○시청
수신: 각 부서장
제목: 민원 처리 절차 개선 안내
1. 본 시는 시민 불편 해소를 위한 민원 처리 절차 ㉠ <u>개선 추진 계획 수립 방안</u>을 마련하고 있습니다. 이를 위해 민원 접수 및 처리 절차와 ㉡ <u>사후 관리의 연계가 강화되었습니다.</u>
2. 아울러 각 부서는 ㉢ <u>담당자 교육과 시스템을 점검하는</u> 등 주기적으로 시행해 주시기를 바랍니다.
3. 이번 조치가 신속하고 정확한 민원 대응에 ㉣ <u>기대효과가 클 것으로 판단됩니다.</u>

① ㉠: 개선 계획을 마련하고 있습니다
② ㉡: 사후 관리를 연계를 강화하였습니다
③ ㉢: 담당자를 교육하고 시스템을 점검하는
④ ㉣: 기대효과가 커질 것으로 판단됩니다

**11.** <개요>의 빈칸에 들어갈 내용으로 적절하지 않은 것은?

< 개 요 >
○ 제목: 청소년 인터넷 중독 실태와 대응 방안
Ⅰ. 인터넷 중독의 주요 원인
 1. 스마트폰 사용 시간의 급격한 증가
 2. 청소년 상담 및 놀이 공간의 부족
 3. 부모의 관심과 소통 부족
Ⅱ. 인터넷 중독이 초래하는 문제
 1. 수면 부족 및 학업 성취도 저하
 2. 또래 관계 악화 및 정서 불안
 3. 사회성 발달과 자아 정체감 형성의 긍정적 촉진
Ⅲ. 인터넷 중독 대응 방안

① 인터넷 중독 조기 진단 시스템 구축
② 가정 내 디지털 기기 사용 규칙 설정
③ 상담 및 놀이 공간 확대를 통한 여가 대안 마련
④ 청소년 개인 맞춤형 게임 콘텐츠 개발 및 보급 지원

**12.** 다음 글의 빈칸에 들어갈 내용으로 가장 적절한 것은?

국제 예술 공연이 민간 문화 교류를 위해 열릴 예정이다. 이런 경우 수석대표는 정부 관료가 맡아서는 안 되며, 대신 고전음악 지휘자나 대중음악 제작자가 맡아야 한다. 현재 정부 관료 가운데 고전음악 지휘자나 대중음악 제작자는 없다.
공연에는 반드시 수석대표가 필요하며, 전체 세대를 아우를 수 있는 사람이 아니면 수석대표가 될 수 없다. 전체 세대를 아우를 수 있는 사람은 드물기 때문에, 이런 조건을 모두 갖춘 사람은 수석대표가 된다.
이처럼 누가 공연 예술단의 수석대표를 맡을 것인가와 더불어, 참가하는 예술인이 누구인가도 관심의 대상이다. 이번 공연에는 아이돌 그룹 A가 공연 예술단에 참가할 예정이다. 왜냐하면, 만일 갑이나 을이 수석대표를 맡는다면, A가 공연 예술단에 참가하는데, ☐☐☐☐ 때문이다.

① 갑은 고전음악 지휘자이며 전체 세대를 아우를 수 있기
② 갑이나 을은 대중음악 제작자 또는 고전음악 지휘자이기
③ 갑과 을은 둘 다 정부 관료이며 전체 세대를 아우를 수 있기
④ 갑과 을은 둘 다 정부 관료가 아니며 전체 세대를 아우를 수 있기

**13.** 다음 글의 ㉠~㉣ 중 지시 대상이 같은 것만으로 묶인 것은?

바우하우스는 20세기 초 독일에서 설립된 예술 학교로, 예술과 기술의 통합을 지향했다. 바우하우스에 있는 예술가와 교수들은 공예와 회화, 산업 디자인의 경계를 허물며, 기능성과 조형미가 결합한 새로운 미학을 추구했다. 직선 중심의 간결한 디자인, 표준화된 생산 방식, 실용을 중시하는 태도는 당시 유럽 전통 미술계에 큰 충격을 주었다. ㉠ <u>이들</u>이 추구한 디자인은 장식보다 구조와 목적을 우선시했고, 이는 이후 현대 건축과 시각 예술에 지대한 영향을 끼쳤다. 그러나 나치 정권 지지자들은 바우하우스의 자유주의적 사상과 국제주의적 경향을 위험하게 여겼고, ㉡ <u>그들</u>은 결국 학교를 강제로 폐쇄시켰다. 이 과정에서 바우하우스 출신의 예술가와 교수들은 미국, 스위스 등지로 망명했고, 각국에서 ㉢ <u>그들</u>의 교육 철학과 양식을 전파하였다. 이후 시간이 흐르며 ㉣ <u>그들</u>은 현대 디자인의 선구자로 재조명되었고, 기능주의의 이념은 오늘날까지도 디자인의 핵심 원리로 남아 있다.

① ㉠, ㉡
② ㉡, ㉣
③ ㉠, ㉢, ㉣
④ ㉡, ㉢, ㉣

**14.** (가)~(라)를 논리적 순서에 맞게 배열한 것은?

> (가) 특히 의료나 법률처럼 인간의 생명이나 권리에 직결되는 분야에서는, AI의 판단이 가져올 결과에 대한 도덕적 책임 문제가 대두된다. 단순한 오류가 아니라, 그 오류가 사람의 삶을 바꿀 수 있기 때문이다.
> (나) 인공지능이 인간의 의사결정을 대신하게 되는 시대가 오면서, 판단의 주체가 누구인지에 대한 논의가 활발해지고 있다. 지금까지는 인간이 판단하고, 인간이 책임을 지는 구조였다.
> (다) 일각에서는 인공지능에게 법적 책임을 부여하거나 '권리 주체'로 인정해야 한다는 급진적인 견해도 있다. 그러나 대부분은 여전히 인간이 최종 책임을 져야 한다는 입장을 유지하고 있다.
> (라) 이는 인공지능이 도구에 불과하며, 그 결과는 설계자와 운영자의 윤리 의식과 구조 설계에 따라 달라질 수 있다는 점을 반영한다. 결국, 기술의 윤리성은 인간에게서 출발한다는 것이다.

① (가)-(나)-(다)-(라)
② (나)-(가)-(다)-(라)
③ (나)-(다)-(라)-(가)
④ (다)-(나)-(가)-(라)

**15.** 다음 글에서 ㉠의 원인으로 가장 적절한 것은?

> 도서관은 지식을 찾는 이들에게 늘 열린 공간이지만, 정작 많은 사람들은 그 가치를 인식하지 못하고 무심히 지나치기 일쑤다. 한 연구팀은 실험을 위해 서울의 한 대형 도서관에 저명한 석학이 직접 '책 읽어 주기' 행사를 진행하도록 요청했다. 이 석학은 노벨 문학상 수상 작가의 작품을 낭독했고, 그 목소리는 은은한 스피커를 통해 조용한 열람실에 퍼져 나갔다. 그러나 1시간 동안 ㉠ 그의 낭독에 귀를 기울인 사람은 단 한 명도 없었다. 대부분은 이어폰을 낀 채 스마트폰 화면을 바라보거나, 대화 금지 구역임에도 친구와 잡담을 나누었다.

① 낭독 행사가 미리 홍보되지 않았기 때문이다.
② 사람들의 관심이 디지털 기기로 쏠려 있었기 때문이다.
③ 도서관이 조용한 공간이라 낭독을 들을 수 없었기 때문이다.
④ 사람들은 도서관에서 대화를 나누는 것을 더 선호했기 때문이다.

**16.** 다음 글의 내용과 일치하지 않는 것은?

> 현재 재래시장 활성화를 위한 대표 방안으로는 시설 현대화 사업과 상품권 사업이 있으나, 각각 단순한 구조 개선과 일회성 소비 촉진에 그쳐 실효성이 낮다. 재래시장이 본래의 역할을 회복하려면 젊은 소비층을 끌어들일 수 있어야 하며, 이를 위해 상인들은 젊은이들의 기호를 파악하고 대형 유통 업체와의 차별화 전략을 모색해야 한다. 단순히 환경이나 지원에 기대지 말고 자생력을 키워야 하며, 물고기를 받기보다 잡는 방법을 익히는 태도가 필요하다. 이러한 자구 노력이 우선되어야 하고, 이후 정부나 지자체의 행정적·재정적 지원이 더해질 때 재래시장은 다시 경쟁력을 회복할 수 있다.

① 상인들이 대형 유통 업체와 차별화하려는 노력이 요구된다.
② 재래시장이 활성화되려면 젊은 세대를 고객층으로 유도할 필요가 있다.
③ 현재 시행 중인 재래시장 지원 사업은 단기간에 뚜렷한 효과를 내고 있다.
④ 정부나 지자체의 지원은 재래시장 스스로 경쟁력을 갖춘 후에야 의미가 있다.

**17.** 다음 글의 핵심 논지로 가장 적절한 것은?

> 풍자와 해학은 모두 웃음을 유발하지만, 웃음을 통해 전달하고자 하는 의미와 목적에는 분명한 차이가 있다. 해학은 인간 존재의 어리석음이나 허술함을 포용하는 데서 웃음을 이끌어내며, 그 웃음은 따뜻하고 인간적인 감정을 동반한다. 반면 풍자는 사회의 부조리나 권력의 위선을 날카롭게 드러내고, 이를 비판하고자 하는 의도가 담긴 웃음이다. 즉, 해학이 인간에 대한 공감과 이해에서 비롯된 웃음이라면, 풍자는 비판과 고발의 도구로서의 웃음이다. 이처럼 같은 웃음이라도 그것이 지향하는 방향은 전혀 다를 수 있다.

① 풍자와 해학은 모두 인간에 대한 연민과 이해를 중심으로 한 웃음을 지향한다.
② 풍자와 해학은 모두 날카로운 비판과 조롱을 통해 웃음을 유도하는 문학 기법이다.
③ 해학은 웃음을 통해 사회 비판을 지향하고, 풍자는 웃음을 통해 인간의 허물을 포용한다.
④ 풍자와 해학은 모두 웃음을 유발하지만, 풍자는 비판적 목적을, 해학은 공감적 목적을 지닌다.

18. 다음 글에서 추론할 수 있는 것만을 <보기>에서 모두 고른 것은?

마르크스는 자본주의 사회에서 노동자가 자신의 노동으로부터 소외된다고 보았다. 노동자가 만든 생산물은 자본가의 소유가 되며, 그 과정에서 노동자는 자기 노동의 결과와 단절된다. 더욱이 노동 과정 자체가 기계화되고 분업화됨에 따라, 노동자는 자율적 인간이 아니라 기계의 부속처럼 기능하게 된다. 마르크스는 이러한 소외가 단지 경제적 착취의 문제가 아니라, 인간 존재 자체를 파편화시키는 문제라고 보았다. 인간은 노동을 통해 자신을 실현해야 하지만, 자본주의적 조건에서는 그 가능성이 원천적으로 차단된다는 것이다.

< 보 기 >

㉠ 자본주의 사회에서 노동은 인간의 자기실현 수단이 되기 어렵다.
㉡ 노동자가 생산물을 소유하지 못해도 자율적인 노동은 가능하다.
㉢ 마르크스는 소외를 인간 존재의 근본적 왜곡으로 보았다.

① ㉠, ㉡
② ㉠, ㉢
③ ㉡, ㉢
④ ㉠, ㉡, ㉢

19. 다음 글을 이해한 것으로 <보기>에서 옳은 것만을 모두 고른 것은?

뇌가 우리의 생명이 의존하고 있는 수많은 신체 기능을 조율하기 위해서는 다양한 신체 기관을 매 순간 표상하는 '지도'가 필요하다. 뇌가 신체의 각 부분에서 어떤 일이 일어나는지 아는 것은 신체의 특정 기능을 작동시키고 조절하기 위해서 필수적인 것이다. 그렇게 함으로써 뇌는 생명 조절 기능을 적절하게 수행할 수 있다. 외상이나 감염에 의한 국소적 손상, 심장이나 신장 같은 기관의 기능 부전, 호르몬 불균형 등에서 이런 조절이 일어나는 것을 발견할 수 있다. 그런데 생명의 조절 기능에서 결정적인 역할을 하는 이 신경 지도는, 우리가 흔히 '느낌'이라고 부르는 심적 상태와 직접적으로 관련을 맺는다.
느낌은 어쩌면 생명을 관장하는 뇌의 핵심적 기능을 고려할 때 지극히 부수적인 것으로 생각될 수 있다. 더구나 신체 상태에 대한 신경 지도가 없다면 느낌 역시 애초에 존재하지 않았을 것이다. 생명 조절의 기본적인 절차는 자동적이고 무의식적이기 때문에 의식적인 것으로 간주되는 느낌은 아예 불필요하다는 입장이 있다. 이 입장에서는 뇌가 의식적인 느낌의 도움 없이 신경 지도를 통해 생명의 현상을 조율하고 생리적 과정을 실행할 수 있다고 말한다. 그 지도의 내용이 의식적으로 드러날 필요가 없다는 것이다. 그러나 이러한 주장은 부분적으로만 옳다.

< 보 기 >

㉠ 신경 지도는 뇌가 생명 조절 기능을 하는 데에서 부수적인 역할을 한다.
㉡ 생리적 과정이 무의식적으로 일어날 때 느낌은 뇌의 해당 활동에 관여하지 않는다.
㉢ 신체 기관의 기능 부전은 신경 지도가 신체에 어떤 일이 일어났는지 표상하지 못하는 상황이다.

① ㉡
② ㉢
③ ㉠, ㉢
④ ㉡, ㉢

20. 다음 글을 이해한 것으로 <보기>에서 옳은 것만을 모두 고른 것은?

전 지구적인 해수의 연직 순환은 해수의 밀도 차이에 의해 발생한다. 바닷물은 온도가 낮고 염분 농도가 높을수록 밀도가 높아져 아래로 가라앉는다. 이 때문에 북대서양의 차갑고 염분 농도가 높은 바닷물은 심층수를 이루며 적도로 천천히 이동한다. 그런데 지구 온난화로 인해 북반구 고위도 지역의 강수량이 증가하고 극지방의 빙하가 녹은 물이 대량으로 바다에 유입되면, 북대서양의 염분 농도가 감소하여 바닷물이 가라앉지 못하는 일이 벌어질 수 있다. 과학자들은 컴퓨터 시뮬레이션을 통해 차가운 북대서양 바닷물에 빙하가 녹은 물이 초당 십만 톤 이상 들어오면 전 지구적인 해수의 연직 순환이 느려져 지구의 기후가 변화한다는 사실을 알아냈다.
더 나아가 과학자들은 유공충 화석을 통해 이 시뮬레이션 결과를 입증하는 실제 증거를 찾았다. 바다 퇴적물에는 유공충 화석이 들어 있으며, 이 화석의 껍질에는 유공충이 살았던 당시 바닷물의 상태를 보여 주는 물질이 포함되어 있다. 이를 분석해 보면 과거에 북대서양의 바닷물이 얼마나 깊이 가라앉았는지, 얼마나 멀리 퍼져 나갔는지를 알 수 있다. 이로써 과학자들은 그동안 전 지구적인 해수의 연직 순환이 느려지거나 빨라지는 일이 여러 차례 있었다는 것을 알아냈고, 신드리아스 기(약 13,000년 전 혹한기)의 원인이 이 연직 순환의 이상이라는 사실도 확인했다. 우려할 만한 일은 최근 수십 년 동안 지구 온난화로 인해 북대서양 극지방 바닷물의 염분 농도가 낮아지고 있다는 점이다. 특히 지난 10년 동안 그 변화가 두드러졌다.

< 보 기 >

㉠ 바닷물의 밀도는 주로 수온과 염분 농도의 변화에 따라 결정된다.
㉡ 북대서양의 염분 농도가 높을수록 밀도가 높아진다면, 바닷물이 아래로 가라앉을 것이다.
㉢ 과학자들은 시뮬레이션 결과에 대해 구체적인 과거 사례를 통해 타당성을 확인하였다.

① ㉠
② ㉠, ㉡
③ ㉡, ㉢
④ ㉠, ㉡, ㉢

# 영 어

1. 다음 밑줄 친 부분과 의미가 가장 가까운 것을 고르시오.

   If we don't prepare for the future, we will face a series of adversity. It was like living in an uninhabited island where no one is around.

   ① alternative        ② deficiency
   ③ suspicion          ④ succession

2. 밑줄 친 부분에 들어갈 말로 가장 적절한 것을 고르시오.

   The brand new software is designed to _____ the outdated system, offering faster processing and improved function.

   ① put up with         ② be absorbed in
   ③ take the place of   ④ lose their temper

3. 밑줄 친 부분에 들어갈 말로 가장 적절한 것을 고르시오.

   It's surprising that she doesn't force her son to apply for the Google any more, _____?

   ① is it       ② does it
   ③ isn't it    ④ doesn't it

4. 다음 밑줄 친 부분 중 어법상 틀린 것은?

   Thailand's constitutional court has made the country's February 2 general election ① invalid ② because it breached a law ③ requiring that the polling process ④ is completed on the same day nationwide.

5. 다음 대화의 빈칸에 들어갈 말로 가장 적절한 것은?

   A: Thanks so much for helping me return the costumes today.
   B: No problem! _____.
   A: We need to make sure they're all clean and folded before we go.
   B: Got it. I'll also check the receipt and make sure we didn't miss anything.
   A: Perfect. And let's leave early since the store closes at six.
   B: Good point. I'll carry the heavier bags so it's easier for you.
   A: You're the best! I couldn't handle all this alone.
   B: I'm happy to help! We're almost done anyway.
   A: After we're finished, let's grab some coffee.
   B: Sounds great. We definitely deserve it!

   ① It's better to rent costumes than buy them
   ② You should bring fewer costumes next time
   ③ You might have to pay a late return fee today
   ④ You always make returning things so much easier

6. 다음 대화의 빈칸에 들어갈 말로 가장 적절한 것은?

   **Ella**
   Hey, did you buy the sunscreen for the beach trip?
   10:30 am

   **Noah**
   Yes, I just picked it up from the store! _____?
   10:31 am

   **Ella**
   Sure! I want to know which SPF you chose.
   10:32 am

   **Noah**
   I got SPF 50 — it should work well for us.
   10:33 am

   **Ella**
   Great! Don't forget to bring it on Saturday.
   10:34 am

   **Noah**
   No worries, I've already packed it.
   10:34 am

   ① Did you have to compare many brands before buying
   ② Do you want to know why I chose this sunscreen
   ③ Did you check the expiration date on the bottle
   ④ Is it water-resistant for swimming in the ocean

7. 다음 글의 흐름상 어색한 문장은?

   In door-to-door selling, a salesperson has only about a minute to talk before the resident decides whether to buy the product. So whatever the salesperson says should catch and maintain the listener's attention. ① It's the same thing when you apply for a job and get interviewed. ② Instead of a sales spiel, however, you're giving what's called an elevator pitch, which is like being stuck in an elevator with someone who has the power to hire you. ③ Within the short period of time, it takes for the elevator to reach the top, you have to say something that stands out. ④ It really is difficult not to be nervous during a job interview. That means you should know exactly what the company is looking for and be able to explain why you're the best candidate.

8. 우리말을 영어로 옮긴 것 중 밑줄 친 부분이 어법상 옳은 것은?
   ① 당신의 과거 경험은 당신에게 본능을 믿을지에 대한 판단의 근거를 줄 것이다.
   → Your past experience will give you the basis for judgment whether your instincts can be trusted.
   ② 십대 때 뇌의 변화는 아이들이 평상시에 깨어 있고 잠을 자지 않게 하기 쉽다.
   → The brain changes during teens make them easier for kids to remain awake and not to go to bed at the normal time.
   ③ 달리기가 제공하는 몇몇 이점은 거의 모든 면에서 명백한 것 같다.
   → The several advantage that running provides seems to be apparent in every respect.
   ④ 우리는 대체로 점점 더 없는 시간 속에서 점점 더 많은 활동을 하느라 너무 바쁘다.
   → We are generally too busy trying to squeeze more and more activities into less and less time.

[9~10] 다음 글을 읽고 물음에 답하시오.

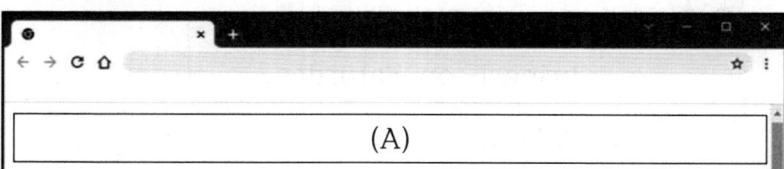

(A)

Regular physical activity is not just important for your body — it plays a key role in maintaining good mental health as well. Studies show that people who exercise regularly tend to experience lower levels of stress, anxiety, and depression.

The connection between movement and mood has been widely studied since the early 2000s, leading many health organizations to recommend at least 30 minutes of moderate exercise most days of the week. Physical activity releases chemicals like endorphins and serotonin, which help boost mood and improve overall well-being.

In today's busy world, many people struggle to find time for exercise. However, small efforts such as taking the stairs, walking during breaks, or doing short home workouts can make a positive difference in both mental and physical health.

**You can increase your activity level:**
☐ Schedule daily walks or bike rides
☐ Join a fitness class or sports team
☐ Set realistic goals and track your progress

9. (A)에 들어갈 윗글의 제목으로 가장 적절한 것은?
   ① Understanding the Dangers of Overexercising
   ② How to Train for a Professional Sports Career
   ③ The Mental Health Benefits of Physical Activity
   ④ Why Group Sports Are More Effective Than Solo Exercise

10. 윗글의 내용과 일치하지 않는 것은?
    ① 규칙적인 운동은 정신 건강에도 도움이 된다.
    ② 운동을 자주 하면 우울증이 심해질 수 있다.
    ③ 짧은 운동만으로도 건강에 긍정적 변화를 만든다.
    ④ 현실적인 목표를 세우는 것이 활동량증가에 도움이 된다.

11. 다음 글의 요지로 가장 적절한 것은?

There are certain countries in the world that have a lot of green foliage and trees, such as the rainforests of South America. Beautiful, green places in the world are a delight to the eye. But all that green could not exist without the large quantities of rain that produce it. So, in life it seems that the more troubles we have to go through, the more tears we shed, the richer we grow as we turn that suffering to good advantage by learning from it. Just like the trees that soak up all that rain, using it to help them to grow more fully, we can also use all of our personal grief and sufferings in helping ourselves to grow more completely as human beings. The next time circumstances in your life make you cry, remember that those tears are helping you to grow, for each drop waters the very soul.

① We learn a lot from our soul.
② Prevention is better than cure.
③ Adversity helps us to grow up.
④ All growth depends on actual delight.

12. 다음 글의 빈칸에 들어갈 말로 가장 적절한 것은?

Mathematics definitely influenced Renaissance art. Renaissance art was different from the art in the Middle Ages in many ways. Prior to the Renaissance, objects in paintings were flat and symbolic rather than real in appearance. Artists during the Renaissance reformed painting. They kept objects in paintings from being represented _____. Mathematics was used to portray the essential form of objects in perspective, as they appeared to the human eye. Renaissance artists achieved perspective using geometry, which led to a naturalistic, precise, three-dimensional representation of the real world. The application of mathematics to art, particularly in paintings, was one of the primary characteristics of Renaissance art.

① in three-dimension
② in abstraction
③ with accuracy
④ with reality

13. 다음 글의 빈칸에 들어갈 말로 가장 적절한 것은?

Psychologist Solomon Asch wanted to discover whether people's tendency to agree with their peers was stronger than their tendency toward independent thought and rational judgment. Asch assembled groups of twelve university students and announced that they were taking part in an experiment on visual perception. He showed them three line segments, and asked each one in turn which line was the longest. It was an easy task and the correct answer was obvious. However, Asch had secretly instructed all but the last person in each group, who was the real subject of the experiment, to say that the medium-length line was the longest. As it turned out, over 70 percent of the real subjects _____ and said that the medium-length line was the longest.

① yield to group pressure
② figured out the correct answer
③ were not involved in the other group member
④ employed reasonable judgment in their decision-making

14. 다음 글의 목적으로 가장 적절한 것은?

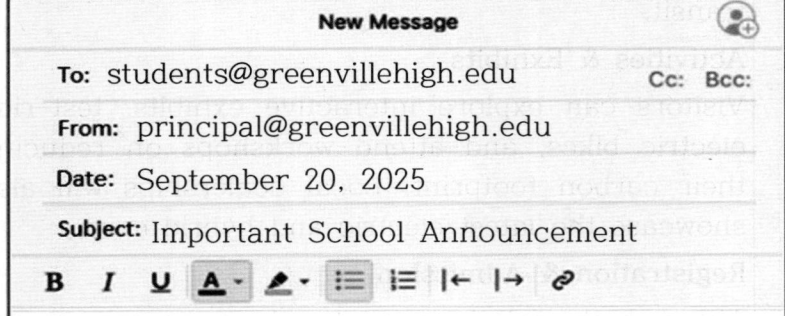

Dear Greenville High School Students,

We hope you are excited for the upcoming school festival, which will take place on September 25. This annual event is a highlight of our school year, filled with performances, exhibitions, and fun activities organized by students and staff.

Due to the preparations for the festival, we would like to inform you that the school start time on September 25 will be delayed to 10 a.m. instead of the usual 8:30 a.m. Please adjust your schedules accordingly and arrive on time. We appreciate your cooperation in making this event a success.

If you have any questions or concerns, feel free to contact the school office. Thank you for your attention, and we look forward to seeing you at the festival!

Sincerely,
Principal of Greenville High School

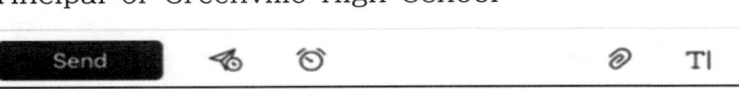

① to inform students of the change in school start time due to the festival
② to announce the unexpected cancellation of the annual school festival
③ to introduce exciting new activities added to the school festival
④ to invite all parents to attend the upcoming school festival

[15~16] 다음 글을 읽고 물음에 답하시오.

**Notifying Customers**

We regret to inform our valued customers that the upcoming discount event for pet products has been canceled. Due to unexpected supply chain issues, we are unable to provide sufficient stock to support the promotion as planned.

We understand that many of you were looking forward to purchasing your favorite dog toys, treats, and accessories at discounted prices. We sincerely apologize for the inconvenience this cancellation may cause and appreciate your understanding.

We are working closely with our suppliers to resolve these issues as quickly as possible. Please stay tuned for future announcements, as we plan to reschedule the event once the situation improves. Thank you again for your patience and loyalty.

15. 밑줄 친 treats의 의미와 가장 가까운 것은?
① heals    ② snacks
③ leashes  ④ shelters

16. 윗글의 목적으로 가장 적절한 것은?
① to apologize for canceling the dog product discount event
② to explain how to purchase discounted dog products online
③ to introduce new pet product lines launching this month
④ to compare prices of dog accessories across different stores

17. 다음 주어진 문장이 들어가기에 가장 적절한 곳은?

However, when you try to tickle yourself, you are in complete control of the situation.

Why is it that if you tickle yourself, it doesn't tickle, but if someone else tickles you, you cannot stand it? ( ① ) If someone was tickling you and you managed to remain relaxed, it would not affect you at all. ( ② ) Of course, it would be difficult to stay relaxed, because tickling causes tension for most of us, such as feelings of unease. ( ③ ) The tension is due to physical contact, the lack of control, and the fear of whether it will tickle or hurt. ( ④ ) There is no need to get tense and therefore, no reaction.

## 18. 다음 글의 내용과 일치하지 않는 것은?

**Global Youth Climate Summit 2025**

**Introduction**

The Global Youth Climate Summit 2025 brings together young leaders from around the world to discuss solutions to the climate crisis. The summit provides a platform for youth voices to influence global policies and encourages collaboration across nations.

**Summit Activities**

Participants join panel discussions, attend climate action workshops, and present their own innovative projects. The summit also includes networking events where young leaders can connect with scientists, policymakers, and activists.

**Expected Outcomes**

Many participants leave the summit feeling inspired to take climate action in their home countries. Organizers provide follow-up materials to help participants apply what they've learned. Some attendees continue working together through online networks and international youth alliances.

① The summit allows young leaders to share their voices on global climate policies.
② Participants engage in workshops, discussions, and networking events at the summit.
③ Organizers offer follow-up materials to help participants apply their new knowledge.
④ All participants must commit to going on working together through online networks.

## 19. 주어진 문장 다음에 이어질 글의 순서로 적절한 것은?

A sociologist is primarily interested in seeking out generally valid interpretations of regularly recurring patterns of social phenomena. The framework of ideas and concepts which he uses in this process constitutes sociological theory.

(A) He may identify this common characteristic as a manifestation of the abstract condition of 'alienation.' Later he may wish to relate the 'alienation' of a particular category of people to their class position, or possibly to the way in which they vote.

(B) A sociologist may, for example, notice that the behavior of workers in a large factory and that of children in slum areas of a large city have certain similarities which may be characterized as a lack of identification with their fellows and a lack of confidence in those who wield authority.

(C) These concepts and notions are abstract mental constructions in the same way that 'gravity' is in physics. A sociologist arrives at these concepts by making a very basic assumption: that there is a regularity or pattern in the things he observes. Equally, he may infer the existence of an underlying idea from the presence of certain signs or indicators.

① (B) - (A) - (C)
② (B) - (C) - (A)
③ (C) - (A) - (B)
④ (C) - (B) - (A)

## 20. 다음 글의 내용과 일치하는 것은?

**ECO-FRIENDLY TRANSPORTATION FAIR 2025**

**Event Introduction**

The Greenville City Council is hosting the Eco-Friendly Transportation Fair on October 5 at Riverside Park. This free event aims to raise awareness about sustainable transportation options, including electric vehicles, bicycles, and public transit.

**Activities & Exhibits**

Visitors can explore interactive exhibits, test-ride electric bikes, and attend workshops on reducing their carbon footprint. Local dealerships will also showcase the latest electric and hybrid cars.

**Registration & Admission**

Although the fair is free, attendees are encouraged to register online in advance to receive a free eco-friendly tote bag at the entrance. There will also be prize drawings for registered participants.

**Community Engagement**

The event will feature guest speakers, including environmental activists and city planners, who will discuss future transportation projects in Greenville. Volunteers are welcome to assist with event logistics and guest support.

① The fair will include workshops on how to reduce visitors' carbon footprint.
② Only electric vehicles will be displayed at the transportation fair.
③ Visitors must pay an entrance fee to attend the transportation fair.
④ Volunteers are not allowed to help at the event due to safety concerns.

# 한 국 사

1. 다음에 해당하는 나라에 대한 설명으로 옳은 것은?

   은력(殷曆) 정월에 지내는 제천 행사는 나라에서 여는 대회로 날마다 먹고 마시고 노래하고 춤추는데, 이를 영고라 하였다. 이때 형옥을 중단하고 죄수를 풀어주었다.

   ① 상, 대부, 장군 등의 관직을 두었다.
   ② 읍군, 삼로 등이 하호를 통치하였다.
   ③ 마가, 우가, 저가, 구가 등의 관직이 있었다.
   ④ 천군이 신성 지역인 소도에서 제사를 지냈다.

2. 다음 역사적 사실들을 순서대로 바르게 나열한 것은?

   ㉠ 나·제 동맹 결성
   ㉡ 고구려의 평양 천도
   ㉢ 백제의 22담로 설치
   ㉣ 광개토대왕릉비 건립

   ① ㉡-㉢-㉣-㉠
   ② ㉡-㉣-㉠-㉢
   ③ ㉣-㉠-㉡-㉢
   ④ ㉣-㉡-㉠-㉢

3. '신라 촌락(민정) 문서'를 통해서 알 수 있는 내용으로 옳지 않은 것은?
   ① 지방관이 매년마다 작성하였다.
   ② 호(戶)는 9등급으로 나누어 파악하였다.
   ③ 인구는 연령에 따라 6등급으로 나누었다.
   ④ 가축과 과실나무의 수 등이 기록되어 있다.

4. 빈칸에 들어갈 국왕의 업적으로 옳은 것은?

   ○○이 원나라의 제도를 따라 변발을 하고 원나라의 옷을 입고 궁궐에서 앉아 있었다. 이연종이 간언을 하려고 문밖에서 기다리고 있었더니, 왕이 사람을 시켜 물었다. … 답하기를 "변발과 호복은 선왕의 제도가 아니오니, 전하께서는 본받지 마소서."라고 하니, 왕이 기뻐하면서 즉시 변발을 풀었다.

   ① 과전법을 제정하였다.
   ② 개혁을 위해 사림원을 설치하였다.
   ③ '동국병감' 등의 병서를 편찬하였다.
   ④ 친원 세력인 기철 일파를 제거하였다.

5. 다음의 설명에 해당되는 인물은?

   ○ 북원 지방의 도적인 양길의 부하로 있었다.
   ○ 송악을 도읍으로 정하고, 후고구려를 세웠다.
   ○ 부석사에 있던 신라 국왕의 그림을 칼로 훼손하였다.
   ○ 미륵불의 화신임을 내세우면서 백성들을 현혹하였다.

   ① 견훤
   ② 궁예
   ③ 왕건
   ④ 장보고

6. 고려 시대의 사회 모습에 대한 설명으로 가장 적절하지 않은 것은?
   ① 제사는 형제자매가 돌아가면서 지냈다.
   ② 여성의 재가는 비교적 자유롭게 이루어졌다.
   ③ 사위가 처가의 호적에 입적하는 경우도 자주 있었다.
   ④ 결혼할 때 여성이 데려온 노비에 대한 소유권은 남편에게 귀속되었다.

7. 다음 시기에 집권했던 국왕 때의 사실로 옳지 않은 것은?

> 상왕이 말하기를, "만일 물리치지 못하고 항상 침략만 받는다면, … 구주(九州)에서 온 왜인만은 구류하여 경동하는 일이 없게 하라. …"하고, 이종무를 삼군도체찰사로 명하여, 군대를 거느리고 대마도를 정벌하게 하였다.

① 공법을 제정하였다.
② 집현전이 설치되었다.
③ 6조 직계제가 시행되었다.
④ '삼강행실도'를 편찬하였다.

8. (가) 시기에 백제에서 있었던 사실은?

> 신라는 국호를 '신라'로 정하고, 왕의 칭호도 마립간에서 왕으로 고쳤다.

⇩

> (가)

⇩

> 신라는 고려의 대가야를 정복하였다.

① 불교를 수용하였다.
② 사비로 도읍을 옮겼다.
③ 고국원왕을 전사시켰다.
④ 고흥이 '서기'를 편찬하였다.

9. 다음과 같이 주장한 붕당에 대한 설명으로 옳은 것은?

> 기해년의 일은 생각할수록 망극합니다. 그때 저들이 효종대왕을 서자처럼 여겨 대왕대비의 상복을 기년복으로 낮추어 입도록 하자고 청했으니, 지금이라도 잘못된 일은 바로잡아야 하지 않겠습니까?

① 인조반정을 주도하였다.
② 경신환국을 계기로 집권하였다.
③ 서경덕과 조식의 학통을 계승하였다.
④ 갑인예송 때 이들의 주장이 채택되었다.

10. 다음 정책을 시행한 왕의 업적으로 옳은 것은?

> 즉위 초에 탕평교서를 발표하여 정국의 혼란을 수습하려 하였다. 그리고 완론탕평책을 추진하여 당파의 시비를 가리지 않고 온건하고 타협적인 인물을 등용하여 정국을 운영하였다.

① 호포제를 실시하였다.
② '동국문헌비고' 등을 편찬하였다.
③ 문체반정을 통해 신문체를 배척하였다.
④ 수령이 향약을 직접 주관하도록 하였다.

11. 다음과 같이 주장한 실학자에 대한 설명으로 옳은 것은?

> 우리나라 안에는 구슬을 캐는 집이 없고 시장에 산호 따위의 보배가 없다. 또 금과 은을 가지고 가게에 들어가도 떡을 살 수 없는 형편이다. … 이것은 물건을 이용하는 방법을 모르기 때문이다. 이용할 줄 모르니 생산할 줄 모르고, 생산할 줄 모르니 백성은 나날이 궁핍해지는 것이다.

① '지봉유설'을 저술하였다.
② 규장각 검서관으로 활동하였다.
③ 지전설, 무한우주론 등을 주장하였다.
④ 청에 다녀온 후 '열하일기'를 저술하였다.

12. 밑줄 친 '이곳'에 대한 설명으로 옳은 것은?

> 덕원 부사 정현석이 장계를 올립니다. 신이 다스리는 이곳은 해안의 요충지에 있고 아울러 개항지가 되어 소중함이 다른 곳에 비할 바가 못 됩니다. 개항지를 빈틈없이 운영해 나가는 방도는 인재를 선발하여 쓰는 데 달려 있고, 인재 선발의 요체는 교육에 있습니다. 그러므로 학교를 설립하여 연소하고 총명한 자를 뽑아 교육하고자 합니다.

① 국채보상 운동이 시작된 지역이다.
② 묘청은 이곳에서 반란을 일으켰다.
③ 강화도 조약에 따라 개항된 지역이다.
④ 강동 6주 가운데 하나인 흥화진이 있던 곳이다.

13. 다음 민족 운동에 대한 설명으로 옳은 것은?

    | 의복은 우선 남자는 두루마기, 여자는 치마를 음력 계해 정월 1월부터 조선인 산품 또는 가공품을 염색하여 착용할 것이며, 일용품은 조선인 제품으로 대용하기 가능한 것은 이를 사용할 것 |

    ① 1910년대부터 해방 때까지 지속되었다.
    ② 평양에서 시작되어 전국으로 확산되었다.
    ③ 사회주의자 성향의 운동 세력이 주도하였다.
    ④ 대한매일신보, 황성신문 등이 적극 지원하였다.

14. 다음 국정 시책을 내걸은 정부에서 추진한 통일 정책으로 옳은 것은?

    | 민족 자존, 민주 화합, 균형 발전, 통일 번영 등을 국정 지표로 내걸고, 88 서울 올림픽의 성공적인 개최 등을 주요 시책으로 삼았다. |

    ① 남북 기본 합의서를 채택하였다.
    ② 6·15 남북 공동 선언을 발표하였다.
    ③ 남북 조절 위원회를 구성하기로 하였다.
    ④ 최초의 남북한 이산가족 고향 방문이 이루어졌다.

15. 일제 강점기의 경제 수탈 정책에 대한 설명으로 옳지 않은 것은?
    ① 토지 조사 사업을 위해 토지조사령을 공포하였다.
    ② 중·일 전쟁 이후 남면 북양 정책을 처음 실시하였다.
    ③ 근로보국대라는 이름으로 여성의 노동력까지 착취하였다.
    ④ 공업화로 인한 일본의 식량 부족 문제를 해결하고자 산미 증식계획을 실시하였다.

16. 6·10 만세 운동에 대한 설명으로 옳은 것은?
    ① 중국 5·4 운동에 영향을 주었다.
    ② 신간회가 진상 조사단을 파견하였다.
    ③ 사회주의 세력과 학생들이 준비하였다.
    ④ 조선 청년 총동맹이 결성되는 계기가 되었다.

17. 다음은 어느 인물의 주요 연보이다. 이 인물에 대한 설명으로 옳은 것은?

    | 1886년 출생 |
    | 1919년 신한청년당 조직, 임시정부 외무부 차장에 임명 |
    | 1933년 '조선중앙일보'의 사장으로 취임 |
    | 1944년 '조선건국동맹' 결성 |

    ① 국제 연맹에 위임 통치를 청원하였다.
    ② 조선 건국 준비 위원회를 조직하였다.
    ③ 5·10 총선거에서 국회의원으로 당선되었다.
    ④ 임시 정부의 대표로 파리 강화 회의에 참여하였다.

18. 대한 제국 시기의 개혁에 대한 설명으로 옳은 것은?
    ① 은본위제를 채택하였다.
    ② 양전 지계 사업을 추진하였다.
    ③ 사법권과 행정권을 분리하였다.
    ④ 양반과 평민의 계급을 철폐하였다.

19. 다음 자료가 등장하게 된 배경으로 옳은 것은?

    | 러시아, 미국, 일본은 같은 오랑캐입니다. 그들 사이에 누구는 후하게 대하고 누구는 박하게 대하기는 어려운 일입니다. |

    ① 병인양요와 신미양요가 일어났다.
    ② 명성황후가 시해된 을미사변이 일어났다.
    ③ 김홍집이 일본에서 '조선책략'을 들여왔다.
    ④ 일본이 강화도 초지진에 운요호를 파견하였다.

20. 1894년에 일어난 다음 사건들을 시기순으로 나열한 것으로 옳은 것은?

    | ㉠ 우금치 전투 | ㉡ 황토현 전투 |
    | ㉢ 전주 화약 체결 | ㉣ 청·일 전쟁 발발 |

    ① ㉠ - ㉡ - ㉢ - ㉣
    ② ㉡ - ㉢ - ㉠ - ㉣
    ③ ㉡ - ㉢ - ㉣ - ㉠
    ④ ㉢ - ㉡ - ㉣ - ㉠

## 행정법총론

1. 행정상 사실행위에 대한 설명으로 옳지 않은 것은? (다툼이 있는 경우 판례에 의함)
   ① 교도소장이 특정 수형자를 '접견내용 녹음·녹화 및 접견 시 교도관 참여대상자'로 지정한 행위는 수형자의 구체적 권리의무에 직접적 변동을 가져오는 행위로서 항고소송의 대상이 되는 행정처분에 해당한다.
   ② 마약류 관련 수형자에 대하여 마약류반응검사를 위하여 소변을 받아 제출하게 한 것은 권력적 사실행위로서 항고소송의 대상이 되는 행정처분에 해당하므로 보충성의 원칙에 따라 헌법소원의 대상이 되는 공권력의 행사에는 해당하지 아니한다.
   ③ 위법한 행정지도에 따라 행한 사인의 행위는 위법성이 조각되는 정당한 행위라고 볼 수 없다.
   ④ 「국가배상법」이 정한 배상청구의 요건인 '공무원의 직무'에는 권력적 작용만이 아니라 행정지도와 같은 비권력적 작용도 포함된다.

2. 당사자소송에 대한 설명으로 옳지 않은 것은? (다툼이 있는 경우 판례에 의함)
   ① 당사자소송은 국가·공공단체 그 밖의 권리주체를 피고로 한다.
   ② 지방소방공무원이 자신이 소속된 지방자치단체를 상대로 초과근무수당의 지급을 구하는 청구에 관한 소송은 당사자소송의 절차에 따라야 한다.
   ③ 「석탄산업법」과 관련하여 피재근로자는 석탄산업합리화사업단이 한 재해위로금 지급거부의 의사표시에 불복이 있는 경우 공법상의 당사자소송을 제기하여야 한다.
   ④ 「행정소송법」은 공법상 당사자소송을 민사소송으로 변경할 수 있는지에 관하여 명문의 규정을 두고 있지 않으므로, 공법상 당사자소송을 민사소송으로 변경하는 것은 현행법상 허용되지 아니한다.

3. 인허가의제에 대한 설명으로 옳은 것은? (다툼이 있는 경우 판례에 의함)
   ① 인허가의제의 경우 주된 인허가 행정청은 관련 인허가를 직접 한 것으로 보아 관계 법령에 따른 관리·감독 등 필요한 조치를 하여야 한다.
   ② 인허가의제에 있어서, 주된 행정청과 관련 행정청 간에 협의가 된 사항에 대해서는 협의 성립시점에 관련 인허가를 받은 것으로 의제된다.
   ③ 건축불허가처분을 하면서 그 처분사유로 건축불허가 사유뿐만 아니라 형질변경불허가 사유나 농지전용불허가 사유를 제시한 경우, 상대방은 건축불허가처분에 관한 쟁송과는 별개로 형질변경불허가처분이나 농지전용불허가처분에 관한 쟁송을 제기하여 이를 다툴 수 있다.
   ④ 의제된 인허가는 통상적인 인허가와 동일한 효력을 가지므로, 적어도 '부분 인허가 의제'가 허용되는 경우에는 그 효력을 제거하기 위한 법적 수단으로 의제된 인허가의 취소나 철회가 허용될 수 있다.

4. 행정절차에 대한 설명으로 옳은 것은? (다툼이 있는 경우 판례에 의함)
   ① 행정처분의 상대방에 대한 청문통지서가 두 차례 반송되었고, 그에 따라 「행정절차법」 제14조 제4항의 규정에 따라 청문통지를 공고하였음에도 행정처분의 상대방이 청문일시에 불출석하였다는 이유로 청문을 실시하지 아니하고 한 침해적 행정처분은 위법하다.
   ② 행정청이 당사자와 사이에 도시계획사업의 시행과 관련한 협약을 체결하면서 관련 법령상 요구되는 청문절차를 배제하는 조항을 두었다면, 이는 청문을 실시하지 않아도 되는 예외적인 경우에 해당한다.
   ③ 「공무원연금법」상 퇴직연금의 환수결정은 당사자에게 의무를 과하는 처분이므로, 퇴직연금의 환수결정에 앞서 당사자에게 「행정절차법」상의 의견진술의 기회를 주지 아니한 경우 당해 처분은 신의칙에 어긋나는 것으로서 위법하게 된다.
   ④ 묘지공원과 화장장의 후보지를 선정하는 과정에서 추모공원건립추진협의회가 후보지 주민들의 의견을 청취하기 위하여 그 명의로 개최한 공청회는 「행정절차법」에서 정한 절차를 준수하여야 한다.

5. 「행정심판법」에 대한 설명으로 옳은 것은?
   ① 행정심판의 경우 여러 명의 청구인이 공동으로 심판청구를 할 때에는 청구인들 중에서 3명 이하의 선정대표자를 선정할 수 있고, 선정대표자가 선정되더라도 다른 청구인들은 그 선정대표자를 통해서만 그 사건에 관한 행위를 할 수 있는 것은 아니다.
   ② 행정심판위원회는 당사자의 신청이 없는 한 직권으로 임시처분을 할 수는 없다.
   ③ 행정심판위원회는 당사자의 권리 및 권한의 범위에서 직권으로 심판청구의 신속하고 공정한 해결을 위하여 조정을 할 수 있다. 다만 그 조정이 공공복리에 적합하지 아니하거나 해당 처분의 성질에 반하는 경우에는 그러하지 아니하다.
   ④ 처분의 상대방이 아닌 제3자가 심판청구를 한 경우 행정심판위원회는 재결서의 등본을 지체 없이 피청구인을 거쳐 처분의 상대방에게 송달하여야 한다.

6. 행정행위에 대한 설명으로 옳지 않은 것은? (다툼이 있는 경우 판례에 의함)
  ① 행정청이 임시이사를 선임하면서 임기를 '후임 정식이사가 선임될 때까지'로 기재한 것은 근거 법률의 해석상 당연히 도출되는 사항을 주의적·확인적으로 기재한 이른바 '법정부관'일 뿐, 행정청의 의사에 따라 붙이는 본래 의미의 행정처분 부관이라고 볼 수 없고, 후임 정식이사가 선임되면 임시이사의 임기는 자동적으로 만료되어 임시이사의 지위가 상실되는 효과가 발생한다.
  ② 행정청이 의료법인의 이사에 대한 이사취임승인취소처분(제1처분)을 직권으로 취소(제2처분)한 경우, 제1처분과 제2처분 사이에 법원에 의하여 선임결정된 임시이사들의 지위는 법원의 해임결정이 없더라도 당연히 소멸된다.
  ③ 토지 등 소유자들이 도시환경정비사업을 위한 조합을 따로 설립하지 아니하고 직접 그 사업을 시행하고자 하는 경우, 사업시행계획인가처분은 일종의 설권적 처분의 성격을 가지므로 토지 등 소유자들이 작성한 사업시행계획은 독립된 행정처분이 아니다.
  ④ 자동차관리사업자로 구성하는 사업자단체 설립인가는 인가권자가 가지는 지도·감독 권한의 범위 등과 아울러 설립인가에 관하여 구체적인 기준이 정하여져 있지 않은 점 등에 비추어 재량행위로 보아야 한다.

7. 행정입법에 대한 설명으로 옳은 것은? (다툼이 있는 경우 판례에 의함)
  ① 법률조항의 위임에 따라 대통령령으로 규정한 내용이 헌법에 위반되는 경우에는 그로 인하여 모법인 해당 수권(授權) 법률조항도 위헌이 된다.
  ② 「여객자동차 운수사업법」의 위임에 따라 시외버스운송사업의 사업계획변경에 관한 절차, 인가기준 등을 정한 「여객자동차 운수사업법 시행규칙」 규정은 대외적인 구속력이 있는 법규명령이다.
  ③ 해당 규정의 전부가 불가분적으로 결합되어 있어 일부를 무효로 하는 경우 나머지 부분이 유지될 수 없는 결과를 가져오는 경우에도, 법원이 구체적 규범통제를 통해 위헌·위법으로 선언할 심판대상은 해당 규정 중 재판의 전제성이 인정되는 조항에 한정된다.
  ④ 당사자는 구체적 사건의 심판을 위한 선결문제로서 행정입법의 위법성을 주장하여 법원에 대하여 당해 사건에 대한 적용 여부의 판단을 구할 수 있을 뿐만 아니라 행정입법 자체의 합법성의 심사를 목적으로 하는 독립한 신청을 제기할 수도 있다.

8. 이행강제금에 대한 설명으로 옳지 않은 것은? (다툼이 있는 경우 판례에 의함)
  ① 「국토의 계획 및 이용에 관한 법률」 및 같은 법 시행령이 정한 이행강제금의 부과기준은 단지 상한을 정한 것에 불과한 것이므로 행정청에 이와 다른 이행강제금액을 결정할 재량권이 있다.
  ② 이행강제금은 일정한 기한까지 의무를 이행하지 않을 때에는 일정한 금전적 부담을 과할 뜻을 미리 계고함으로써 의무자에게 심리적 압박을 주어 장래에 그 의무를 이행하게 하려는 행정상 간접적인 강제집행 수단이다.
  ③ 「건축법」상 시정명령을 받은 의무자가 이행강제금이 부과되기 전에 그 의무를 이행한 경우에는 비록 시정명령에서 정한 기간을 지나서 이행한 경우라도 이행강제금을 부과할 수 없다.
  ④ 공정거래법상 기업결합 제한위반행위자에 대한 이행강제금이 부과되기 전에 시정조치를 이행하거나 부작위 의무를 명하는 시정조치 불이행을 중단한 경우, 과거의 시정조치 불이행기간에 대하여 이행강제금을 부과할 수 있다.

9. 행정의 실효성 확보수단에 대한 설명으로 옳지 않은 것은? (다툼이 있는 경우 판례에 의함)
  ① 「행정기본법」에 따르면, 행정청은 원칙적으로 법령등의 위반행위가 종료된 날부터 5년이 지나면 해당 위반행위에 대하여 제재처분을 할 수 없으나, 행정심판의 재결이나 법원의 판결에 따라 제재처분이 취소·철회된 경우에는 재결이나 판결이 확정된 날부터 1년(합의제행정기관은 2년)이 지나기 전까지는 그 취지에 따른 새로운 제재처분을 할 수 있다.
  ② 「국세징수법」에 근거하여 한국자산관리공사가 행하는 공매의 대행은 세무서장의 공매권한의 위임에 해당하므로 한국자산관리공사의 공매처분에 대한 취소소송에서 피고는 한국자산관리공사이다.
  ③ 즉시강제란 법령 또는 행정처분에 의한 선행의 구체적 의무의 불이행으로 인한 목전의 급박한 장해를 제거할 필요가 있는 경우에 행정기관이 즉시 국민의 신체 또는 재산에 실력을 행사하여 행정상의 필요한 상태를 실현하는 작용을 말한다.
  ④ 음주운전 여부에 대한 조사 과정에서 운전자 본인의 동의를 받지 아니하고 법원의 영장 없이 채혈조사를 한 결과를 근거로 한 운전면허 정지·취소처분은 특별한 사정이 없는 한 위법한 처분으로 볼 수밖에 없다.

10. 「개인정보 보호법」에 대한 설명으로 옳지 않은 것은? (다툼이 있는 경우 판례에 의함)
  ① 개인정보처리자의 「개인정보 보호법」 위반행위로 손해를 입은 정보주체는 개인정보처리자에게 손해배상을 청구할 수 있고, 그 개인정보처리자는 고의 또는 과실이 없음을 입증하지 않으면 책임을 면할 수 없다.
  ② 정보주체가 개인정보처리자의 「개인정보 보호법」 위반행위로 입은 손해에 대해 그 배상을 청구하는 경우, 개인정보처리자가 「개인정보 보호법」을 위반한 행위를 하였다는 사실 자체는 정보주체가 주장·증명하여야 한다.
  ③ 개인정보처리자의 고의 또는 중대한 과실로 인하여 개인정보가 분실된 경우로서 정보주체에게 손해가 발생한 때에는 법원은 그 손해액의 5배를 넘지 아니하는 범위에서 손해배상액을 정할 수 있다.
  ④ 정보주체는 「행정기본법」 제20조에 따른 행정청의 자동적 처분이 자신의 권리 또는 의무에 중대한 영향을 미치는 경우에는 해당 개인정보처리자에 대하여 해당 결정을 거부할 수 있는 권리를 가진다.

11. 행정법관계에 대한 설명으로 옳지 않은 것은? (다툼이 있는 경우 판례에 의함)
   ① 구「산림법」에 의해 형질변경허가를 받지 아니하고 산림을 형질변경한 자가 사망한 경우, 해당 토지의 소유권을 승계한 상속인은 그 복구의무를 부담하지 않으므로, 행정청은 그 상속인에 대하여 복구명령을 할 수 없다.
   ② 검사의 임용 여부는 임용권자의 자유재량에 속하는 사항이나, 조리상 임용권자는 임용신청자들에게 전형의 결과인 임용 여부의 응답을 해줄 의무가 있는 것이고, 응답할 것인지 여부조차도 임용권자의 편의재량사항이라고는 할 수 없다.
   ③ 근로자가 퇴직급여를 청구할 수 있는 권리도 헌법상 바로 도출되는 것이 아니라 퇴직급여법 등 관련 법률이 구체적으로 정하는 바에 따라 비로소 인정될 수 있는 것이다.
   ④ 육군3사관학교 생도는 일반 국민보다 상대적으로 기본권이 더 제한될 수 있으나, 그러한 경우에도 법률유보원칙, 과잉금지원칙 등 기본권 제한의 헌법상 원칙들이 지켜져야 한다.

12. 국가배상에 대한 설명으로 옳지 않은 것은? (다툼이 있는 경우 판례에 의함)
   ① 공무원이 직무를 수행하면서 그 근거가 되는 법령의 규정에 따라 구체적으로 의무를 부여받았어도 그것이 국민의 이익과 관계없이 순전히 행정기관 내부의 질서를 유지하기 위한 것이라면 그 의무에 위반하여 국민에게 손해를 가하여도 국가 등은 배상책임을 부담하지 않는다.
   ② 영조물이 그 용도에 따라 갖추어야 할 안전성을 갖추지 못한 상태에는 영조물이 공공의 목적에 이용됨에 있어 그 이용 상태 및 정도가 일정한 한도를 초과하여 제3자에게 사회통념상 수인할 것이 기대되는 한도를 넘는 피해를 입히는 경우까지 포함된다.
   ③ 소음 등을 포함한 공해 등의 위험지역으로 이주하여 들어가 거주하는 경우와 같이 위험의 존재를 과실로 인식하지 못하고 이주한 경우, 이를 손해배상액의 산정에 있어 형평의 원칙상 과실상계에 준하여 감경 또는 면제사유로 고려하여야 한다.
   ④ 국가나 지방자치단체가 행정절차를 진행하는 과정에서 주민들의 의견제출 등 절차적 권리를 보장하지 않은 경우, 설령 종국적으로 행정처분 단계까지 이르지는 않았다고 하더라도 특별한 사정이 없는 한 절차적 권리 침해로 인한 국가배상책임이 성립한다.

13. 행정소송의 판결에 대한 설명으로 옳지 않은 것은? (다툼이 있는 경우 판례에 의함)
   ① 법원의 부작위위법확인판결이 있은 후 행정청이 신청에 대한 거부처분을 한 경우, 그러한 거부처분은 기속력에 저촉되지 않는다.
   ② 불가쟁력이 발생한 행정처분에 대하여 그 행정처분의 근거가 된 법률이 위헌이라는 이유로 무효확인청구의 소가 제기된 경우에는 다른 특별한 사정이 없는 한 법원으로서는 그 법률이 위헌인지 여부에 대하여는 판단할 필요 없이 그 무효확인청구를 기각하여야 한다.
   ③ 소송에서 처분사유와 기본적 사실관계가 동일하여 추가·변경할 수 있는 다른 사유가 있었음에도 처분청이 이를 적절하게 주장·증명하지 못하여 법원이 그 처분을 위법하다고 판단하여 취소하는 판결이 확정되면, 처분청이 그 다른 사유를 근거로 다시 종전과 같은 내용의 처분을 하는 것은 허용된다.
   ④ 주택건설사업 승인신청 거부처분에 대한 취소의 확정판결이 있은 후 행정청이 재처분을 하였다 하더라도 그 재처분이 종전 거부처분에 대한 취소의 확정판결의 기속력에 반하는 경우, 「행정소송법」상 간접강제신청에 필요한 요건을 갖춘 것으로 보아야 한다.

14. 행정법의 효력에 대한 설명으로 옳은 것은? (다툼이 있는 경우 판례에 의함)
   ① 법령등의 시행일을 정하거나 계산할 때에는 법령등을 공포한 날부터 일정 기간이 경과한 날부터 시행하는 경우 법령등을 공포한 날을 첫날에 산입한다.
   ② 어떠한 법률조항에 대하여 헌법재판소가 헌법불합치결정을 하여 그 법률조항을 합헌적으로 개정 또는 폐지하는 임무를 입법자의 형성 재량에 맡긴 이상, 그 개선입법의 소급적용 여부와 소급적용의 범위는 원칙적으로 입법자의 재량에 달린 것이다.
   ③ 개정 법령이 기존의 사실 또는 법률관계를 적용대상으로 하면서 국민의 재산권과 관련하여 종전보다 불리한 법률효과를 규정하고 있는 경우, 그러한 사실 또는 법률관계가 개정 법률이 시행되기 이전에 이미 완성 또는 종결된 것이 아니라면 소급입법금지원칙에 위반된다.
   ④ 경과규정 등의 특별규정 없이 법령이 변경된 경우, 그 변경 전에 발생한 사항에 대하여 적용할 법령은 개정 후의 신법령이다.

15. 행정작용의 내용에 대한 설명으로 옳지 않은 것은? (다툼이 있는 경우 판례에 의함)
   ① 확약이 위법한 경우 행정청은 확약에 기속되지 아니한다.
   ② 교육인적자원부장관의 대학총장들에 대한 학칙시정요구는 법령에 따른 것으로 행정지도의 일종이지만, 단순한 행정지도로서의 한계를 넘어 헌법소원의 대상이 되는 공권력의 행사라고 볼 수 있다.
   ③ 행정청이 자신에게 재량권이 없다고 오인한 나머지 처분으로 달성하려는 공익과 그로써 처분상대방이 입게 되는 불이익의 내용과 정도를 전혀 비교형량 하지 않은 채 처분을 하였더라도, 결과적으로 그 처분의 내용이 비교형량을 한 경우와 다르지 않다는 사정이 있다면 그러한 처분은 위법하지 않다.
   ④ 집행명령은 상위법령이 개정되더라도 개정법령과 성질상 모순·저촉되지 아니하고 개정된 상위법령의 시행에 필요한 사항을 규정하고 있는 이상, 개정법령의 시행을 위한 집행명령이 제정·발효될 때까지는 여전히 그 효력을 유지한다.

16. 취소소송의 대상이 되는 처분에 대한 설명으로 옳지 않은 것은? (다툼이 있는 경우 판례에 의함)
    ① 과세관청이 사업자등록을 관리하는 과정에서 위장사업자의 사업자명의를 직권으로 실사업자의 명의로 정정하는 행위는 항고소송의 대상이 되는 행정처분으로 볼 수 없다.
    ② 「사회기반시설에 대한 민간투자법」상 민간투자사업의 사업시행자 지정은 공법상 계약이 아니라 행정처분에 해당한다.
    ③ 「공유재산 및 물품 관리법」에 근거하여 공모제안을 받아 이루어지는 민간투자사업 '우선협상대상자 선정행위'는 항고소송의 대상이 되지 아니한다.
    ④ 상표권자인 법인에 대한 청산종결등기가 되었음을 이유로 특허청장이 행한 상표권 말소등록 행위는 항고소송의 대상이 되는 행정처분에 해당하지 아니한다.

17. 행정행위의 효력에 대한 설명으로 옳은 것은? (다툼이 있는 경우 판례에 의함)
    ① 구 「도시계획법」 제78조 제1항에 정한 조치명령이 당연무효가 아니라 하더라도 그것이 위법한 처분으로 인정되는 한 그 명령을 위반함에 따른 같은 법 제92조 위반죄가 성립될 수 없다.
    ② 불가쟁력이 발생한 행정행위로 손해를 입은 국민은 국가배상청구를 할 수 없다.
    ③ 행정처분이 불복기간의 경과로 인하여 확정될 경우 그 처분의 기초가 된 사실관계나 법률적 판단이 확정되고 당사자들이나 법원이 이에 기속되어 모순되는 주장이나 판단을 할 수 없게 된다.
    ④ 행정행위의 불가변력은 당해 행정행위에 대해서만 인정되는 것이 아니고, 동종의 행정행위라면 그 대상을 달리하더라도 인정된다.

18. 행정의 실효성 확보수단에 대한 설명으로 옳지 않은 것은? (다툼이 있는 경우 판례에 의함)
    ① 어떤 행정법규 위반행위에 대해 과태료를 과할 것인지 행정형벌을 과할 것인지는 기본적으로 입법재량에 속한다.
    ② 「개인정보 보호법」에 따르면, 죄형법정주의 원칙상 '법인격 없는 공공기관'을 「개인정보 보호법」 소정의 양벌규정에 의하여 처벌할 수 없으나, 그렇다고 하여 행위자 역시 위 양벌규정으로 처벌할 수 없는 것은 아니다.
    ③ 지방국세청장 또는 세무서장이 「조세범 처벌절차법」에 따라 통고처분을 거치지 아니하고 즉시 고발하였다면 이로써 조세범칙사건에 대한 조사 및 처분 절차는 종료되고 형사사건 절차로 이행되어 지방국세청장 또는 세무서장으로서는 동일한 조세범칙행위에 대하여 더 이상 통고처분을 할 권한이 없다.
    ④ 효력기간이 정해져 있는 제재적 행정처분의 효력이 발생한 이후에도 행정청은 특별한 사정이 없는 한 상대방에 대한 별도의 처분으로써 효력기간의 시기와 종기를 다시 정할 수 있고, 이는 당초의 제재적 행정처분이 유효함을 전제로 그 구체적인 집행시기만을 변경하는 후속 변경처분으로서, 이러한 후속 변경처분 권한은 특별한 사정이 없는 한 당초의 제재적 행정처분의 효력이 유지되는 동안에만 인정된다.

19. 취소소송의 소송요건에 대한 설명으로 옳지 않은 것은? (다툼이 있는 경우 판례에 의함)
    ① 이미 직위해제처분을 받아 직위해제된 공무원에 대하여 행정청이 새로운 사유에 기하여 직위해제처분을 하였다면, 이전 직위해제처분의 취소를 구하는 소송을 제기하는 것은 부적법하다.
    ② 「행정소송법」상 필요적 전치주의가 적용되더라도, 동종사건에 관하여 이미 행정심판의 기각재결이 있는 경우에는 행정심판을 제기함이 없이 취소소송을 제기할 수 있다.
    ③ 특정인에 대한 행정처분을 주소불명 등의 이유로 송달할 수 없어 관보·공보·게시판·일간신문 등에 공고한 경우에는, 공고가 효력을 발생하는 날에 상대방이 그 행정처분이 있음을 알았다고 보아야 한다.
    ④ 원고가 「행정소송법」상 항고소송으로 제기해야 할 사건을 민사소송으로 잘못 제기한 경우에 수소법원이 그 항고소송에 대한 관할을 가지고 있지 아니하여 관할법원에 이송하는 결정을 하였고, 그 이송결정이 확정된 후 원고가 항고소송으로 소 변경을 하였다면, 그 항고소송에 대한 제소기간의 준수 여부는 원칙적으로 처음에 소를 제기한 때를 기준으로 판단하여야 한다.

20. 정보공개에 대한 설명으로 옳은 것은? (다툼이 있는 경우 판례에 의함)
    ① 견책의 징계처분을 받은 자가 소속기관의 장에게 징계위원회에 참여한 징계위원의 성명과 직위에 대한 정보공개청구를 하였으나 해당 정보가 비공개 대상이라는 이유로 거부된 경우, 그 견책처분에 대한 취소소송의 기각판결이 확정되었다면 정보공개거부처분의 취소를 구할 법률상 이익은 인정되지 않는다.
    ② 군검사가 공소제기된 사건과 관련하여 보관하고 있는 서류 또는 물건에 관하여는 피고인이나 변호인의 「정보공개법」에 의한 정보공개청구가 허용되지 아니한다.
    ③ '2015. 12. 28. 일본군위안부 피해자 합의와 관련하여 한일 외교장관 공동 발표문의 문안을 도출하기 위하여 진행한 협의·협상에서 일본군과 관헌에 의한 위안부 강제연행의 존부 및 사실인정 문제에 대해 협의한 협상 관련 외교부장관 생산 문서'는 비공개대상정보에 해당하지 아니한다.
    ④ 공공기관이 보유·관리하고 있는 개인정보의 공개에 관하여는 「개인정보 보호법」이 구 「정보공개법」 제9조 제1항 제6호에 우선하여 적용된다.

# 행정학개론

1. 프레스만과 윌다브스키(Pressman & Wildavsky)의 공동행위의 복잡성이론이 제시한 정책실패요인이 아닌 것은?
   ① 정책집행과정에서 소수의 참여자
   ② 집행관료의 빈번한 교체
   ③ 타당한 인과모형의 결여
   ④ 부적절한 집행기관

2. 변혁적 리더십에 대한 설명으로 옳지 않은 것은?
   ① 인본주의, 평화, 정의 등 포괄적이고 높은 수준의 도덕적 가치와 이상에 호소하여 부하들의 욕구수준을 상위수준으로 끌어올린다.
   ② 카리스마적 리더십을 기반으로 하며, 부하의 과업을 정확히 이해하고 행동지침을 명료하게 제시한다.
   ③ 부하들의 개인적 욕구에 세심한 관심을 보이고 후원적인 업무환경을 조성해 나간다.
   ④ 리더와 부하들의 강력한 감정의 결속을 통해 부하들이 강한 충성과 존경을 가지고 리더의 비전을 수행케 한다.

3. 덴하트(Denhardt)의 신공공서비스론에 대한 설명으로 옳지 않은 것끼리 묶인 것은?
   ㉠ 책임성 확보 방안으로 관료가 민주적으로 선출된 대표자에게 책임을 다하는 것을 강조한다.
   ㉡ 예산지출 위주의 정부 운영 방식에서 탈피하여 수입 확보 위주의 정부 운영 방식을 활성화하고자 한다.
   ㉢ 시민을 자율적인 고객으로 인식하고 공공서비스의 질을 향상시켜 시민의 만족도를 높이고자 한다.
   ㉣ 민주행정의 규범적 모델을 제시하고 있으며, 이를 실현하기 위한 구체적 처방을 제시하고 있다는 점에 의의가 있다.
   ① ㉠, ㉢
   ② ㉠, ㉡, ㉣
   ③ ㉡, ㉢, ㉣
   ④ ㉠, ㉡, ㉢, ㉣

4. 우리나라의 주민참여제도에 대한 연결로 옳지 않은 것은?
   ① 주민투표제도 - 주민에게 과도한 부담을 주거나 중대한 영향을 미치는 지방자치단체의 주요 결정사항을 주민이 직접 결정하는 제도이다.
   ② 주민참여예산제도 - 법령이 정하는 절차에 따라 수렴된 주민의 의견을 검토하고, 그 결과를 예산편성에 반영하지 않을 수도 있다.
   ③ 주민발의제도 - 주민이 직접 조례의 제정 및 개폐를 청구할 수 있는 제도로, 주민은 지방자치단체의 장에게 이를 청구하게 되어 있다.
   ④ 주민소환제도 - 주민은 그 지방자치단체의 장 및 지방의회 의원을 소환할 수 있다. 단, 비례대표의원은 제외된다.

5. 메이(May)는 정책의제설정의 주도자와 대중의 관여 정도에 따라 정책의제설정모형을 구분하였는데 이를 잘 연결한 것은?

   | 정책의제 설정의 주도자 \ 대중의 관여 정도 | 높음 | 낮음 |
   |---|---|---|
   | 민간 | A | B |
   | 정부 | C | D |

   |   | A | B | C | D |
   |---|---|---|---|---|
   | ① | 외부주도형 | 내부주도형 | 공고화형 | 동원형 |
   | ② | 공고화형 | 내부주도형 | 외부주도형 | 동원형 |
   | ③ | 외부주도형 | 내부주도형 | 동원형 | 공고화형 |
   | ④ | 공고화형 | 외부주도형 | 동원형 | 내부주도형 |

6. 예산의 형식에 대한 설명으로 옳지 않은 것은?
   ① 예산법률주의는 예산을 법률의 형식으로 국회의 의결을 얻는 것으로 세입과 세출 모두 법적 구속력을 갖는다.
   ② 예산의결주의는 예산을 법률보다 하위의 예산서의 형태로 국회의 의결을 얻는 것으로 공포를 효력요건으로 한다.
   ③ 예산법률주의에 의하면 대통령의 거부권 행사가 가능하나, 예산의결주의에 의하면 대통령 거부권 행사가 불가능하다.
   ④ 예산의결주의에 의할 때 세출예산은 구속력이 있지만, 세입예산은 구속력이 없고 참고자료에 불과하다.

7. 공무원의 징계에 관한 설명으로 옳지 않은 것은?
   ① 파면은 공무원을 강제로 퇴직시키는 처분으로 5년 이내 다시 공무원이 될 수 없으며, 재직기간이 5년 이상인 사람의 퇴직급여는 1/2를 감액하여 지급한다.
   ② 해임은 공무원을 강제로 퇴직시키는 처분으로 3년 이내에 다시 공무원이 될 수 없으며, 금품 및 향응수수, 공금의 횡령·유용으로 해임된 자에 대해서는 퇴직급여의 1/4까지 감액하여 지급할 수 있다.
   ③ 강등은 1계급 아래로 직급을 내리고 공무원의 신분은 유지하나 3개월간 직무에 종사하지 못하며 그 기간 중 보수의 전액을 감한다.
   ④ 정직은 1개월 이상 3개월 이하의 기간 동안 공무원 신분은 보유하나 직무에 종사하지 못하며, 그 기간 중 보수의 2/3를 감한다.

8. 전통적인 기계적 조직과 구별되는 학습조직의 특징에 대한 설명으로 옳지 않은 것은?
   ① 기능보다 업무 프로세스 중심으로 조직을 구조화한다.
   ② 위계적 통제보다 구성원 간의 수평적 협력을 중시한다.
   ③ 학습조직 활성화에 리더의 역할이 상대적으로 중요하지 않다.
   ④ 조직의 목표달성을 위하여 구성원의 권한 강화(empowerment)를 강조한다.

9. 다음 중 비용편익분석의 기법이 아닌 것은?
   ① 자본의 기회비용
   ② 순현재가치(NPV)
   ③ 비용편익비(B/C ratio)
   ④ 내부수익율(IRR)

10. 다음 중 신공공관리론에 대한 설명으로 가장 옳은 것은?
    ① 과정보다는 결과에 초점을 맞추고 있으며 조직 내 관계보다 조직 간 관계를 주로 다루고 있다.
    ② 행정가가 책임져야 하는 것은 행정 업무 수행에서 효율성이 아니라 모든 사람에게 더 나은 생활을 보장하는 것이다.
    ③ 정부의 정체성을 무시하고 정부와 기업을 동일시함으로써 기업경영 원리와 기법을 그대로 정부에 이식하려 한다는 비판이 있다.
    ④ 정부 주도의 공공서비스 전달 또는 공공문제 해결을 넘어 협력적 네트워크 구축 및 관리라는 대안을 제시한다.

11. 직무평가방법에 대한 설명으로 옳지 않은 것은?
    ① 서열법은 직무 전체를 종합적으로 평가하여 상대적 중요도에 의해 서열을 부여하는 상대평가방법이다.
    ② 분류법은 등급기준표에 따라 직무요소를 평가하는 절대평가방법으로 정부에서 많이 활용된다.
    ③ 점수법은 체계적이고 과학적인 방법에 의해 작성된 직무평가기준표를 사용하는 양적 평가방법이다.
    ④ 요소비교법은 기준직위를 먼저 선정한 다음 직무요소별로 기준직위와 평가직위를 비교하는 양적 평가방법이다.

12. 개방체제에 대한 설명으로 옳지 않은 것은?
    ① 개방체제는 투입, 전환, 산출, 환류과정을 되풀이하는 동태적 균형을 특징으로 한다.
    ② 개방체제를 이해하기 위해서는 하위체제간의 개별적 분석보다 이들 간의 전체적인 연관성을 중시해야 한다.
    ③ 개방체제는 유일 최선책(one best way)을 강조하는 과학적 관리론과는 달리 체제의 목표를 여러 방식으로 달성할 수 있다.
    ④ 개방체제는 외부로부터 에너지를 받아들여 엔트로피를 높이려는 것이다.

13. 다음의 특징을 지닌 정책유형은 무엇인가?
    ○ 정책과정에서 기득권층의 이데올로기적 저항이 심각하게 야기되며, 정부당국의 정책 역시 환경에 좌우되어 타율성이 강하다.
    ○ 세부사업 간에 강한 결속력과 연계관계를 지녀 세부사업 단위로 독립적인 집행이 불가능하다.
    ○ 비용부담자와 수혜자가 명확하게 구분되므로 그들 간에 치열한 영합게임(zero-sum game)이 발생한다.
    ① 규제정책
    ② 배분정책
    ③ 재분배정책
    ④ 구성정책

14. 다음의 표는 페로우(Perrow)의 기술유형론에 대한 것이다. ㉠~㉢의 기술이 잘 연결된 것은?

| 구분 | | 분석가능성 | |
|---|---|---|---|
| | | 높음 | 낮음 |
| 과제의 다양성 | 높음 | ㉠ | ㉡ |
| | 낮음 | ㉢ | ㉣ |

| | ㉠ | ㉡ | ㉢ | ㉣ |
|---|---|---|---|---|
| ① | 공학적 기술 | 비일상적 기술 | 일상적 기술 | 장인 기술 |
| ② | 일상적 기술 | 공학적 기술 | 장인 기술 | 비일상적 기술 |
| ③ | 비일상적 기술 | 장인 기술 | 공학적 기술 | 일상적 기술 |
| ④ | 공학적 기술 | 일상적 기술 | 비일상적 기술 | 장인 기술 |

15. 우리나라 정부의 예산편성 절차를 올바르게 나열한 것은?

　ㄱ. 예산편성지침 통보
　ㄴ. 예산의 사정
　ㄷ. 국무회의 심의와 대통령 승인
　ㄹ. 중기사업계획서 제출
　ㅁ. 예산요구서 작성 및 제출

① ㄱ-ㄹ-ㅁ-ㄴ-ㄷ
② ㄹ-ㄱ-ㅁ-ㄴ-ㄷ
③ ㄱ-ㅁ-ㄹ-ㄷ-ㄴ
④ ㄹ-ㄴ-ㄱ-ㅁ-ㄷ

16. 공유자원(common-pool resources)에 대한 설명 중 틀린 것은?
① 자원의 잠재적 이용자를 배제하기 어렵다.
② 자원을 개인이 사용하거나 이용하더라도 그 양이 줄어들거나 혼잡의 문제가 생기지 않는다.
③ 연안어장, 목초지, 관개시설, 산림자원 같은 것이 대표적인 예이다.
④ 효율적인 관리체계가 구축되지 않으면, 자원이 황폐화되어 공유자원의 비극이 발생하기 쉽다.

17. 다음의 내용과 관련된 정책평가의 타당성은?

　○ 정책과 그 결과 사이에 존재하는 인과관계 추론의 정확도
　○ 1차적으로 확보되어야 할 타당도

① 내적 타당도
② 외적 타당도
③ 구성적 타당도
④ 통계적 결론의 타당도

18. 우리나라의 지방자치단체에 대한 설명으로 옳지 않은 것은?
① 특별시, 광역시, 특별자치시, 도, 특별자치도는 정부의 직할로 두는 보충적 자치계층이다.
② 제주특별자치도와 세종특별자치시는 그 관할구역에 자치단체인 시와 군을 두지 아니한다.
③ 특별시, 광역시가 아닌 인구 50만 이상의 시에는 자치구가 아닌 구를 둘 수 있다.
④ 자치구의 자치권의 범위는 법령으로 정하는 바에 따라 시·군과 다르게 할 수 없다.

19. 공직윤리와 관련하여 의무론적 윤리관에 해당하는 제도가 아닌 것은?
① 백지신탁제도
② 비위면직자의 취업제한
③ 외국정부로부터의 선물신고
④ 재산등록 및 공개의무

20. 규제완화 또는 민영화를 통해서 해결하기 곤란한 정부실패 현상은?
① X-비효율성
② 파생적 외부효과
③ 사적목표의 설정
④ 비용과 수익의 절연

2025 공무원 시험대비 【7월분】

## -제1회-
## [정답 및 해설]

이 름: _____

제1과목 국어
제2과목 영어
제3과목 한국사
제4과목 행정법총론
제5과목 행정학개론

주간 모의고사 정오표

합격까지 박문각

# 국 어

출제교수: 강세진 교수님

1. ② 【해설】 국어문법
'ᅪ'는 반모음 [w]가 앞에 오고, 단모음 'ㅏ'가 뒤에 결합한 소리이다.
① '[j]가 앞에 오는 이중모음에는 'ㅑ, ㅒ, ㅕ, ㅖ, ㅛ, ㅠ, ㅢ'가 있으며'에서 확인할 수 있다.
③ 'ㅐ'는 단모음이므로 발음 중 입술 모양이나 혀의 위치 변화가 없다.
④ "'ㅚ'와 'ㅟ'는 단모음으로 발음하는 것이 원칙이지만, 실제로는 이중모음처럼 [w]와 'ㅔ', 또는 [w]와 'ㅣ'의 연속 발음으로 실현되는 경우도 많아 표준어 규정에서 허용하고 있다.'에서 알 수 있듯이, 'ㅚ'는 원칙적으로 단모음으로 발음하지만, 이중모음처럼 연속 발음으로 실현되는 경우도 된다.

2. ④ 【해설】 국어문법
'모음 'ㅣ'로 시작하는 접미사 앞에서 구개음 'ㅈ, ㅊ'으로 바뀌는 현상이다.'에서 알 수 있듯이, 'ㅣ'로 시작하는 조사나 접미사 앞에서는 구개음화가 일어난다.
① '이 세 가지 동화는 모두 인접한 음운이 비슷해져 발음이 쉬워지는 효과가 있으며, 이를 발음의 경제성이라고 한다.'에서 확인할 수 있는 내용이다.
② '유음화는 비음 'ㄴ'이 유음 'ㄹ'과 만나 'ㄹ'로 바뀌는 것'에서 확인할 수 있는 내용이다.
③ '비음화는 파열음인 'ㅂ, ㄷ, ㄱ'이 비음 'ㅁ, ㄴ' 앞에서 비음 'ㅁ, ㄴ, ㅇ'으로 바뀌는 것이다.'에서 확인할 수 있는 내용이다.

3. ④ 【해설】 국어문법
'하찮은'은 'ㅎ'뒤에 모음이 오면 'ㅎ'이 예외 없이 탈락한 경우이므로, 'ㅈ'이 거센소리로 바뀐 것이 아니다.
①, ③ "'ㅎ'이 관여하는 거센소리되기는 예사소리 'ㄱ, ㄷ, ㅂ, ㅈ'과 만나 'ㅋ, ㅌ, ㅍ, ㅊ'으로 바뀌는 현상으로, 두 음운이 하나로 합쳐지는 '축약'이다.'에서 확인할 수 있는 내용이다.
② "'ㅎ'뒤에 모음이 오면 'ㅎ'은 예외 없이 탈락한다.'에서 알 수 있듯이 'ㅎ'이 탈락하고 'ㄹ'은 연음되어 발음되었다.

4. ① 【해설】 어문규정
'해장'의 'ㅇ'은 자음이다. 사이시옷이 들어갈 공간이 없으므로 표기되지 않는다.
② '차'는 우리말이며, '잔'은 한자어이다. '찻잔'은 [차짠/찬짠]으로 발음되므로 사이시옷이 표기된 것이지, 예외 단어에 해당하지 않는다.
③ '고깃국'은 [고기꾹/고긷꾹]으로 발음되므로 된소리로 바뀐다. 따라서 사이시옷을 쓸 수 있다.
④ '우윳빛'은 '우유'라는 한자어와 '빛'이라는 고유어의 결합이고, [우유삗/우윧삗]으로 발음되므로 사이시옷이 표기된다.

5. ① 【해설】 어휘
'일할 사람을 얻다'의 '얻다'는 '일꾼이나 일손'과 관련이 깊다. 이와 비슷한 의미를 지닌 대상은 '인재'이며, 따라서 ①이 정답이다.
※ 얻다(동사): 【…을】「2」일꾼이나 일손 따위를 구하여 쓸 수 있게 되다.
② 얻다(동사): 【…에서/에게서 …을】 (('…에서/에게서' 대신에 '…으로부터'가 쓰이기도 한다))「1」거저 주는 것을 받아 가지다.
③ 얻다(동사): 【…에서/에게서 …을】 (('…에서/에게서' 대신에 '…으로부터'가 쓰이기도 한다))「2」긍정적인 태도·반응·상태 따위를 가지거나 누리게 되다.
④ 얻다(동사): 【…에 …을】 집이나 방 따위를 빌리다.

6. ② 【해설】 신유형
(1) 지훈 → 민수
(2) 민수 → 유진
(3) 유진 → 수빈
---
(1)~(3)의 연쇄 추론: 지훈 → 민수 → 유진 → 수빈
따라서, "지훈이가 운동을 하면, 수빈이도 운동을 한다."가 반드시 참이다.
① 민수 → 지훈, (1)의 역은 반드시 참이 아니다.
③ 수빈 → 지훈, 결론의 역은 반드시 참이 아니다.
④ ~유진 → 민수, 유진이가 하지 않는다고 해서, 민수가 운동을 하는 것은 아니다.

7. ④ 【해설】 신유형
(1) 보라 → 민지
(2) 준수 → 보라
(3) ~민지 → ~현준, 현준 → 민지 <대우 규칙>
---
(1)~(2)의 연쇄 추론: 준수 → 보라 → 민지
따라서, "준수가 박물관에 가면, 민지도 박물관에 간다."가 반드시 참이다. 다만, 해당 선지에서는 그 대우인 "민지가 박물관에 가지 않으면 준수도 박물관에 가지 않는다."로 바꾸어 썼으므로 ④가 정답이다.
① 현준 → 보라, 추론할 수 없다.
② 준수 → ~민지, 준수가 박물관에 가면 민지도 박물관에 가야 하므로, '민지는 박물관에 가지 않는다.'는 거짓이다.
③ ~보라 → 현준, 추론할 수 없다.

8. ① 【해설】 신유형
(가) 논리적인 사고 → 수학 <전칭>
(나) 논리적인 사고∧말싸움(이김) <특칭>
---
결론: 수학∧논리적인 사고∧말싸움(이김) <특칭>
따라서 "수학을 좋아하는 어떤 사람은 말싸움에서 이긴다."는 명제가 결론에 들어가기가 가장 적절하다. 따라서 ①이 정답이다.
② 말싸움(이김) → 수학, 특칭의 역은 반드시 참이 될 수 없으며, 또한 특칭에서 전칭으로 추론하는 것도 반드시 참이 될 수 없다.
③ 수학 → 논리적인 사고, (가)의 역은 반드시 참이 아니다.
④ 수학 → 말싸움(이김), 결론이 참이라고 하여, 전칭도 참일 수가 없다.

9. ④ 【해설】 신유형
(1) 쌍화차 → 산책
(2) 연극∧쌍화차
(3) ~운동 → ~산책, 산책 → 운동 <대우 규칙>
(4) 독서∧운동
---
(1)과 (3)의 연쇄 추론: 쌍화차 → 산책 → 운동
(2) 연극∧쌍화차(T)
(4) 독서∧운동(T)
㉠ 연극∧~독서, 추론할 수 없다.
㉡ 연극∧산책, 연극을 좋아하는 사람 중에 쌍화차를 좋아하는 사람이 있는 그 친구 모두 산책을 좋아하므로, ㉡은 반드시 참이다.
㉢ ~운동 → ~독서, 독서 → 운동, (4)는 특칭이라서 전칭을 반드시 참으로 추론할 수 없다.
㉣ 쌍화차 → 운동, (1)과 (3)의 연쇄 추론에 따라 반드시 참일 수밖에 없는 선지이다.
따라서 ㉡과 ㉣이 있는 ④가 정답이다.

10. ④ 【해설】 작문
'지나친 명사 나열을 피하자'고 하였는데, 여전히 동일하게 적었으므로, '시민이 체감할 수 있는 정책을 실현하고자 합니다.'와 같이 고쳐야 한다.
① '이니셔티브'는 '새로운 계획이나 전략' 등을 의미하는데, 생소하다고 하여 외래어를 외우는 것이 아니라 맥락이 맞는지 확인하면 된다.
② '본 시'라는 주어가 행하는 말이므로 능동의 표현으로 쓰는 것이 적절하다.

- 1 -

③ '성과를 배제하다'는 말은 어색하므로 '성과를 이루다'로 고치는 것이 적절하다.

11. ④ 【해설】 작문
'미세먼지 농도 상승 시 야외 활동 의무화 정책 수립'은 앞선 문제 해결 논리와 정반대이므로, 미세먼지 농도가 높을 때는 외출을 자제하거나 실내 활동 권장이 기본 대응이다. 실수로 잘못 읽어서 고르지 않도록 하자.

12. ① 【해설】 독서
'이웃과의 짧은 인사를 가능케 한다.'와 '커피를 마시는 방식에도 정해진 예법이 있으며, 이를 지키는 것은 단순한 습관이 아니라 생활 양식의 일부다.'에서 알 수 있듯이, 사회적 관계를 파악하는 것을 보아, 문학적 행위로 인지해야 한다.

13. ④ 【해설】 독서
㉠: '사제들'을 의미한다.
㉡: '르네상스 시대의 건축가들'을 의미한다.
㉢: '르네상스의 건축가들'을 의미한다.
㉣: '르네상스 시대의 건축가'를 의미한다.
따라서 '㉡, ㉢, ㉣'이 있는 ④가 정답이다.

14. ① 【해설】 독서
(1) 먼저, (가)와 (나)를 보면, (가)는 상황에 관한 설명이고, (나)는 인간의 감각을 중심으로 한 설명이다. 따라서 (나)보다 (가)가 먼저 배치되어야 글의 흐름이 자연스럽다.
(2) 이 글은 인간의 느낌과 기계의 반응이 중심인데, (나)는 인간의 감각이 무엇인지에 관한 구체적인 내용으로 이루어져 있다. (다)와 (라)의 내용을 고려해 볼 때, (나)는 (가) 다음에 와야 AI와 다른 인간의 특성을 이해할 수 있다.
(3) 그리고 (다)에서 AI의 한계를 언급함으로써 (라)에서 글쓴이가 하고자 하는 바를 밝힐 수 있다.
(4) 이 글은 인간의 감각을 단순히 측정 가능한 데이터로 환원하는 데에 한계가 있다는 것, 기술이 대체하기 어려운 고유의 영역이 있다는 것을 밝혔다.
(5) 정리하자면, (가)-(나)-(다)-(라)로 이어진 ①이 정답이다.

15. ④ 【해설】 독서
'그 안에서 무엇을 보고 어떻게 대응하느냐에 따라 사회의 향방이 달라질 수 있다.'에서 알 수 있듯이, 위기가 드러내는 구조적 모순이나 불평등을 가시화하기는 하지만, 그것에 혼란을 느끼는 것이 아니라, 이에 대해 어떻게 대응하느냐가 중요하다며 글쓴이의 의도를 밝혔다.

16. ④ 【해설】 독서
분수의 개념이 먼저 선행되어야 한다는 점에서 수평적 전이가 아니라 수직적 전이에 해당한다.
① '의과대학에서 배운 지식'은 기존의 경험이고, '그와 관련한 폐암 수술을 집도한 것'은 새로운 과제이지만, 동일한 영역이므로, ㉠에 해당한다고 할 수 있다.
② ㉡은 인접한 영역에서 벌어지지만, 동일한 영역이 아닐 경우를 말한다. 영어와 일본어 어순 학습은 인접한 결과로 이해할 수 있다.
③ ㉢은 두 경험이 반드시 다른 경우에 해당한다. 생물학과 사회학은 전혀 다른 경험인데, 개미 집단 관찰 경험이 인간 사회의 조직 원리를 고찰할 때 영향이 미친다고 볼 수 있으므로, ㉢의 예로 확인된다.

17. ④ 【해설】 독서
'다큐멘터리는 사실에 대한 증거와 기록', '드라마는 극적으로 재구성'이라는 설명을 충실히 반영한 선지이므로 ④가 정답이다.
①, ②, ③. 다큐멘터리를 허구의 요소로 보거나, 상상력이나 해석으로 보기 어려우며, 이와 달리 드라마 역시 모두 현실을 있는 그대로 다루었다고 보기가 어렵다.

18. ① 【해설】 독서
㉠(○): '지지 않을 자유는 없다.'와 같이 이중 부정이 되어 있지만, '책임을 져야 한다.'는 의미이므로 이 글과 의미가 상통한다.
㉡(○): 사르트르는 고정된 본성에 따라 살아가는 존재가 아니고 스스로 만들어간다는 점에서 자기 창조의 조건으로 이해할 수 있다.
②, ③, ④ ㉢(×): 도덕적 본성에 따라 정해진 삶을 살아가야 한다는 말은 없다.

19. ② 【해설】 독서
㉠(○): '파스퇴르가 짧은 휴가를 떠나면서 닭 콜레라 세균 배양접시를 내버려 둔 덕에 멋진 행운이 일어났다.'와 '우연히 그는 세균을 쇠약하게 만들고 그 독성을 제거했다.'에서 알 수 있듯이, '우연한 계기'로 예방 접종의 원리를 발견한 것을 확인할 수 있다.
㉢(○): '어떤 역사가는 산업혁명을 유발한 인구 증가의 한 원인으로 천연두 사망률의 저하를 들기도 한다.'에서 알 수 있듯이, '산업혁명을 유발하였다'는 말에서 이것이 어떠한 것의 결과임을 알 수 있다. 또한 천연두 예방 기법이 간접적 원인이 되었다는 견해가 있다는 점을 추론할 수 있다.
③, ④ ㉡(×): 파스퇴르는 우연히 알게 된 사실로 '제너의 종두법'에 대한 과학적 근거를 발견한 것이지, 제너의 종두법을 응용하여 원리를 발견한 것은 아니다.

20. ④ 【해설】 독서
㉠(×): '그들의 임무는 현재 국민이 헌법을 개정하지 않는 한 헌법에 선언된 과거 국민의 미래에 대한 약정을 최대한 실현하는 것이다.'에서 알 수 있듯이, 미래 세대에 대한 약정이 아니라 '과거 국민의 미래에 대한 약정'임을 알 수 있다.
㉡, ㉢(×) '이는 현재 세대의 의사와 배치될 수도 있는 작업이다.'에서 알 수 있듯이, 위헌이라고 판단하더라도 민주적 정당성의 원리에 배치되지 않을 수도 있다. 또한 현재 세대의 의사와 배치될 수도 있다.

# 영 어

출제교수: 김세현 교수님

1. ①  【해설】
다른 누군가의 고통과 불행을 이해하고 그것을 최소화하기 위해 무언가를 하는 것이라고 했으므로 빈칸에 들어가기에 가장 적절한 것은 ① empathy(공감)이다.
【해석】
예의범절의 또 다른 요소는 공감이다. 즉, 어떤 사람이 타인의 고통이나 불행을 이해하게 하고, 그리고 그것을 최소화 할 수 있도록 무언가를 하게 하는 특성이다.
【어휘】
element 구성요소, 성분  manners 예의범절, 매너  trait 특성, 특징  minimize 최소화하다  empathy 공감, 감정이입  unrest ① 불만 ② 불안, 걱정  urge ① 촉구하다, 재촉하다 ② 욕구  rage ① 분노, 격노 ② 몹시(격렬히) 화를 내다

2. ④  【해설】
주어진 지문은 중요한 재정 결정을 서두르지 않고 미루는 것이 현명하다는 내용이므로 빈칸에 들어가기에 가장 적절한 것은 ④ 'hold off'이다.
【해석】
주택담보대출을 체결하거나 큰 보험 상품에 투자하는 등 중요한 재정 결정을 내릴 때는, 모든 세부 사항을 완전히 검토하고 전문가의 조언을 구할 때까지 미루는 것이 현명하다. 이런 결정을 성급히 하면 장기적인 재정 문제로 이어질 수 있다.
【어휘】
decide 결정하다  major 중요한  financial 재정의, 금융의  step 단계  sign 서명하다  mortgage 주택담보대출  invest 투자하다  insurance policy 보험 증권  review 검토하다  detail 세부 사항  seek 찾다, 구하다  professional 전문가의  advice 조언  rush 서두르다  decision 결정  result in ~을 초래하다  long-term 장기적인  trouble 문제  have in common ~라는 공통점이 있다, 공통점을 가지다  have to do with ~와 관계가 있다, ~와 관련이 있다  hold office 재직하다, 현직에 있다  hold off 미루다, 연기하다

3. ①  【해설】
문맥상 병아리의 난치는 알을 깨기 위해 필요하고 그 용도가 다하면 그 난치는 없어진다는 내용의 글이므로 밑줄 친 부분에 들어가기에 가장 적절한 것은 ① degraded이다.
【해석】
햇병아리는 부화할 때 난치를 사용해서 알을 깨고 나온다. 병아리가 달걀껍질을 깨는 데 도움을 주는 유일한 용도가 끝난 후 이 이빨은 쓸모없어진다. 그래서 병아리의 난치는 퇴화한다.
【어휘】
chick 병아리  egg tooth 난치; 알을 깨고 나올 때 사용하는 이빨  shell 껍질  escape from ~에서 탈출하다(벗어나다)  hatch 부화하다  eggshell 달걀껍질  consequently 결과적으로, 결국  degrade 퇴화하다, 떨어뜨리다  affluent 부유한

4. ①  【해설】
빈칸 앞에 B가 반려견 돌봄에 긍정적으로 대답했고 A가 식사, 산책, 간식까지 구체적으로 알려주며 이어지는 흐름이므로, 빈칸에 들어갈 말로 가장 적절한 것은 ① '몇 번이나 밥을 먹어?'이다.
【해석】
A: 네가 내가 없는 동안 내 강아지를 봐주기로 했다니 아직도 믿기지 않아. 정말 고마워!
B: 당연하지! 나 강아지 정말 좋아해. 몇 번이나 밥을 먹어?
A: 응, 하루에 두 번 먹이고 저녁 산책 잊지 마.
B: 알았어. 내가 스케줄 잘 맞춰서 챙길게.
A: 아, 그리고 산책 후엔 간식을 주면 좋아. 그러면 얌전해져.
B: 넌 정말 최고야! 무슨 일 생기면 언제든지 전화해.
A: 그럴게! 여행 잘 다녀와.
② 얘가 보통 어떤 음식을 좋아해
③ 혹시 비상시 근처에 동물병원 있어
④ 내 강아지를 데려와서 같이 놀게 해도 될까
【어휘】
agree to ~에 동의하다  away 자리를 비운  twice a day 하루에 두 번  walk 산책  schedule 일정을 맞추다  treat 간식  settle down 진정하다  kind 종류  usually 보통  vet 수의사 *vet clinic 동물병원  nearby 근처에  emergency 비상사태  bring A over A를 데려오다  own (소유격 강조) ~자신의

5. ①  【해설】
재귀대명사는 주어와 목적어가 같을 때 사용해야 하고 동사 forced 다음 목적어(himself)와 주어(His blindness)가 서로 다르므로 재귀대명사의 사용은 빈칸에 들어갈 수 없다. 따라서 빈칸에 들어가기에 가장 적절한 것은 him이다.
【해석】
그의 실명은 심각해서 그가 책 읽는 것을 포기하게 했다.
【어휘】
blindness 실명  severe ①심각한 ②진지한  force 강요하다  give up 포기하다

6. ②  【해설】
빈칸 앞에 Liam이 토요일 밤 영화 티켓을 예매했는지 물었고 Emma가 방금 예매했다고 대답한 뒤 Liam이 좌석에 대해 긍정적으로 반응하고 있으므로, 빈칸에 들어갈 말로 가장 적절한 것은 ② '우리 영화 보는 날 좌석 번호 알고 싶어?'이다.
【해석】
Liam: 이봐, 토요일 밤 영화표 예매했어? (5:20 pm)
Emma: 응, 방금 예매했어! 우리 영화 보는 날 좌석 번호 알고 싶어? (5:21 pm)
Liam: 물론이지! 어떤 좌석 골랐는지 너무 궁금해. (5:22 pm)
Emma: 중간 줄로 했어. 가장 잘 보일 거야! (5:23 pm)
Liam: 멋지다. 영화 보기 전에 저녁 같이 먹자. (5:24 pm)
Emma: 좋아! 내가 예약할게. (5:24 pm)
① 방금 티켓 예매할 때 할인받았어?
③ 우리 같이 볼 영화가 로맨틱 코미디야?
④ 극장 근처 주차장 상황은 확인했어?
【어휘】
book 예매하다  just now 방금 전에  seat 좌석  middle row 중간 줄  view 전망  awesome 멋진, 훌륭한  grab dinner 저녁식사를 하다  make a reservation 예약하다  parking lot 주차장  situation 상황  near ~ 근처에, ~가까이에  movie night 영화 보는 날

7. ②  【해설】
② 주어가 단수명사(director)이므로 복수동사 take는 단수동사 takes로 고쳐 써야 한다.
① 앞에 사물명사 the issue가 있고 전치사 over which 다음 문장구조가 완전하므로 관계대명사 which의 사용은 어법상 적절하다.
③ 자릿값에 의해 준동사자리이고 뒤에 목적어가 없으므로 수동의 형태 called는 어법상 옳다. 참고로 'death with dignity'는 called의 목적격보어로 사용되었다.
④ such ~ that 구문을 묻고 있다. such 다음 명사(deal)이 있으므로 such의 사용은 어법상 적절하다.
【해석】
안락사는 의견이 분분한 법률적, 의학적, 윤리적인 문제가 되었다. 안락사는 능동적인 안락사 혹은 수동적인 안락사로 나뉜다. 능동적인 안락사는 간호사, 레지던트 또는 전임의와 함께 내과과장이 죽음을 유도하는 의도적인 조치를 취하는 것을 의미한다. 수동적인 안락사는 치료를 제대로 하지 않거나 시작된 치료를 중단함으로써 환자가 사망에 이르게 하는 것을 의미한다. 사실, 안락사에 대한 논란은 너무 많아서 이 주제는 전 세계적으로 법적 해결이 확립되지 않은 상태에 있다.
【어휘】
euthanasia 안락사  legal 합법적인  ethical 윤리적인  divide 나누다, 쪼개다  passive 수동적인  director of the internal department (병원)내과과장  fellow 전임의

deliberate 의도적인, 고의의  induce 유도하다, 설득하다  death with dignity 존엄사 *dignity 존엄, 위엄  treatment 치료  suspend ①걸다, 매달다 ②유예하다, 중단하다  controversy 논란  establish 세우다, 설립하다

## 8. ①
【해설】
이 글은 고난과 역경을 극복한 사람들이 더 성공할 수 있다는 글이므로 ①번이 정답이 된다.
【해석】
약 20년 전에 『Time』지가 공장의 폐쇄로 인해 그들의 직업을 세 번이나 잃은 사람들에 대한 한 심리학자의 연구에 대해 서술했다. 그 작가들은 그들이 발견한 것에 놀랐다. 그들은 실직한 사람들은 지치고 의기소침할 것이라고 예상했다. 하지만 그들은 실직한 사람들이 믿을 수 없을 정도로 회복력이 있다는 것을 발견했다. 왜 그런가? 그들은 반복된 역경을 무사히 헤쳐 나갔던 사람들은 다시 회복하는 것을 배웠다고 결론지었다. 전에 직장을 잃고 두 번 새로운 직장을 찾은 사람들은 항상 같은 자리에서 일했고 고난을 결코 겪어보지 않은 사람들보다 역경을 처리하는데 더 잘 준비가 되어 있었다. 이는 반어적으로 들릴 수도 있지만, 만약 당신이 많은 실패를 경험했다면, 당신은 사실 그렇지 않은 사람보다 성공을 성취할 수 있는 더 나은 위치에 있는 것이다.
① 역경: 모두 나쁜 것만은 아니다
② 직업만족 대(對) 역경
③ 인간의 절망 원인을 찾기
④ 역경과 성공: 부적절한 조합
【어휘】
plant ①심다 ②식물 ③공장, 발전소  closing 폐쇄  amaze 놀라게 하다  lay ~ off ~를 (정리)해고하다  beaten down 기진맥진한  incredibly 믿을 수 없게  resilient 회복력 있는  weather (역경을)이겨내다, 견디다  hardship 역경, 고난  bounce back 다시 튀어 오르다, 다시 회복되다  ironic 반어적인, 아이러니한  experience 경험하다  failure 실패  achieve 성취하다  adversity 역경, 고난  despair 절망  inappropriate 부적절한

## 9. ③
【해설】
주어진 지문은 눈이 주는 이점에 관한 내용의 글이므로 빈칸에 들어가기에 가장 적절한 것은 ③이다.
【해석】
우리들 대부분은 자동적으로 눈을 추위로 연상시킨다. 실제로, 눈은 추운 산악 지역에서 동물과 식물에게 효율적인 절연물질로 판명된다. 깊은 눈 더미 꼭대기 근처의 기온은 영하 이하로 아주 낮게 떨어질지 모르지만 (눈 더미) 아래 땅의 기온은 좀처럼 영하 이하로 아주 낮게 떨어지지 않는다. 게다가 눈 더미는 온도 조절기 역할을 해서 표면에서 겪는 극도의 온도 변화에도 불구하고 땅을 거의 똑같은 기온으로 유지시켜 준다. 6월에 로키산맥 높은 곳에서 과학자들이 12피트 쌓인 눈 속으로 몇 차례 시험적으로 구멍을 뚫었다. 밑바닥에서 그들은 아주 작은 눈 미나리아재비가 막 노란 싹을 트이는 과정에 있다는 것을 발견했다. 눈 미나리아재비처럼 산에 사는 식물들에게 눈은 위험이 아니라 보호이다.
① 지도가 아니라 나침반
② 해결책이 아니라 문제
③ 위험이 아니라 보호
④ 재앙이 아니라 도전
【어휘】
associate A with B A를 B로 연상시키다  turn out ①~라고 판명되다 ②생산하다  effective 효과적인  insulator 절연(제)  mountainous 산악의  region 지역, 영역  snowbank 눈더미 *bank ①은행 ②둑(river bank: 강둑)  underneath ~의 아래에(=beneath)  rarely 좀처럼 ~않는  extreme 극도의  gyration ①회전 ②변화  bore ①구멍을 뚫다 ②지루하게 하다 *boring ①구멍 뚫기 ②지루한  drift ①표류 ②이동 ③더미  buttercup (꽃)미나리 아재비  bud ①싹(을 틔우다) ②꽃봉오리  compass 나침반  path ①길(=route), ②흔적(=trace)  disaster 재앙

## 10. ③
【해설】
주어진 지문은 플라스틱 쓰레기를 줄이고 더 깨끗한 환경을 만들자는 내용의 글이므로 이 글의 제목으로 가장 적절한 것은 ③ '플라스틱 쓰레기 없는 미래 만들기'이다.
① 플라스틱 생산의 증가
② 플라스틱이 우리의 삶을 어떻게 혁신했는가
③ 플라스틱 쓰레기 없는 미래 만들기
④ 일회용 플라스틱 사용을 권장하기

## 11. ④
【해설】
주어진 지문의 마지막 부분에는 Participate in local cleanup events(지역 청소 행사에 참여하라)라고 하며 장려하는 내용이 있으므로, ④ '지역 청소 행사는 참여할 수 없다'는 글의 내용과 일치하지 않는다.
【해석】
최근 몇 년간, 플라스틱 사용을 줄이려는 세계적인 움직임이 큰 주목을 받고 있다. 정부, 환경 단체, 개인들이 함께 플라스틱 빨대, 봉지, 병 같은 일회용 플라스틱을 줄이기 위해 노력하고 있다.
이 변화의 움직임은 2010년대 초 과학자들이 플라스틱 쓰레기가 해양 생물에 미치는 심각한 영향을 강조한 이후 강하게 추진되었다. 인식이 확산되면서 많은 나라들이 플라스틱 제품에 대한 금지나 세금을 도입해 환경 발자국을 줄이려 하고 있다. 현재 플라스틱 오염은 여전히 가장 긴급한 환경 문제 중 하나다. 플라스틱 사용을 줄이고, 올바르게 재활용하며, 친환경 대안을 지지하는 것이 우리의 바다와 야생 생물을 보호하는 핵심 방법이다.
**당신도 이 노력에 동참할 수 있습니다:**
☐ 집이나 밖에서 재사용 가능한 물병과 쇼핑백을 들고 다니기
☐ 과도한 포장이 된 제품 피하기
☐ 지역 청소 행사에 참여하기
【어휘】
gain attention 주목받다  environmental group 환경 단체  individual 개인  cut back on 줄이다  single-use plastic 일회용 플라스틱  straw 빨대  bottle 병  push 추진  intensify 강화하다  highlight 강조하다  severe 심각한  impact 영향  marine life 해양 생물  awareness 인식  spread 확산되다  ban 금지  environmental footprint 환경 발자국  pollution 오염  urgent 긴급한  challenge 문제  eco-friendly 친환경  alternative 대안  wildlife 야생 생물  reusable 재사용 가능한  excessive 과도한  packaging 포장  participate 참여하다  cleanup event 청소 행사

## 12. ④
【해설】
④ 'enable+목적어+과거분사' 구문을 묻고 있다. 하지만 뒤에 목적어가 있으므로 raised의 사용은 어법상 적절하지 않다. 따라서 raised는 to raise로 고쳐 써야 한다.
① 사역동사(let) 다음 목적격 보어 자리에 원형부정사 fight는 어법상 적절하다.
② 'get+목적어+to♡' 구문을 묻고 있다. 따라서 to understand는 어법상 적절하다.
③ 'be impelled to♡'구문을 묻고 있다. 따라서 to do는 어법상 적절하다.
【해석】
1990년에 연구원들이 빈곤한 시골 마을의 아동 영양실조와 맞서 싸우게 하려고 UN에서 권한이 부여된 프로그램을 시행하기 위해 베트남으로 갔다. 그 문제가 미치는 범위를 몇몇 개인들이 이해하기 위해 조사를 실시하면서, 그들은 다른 가정처럼 가난한 가정의 출신임에도 불구하고 건강상태가 완벽한 소수의 아동, 즉 긍정적 일탈자에 관해 궁금해졌다. 이 가정들은 무엇을 다르게 해야만 하는가? 물질적으로 가장 궁핍한 부모조차도 건강한 아이들을 기를 수 있도록 한 행동을 그들이 발견할 수 있다면, 그 영향은 엄청날 것이었다.
【어휘】
authorize 권한을 부여하다  malnutrition 영양실조  rural 시골의  conduct 수행(실행)하다  scope 범위  curious 호기심 많은  handful 소수의  despite ~에도 불구하고  deviant

일탈자  be obliged to ⓥ ⓥ해야만 한다  materially 물질적으로  deprived 궁핍한, 빈곤한  raise 기르다, 양육하다  tremendous 거대한, 어마어마한

13. ① 【해설】
문맥상 secure는 '단단히 고정하다, 안전하게 하다'라는 뜻으로 사용되었으므로, 이와 가장 가까운 유의어는 ① 'fasten (고정하다, 단단히 묶다)'이다.

14. ② 【해설】
주어진 지문은 놀이공원에서 안전수칙을 따를 것을 강조하며 안전한 이용을 위해 무엇을 해야 하는지 설명하고 있으므로 이 글의 목적으로 가장 적절한 것은 ② '놀이공원에서 안전한 이용을 위한 규칙을 설명하려고'이다.
【해석】
① 놀이공원의 역사를 소개하려고
③ 새로운 놀이기구와 명소를 홍보하려고
④ 놀이공원 놀이기구의 새롭고 안전한 디자인을 알리려고
【해석】
공공장소 즐기기
우리는 모든 방문객들에게 놀이공원을 즐기는 동안 안전 수칙을 따르도록 상기시킵니다. 게시된 표지판에 주의를 기울이고, 직원의 지시에 귀를 기울이며, 놀이기구를 올바르게 이용하는 것은 사고를 예방하고 모두에게 즐거운 경험을 보장하는 데 도움이 될 수 있습니다.
어떤 놀이기구를 타기 전에 키와 건강 조건을 충족하는지 확인하세요. 탑승 중에는 손과 발을 항상 놀이기구 안에 두고, 느슨한 물건은 단단히 고정하세요.
안전 규칙에 대해 궁금하거나 확신이 서지 않는다면 직원에게 주저하지 말고 도움을 요청하세요. 안전 수칙에 협조함으로써 당신은 모든 방문객을 위한 더 안전한 놀이공원을 만드는 데 기여하게 됩니다.
【어휘】
remind 상기시키다 알리다  safety 안전  guideline 지침  instruction 지시  ensure 보장하다  requirement 조건  height 키  secure 고정하다 안전하게 하다  loose 느슨한  hesitate 주저하다  contribute to ~에 기여하다  amusement park 놀이공원  attraction 명소  describe 설명하다  fasten 고정하다 묶다  loosen 느슨하게 하다 풀다  remove 제거하다 없애다  exchange 교환하다 바꾸다  promote 홍보하다 촉진하다  announce 알리다

15. ① 【해설】
주어진 지문은 육상경기 행사를 성공적으로 치르기 위해 자원봉사자를 모집하려고 작성된 내용의 글이므로 이 글의 목적으로 가장 적절한 것은 ① '육상경기 자원봉사자를 모집하려고'이다.
② 육상경기 행사의 역사를 설명하려고
③ 육상경기 행사 티켓 판매를 홍보하려고
④ 육상경기에 새로 합류하는 선수들을 소개하려고
【해석】
수신: volunteers@athleticsclub.org
발신: eventcoordinator@athleticsclub.org
날짜: 2025년 6월 15일
제목: 지역 행사 안내
친애하는 육상클럽 회원 여러분께,
오는 2025년 7월 20일, 저희 연례 육상경기 행사가 개최될 예정임을 알려드립니다. 이 행사는 모든 연령대의 선수들이 기량을 뽐내고, 우리 지역사회가 스포츠맨십을 기념하며 하나로 모일 수 있는 멋진 기회입니다.
이번 행사를 성공적으로 치르기 위해 저희는 열정적인 자원봉사자들을 모집하고자 합니다. 자원봉사자들은 장비 설치, 선수 지원, 관중 안내, 그리고 행사 당일 모든 일이 원활하게 진행되도록 돕는 일을 맡게 됩니다.
자원봉사에 관심 있으신 분들은 2025년 6월 30일까지 연락 주시기 바랍니다. 여러분의 시간과 지원은 모든 참가자에게 잊지 못할 경험을 만들어 주는 데 중요한 역할을 하게 될 것입니다.

관심 가져주셔서 감사드리며, 여러분과 함께할 수 있기를 기대합니다!
감사합니다.
육상클럽 행사 코디네이터
【어휘】
volunteer 자원봉사자  recruitment 모집  track and field 육상경기  announce 발표하다  annual 연례의  opportunity 기회  athlete 선수  showcase 선보이다  skill 기량  enthusiastic 열정적인  equipment 장비  spectator 관중  smoothly 원활하게  crucial 중요한  memorable 기억에 남는  experience 경험(하다)  consideration 고려하다  recruit 모집하다  explain 설명하다  promote 홍보하다  introduce 소개하다  join 합류하다

16. ④ 【해설】
④ Benefits and Support 두 번째 문장에서 '직원들은 집에서도 기술사용의 균형을 유지할 수 있도록 안내한다'고 했으므로 ④는 본문의 내용과 일치하지 않는다.
① Introduction 두 번째 문장에서 '이 프로그램은 참가자들이 스마트폰, 소셜미디어, 이메일에서 벗어날 수 있게 한다'고 했으므로 본문의 내용과 일치한다.
② Retreat Activities 첫 번째 문장에서 참가자들은 요가, 명상, 자연 산책, 미술 워크숍에 참여한다'고 했으므로 본문의 내용과 일치한다.
③ Retreat Activities 두 번째 문장에서 '저녁 그룹 토론은 일상에서 기술의 역할을 성찰하도록 격려한다'고 했으므로 본문의 내용과 일치한다.
【해석】
2025년 디지털 디톡스 휴양 프로그램
소개
점점 더 많은 사람들이 끊임없는 디지털 방해로 어려움을 겪으면서, 웰니스 센터들은 디지털 디톡스 휴양 프로그램을 제공하고 있다. 이 프로그램은 참가자들이 스마트폰, 소셜 미디어, 이메일에서 벗어날 수 있게 한다.
휴양 활동
참가자들은 요가, 명상, 자연 산책, 미술 워크숍 같은 활동에 참여한다. 저녁 그룹 토론은 일상에서 기술의 역할을 성찰하도록 격려한다.
혜택 및 지원
많은 참가자들은 휴양 이후 수면 개선 효과를 보고한다. 직원들은 집에서도 기술사용의 균형을 유지할 수 있도록 안내한다.
① 디지털 디톡스 휴양 프로그램은 참가자들이 스마트폰과 이메일에서 벗어날 수 있도록 한다.
② 참가자들은 요가, 명상, 자연 산책, 미술 워크숍에 참여한다.
③ 저녁 토론은 참가자들이 기술의 영향에 대해 성찰할 수 있도록 열렸다.
④ 참가자들은 집에 돌아간 뒤 모든 기술사용을 영구적으로 포기해야 한다.
【어휘】
detox 해독, 디톡스  retreat 휴양  distraction 방해  struggle 고군분투하다  emphasize 강조하다  encourage 격려하다  reflect 성찰하다  impact 영향  clarity 명료함  follow-up 후속  session 회차, 기간  permanently 영구적으로  give up 포기하다  nourish 영양을 공급하다  daily 매일의  mindfulness 마음 챙김

17. ③ 【해설】
주어진 지문은 용기정원 가꾸기의 이점에 관한 글이므로 올린 텃밭 정원 가꾸기의 특징을 언급하고 있는 ③은 전체 글의 흐름과 무관하다.
【해석】
소형 고산 식물에서 열매가 열리는 무화과나무에 이르기까지 거의 모든 것은 여러분에게 알맞은 크기의 통과 그것을 놓아둘 장소만 있다면 용기 속에서 자랄 수 있다. 정원을 위한 적당한 땅 한 떼기 없는 것이 재미없어 보일지도 모르지만 용기 정원을 만드는 것은 많은 혜택을 가져올 수 있다. 가장 큰 용기들을 제외한 모든 것이 쉽게 운반 가능하여 빈 공간을 채우기 위해,

울퉁불퉁한 가장자리를 부드럽게 하기 위해, 그리고 즉각적인 매력을 더하기 위해 즉흥적으로 옮겨질 수 있다. (용기 정원 가꾸기처럼 올린 텃밭 정원 가꾸기는 정원을 가꾸는 사람으로 하여금 식물을 재배하기 위해 사용되는 토양을 보는 즐거움을 가질 수 있도록 한다.) 만약 여러분이 여러분의 정원에 싫증이 나거나 무언가가 정말로 제대로 되지 않고 있다면 용기 몇 개를 재배치하는 것이 정원 전체를 파 뒤집는 것보다 훨씬 더 쉬운 일이다. 용기는 단지 흙을 담기 위한 통일뿐만 아니라 설계의 핵심 부분이며 그것들은 매우 다양한 색, 모양, 크기로 나오고 있으므로 여러분이 선택 가능한 것들은 무한하다.
【어휘】
miniature 소형의  alpine plant 고산식물  fruit-bearing 열매가 달리는, 열매를 맺는  fig 무화과  container 그릇, 용기  portable 이동이 쉬운, 휴대용의  on a whim 즉흥적으로, 충동적으로  instant 즉각적인  charm 매력  raised bed gardening 올린 화단 정원 가꾸기(울타리를 쳐서 바닥보다 높이 흙을 채워 꽃이나 채소를 심는 것)  have control over ~에 대한 통제권을 갖다  rearrange 재배치하다  arrange ① 배열하다, 배치하다 ② 정돈하다  vessel 통, 그릇  endless 끝없는

18. ③ 【해설】
제시문에 in other words(논리의 방향이 같다)를 이용해야 한다. 제시문은 '우리의 행동이 유전자에 의해 정해진 것도 또한 자유롭지도 않다'는 것이고 이와 가장 유사한 내용이 ②에 있으므로 제시문이 들어가기에 가장 적절한 곳은 ③이다.
【해석】
Grub의 탄생이 선천성 대 후천성 논쟁에 대한 나의 관심에 다시 불을 붙였는데 당시에 이 같은 다툼은 과학계에서 격렬한 논쟁을 만들고 있었다. 우리 인간이 주로 우리의 유전적 형질의 산물인가 아니면 우리 환경의 산물인가? 최근 수년간 이런 논쟁의 불꽃은 수그러들었고 이제는 상당히 복잡한 뇌를 가진 모든 동물에게 있어 성인의 행동은 물려받은 형질과 살면서 얻게 된 경험이 합쳐져서 획득된 것이라는 사실이 인정되고 있다. 즉, 다시 말해서 우리의 행동은 전적으로 우리의 유전자에 의해 정해지는 것도 아니고 유전자에게서 전적으로 자유로운 것도 아니라는 것이다. 동물의 뇌가 복잡하면 복잡할수록 행동을 형성하는 데 있어 학습이 행하는 역할은 더욱 커지며 또한 한 개체와 다른 개체 사이의 차이를 더 많이 발견하게 될 것이다. 그리고 행동이 최고도로 적응력이 강한 유아기 그리고 유년기 때 획득된 정보와 습득된 학습은 특별한 의미를 가질 수 있다.
【어휘】
neither A nor B  A도 B도 아닌  wholly 전적으로, 전체적으로  determined 결정된  kindle ~에 불을 붙이다, 야기하다  nature vs. nurture 선천성 대 후천성 *nature 본성, 천성 *nurture 양육  bitter ① 격렬한 ② 쓴  circle ① 원 ② 계(界), 사회  genetic 유전적인 *gene 유전자  make-up 구조, 구성  flame 불꽃  controversy 논란  die down 수그러들다, 잠재해지다  reasonably ① 이성적으로 ② 상당히, 꽤  complex 복잡(함)  acquire 획득하다, 얻다  inherited 타고난, 물려받은  trait 특성  go through ~을 겪다, 경험하다  sophisticated ① 정교한 ② 현란한  play a role in ~에서 역할을 하다  variation 변화  infancy 유아기  childhood 유년기  flexible 유연한  particular 특별한  significance ① 중요성 ② 의미

19. ④ 【해설】
주어진 문장에는 objectivity의 사전적 의미를 설명하고 있고 (C)에는 언론인들에게 objectivity의 의미는 다르다고 했으므로 However를 기준으로 주어진 문장 다음에는 (C)가 위치해야 하고 (B)에 this distancing은 (C)의 distance를 지칭하므로 (C) 다음 (B)가 와야 한다. 그리고 (A)에 the journalist는 (B)의 a journalist를 가리키므로 (B) 다음에는 (A)가 이어져야 한다. 따라서 글의 순서로 가장 적절한 것은 (C) - (B) - (A)이다.
【해석】
대부분의 사전에서 객관성이라는 것은 인식하는 사람의 의식에 속한다기보다는 마음의 외적 영역과 관련된다. 즉, 감정이나 견해에 의해 꾸미지 않는 외적인 대상과 관련이 있다. (C) 그러나, 대부분의 언론인들에게 객관성이라는 것은 이것을 의미하지는 않는다. 본질적으로 객관적 보도 자료를 작성하기 위해서 언론인은 자기 자신을 보도 자료의 사실 주장으로부터 거리를 둘 필요가 있다. (B) 이렇게 거리를 두는 것은 보도 자료로부터 모든 가치 판단을 배제시키는 것과는 다르다. 대신에 이것은 뉴스 보도에서 사실과 의견이 그 언론인이 아닌 다른 사람들의 것이어야 한다는 것이다. (A) 이런 이유로 칼럼, 사설, 그리고 다른 형태의 뉴스 분석은 절대로 객관적 보도로서의 자격을 갖추지 못할 것이다. 즉, 언론인의 목소리는 너무 크거나(주장이 강하거나) 객관적이기엔 너무 자기중심적이다.
【어휘】
objectivity 객관성  be associated with ~와 관련이 있다  external 외적인  consciousness 의식, 자각  perceive 인식하다  outward 외부의  uncolored 꾸미지 않는, 사실대로의  column ① 신문 칼럼 ② 기둥  editorial 사설  analysis 분석  qualify 자격을 갖다, 부합하다  self-central 자기중심적인  distancing 거리두기  remove 없애다, 제거하다  judgement 판단  essentially 본질적으로  file a report 보고서를 작성하다  distance 거리를 두다  claim 주장

20. ① 【해설】
① Event Overview 첫 번째 문장에서 '작은 도시 공간과 큰 정원 공간 모두'라고 했으므로 본문의 내용과 일치한다.
② Registration Details 첫 번째 문장에서 '15세 이상 청소년과 성인'이라고 했으므로 본문의 내용과 일치하지 않는다.
③ Workshop Schedule 첫 번째 문장에서 '6월 1일부터 7월 20일까지 매주 토요일'이라고 했으므로 본문의 내용과 일치하지 않는다.
④ Final Showcase 첫 번째 문장에서 '창의성과 지속 가능성에 대해 상을 준다'라고 했으므로 본문의 내용과 일치하지 않는다.
【해석】
2025년 커뮤니티 가든(공동 정원) 워크숍
행사 개요
그린빌 커뮤니티 센터는 올여름 지속 가능한 원예 실천에 관심 있는 지역 주민들을 위해 직접 참여하는 원예 워크숍을 주최합니다. 참가자들은 작은 도시 공간과 큰 정원 구획 모두에서 허브, 채소, 꽃을 재배하는 방법을 배우게 됩니다.
등록 세부사항
이 워크숍은 15세 이상의 청소년과 성인을 대상으로 열립니다. 등록은 5월 1일부터 시작되며, 등록비 40달러에는 자료, 씨앗, 교육이 포함됩니다. 인원은 회차당 30명으로 제한되므로 조기 등록이 권장됩니다.
워크숍 일정
워크숍은 6월 1일부터 7월 20일까지 매주 토요일 오전 10시부터 정오까지 진행됩니다. 다룰 주제에는 퇴비 만들기, 유기농 해충 관리, 물 절약 원예 기술 등이 포함됩니다.
최종 쇼케이스
프로그램 마지막에는 참가자들이 자신들의 정원 프로젝트를 7월 27일 커뮤니티 쇼케이스에서 전시할 수 있으며, 창의성과 지속 가능성을 기준으로 시상이 진행됩니다.
① 참가자들은 작은 공간과 큰 공간 모두에 적용할 수 있는 원예 기술을 배운다.
② 21세 이상의 성인만 이 원예 워크숍에 등록할 수 있다.
③ 워크숍 세션은 6월과 7월 내내 일요일 오전에 열린다.
④ 프로그램은 아무런 시상 없이 커뮤니티 쇼케이스로 마무리된다.
【어휘】
host 주최하다  hands-on 직접 해보는  resident 주민  sustainable 지속 가능한  practice 실천  herb 허브  urban 도시의  plot 구획  registration 등록  material 자료  seed 씨앗  instruction 지침  session 회차, 기간  schedule 일정  composting 퇴비 만들기  pest control 해충 관리  water-efficient 물 절약의  showcase 전시  creativity 창의성  sustainability 지속 가능성  award 수여하다

# 한 국 사

출제교수: 노범석 교수님

1. ③ 【해설】 구석기 시대
제시된 자료는 구석기 시대의 유적지들이다.
③ 구석기 시대에는 뼈로 만든 뼈도구를 사용했으며, 뗀석기를 가지고 사냥을 하였다.
①, ② 신석기, ④ 청동기 시대에 대한 설명이다.

2. ④ 【해설】 백제 무령왕
제시된 자료의 밑줄 친 '영동대장군 사마왕'은 백제 무령왕을 일컫는다.
④ 무령왕은 지방에 22담로를 설치하고 왕족을 파견함으로써 지방에 대한 통제를 강화하였다.
① 백제 고이왕 때의 일이다.
② 백제 성왕의 업적이다.
③ 백제 의자왕 때의 일이다.

3. ③ 【해설】 발해 문왕
제시된 자료는 발해 문왕의 업적을 정리한 것이다.
③ 발해 문왕은 수도를 중경현덕부에서 북쪽의 상경용천부로 옮겼다.
① 발해 고왕(대조영)에 설명이다.
② 발해 선왕, ④ 발해 무왕의 업적에 대한 설명이다.

4. ① 【해설】 지증왕
6세기 신라 지증왕 때의 우산국 정벌과 관련된 내용이다.
① 지증왕 때 국호를 '신라'로 정하였다.
② 법흥왕의 업적이다.
③, ④ 진흥왕 때의 사실들이다.

5. ③ 【해설】 고려의 정치 제도
③ 중서문하성에 대한 설명이다. 중추원은 추밀과 승선으로 구성되었다.
① 도병마사는 충렬왕 때 도평의사사로 개편되었다.
② 식목도감, ④ 삼사에 대한 설명이다.

6. ④ 【해설】 고려 광종
제시된 자료는 고려 광종 때 실시된 정책들에 대한 내용이다.
④ 광종은 빈민 구제 기관인 제위보를 설치하였다.
① 3대 국왕인 정종은 거란의 침입에 대비하기 위해 광군을 조직하였다.
② 고려 성종은 노비환천법을 실시하여 신분 질서를 확립하고자 하였다. 최승로가 노비안검법의 폐단을 지적하자 성종은 옛 주인을 경멸하는 자를 다시 노비로 돌아가도록 하는 법을 만든 것이다.
③ '건흥'은 발해 선왕 때 사용된 연호이다. 고려 광종은 광덕, 준풍 등의 연호를 사용하였다.

7. ③ 【해설】 최충헌
제시된 자료는 최충헌 집권기 때 일어난 만적의 난에 대한 내용이다.
③ 최충헌은 반대 세력을 숙청하기 위해 감찰 기구로서 교정도감을 설치하였다. 이후 교정도감은 국가의 중요 정책을 결정하는 최고 권력 기구가 되었다.
①, ② 최우에 대한 설명이다.
④ 서경유수 조위총이 일으킨 반란이 진압된 것은 정중부 집권기 때의 일이다.

8. ③ 【해설】 고려의 경제
제시된 자료는 고려 시대에 만들어진 은병(활구)에 대한 설명이다.
③ 고려는 대도시에 서적점, 약점, 주점, 다점 등 관영 상점을 두어 운영하였다.
① 통일신라 때의 일이다.
② 조선 후기의 경제 상황에 대한 설명이다.

④ 신라 하대, 흥덕왕 때 완도에 청해진을 설치하여 해적을 소탕하고 해상 무역을 장악하였다.

9. ① 【해설】 수령
제시된 자료는 조선 시대 수령의 7가지 임무를 설명한 '수령7사'에 대한 내용이다.
① 수령은 임기가 5년이었으며 부·목·군·현에 파견되었다.
② 조선 시대의 삼사는 맑고 중요한 자리라 하여 청요직(淸要職)이라 불렸다.
③, ④ 관찰사에 대한 설명이다.

10. ③ 【해설】 정도전
제시된 자료는 정도전의 활동을 서술한 것이다.
③ '삼강행실도'는 조선 세종 때 집현전 학사였던 설순이 편찬하였다. 설순은 공민왕 때 귀화한 위구르계 인물인 설손의 손자다.
① 정도전은 요동 정벌을 계획하고, 이를 위해 작전도인 '진도'를 제작하였다.
② 정도전은 '불씨잡변'을 통해 불교를 비판하였다.
④ 정도전에 대한 설명이다.

11. ② 【해설】 정조
제시된 자료는 정조 때 청나라의 관찬 백과사전인 '고금도서집성'을 들여온 내용을 서술하고 있다.
② 영조는 '속대전'을 편찬하여 통치 체제를 정비하였다.
① 정조의 업적에 대한 설명이다.
③ 정조는 통공 정책을 실시하여 육의전을 제외한 시전상인의 금난전권을 철폐하였다.
④ 정조의 업적에 대한 설명이다.

12. ① 【해설】 이익
제시된 자료는 이익이 주장한 6종론의 내용이다.
① 이익은 안정복, 권철신 등 제자를 길러 성호학파를 형성하였다.
② 정약용, ③ 유형원, ④ 박제가에 대한 설명이다.

13. ④ 【해설】 흥선대원군
제시된 자료는 흥선 대원군의 대내외 정책에 대해 평가하고 있다.
④ 흥선 대원군은 세도 정치의 핵심 기구인 비변사를 축소·격하시켜 사실상 폐지시켰다.
①, ② 흥선대원군이 실시한 정책에 대한 설명이다.
③ 흥선대원군은 사액 서원 47개만 남기고 600개 남짓한 서원을 철폐하였다.

14. ④ 【해설】 대한자강회
제시된 자료는 대한자강회에 대해 설명하고 있다.
④ 대한자강회는 고종 황제의 강제 퇴위와 정미 7조약 체결에 반대하는 운동을 주도하였다.
① 신민회는 평양에 대성 학교, 정주에 오산 학교를 설립하였다.
②, ③ 신민회에 대한 설명이다.

15. ① 【해설】 강화도 조약
제시된 자료는 강화도 조약에 규정된 내용이다.
① 강화도 조약은 최초의 근대적 조약이자 불평등 조약이다.
② 강화도 조약에는 최혜국 대우를 규정하지 않았다.
③ 강화도 조약인 임오군란 발발 이전인 1876년에 체결되었다.
④ 조·일 무역 규칙(조·일 통상 장정)은 양곡의 무제한 유출과 무항세 규정을 포함한 불평등 조약이었다.

16. ② 【해설】 국채 보상 운동
제시된 자료는 1907년에 전개된 국채 보상 운동의 취지문이다.
② 국채 보상 운동은 대한매일신보, 황성신문, 제국신문 등 각종 언론들의 지원을 받아 전국으로 확산되었다.
① 을사조약은 1905년에 체결된 것으로, 국채 보상 운동과는 시기상으로 맞지 않다.
③ 물산 장려 운동에 대한 설명이다.
④ 보안회에 대한 설명이다.

## 17. ④ 【해설】 연해주 지역의 독립 운동
제시된 자료의 (가) 지역은 연해주이다.
④ 대한광복군 정부는 연해주에 설립된 국외 정부로, 이상설을 대통령으로 선출하였다.
① 흥사단은 안창호가 미국 샌프란시스코에서 설립한 단체이다.
② 독립의군부는 국내에서 결성된 비밀 결사 단체이다.
③ 신흥강습소는 남만주에서 설치된 단체로, 독립군을 양성하였다.

## 18. ④ 【해설】 1920년대 문화 통치
제시된 자료의 밑줄 친 '새로운 정책'은 1920년대 문화 통치 방침에 따라 실시된 정책들을 일컫는다.
④ 1920년 회사령이 폐지되어, 회사 설립이 허가제에서 신고제로 완화되었다.
① 1910년대에 추진된 정책이다.
② 농촌 진흥 운동은 1932년부터 1940년까지 전개되었다.
③ 일제는 1941년 국민학교령을 통해 종래 소학교를 국민학교로 변경하였다.

## 19. ② 【해설】 신간회
제시된 자료는 신간회의 강령에 대한 내용이다.
② 신간회는 원산노동자총파업, 광주학생항일운동, 단천 농민 운동 등을 지원하였다.
① 한인애국단, ③ 민립대학기성회에 대한 설명이다.
④ 의열단에 대한 설명이다.

## 20. ② 【해설】 유신헌법
제시된 선언은 1972년 10월 17일 박정희 대통령의 특별 선언이다.
② 박정희 대통령은 전국에 비상계엄령을 선포하고 국회 해산, 정치 활동 금지 등의 조치를 내려 10월 유신을 단행하였다. 또한 국회 해산권, 긴급조치권, 국회의원 3분의 1 임명권 등 초법적인 내용을 명시한 7차 개헌(유신 헌법)을 제정하고, 이를 국민 투표로 확정하였다.
① 1차 개헌(발췌개헌)의 내용이다.
③ 9차 개헌의 내용으로 6월 민주항쟁 이후 개헌된 현행 헌법으로 5년 단임의 대통령 직접 선거를 주요 내용으로 한다.
④ 2차 개헌(사사오입 개헌)의 내용이다.

# 행정법

출제교수: 강성빈 교수님

1. ②
【해설】행정쟁송법
처분행정청은 재결에 기속되어 재결의 취지에 따른 처분의무를 부담하게 되므로 이에 불복하여 행정소송을 제기할 수 없다. 대법원 1998. 5. 8. 선고 97누15432 판결
① 행정심판법 제50조의2

행정심판법 제50조의2(위원회의 간접강제)
⑤ 간접강제결정의 효력은 피청구인인 행정청이 소속된 국가·지방자치단체 또는 공공단체에 미치며, 결정서 정본은 제4항에 따른 소송제기와 관계없이 「민사집행법」에 따른 강제집행에 관하여는 집행권원과 같은 효력을 가진다. 이 경우 집행문은 위원장의 명에 따라 위원회가 소속된 행정청 소속 공무원이 부여한다.

③ 행정심판법 제48조

행정심판법 제48조(재결의 송달과 효력 발생)
④ 처분의 상대방이 아닌 제3자가 심판청구를 한 경우 위원회는 재결서의 등본을 지체 없이 피청구인을 거쳐 처분의 상대방에게 송달하여야 한다.

④ 행정심판법 제49조

행정심판법 제49조(재결의 기속력 등)
⑤ 법령의 규정에 따라 공고하거나 고시한 처분이 재결로써 취소되거나 변경되면 처분을 한 행정청은 지체 없이 그 처분이 취소 또는 변경되었다는 것을 공고하거나 고시하여야 한다.

2. ①
【해설】행정쟁송법
입찰참가자격제한 요청 결정이 있음을 알고 있는 사업자로 하여금 입찰참가자격제한처분에 대하여만 다툴 수 있도록 하는 것보다는 그에 앞서 직접 입찰참가자격제한 요청 결정의 적법성을 다툴 수 있도록 함으로써 분쟁을 조기에 근본적으로 해결하도록 하는 것이 법치행정의 원리에도 부합한다. 따라서 공정거래위원회의 입찰참가자격제한 요청 결정은 항고소송의 대상이 되는 처분에 해당한다고 보아야 한다. 대법원 2023. 2. 2. 선고 2020두48260 판결
② 행정행위의 부관인 부담에 정해진 바에 따라 당해 행정청이 아닌 다른 행정청이 그 부담상의 의무이행을 요구하는 의사표시를 하였을 경우, 이러한 행위가 당연히 또는 무조건으로 행정소송법상 항고소송의 대상이 되는 처분에 해당한다고 할 수는 없다. 대법원 1992. 1. 21. 선고 91누1264 판결
③ 지방세의 결손처분은 국세의 결손처분과 마찬가지로 더 이상 납세의무가 소멸하는 사유가 아니라 체납처분을 종료하는 의미만을 가지게 되었고, 결손처분의 취소 역시 국민의 권리와 의무에 영향을 미치는 행정처분이 아니라 과거에 종료되었던 체납처분 절차를 다시 시작한다는 행정절차로서의 의미만을 가지게 되었다고 할 것이다. 대법원 2019. 8. 9. 선고 2018다272407 판결
④ 징계혐의자에 대한 감봉 1월의 징계처분을 견책으로 변경한 소청결정 중 그를 견책에 처한 조치는 재량권의 남용 또는 일탈로서 위법하다는 사유는 소청결정 자체에 고유한 위법을 주장하는 것으로 볼 수 없어 소청결정의 취소사유가 될 수 없다. 대법원 1993. 8. 24. 선고 93누5673 판결

3. ③
【해설】행정절차법
행정청이 문서로 처분을 한 경우 원칙적으로 처분서의 문언에 따라 어떤 처분을 하였는지 확정하여야 한다. 그러나 처분서의 문언만으로는 행정청이 어떤 처분을 하였는지 불분명한 경우에는 처분 경위와 목적, 처분 이후 상대방의 태도 등 여러 사정을 고려하여 처분서의 문언과 달리 처분의 내용을 해석할 수 있다. 특히 행정청이 행정처분을 하면서 논리적으로 당연히 수반되어야 하는 의사표시를 명시적으로 하지 않았다고 하더라도, 그것이 행정청의 추단적 의사에도 부합하고 상대방도 이를 알 수 있는 경우에는 행정처분에 위와 같은 의사표시가 묵시적으로 포함되어 있다고 볼 수 있다. 대법원 2020. 10. 29 선고 2017다269152 판결
① 행정청이 행정절차법 제20조 제1항의 처분기준 사전공표 의무를 위반하여 미리 공표하지 아니한 기준을 적용하여 처분을 하였다고 하더라도, 그러한 사정만으로 곧바로 해당 처분에 취소사유에 이를 정도의 흠이 존재한다고 볼 수는 없다. 다만 해당 처분에 적용한 기준이 상위법령의 규정이나 신뢰보호의 원칙 등과 같은 법의 일반원칙을 위반하였거나 객관적으로 합리성이 없다고 볼 수 있는 구체적인 사정이 있다면 해당 처분은 위법하다고 평가할 수 있다. 대법원 2020. 12. 24. 선고 2018두45633 판결
② 처분 당시 당사자가 어떠한 근거와 이유로 처분이 이루어진 것인지를 충분히 알 수 있어서 그에 불복하여 행정구제절차로 나아가는 데에 별다른 지장이 없었던 것으로 인정되는 경우에는 처분서에 처분의 근거와 이유가 구체적으로 명시되어 있지 않았다고 하더라도 그로 말미암아 그 처분이 위법한 것으로 된다고 할 수는 없다. 대법원 2013. 11. 14. 선고 2011두18571 판결
④ 교육부장관이 어떤 후보자를 총장 임용에 부적격하다고 판단하여 배제하고 다른 후보자를 임용제청하는 경우라면 배제한 후보자에게 연구윤리 위반, 선거부정, 그 밖의 비위행위 등과 같은 부적격사유가 있다는 점을 구체적으로 제시할 의무가 있다. 대법원 2018. 6. 15. 선고 2016두57564 판결

4. ④
【해설】행정작용법
행정처분에 부담인 부관을 붙인 경우 부관의 무효화에 의하여 본체인 행정처분 자체의 효력에도 영향이 있게 될 수는 있지만, 그 처분을 받은 사람이 부담의 이행으로 사법상 매매 등의 법률행위를 한 경우에는 그 부관은 특별한 사정이 없는 한 법률행위를 하게 된 동기 내지 연유로 작용하였을 뿐이므로 이는 법률행위의 취소사유가 될 수 있음은 별론으로 하고 그 법률행위 자체를 당연히 무효화하는 것은 아니다. 대법원 2009. 6. 25. 선고 2006다18174 판결
① 위 고시에 정한 허가기준에 따라 보존음료수 제조업 허가에 붙여진 전량수출 또는 주한 외국인에 대한 판매에 한한다는 내용의 조건은 이른바 법정부관으로서 행정청의 의사에 기하여 붙여지는 본래의 의미에서의 행정행위의 부관은 아니다. 따라서 이와 같은 법정부관에 대하여는 행정행위에 부관을 붙일 수 있는 한계에 관한 일반적인 원칙이 적용되지는 않지만, 위 고시가 헌법상 보장된 기본권을 침해하는 것으로서 헌법에 위반될 때에는 그 효력이 없는 것으로 볼 수밖에 없다. 대법원 1995. 11. 14. 선고 92도496 판결
② 행정기본법 제17조

행정기본법 제17조(부관)
② 행정청은 처분에 재량이 없는 경우에는 법률에 근거가 있는 경우에 부관을 붙일 수 있다.

③ 도로점용허가의 점용기간은 행정행위의 본질적인 요소에 해당한다고 볼 것이어서 부관인 점용기간을 정함에 있어서 위법사유가 있다면 이로써 도로점용허가 처분 전부가 위법하게 된다. 대법원 1985. 7. 9. 선고 84누604 판결

5. ②
【해설】행정작용법
행정기본법 제25조

행정기본법 제25조(인허가의제의 효과)
② 인허가의제의 효과는 주된 인허가의 해당 법률에 규정된 관련 인허가에 한정된다.

① 행정기본법 제24조

행정기본법 제24조(인허가의제의 기준)
⑤ 제3항에 따라 협의를 요청받은 관련 인허가 행정청은 해당 법령을 위반하여 협의에 응해서는 아니 된다. 다만, 관련 인허가에 필요한 심의, 의견 청취 등 절차에 관하여는 법률에 인허가의제 시에도 해당 절차를 거친다는 명시적인 규정이 있는 경우에만 이를 거친다.

③ 구 택지개발촉진법 제11조 제1항 제9호에서는 사업시행자가 택지개발사업 실시계획승인을 받은 때 도로법에 의한 도로공사시행허가 및 도로점용허가를 받은 것으로 본다고 규정하고 있는바, 이러한 인허가 의제제도는 목적사업의 원활한 수행

을 위해 행정절차를 간소화하고자 하는 데 그 취지가 있는 것이므로 위와 같은 실시계획승인에 의해 의제되는 도로공사시행허가 및 도로점용허가는 원칙적으로 당해 택지개발사업을 시행하는 데 필요한 범위 내에서만 그 효력이 유지된다고 보아야 한다. 따라서 원고가 이 사건 택지개발사업과 관련하여 그 사업시행의 일환으로 이 사건 도로예정지 또는 도로에 전력관을 매설하였다고 하더라도 사업시행완료 후 이를 계속 유지·관리하기 위해 도로를 점용하는 것에 대한 도로점용허가까지 그 실시계획 승인에 의해 의제된다고 볼 수는 없다. 대법원 2010. 4. 29. 선고 2009두18547 판결
④ 건축법에서 인허가의제 제도를 둔 취지는, 인허가의제사항과 관련하여 건축허가의 관할 행정청으로 창구를 단일화하고 절차를 간소화하며 비용과 시간을 절감함으로써 국민의 권익을 보호하려는 것이지, 인허가의제사항 관련 법률에 따른 각각의 인허가 요건에 관한 일체의 심사를 배제하려는 것으로 보기는 어려우므로, 도시계획시설인 주차장에 대한 건축허가신청을 받은 행정청으로서는 건축법상 허가 요건뿐 아니라 국토의 계획 및 이용에 관한 법령이 정한 도시계획시설사업에 관한 실시계획인가 요건도 충족하는 경우에 한하여 이를 허가해야 한다. 대법원 2015. 7. 9. 선고 2015두39590 판결

6. ① 【해설】 행정법통론
어떤 행정처분이 실효의 법리를 위반하여 위법한 것이라고 하더라도, 이러한 하자의 존부는 개별·구체적인 사정을 심리한 후에야 판단할 수 있는 사항이어서 객관적으로 명백한 것이라고 할 수 없으므로, 이는 행정처분의 취소사유에 해당할 뿐 당연무효사유는 아니다. 대법원 2021. 12. 30. 선고 2018다241458 판결
② 폐기물처리업에 대하여 사전에 관할 관청으로부터 적정통보를 받고 막대한 비용을 들여 허가요건을 갖춘 다음 허가신청을 하였음에도 다수 청소업자의 난립으로 안정적이고 효율적인 청소업무의 수행에 지장이 있다는 이유로 한 불허가처분은 신뢰보호의 원칙 및 비례의 원칙에 반하는 것으로서 재량권을 남용한 위법한 처분이다. 대법원 1998. 5. 8. 선고 98두4061 판결
③ 주민등록번호와 주민등록증은 외부에 공시되어 대내외적으로 행정행위의 적법한 존재를 추단하는 중요한 근거가 되는 점에 비추어 볼 때 행정청이 원고들에게 공신력이 있는 주민등록번호와 이에 따른 주민등록증을 부여한 행위는 원고들에게 대한민국 국적을 취득하였다는 공적인 견해를 표명한 것이라고 보아야 한다. 대법원 2024. 3. 12. 선고 2022두60011 판결
④ 다원적 의견이나 각가지 이익을 반영시킨 토론과정을 거쳐 다수결의 원리에 따라 통일적인 국가의사를 형성하는 국회에서 일정한 법률안을 심의하거나 의결한 적이 있다고 하더라도, 그것이 법률로 확정되지 아니한 이상 국가가 이해관계자들에게 위 법률안에 관련된 사항을 약속하였다고 볼 수 없으며, 이러한 사정만으로 어떠한 신뢰를 부여하였다고 볼 수도 없다. 대법원 2008. 5. 29. 선고 2004다33469 판결

7. ① 【해설】 정보공개법
정보공개법 제9조

**정보공개법 제9조(비공개 대상 정보)**
① 공공기관이 보유·관리하는 정보는 공개 대상이 된다. 다만, 다음 각 호의 어느 하나에 해당하는 정보는 공개하지 아니할 수 있다.
 1. 다른 법률 또는 법률에서 위임한 명령(국회규칙·대법원규칙·헌법재판소규칙·중앙선거관리위원회규칙·대통령령 및 조례로 한정한다)에 따라 비밀이나 비공개 사항으로 규정된 정보

② 정보공개법 제10조

**정보공개법 제10조(정보공개의 청구방법)**
① 정보의 공개를 청구하는 자는 해당 정보를 보유하거나 관리하고 있는 공공기관에 다음 각 호의 사항을 적은 정보공개 청구서를 제출하거나 말로써 정보의 공개를 청구할 수 있다.

③ 정보공개법 제11조의2

**정보공개법 제11조의2(반복 청구 등의 처리)**
① 공공기관은 정보공개를 청구하여 정보공개 여부에 대한 결정의 통지를 받은 자가 정당한 사유 없이 해당 정보의 공개를 다시 청구하는 경우 또는 정보공개 청구가 민원처리법에 따른 민원으로 처리되었으나 다시 같은 청구를 하는 경우에는 관련 사정을 종합적으로 고려하여 해당 청구를 종결 처리할 수 있다.

④ 정보공개법 제19조

**정보공개법 제19조(행정심판)**
② 청구인은 제18조에 따른 이의신청 절차를 거치지 아니하고 행정심판을 청구할 수 있다.

8. ③ 【해설】 행정쟁송법
구 건축법상 국가라 하더라도 미리 건축물의 소재지를 관할하는 허가권자인 지방자치단체의 장과 건축협의를 하지 아니하면 건축물을 건축할 수 없다. 따라서 허가권자인 지방자치단체의 장이 국가에 대하여 건축협의를 거부하는 것은 (중략) 처분에 해당한다고 볼 수 있고, 이에 대한 법적 분쟁을 해결할 실효적인 다른 법적 수단이 없는 이상 국가 등은 허가권자를 상대로 항고소송을 통해 그 거부처분의 취소를 구할 수 있다고 해석된다. 대법원 2014. 3. 13. 선고 2013두15934 판결
① 행정소송법 제39조는, "당사자소송은 국가·공공단체 그 밖의 권리주체를 피고로 한다."라고 규정하고 있다. 이것은 당사자소송의 경우 항고소송과 달리 '행정청'이 아닌 '권리주체'에게 피고적격이 있음을 규정하는 것일 뿐, 피고적격이 인정되는 권리주체를 행정주체로 한정한다는 취지가 아니므로, 이 규정을 들어 사인을 피고로 하는 당사자소송을 제기할 수 없다고 볼 것은 아니다. 대법원 2019. 9. 9. 선고 2016다262550 판결
② 타인 사이의 항고소송에서 소송의 결과에 관하여 이해관계가 있다고 주장하면서 민사소송법 제71조에 의한 보조참가를 할 수 있는 제3자는 민사소송법상의 당사자능력 및 소송능력을 갖춘 자이어야 하므로 그러한 당사자능력 및 소송능력이 없는 행정청으로서는 민사소송법상의 보조참가를 할 수는 없고 다만 행정소송법 제17조 제1항에 의한 소송참가를 할 수 있을 뿐이다. 대법원 2002. 9. 24. 선고 99두1519 판결
④ 원심은, 판시와 같은 이유로 의과대학 교수, 전공의 또는 수험생 지위에 있는 나머지 신청인들에 대하여는 이 사건 증원배정 처분의 집행정지를 구할 법률상 이익이 인정되지 않는다고 판단하였다. 원심결정 이유와 기록에 나타난 사정을 관련 법리에 비추어 살펴보면 위와 같은 원심의 판단은 정당하다. 대법원 2024. 6. 19.자 2024무689 결정

9. ④ 【해설】 행정법통론
장기요양기관의 폐업신고와 노인의료복지시설의 폐지신고는, 행정청이 관계 법령이 규정한 요건에 맞는지를 심사한 후 수리하는 이른바 '수리를 필요로 하는 신고'에 해당한다. 그러나 행정청이 그 신고를 수리하였다고 하더라도, 신고서 위조 등의 사유가 있어 신고행위 자체가 효력이 없다면, 그 수리행위는 유효한 대상이 없는 것으로서, 수리행위 자체에 중대·명백한 하자가 있는지를 따질 것도 없이 당연히 무효이다. 대법원 2018. 6. 12. 선고 2018두33593 판결
① 수산업법 제44조 소정의 어업의 신고는 행정청의 수리에 의하여 비로소 그 효과가 발생하는 이른바 '수리를 요하는 신고'라고 할 것이다. 대법원 2000. 5. 26. 선고 99다37382 판결
② 체육시설의 설치·이용에 관한 법률상의 신고체육시설업에 있어서 적법한 요건을 갖춘 신고의 경우에는 행정청의 수리처분 등 별단의 조치를 기다릴 필요 없이 그 접수시에 신고로서의 효력이 발생하는 것이므로 그 수리가 거부되었다고 하여 무신고 영업이 되는 것은 아니다. 대법원 1998. 4. 24. 선고 97도3121 판결
③ 건축허가권자는 건축신고가 건축법, 국토의 계획 및 이용에 관한 법률 등 관계 법령에서 정하는 명시적인 제한에 배치되지 않는 경우에도 건축을 허용하지 않아야 할 중대한 공익상 필요가 있는 경우에는 건축신고의 수리를 거부할 수 있다. 대법원 2019. 10. 31. 선고 2017두74320 판결

10. ④ 【해설】 행정쟁송법
    집행정지는 행정쟁송절차에서 실효적 권리구제를 확보하기 위한 잠정적 조치일 뿐이므로, 본안 확정판결로 해당 제재처분이 적법하다는 점이 확인되었다면 제재처분의 상대방이 잠정적 집행정지를 통해 집행정지가 이루어지지 않은 경우와 비교하여 제재를 덜 받게 되는 결과가 초래되도록 해서는 안 된다. 대법원 2020. 9. 3. 선고 2020두34070 판결
    ① 행정소송법 제38조 및 제23조

    > **행정소송법 제38조(준용규정)**
    > ① 제9조, 제10조, 제13조 내지 제17조, 제19조, 제22조 내지 제26조, 제29조 내지 제31조 및 제33조의 규정은 무효등 확인소송의 경우에 준용한다.

    > **행정소송법 제23조(집행정지)**
    > 이하 생략

    ② 집행정지결정의 효력은 결정 주문에서 정한 기간까지 존속하다가 그 기간이 만료되면 장래에 향하여 소멸한다. (중략) 항고소송을 제기한 원고가 본안소송에서 패소확정판결을 받았더라도 집행정지결정의 효력이 소급하여 소멸하지 않는다. 대법원 2020. 9. 3 선고 2020두34070 판결
    ③ '처분 등이나 그 집행 또는 절차의 속행으로 인한 손해발생의 우려' 등 적극적 요건에 관한 주장·소명 책임은 원칙적으로 신청인 측에 있으며, 이러한 요건을 결여하였다는 이유로 효력정지 신청을 기각한 결정에 대하여 행정처분 자체의 적법 여부를 가지고 불복사유로 삼을 수 없다. 대법원 2011. 4. 21.자 2010무111 전원합의체 결정

11. ② 【해설】 실효성 확보수단
    가산세는 세법에서 규정하는 의무의 성실한 이행을 확보하기 위하여 세법에 따라 산출한 본세액에 가산하여 징수하는 독립된 조세로서, 본세에 감면사유가 인정된다고 하여 가산세도 감면대상에 포함되는 것이 아니고, 반면에 그 의무를 이행하지 아니한 데 대한 정당한 사유가 있는 경우에는 본세 납세의무가 있더라도 가산세는 부과하지 않는다. 대법원 2018. 11. 29. 선고 2015두56120 판결
    ① 행정절차법 제40조의3

    > **행정절차법 제40조의3(위반사실 등의 공표)**
    > ⑧ 행정청은 공표된 내용이 사실과 다른 것으로 밝혀지거나 공표에 포함된 처분이 취소된 경우에는 그 내용을 정정하여, 정정한 내용을 지체 없이 해당 공표와 같은 방법으로 공표된 기간 이상 공표하여야 한다. 다만, 당사자가 원하지 아니하면 공표하지 아니할 수 있다.

    ③ 병무청장이 하는 병역의무 기피자의 인적사항 등 공개조치에는 특정인을 병역의무 기피자로 판단하여 그에게 불이익을 가한다는 행정결정이 전제되어 있고, 공개라는 사실행위는 행정결정의 집행행위라고 보아야 한다. 병무청장이 그러한 행정결정을 공개 대상자에게 미리 통보하지 않은 것이 적절한지는 본안에서 해당 처분이 적법한가를 판단하는 단계에서 고려할 요소이며, 병무청장이 그러한 행정결정을 공개 대상자에게 미리 통보하지 않았다거나 처분서를 작성·교부하지 않았다는 점만으로 항고소송의 대상적격을 부정하여서는 아니 된다. 대법원 2019. 6. 27. 선고 2018두49130 판결
    ④ 지방국세청장 또는 세무서장이 조세범칙행위에 대하여 고발을 한 후에 동일한 조세범칙행위에 대하여 통고처분을 하였더라도, 이는 법적 권한 소멸 후에 이루어진 것으로서 특별한 사정이 없는 한 효력이 없고, 조세범칙행위자가 이러한 통고처분을 이행하였더라도 조세범 처벌절차법 제15조 제3항에서 정한 일사부재리의 원칙이 적용될 수 없다. 대법원 2016. 9. 28. 선고 2014도10748 판결

12. ③ 【해설】 실효성 확보수단
    공매통지의 목적이나 취지 등에 비추어 보면, 체납자 등은 자신에 대한 공매통지의 하자만을 공매처분의 위법사유로 주장할 수 있을 뿐 다른 권리자에 대한 공매통지의 하자를 들어 공매처분의 위법사유로 주장하는 것은 허용되지 않는다. 대법원 2008. 11. 20. 선고 2007두18154 전원합의체 판결

    ① 행정기본법 제31조

    > **행정기본법 제31조(이행강제금의 부과)**
    > ② 행정청은 다음 각 호의 사항을 고려하여 이행강제금의 부과 금액을 가중하거나 감경할 수 있다.
    > 1. 의무 불이행의 동기, 목적 및 결과
    > 2. 의무 불이행의 정도 및 상습성
    > 3. 그 밖에 행정목적을 달성하는 데 필요하다고 인정되는 사유

    ② 구 토지수용법 제63조의 규정에 따라 피수용자 등이 기업자에 대하여 부담하는 수용대상 토지의 인도 또는 그 지장물의 명도의무 등이 비록 공법상의 법률관계라고 하더라도, 그 권리를 피보전권리로 하는 명도단행가처분은 그 권리에 끼칠 현저한 손해를 피하거나 급박한 위험을 방지하기 위하여 또는 그 밖의 필요한 이유가 있을 경우에는 허용될 수 있다. 대법원 2005. 8. 19. 선고 2004다2809 판결
    ④ 건물의 점유자가 철거의무자일 때에는 건물철거의무에 퇴거의무도 포함되어 있는 것이어서 별도로 퇴거를 명하는 집행권원이 필요하지 않으므로, 행정청이 행정대집행의 방법으로 건물철거의무의 이행을 실현할 수 있는 경우에는 건물철거 대집행 과정에서 부수적으로 건물의 점유자들에 대한 퇴거 조치를 할 수 있다. 대법원 2017. 4. 28. 선고 2016다213916 판결

13. ④ 【해설】 행정작용법
    삼권분립의 원칙, 법치행정의 원칙을 당연한 전제로 하고 있는 우리 헌법 하에서 행정권의 행정입법 등 법집행의무는 헌법적 의무라고 보아야 할 것이다. 그런데 이는 행정입법의 제정이 법률의 집행에 필수불가결한 경우로서 행정입법을 제정하지 아니하는 것이 곧 행정권에 의한 입법권 침해의 결과를 초래하는 경우를 말하는 것이므로, 만일 하위 행정입법의 제정 없이 상위 법령의 규정만으로도 집행이 이루어질 수 있는 경우라면 하위 행정입법을 하여야 할 헌법적 작위의무는 인정되지 아니한다. 헌법재판소 2005. 12. 22. 선고 2004헌마66 결정
    ① 국가공무원인 교원의 보수에 관한 구체적인 내용(보수 체계, 보수 내용, 지급 방법 등)까지 반드시 법률의 형식으로만 정해야 하는 '기본적인 사항'이라고 보기는 어렵고, 이를 행정부의 하위법령에 위임하는 것은 불가피하다. 대법원 2023. 10. 26. 선고 2020두50966 판결
    ② 행정부 내부의 사무처리준칙에 불과한 행정규칙은 그 성립에 있어서 특별한 요건이 요구되지 않는다. 따라서 법규명령과 달리 그 효력을 발하기 위한 요건으로 공포가 필요한 것도 아니며, 통상 수범기관(수명기관)에 도달함으로써 효력이 발생한다.
    ③ 법률조항의 위임에 따라 대통령령으로 규정한 내용이 헌법에 위반될 경우라도 그 대통령령의 규정이 위헌으로 되는 것은 별론으로 하고, 그로 인하여 정당하고 적법하게 입법권을 위임한 수권법률조항까지도 위헌으로 되는 것은 아니라고 할 것이다. 헌법재판소 2019. 2. 28. 선고 2017헌바245 전원재판부 결정

14. ① 【해설】 행정작용법
    도시·군계획시설결정과 실시계획인가는 도시·군계획시설사업을 위하여 이루어지는 단계적 행정절차에서 별도의 요건과 절차에 따라 별개의 법률효과를 발생시키는 독립적인 행정처분이다. 그러므로 선행처분인 도시·군계획시설결정에 하자가 있더라도 그것이 당연무효가 아닌 한 원칙적으로 후행처분인 실시계획인가에 승계되지 않는다. 대법원 2017. 7. 18. 선고 2016두49938 판결
    ② 납세고지서의 송달이 부적법하면 그 부과처분은 효력이 발생할 수 없고, 또한 송달이 부적법하여 송달의 효력이 발생하지 아니하는 이상 상대방이 객관적으로 위 부과처분의 존재를 인식할 수 있었다 하더라도 그와 같은 사실로써 송달의 하자가 치유된다고 볼 수 없다. 대법원 1988. 3. 22. 선고 87누986 판결
    ③ 행정청이 구 학교보건법 소정의 학교환경위생정화구역 내에서 금지행위 및 시설의 해제 여부에 관한 행정처분을 하면서 절차상 학교환경위생정화위원회의 심의를 누락한 흠이 있다면 그와 같은 흠을 가리켜 위 행정처분의 효력에 아무런 영향을 주지 않는다거나 경미한 정도에 불과하다고 볼 수는 없으므로, 특별한 사정이 없는 한 이는 행정처분을 위법하게 하는 취소사

유가 된다. 대법원 2007. 3. 15. 선고 2006두15806 판결
④ 조세 부과의 근거가 되었던 법률규정이 위헌으로 선언된 경우, 비록 그에 기한 과세처분이 위헌결정 전에 이루어졌고, 과세처분에 대한 제소기간이 이미 경과하여 조세채권이 확정되었으며, 조세채권의 집행을 위한 체납처분의 근거규정 자체에 대하여는 따로 위헌결정이 내려진 바 없다고 하더라도, 위와 같은 위헌결정 이후에 조세채권의 집행을 위한 새로운 체납처분에 착수하거나 이를 속행하는 것은 더 이상 허용되지 않고, 나아가 이러한 위헌결정의 효력에 위배하여 이루어진 체납처분은 그 사유만으로 하자가 중대하고 객관적으로 명백하여 당연무효이다. 대법원 2012. 2. 16. 선고 2010두10907 판결

**15.** ① 【해설】 행정쟁송법
취소 확정판결의 '기속력'은 취소 청구가 인용된 판결에서 인정되는 것으로서 당사자인 행정청과 그 밖의 관계행정청에게 확정판결의 취지에 따라 행동하여야 할 의무를 지우는 작용을 한다. 이에 비하여 행정소송법 제8조 제2항에 의하여 행정소송에 준용되는 민사소송법 제216조, 제218조가 규정하고 있는 '기판력'이란 기판력 있는 전소 판결의 소송물과 동일한 후소를 허용하지 않음과 동시에, 후소의 소송물이 전소의 소송물과 동일하지는 않더라도 전소의 소송물에 관한 판단이 후소의 선결문제가 되거나 모순관계에 있을 때에는 후소에서 전소 판결의 판단과 다른 주장을 하는 것을 허용하지 않는 작용을 한다. 대법원 2016. 3. 24. 선고 2015두48235 판결
② 주민 등의 도시관리계획 입안 제안을 거부한 처분을 이익형량에 하자가 있어 위법하다고 판단하여 취소하는 판결이 확정되었더라도 행정청에게 그 입안 제안을 그대로 수용하는 내용의 도시관리계획을 수립할 의무가 있다고는 볼 수 없고, 행정청이 다시 새로운 이익형량을 하여 적극적으로 도시관리계획을 수립하였다면 취소판결의 기속력에 따른 재처분의무를 이행한 것이라고 보아야 한다. 다만 취소판결의 기속력 위배 여부와 계획재량의 한계 일탈 여부는 별개의 문제이므로, 행정청이 적극적으로 수립한 도시관리계획의 내용이 취소판결의 기속력에 위배되지는 않는다고 하더라도 계획재량의 한계를 일탈한 것인지의 여부는 별도로 심리·판단하여야 한다. 대법원 2020. 6. 25. 선고 2019두56135 판결
③ 행정소송법 제8조 제2항에 의하여 행정소송에 준용되는 민사소송법 제216조, 제218조가 규정하고 있는 '기판력'이란 기판력 있는 전소 판결의 소송물과 동일한 후소를 허용하지 않음과 동시에, 후소의 소송물이 전소의 소송물과 동일하지는 않더라도 전소의 소송물에 관한 판단이 후소의 선결문제가 되거나 모순관계에 있을 때에는 후소에서 전소 판결의 판단과 다른 주장을 하는 것을 허용하지 않는 작용을 한다. 대법원 2016. 3. 24. 선고 2015두48235 판결
④ 간접강제결정에 기한 배상금은 확정판결의 취지에 따른 재처분의 지연에 대한 제재나 손해배상이 아니고, 재처분의 이행에 관한 심리적 강제수단에 불과한 것이므로, 특별한 사정이 없는 한 간접강제결정에서 정한 의무이행기한이 경과한 후라도 확정판결의 취지에 따른 재처분의 이행이 있으면 처분 상대방이 더 이상 배상금을 추심하는 것은 허용되지 않는다. 대법원 2004. 1. 15. 선고 2002두2444 판결

**16.** ④ 【해설】 행정작용법
도로관리청이 도로점용허가를 하면서 특별사용의 필요가 없는 부분을 점용장소 및 점용면적에 포함하는 것은 그 재량권 행사의 기초가 되는 사실인정에 잘못이 있는 경우에 해당하므로 그 도로점용허가 중 특별사용의 필요가 없는 부분은 위법하다. 이러한 경우 도로점용허가를 한 도로관리청은 위와 같은 흠이 있다는 이유로 유효하게 성립한 도로점용허가 중 특별사용의 필요가 없는 부분을 직권취소할 수 있음이 원칙이다. (중략) 도로관리청이 도로점용허가 중 특별사용의 필요가 없는 부분을 소급적으로 직권취소하였다면, 도로관리청은 이미 징수한 점용료 중 취소된 부분의 점용면적에 해당하는 점용료를 반환하여야 한다. 대법원 2019. 1. 17. 선고 2016두56721 판결
① 수익적 행정처분에 대한 취소권 등의 행사는 기득권의 침해를 정당화할 만한 중대한 공익상의 필요 또는 제3자의 이익보호의 필요가 있는 때에 한하여 허용될 수 있다는 법리는, 처분청이 수익적 행정처분을 직권으로 취소·철회하는 경우에 적용되는 법리일 뿐 쟁송취소의 경우에는 적용되지 않는다. 대법원 2019. 10. 17. 선고 2018두104 판결
② 행정행위의 취소라 함은 일단 유효하게 성립한 행정처분이 위법 또는 부당함을 이유로 소급하여 그 효력을 소멸시키는 별도의 행정처분을 말하고, 행정청은 종전 처분과 양립할 수 없는 처분을 함으로써 묵시적으로 종전 처분을 취소할 수도 있다. 대법원 1999. 12. 28. 선고 98두1895 판결
③ 변상금 부과처분에 대한 취소소송이 진행 중이라도 그 부과권자로서는 위법한 처분을 스스로 취소하고 그 하자를 보완하여 다시 적법한 부과처분을 할 수도 있다. 대법원 2006. 2. 10. 선고 2003두5686 판결

**17.** ③ 【해설】 행정구제법
하천구역 편입토지에 대한 손실보상청구권은 공법상의 권리임이 분명하고, 따라서 그 손실보상을 둘러싼 쟁송은 사인 간의 분쟁을 대상으로 하는 민사소송이 아니라 공법상의 법률관계를 대상으로 하는 행정소송절차에 의하여야 한다. 위 규정들에 의한 손실보상청구권은 1984. 12. 31. 전에 토지가 하천구역으로 된 경우에는 당연히 발생되는 것이지, 관리청의 보상금지급결정에 의하여 비로소 발생하는 것은 아니므로, 위 규정들에 의한 손실보상금의 지급을 구하거나 손실보상청구권의 확인을 구하는 소송은 행정소송법 제3조 제2호 소정의 당사자소송에 의하여야 할 것이다. 대법원 2006. 5. 18. 선고 2004다6207 판결
① 일반 공중의 이용에 제공되는 공공용물에 대하여 특허 또는 허가를 받지 않고 하는 일반사용은 다른 개인의 자유이용과 국가 또는 지방자치단체 등의 공공목적을 위한 개발 또는 관리·보존행위를 방해하지 않는 범위 내에서만 허용된다 할 것이므로, 공공용물에 관하여 적법한 개발행위 등이 이루어짐으로 말미암아 이에 대한 일정범위의 사람들의 일반사용이 종전에 비하여 제한받게 되었다 하더라도 특별한 사정이 없는 한 그로 인한 불이익은 손실보상의 대상이 되는 특별한 손실에 해당한다고 할 수 없다. 대법원 2002. 2. 26. 선고 99다35300 판결
② 공익사업을 위한 토지 등의 취득 및 보상에 관한 법률 시행규칙 제57조에 따른 사업폐지 등에 대한 보상청구권은 공익사업의 시행 등 적법한 공권력의 행사에 의한 재산상 특별한 희생에 대하여 전체적인 공평부담의 견지에서 공익사업의 주체가 손해를 보상하여 주는 손실보상의 일종으로 공법상 권리임이 분명하므로 그에 관한 쟁송은 민사소송이 아닌 행정소송절차에 의하여야 한다. 대법원 2012. 10. 11. 선고 2010다23210 판결
④ 공익사업의 시행자가 사전보상을 하지 않은 채 공사에 착수함으로써 토지소유자와 관계인이 손해를 입은 경우, 토지소유자와 관계인이 입은 손해는 손실보상청구권이 침해된 데에 따른 손해이므로, 사업시행자가 배상해야 할 손해액은 원칙적으로 손실보상금이다. 대법원 2021. 11. 11. 선고 2018다204022 판결

**18.** ③ 【해설】 행정작용법
다른 법률에 특별한 규정이 있는 경우이거나 또는 지방계약법의 개별 규정의 규율내용이 매매, 도급 등과 같은 특정한 유형·내용의 계약을 규율대상으로 하고 있는 경우가 아닌 한, 지방자치단체를 당사자로 하는 계약에 관하여는 그 계약의 성질이 공법상 계약인지 사법상 계약인지와 상관없이 원칙적으로 지방계약법의 규율이 적용된다고 보아야 한다. 대법원 2020. 12. 10. 선고 2019다234617 판결
① 행정기본법 제27조

> **행정기본법 제27조(공법상 계약의 체결)**
> ① 행정청은 법령등을 위반하지 아니하는 범위에서 행정목적을 달성하기 위하여 필요한 경우에는 공법상 법률관계에 관한 계약(이하 "공법상 계약"이라 한다)을 체결할 수 있다. 이 경우 계약의 목적 및 내용을 명확하게 적은 계약서를 작성하여야 한다.

② 계약직공무원에 관한 현행 법령의 규정에 비추어 볼 때, 계약직공무원 채용계약해지의 의사표시는 일반공무원에 대한 징계처분과는 달라서 항고소송의 대상이 되는 처분 등의 성격을 가진 것으로 인정되지 아니하고, 일정한 사유가 있을 때에 국

가 또는 지방자치단체가 채용계약 관계의 한쪽 당사자로서 대등한 지위에서 행하는 의사표시로 취급되는 것으로 이해되므로, 이를 징계해고 등에서와 같이 그 징계사유에 한하여 효력 유무를 판단하여야 하거나, 행정처분과 같이 행정절차법에 의하여 근거와 이유를 제시하여야 하는 것은 아니다. 대법원 2002. 11. 26. 선고 2002두5948 판결
④ 공법상 계약의 한쪽 당사자가 다른 당사자를 상대로 효력을 다투거나 이행을 청구하는 소송은 공법상의 법률관계에 관한 분쟁이므로 분쟁의 실질이 공법상 권리·의무의 존부·범위에 관한 다툼이 아니라 손해배상액의 구체적인 산정방법·금액에 국한되는 등의 특별한 사정이 없는 한 공법상 당사자소송으로 제기하여야 한다. 대법원 2021. 2. 4. 선고 2019다277133 판결

19. ① 【해설】실효성 확보수단
구 독점규제 및 공정거래에 관한 법률 제24조의2에 의한 부당내부거래에 대한 과징금은 행정상의 제재금으로서의 기본적 성격에 부당이득환수적 요소도 부가되어 있는 것이라 할 것이고, 이를 두고 헌법 제13조 제1항에서 금지하는 국가형벌권 행사로서의 '처벌'에 해당한다고는 할 수 없으므로, 공정거래법에서 형사처벌과 아울러 과징금의 병과를 예정하고 있더라도 이중처벌금지원칙에 위반된다고 볼 수 없다. 헌법재판소 2003. 7. 24. 선고 2001헌가25 결정
② 처분을 할 것인지 여부와 처분의 정도에 관하여 재량이 인정되는 과징금 납부명령에 대하여 그 명령이 재량권을 일탈하였을 경우, 법원으로서는 재량권의 일탈 여부만 판단할 수 있을 뿐이지 재량권의 범위 내에서 어느 정도가 적정한 것인지에 관하여는 판단할 수 없어 그 전부를 취소할 수밖에 없고, 법원이 적정하다고 인정하는 부분을 초과한 부분만 취소할 수는 없다. 대법원 2009. 6. 23. 선고 2007두18062 판결
③ 과징금부과처분은 반드시 현실적인 행위자가 아니라도 법령상 책임자로 규정된 자에게 부과되고 원칙적으로 위반자의 고의·과실을 요하지 아니하나, 위반자의 의무 해태를 탓할 수 없는 정당한 사유가 있는 등의 특별한 사정이 있는 경우에는 이를 부과할 수 없다. 대법원 2014. 10. 15. 선고 2013두5005 판결
④ 부동산 실권리자명의 등기에 관한 법률 제5조에 의하여 부과된 과징금 채무는 대체적 급부가 가능한 의무이므로 위 과징금을 부과받은 자가 사망한 경우 그 상속인에게 포괄승계된다. 대법원 1999. 5. 14. 선고 99두35 판결

20. ② 【해설】행정구제법
구 공무원연금법에 따라 각종 급여를 지급하는 제도는 공무원의 생활안정과 복리향상에 이바지하기 위한 것이라는 점에서 국가배상법 제2조 제1항 단서에 따라 손해배상금을 지급하는 제도와 그 취지 및 목적을 달리하므로, 경찰공무원인 피해자가 구 공무원연금법의 규정에 따라 공무상 요양비를 지급받는 것은 국가배상법 제2조 제1항 단서에서 정한 '다른 법령의 규정'에 따라 보상을 지급받는 것에 해당하지 않는다. 대법원 2019. 5. 30. 선고 2017다16174 판결
① 군인·군무원 등 국가배상법 제2조 제1항에 열거된 자가 전투, 훈련 기타 직무집행과 관련하는 등으로 공상을 입은 경우라고 하더라도 군인연금법 또는 국가유공자예우등에관한법률에 의하여 재해보상금·유족연금·상이연금 등 별도의 보상을 받을 수 없는 경우에는 국가배상법 제2조 제1항 단서의 적용 대상에서 제외하여야 한다. 대법원 1997. 2. 14. 선고 96다28066 판결
③ 국가배상법 제2조 제1항 단서가 보훈보상자법 등에 의한 보상을 받을 수 있는 경우 국가배상법에 따른 손해배상청구를 하지 못한다는 것을 넘어 국가배상법상 손해배상금을 받은 경우 보훈보상자법상 보상금 등 보훈급여금의 지급을 금지하는 것으로 해석하기는 어려운 점 등에 비추어, 국가보훈처장은 국가배상법에 따라 손해배상을 받았다는 사정을 들어 보상금 등 보훈급여금의 지급을 거부할 수 없다. 대법원 2017. 2. 3. 선고 2015두60075 판결
④ 국가배상법 제2조 제1항 단서 규정은 다른 법령에 보상제도가 규정되어 있고, 그 법령에 규정된 상이등급 또는 장애등급 등의 요건에 해당되어 그 권리가 발생한 이상, 실제로 그 권리를 행사하였는지 또는 그 권리를 행사하고 있는지 여부에 관계

없이 적용된다고 보아야 하고, 그 각 법률에 의한 보상금청구권이 시효로 소멸되었다 하여 적용되지 않는다고 할 수는 없다. 대법원 2002. 5. 10. 선고 2000다39735 판결

# 행 정 학

출제교수: 이명훈 교수님

1. ② 【해설】 인사행정론
엽관주의는 선거를 통해 집권한 정당에 정부관료제를 예속시킴으로써 국민의 지지에 따라서 정부가 구성된다. 따라서 국민이 지지한 공약(정책)의 강력한 추진이 용이할 뿐만 아니라 국민의 대표기관인 의회와 행정부 간 조정이 활성화된다.
① 엽관주의에서 관료는 국민에 대하여 봉사하기보다는 집권정당에 대하여 봉사하므로 행정의 공정성 확보가 곤란하다.
③ 엽관주의는 집권정당의 특수이익에 충성하는 사람들만 공직에 임용하므로 공직취임에의 기회균등을 보장하지 못한다.
④ 엽관주의란 공직임용기준을 정당에의 충성도에 두는 제도이다. 공직임용기준을 개인의 객관적인 능력, 자격, 성적에 두는 인사행정제도는 실적주의이다.

2. ③ 【해설】 지방행정론
조례의 제정 및 개폐, 행정사무 감사 및 조사권, 예산의 의결 및 결산의 승인은 지방의회의 권한이나 선결처분은 지방자치단체 장의 권한이다.
<<핵심체크>> 지방의회와 단체장 간의 권한

| 의회의 권한 | 지방자치단체장의 권한 |
| --- | --- |
| 조례 제정권 | 조례 공포권 |
| 예산의 심의·확정 및 결산의 승인권 | 예산안 및 결산안 편성·제출권 |
| 의결권, 재의결권, 선결처분승인권 | 재의요구권 및 제소권, 선결처분권 |
| 단체장의 출석답변 요구권 | 단체장 및 공무원의 출석 답변권 |
| 행정사무 감사 및 조사권 | 임시회 소집 요구권, 위원회 개최 요구권 |
| 단체장에 대한 불신임의결권 없음 | 단체장의 의회해산권 없음 |

3. ③ 【해설】 행정학총론
인간행태의 진정한 의미를 이해하기 위해 외면적으로 드러난 객관적 사실 뿐만 아니라 내면의 주관적 의지, 감정, 가치 등도 주요 연구대상으로 삼는 이론은 행태론적 접근방법을 비판하고 등장한 현상학적 접근방법이다.

4. ① 【해설】 정책론
㉠은 잠재적 이익집단론, ㉡은 이익집단자유주의론, ㉢은 공공이익집단론에 대한 설명으로 모두 고전적 다원주의와 관련된 이론이다. (잠재이익집단론)은 정책결정시 결정자가 로비활동이 강한 이익집단의 이익보다는 말 없는 다수의 이익을 고려하여 정책을 결정한다고 본다. (이익집단자유주의론)은 잘 조직화된 소수집단의 이익만 정책에 반영될 뿐 조직화되지 못한 다수의 이익은 정책에 반영되기 곤란하다고 본다. (공공이익집단론)은 특수이익보다는 다수의 이익에 가까운 주장을 하는 이익집단의 의사가 정책에 보다 잘 반영된다고 본다.

5. ① 【해설】 조직론
계층제에 의한 명령과 강제는 갈등해소전략에 해당하나, 조직의 수평적 분화의 촉진은 갈등조성전략에 해당한다.

6. ② 【해설】 행정학총론
㉠, ㉢은 옳고, ㉡, ㉣은 옳지 않다. 과학적관리론은 시간연구, 동작연구 등의 과학적 분석에 의해 유일 최선의 업무방식을 개발하고자 하였다(㉠). 행정행태론은 자연현상과 사회현상을 구별하지 않고 자연과학적 연구방법을 사회현상을 연구하는 데 활용하였으며, 과학적 검증을 위해 가치중립적 연구를 추구하였다(㉢).
㉡ 인간관계론은 호오손(Hawthorne) 실험을 통해 비공식적 조직의 중요성을 밝혀내었다. 다만, 비공식적 조직은 환경요소가 아니며, 공식적 조직 내에 존재하는 자생적 질서이다.
㉣ 행정체제론은 행정과정을 투입-전환-산출-환류의 연속적이고 동태적인 과정으로 인식하여 거시적 안목을 제공하였다. 그러나 행정의 구체적인 운영 측면 및 미시적 현상을 경시하였으며, 행정이 추구해야 할 가치와 목적도 제시해 주지 못하였다.

7. ① 【해설】 정책론
자영업자 코로나 피해 금융지원은 분배정책의 예이다. 분배정책이란 정부가 공공재원(조세)을 통해 특정 개인·조직·지역사회에 권리나 이익 또는 재화나 서비스 등의 가치를 배분해 주는 정책을 의미한다. 반면 재분배정책이란 재산·소득·권력 등을 상대적으로 많이 가진 계층(집단)으로부터 적게 가진 계층(집단)으로 이전시키는 정책을 의미한다. 재분배정책의 예로는 누진소득세, 통합의료보험, 임대주택 건설, 노령연금, 영세민 취로사업, 「생활보호법」에 의한 극빈자 보호, 저소득층의 소득안정 정책, 각종 사회보장제도 등이 있다.

8. ③ 【해설】 재무행정론
예산 한정성의 원칙이란 예산은 국회가 의결해 준 목적범위 내, 규모범위 내, 시간범위 내에서 사용되어야 한다는 원칙이다. 예비비의 편성과 추가경정예산은 규모 한정성의 예외이며(①, ②), 예산의 이용과 전용은 목적 한정성의 예외(④)이다. 특별회계는 예산 단일성의 원칙과 통일성의 원칙의 예외이지 한정성의 원칙의 예외가 아니다.
<<핵심체크>> 예산 한정성의 원칙

| 한정성의 원칙 | 개념 | 예산은 국회가 의결해 준 목적범위 내, 규모범위 내, 시간범위 내에서 사용되어야 한다는 원칙 |
| --- | --- | --- |
| | 예외 | • 목적(질적) 한정성 예외 : 이용, 전용<br>• 규모(양적) 한정성 예외 : 예비비, 추가경정예산<br>• 시간(기간) 한정성 예외 : 이월, 계속비, 과년도 수입과 지출, 조상충용 |

9. ① 【해설】 행정환류론
행정권의 오용이란 공무원의 비윤리적 일탈행위를 의미하며, 광의의 관료부패를 말한다. 법규 중심의 행정(인사)은 경직성을 초래하는 부정적 측면이 있지만, 공정한 인사를 촉진하므로 공무원의 비윤리적 일탈행위(행정권의 오용)라 할 수 없다.

10. ④ 【해설】 행정학총론
설문은 정부실패의 원인 중 파생적 외부효과의 예이다. 파생적 외부효과란 시장실패를 극복하기 위한 정부의 개입이 초래하는 의도하지 않은 부작용을 말한다.

11. ④ 【해설】 정책론
점증주의 모형은 조금의 변화를 추구하기 때문에 보수주의적 성격이 강하여 환경변화에 대한 적응력이 취약하며, 혁신이 저해될 가능성이 있다.

12. ① 【해설】 조직론
설문은 목표의 대치(전환) 현상에 대한 것이다. 목표의 대치(전환)이란 목표와 수단이 뒤바뀌는 현상, 종국적 가치와 수단적 가치의 우선순위가 바뀌는 현상, 조직의 원래 목표가 다른 목표로 뒤바뀌어 조직의 목표가 왜곡되는 현상을 의미한다.
<<핵심체크>> 조직목표의 변동

| 목표의 전환<br>(목표의 대치, 동조과잉) | 의의 | • 종국적 목표가 다른 목표나 수단으로 뒤바뀌는 현상<br>• 종국적 가치와 수단적 가치의 우선순위가 뒤바뀌는 현상<br>• 행정의 궁극적 목표인 공익보다 수단인 법규를 중시하는 현상 |
| --- | --- | --- |
| | 학자 | • 미첼스의 '과두제의 철칙'에서부터 시작 |
| 목표의 승계 | | 조직의 목표가 이미 달성되었거나 아예 달성이 불가능한 경우 조직이 새로운 목표를 추구하는 현상 |
| 목표의 다원화 | | 조직이 종래의 목표에 새로운 목표를 추가하는 것(목표의 질적 변동) |
| 목표의 확대 | | 조직이 종래의 목표범위를 확대하는 것(목표의 양적 변동) |

13. ② 【해설】 행정학총론
오스본(D. Osborne)과 개블러(T. Gaebler)의 기업가적 정부의 10대 운영 원리에 따르면 정부는 규칙 및 역할 중심 관리방식에서 사명 지향적 관리방식으로 전환되어야 한다(사명[임무] 지향적 정부).
① 기업가적 정부는 정부의 새로운 역할로 종래의 노젓기보다는 방향잡기를 강조한다(촉매적 정부).
③ 기업가적 정부는 치료 중심적 정부보다는 예방적 정부로 바뀌어야 함을 강조한다(예방적 정부).
④ 기업가적 정부는 주민에게 서비스를 제공하기보다는 권한을 부여하는 방향으로 전환되어야 함을 강조한다(지역사회가 주도하는 정부).

14. ④ 【해설】 인사행정론
국가공무원과 지방공무원은 모두 「공직자윤리법」, 「공무원연금법」, 「부정청탁 및 금품수수의 금지에 관한 법률」의 적용대상이다.
① 국가공무원은 「국가공무원법」과 「정부조직법」, 지방공무원은 「지방공무원법」과 「지방자치법」의 적용을 받는다.
② 국가공무원은 고위공무원단제가 시행되고 있으나, 지방공무원은 고위공무원단제가 시행되고 있지 않다.
③ 국가공무원의 보수재원은 국비로, 지방공무원의 보수재원은 지방비로 충당한다.

15. ③ 【해설】 정책론
살라몬(Salamon)은 정책수단의 분류 기준으로 직접성, 강제성, 자동성, 가시성 등을 제시하였다. 직접성은 행정활동을 정부가 직접 하는지 아니면 제3자 또는 민관이 공동으로 하는지에 대한 기준으로 경제규제(㉠)와 공기업(㉣)은 직접성의 정도가 높고, 보조금(㉡)과 바우처(㉢)는 직접성의 정도가 낮다.
<<핵심체크>> 정책수단의 분류 - 직접성에 따른 분류

| 간접수단 | 사회적 규제, 대출보증, 보험, 계약, 보조금, 조세지출, 바우처, 손해책임법, 사용료·과징금 |
|---|---|
| 직접수단 | 경제적 규제, 직접대출, 공기업, 정부소비, 정보제공 |

16. ② 【해설】 지방행정론
티부(Tiebout)의 '발로 하는 투표' 가설은 다수의 지방정부로 구성된 분권화체제에서 완전경쟁시장의 가정하에 주민들이 자신의 선호에 맞는 재정프로그램을 제공하는 지방정부를 선택하여 자유롭게 이동하는 '발로 하는 투표(vote by foot)'가 이루어진다면, 주민을 유치하기 위한 지방정부 간 경쟁으로 지방정부의 경영이 보다 건전화·효율화된다고 보는 이론이다. 티부(Tiebout)의 '발로 하는 투표' 가설은 해당 지역 공공서비스의 비용과 편익은 이웃 주민들에게 영향을 주어서는 아니되며, 해당 지역 주민에게만 돌아가야 한다(외부효과 부존재)는 것을 전제로 한다.
<<핵심체크>> 티부(Tiebout)의 '발로 하는 투표' 가설의 가정
• 완전경쟁시장의 가정 : ① 다수의 지방정부 존재, ② 완전한 정보, ③ 지역 간 자유로운 이동(완전한 이동), ④ 외부효과 부존재, ⑤ 최소한 한 개 이상의 고정적 생산요소 존재, ⑥ 국고보조금 부재, ⑦ 단위당 평균비용 동일(규모수익 불변의 원리), ⑧ 최적 규모 추구(최저평균비용으로 지방 공공재를 생산할 수 있는 인구 규모 추구), ⑨ 재원은 재산세로 충당, ⑩ 배당수입에 의한 소득 등

17. ③ 【해설】 정책론
나카무라와 스몰우드(Nakamura & Smallwood)는 정책집행자모형을 고전적 기술가형, 지시적 위임가형, 협상가형, 재량적 실험가형, 관료적 기업가형으로 제시하였다. 설문은 이중 관료적 기업가형에 대한 설명이다. 관료적 기업가형에서는 집행자가 목표를 수립하고 결정자에게 이를 받아들이도록 종용하며, 집행자는 결정자와 협상해서 목표달성에 필요한 수단을 확보한다.

18. ② 【해설】 재무행정론
품목별 예산제도(LIBS)는 예산을 지출대상별로 분류하여 그 한계를 규정함으로써 예산통제를 기하려는 제도이다. 품목별 예산제도(LIBS)는 지출의 세부적인 항목에만 중점을 두므로 정부사업의 목표나 성격을 알지 못하기 때문에 '무엇을 위한 지출인가'에 대한 정보를 제공해 주지 못한다.
<<핵심체크>> 품목별 예산제도(LIBS)

| 개념 | • 예산을 지출대상별로 분류하여 그 한계를 규정함으로써 예산통제를 기하려는 제도<br>• 재정민주주의에 입각한 통제지향적 예산 |
|---|---|
| 발달 | '능률과 절약을 위한 대통령 위원회(Taft 위원회)'의 권고에 의해 1920년대 연방정부에 도입 |
| 편성 | • 인건비(기본급, 수당 등), 물건비(관서운영비, 업무추진비 등) 등으로 편성<br>• 우리나라 예산편성과목 중 목(目)에 해당 |
| 특징 | ① 통제지향적 예산, ② 투입 중심 예산, ③ 점증주의적 예산, ④ 상향적·미시적 예산, ⑤ 다른 예산제도와 병용되어 활용, ⑥ 통제책임의 집중화, ⑦ 필요지식 - 회계학 |
| 장점 | ① 재정민주주의 확립, ② 회계책임의 명확화(관료통제 용이), ③ 편성의 능률성(간편한 예산편성), ④ 자원배분시 적은 마찰과 갈등(예산 삭감시 이익집단의 저항이 적음), ⑤ 인사행정에 대한 유용한 정보 제공, ⑥ 불법지출이나 초과지출 통제 용이, ⑦ 지출항목의 일목요연성, ⑧ 다음연도 예산편성에 유용한 자료제공(점증주의 예산) |
| 단점 | ① 예산집행의 경직성 초래, ② 정부활동 파악 곤란, ③ 정책의 우선순위 파악 곤란, ④ 사업의 목표 및 성과(생산성) 파악 곤란, ⑤ 동조과잉과 번문욕례 야기, ⑥ 점증적 예산편성으로 자원낭비 우려, ⑦ 국민경제에 미치는 영향 파악 곤란, ⑧ 부서 간의 상황차이 무시, ⑨ 신규사업 창안 곤란, ⑩ 계획과 예산의 연계 미흡 |

19. ② 【해설】 조직론
설문은 조직군생태학에 대한 것이다. 조직군생태학은 조직을 외부환경의 선택에 따라 좌우되는 피동적 존재로 보아 조직의 존속 및 소멸의 원인을 환경에 대한 조직의 적합도에서 찾는 극단적인 환경결정론적 관점의 조직이론이다.
<<핵심체크>> 조직군생태학

| 의의 | 조직을 외부 환경의 선택에 따라 좌우되는 피동적 존재로 보고, 조직의 존속 및 소멸의 원인을 환경에 대한 조직의 적합도에서 찾는 극단적 환경 결정론적 관점의 조직이론 |
|---|---|
| 특징 | • 환경의 절대성 강조 : 조직의 번창과 쇠퇴는 환경의 특성과 선택에 좌우됨<br>• 조직의 생존 : 환경과 동일성을 지닌 조직(1 : 1의 인과관계, 이질동상, 유질동상)은 환경의 선택을 받아 환경적소로 편입되어 적자생존하나, 그렇지 못한 조직은 자연도태<br>• 조직의 적응 과정 : 변이(우연적/의도적 변화) ⇨ 선택(환경의 선택에 따라 환경적소로 편입되거나 도태) ⇨ 보존(선택된 조직의 유지 및 제도화)<br>• 조직의 적응무능력 : 조직은 구조적 타성과 자체적인 관성으로 인해 환경의 선택을 받지 못하고 쇠퇴<br>• 분석단위 : 조직군 |
| 평가 | 종단면적 분석을 통해 자연적 환경(경쟁적 조직)과 조직 간의 동질성 유지 설명 |
| 한계 | 조직관리자를 주어진 환경에 무기력한 존재로 인식 |

20. ① 【해설】 행정학총론
윌슨(W. Wilson)은 영국의 대의제와 독일의 관료제 등 선진 유럽의 정치행정체제를 연구하여 '행정의 연구(The study of administration)'라는 논문을 저술하였다. 따라서 윌슨(W. Wilson)의 논의는 독창적 행정이론이라기보다는 유럽 국가의 행정을 참고하였다.

2025 공무원 시험대비 【7월분】

- 제2회 -
[정답 및 해설]

이 름: _____

제1과목 국어
제2과목 영어
제3과목 한국사
제4과목 행정법총론
제5과목 행정학개론

주간 모의고사 정오표

합격까지 박문각

박문각 주간 합격모의고사     국 어   2 회

# 국 어
출제교수: 강세진 교수님

1. ④ 【해설】 국어문법
   'ㅢ'는 특수한 구조를 가진 모음으로, '단모음' 뒤에 '반모음'이 결합한다.
   ① 단모음이 아니라 이중 모음과 관련된 설명이다.
   ② 'ㅚ'와 'ㅟ'는 표준 발음상 단모음으로 발음하는 것이 원칙이지만, 이중모음으로 발음할 수 있다고 하였다.
   ③ 'ㅢ'만, 단모음 뒤에 반모음이 결합한 구조이고, 나머지 모음은 단모음이 앞에 있으므로, 이중모음은 반모음이 뒤에 결합한 경우만 존재한다고 말할 수 없다.

2. ③ 【해설】 국어문법
   'ㄱ'과 'ㅎ'이 축약되어 음운의 수가 줄어든 거센소리되기 현상이다.
   ① 'ㄹ'이 'ㅇ' 앞이 아니라 'ㅇ' 뒤에서 'ㄴ'으로 바뀐 비음화의 예이다.
   ② 자음 축약이 일어나면 음운의 수가 줄어든다.
   ④ '담가'에서 어간 말음 'ㅡ'가 탈락하는 현상이지 어간과 어미 모두 탈락하지 않는다.

3. ② 【해설】 국어문법
   '면접'은 명사이며, 한자어라고 하더라도 받침이 'ㄹ' 뒤가 아니므로 된소리되기가 일어나지 않아 [면접]으로 발음된다.
   ① 한자어에서 'ㄹ' 받침 뒤 예사소리 중 'ㄷ, ㅅ, ㅈ'은 된소리로 발음한다. 따라서 [물찔]이 맞는 발음이다.
   ③ 받침 'ㄱ' 뒤에 예사소리가 와서 된소리되기가 발생하여 [먹따]로 발음한다.
   ④ '삵고'가 용언이므로 된소리되기가 발생해 [삼꼬]로 발음된다.

4. ① 【해설】 국어문법
   '아래'와 '사람'은 고유어이므로 한자어라고 말할 수 없다.
   ② '오렌지'는 외래어로 사이시옷이 표기되지 않는다.
   ③ '코'와 '김' 모두 고유어이고, 앞말이 모음으로 끝나고, 뒷말 첫소리가 된소리로 바뀌므로 사이시옷을 표기할 수 있다.
   ④ '차'는 한자어이고, '길'은 고유어인데, [차낄/찯낄]로 발음되므로 사이시옷을 표기할 수 있다.

5. ① 【해설】 어휘
   '시간'과 관련이 깊은 것으로 ①의 '몇 해'가 있다.
   ※ 보내다(동사): 3 【…을】「2」 시간이나 세월을 지나가게 하다.
   ② 보내다(동사): 1 【…을 …에/에게】【…을 …으로】「2」 일정한 임무나 목적으로 가게 하다.
   ③, ④ 보내다(동사): 1 【…을 …에/에게】【…을 …으로】「1」 사람이나 물건 따위를 다른 곳으로 가게 하다.

6. ④ 【해설】 신유형
   (1) 하람 → 나래
   (2) 나래 → 도윤
   (3) 도윤 → 예진
   ----------------------------------
   (1)~(3)의 연쇄 추론: 하람 → 나래 → 도윤 → 예진
   따라서, "하람이가 발표하면, 예진이도 발표한다."가 반드시 참이다. 그런데 선지는 이 명제의 대우인 "예진이가 발표하지 않으면, 하람이도 발표하지 않는다."를 제시하였으므로, 정답은 ④가 된다.
   ① 나래 → 하람, (1)의 역은 반드시 참이 아니다.
   ② 예진 → 하람, 결론의 역은 반드시 참이 아니다.
   ③ ~도윤 → 나래, 도윤이가 발표하지 않으면, 나래도 발표하지 않으므로, '나래가 발표한다.'는 것은 거짓이 된다.

7. ③ 【해설】 신유형
   (1) 해온 → ~지후, 지후 → ~해온 <대우 규칙>
   (2) 태경(비밀) → 지후
   (3) ~태경(비밀) → 윤아(탐험), ~윤아(탐험) → 태경(비밀) <대우 규칙>
   ----------------------------------
   (1)~(3)의 연쇄 추론: ~윤아(탐험) → 태경(비밀) → 지후 → ~해온
   따라서, 연쇄 추론에 따르면, "윤아가 탐험을 떠나지 않으면, 해온이가 지도를 보지 않는다."가 참이다. 그리고 이 명제의 대우인 "해온이가 지도를 보면, 윤아가 탐험을 떠난다."가 참이다. 따라서 ③이 정답이다.
   ① 지후 → 해온, 지후가 지도를 보면, 해온이는 지도를 보지 않는다.
   ② 윤아 → 해온, 결론의 이는 반드시 참이 아니다.
   ④ ~윤아(탐험) → ~태경(비밀), '윤아가 탐험을 떠나지 않으면 태경이는 비밀 지도를 발견한다.'가 참이므로, '발견하지 않는다.'는 말은 거짓이다.

8. ③ 【해설】 신유형
   (가) 친절 → 인기(많음) <전칭>
   (나) 친절∧운동(잘함) <특칭>, 운동(잘함)∧친절 <교환 법칙>
   ----------------------------------
   결론: 운동(잘함)∧친절∧인기(많음) <특칭>
   따라서 "운동을 잘하는 어떤 사람은 인기가 많다."인 명제가 결론에 들어가기가 가장 적절하다. 따라서 ③이 정답이다.
   ① 인기(많음) → 친절, (가)의 역은 반드시 참이 아니다.
   ② 운동(잘함) → 인기(많음), 결론의 특칭이 참이라고 하여 그 전칭이 반드시 참인 것은 아니다.
   ④ ~친절∧~운동, '친절'은 매개이므로, '친절하지 않다/친절하다'가 결론에 이를 수 없다.

9. ② 【해설】 신유형
   (1) 자전거 → 택시
   (2) 도보 → ~택시, 택시 → ~도보 <대우 규칙>
   (3) ~자전거 → 지하철, ~지하철 → 자전거 <대우 규칙>
   ----------------------------------
   (1)~(3)의 연쇄 추론: ~지하철 → 자전거 → 택시 → ~도보
   도보 → 지하철, "정이 지하철을 타지 않으면, 병이 도보로 걷지 않는다"가 반드시 참이므로, 이에 대우인, "병이 도보로 걸으면, 정은 지하철을 탄다."도 반드시 참이다.
   ① 택시 → 도보, 병이 도보로 걷지 않으므로, 거짓이다.
   ③ 지하철 → 도보, 연쇄 추론의 결론의 '이'는 반드시 참이 아니다.
   ④ ~지하철 → ~자전거, 정이 지하철을 타지 않으면, 갑은 자전거를 차야 하므로 거짓이다.

10. ② 【해설】 작문
    '활용도가 높다'만 보면, 주술 호응이 어울리나, 그 문장의 주어는 '본 자료'이다. 따라서 서술어는 '제작되었고' 정도로 고치는 것이 적절하다.
    ① '에듀케이션 니즈'는 외국어로 '교육 수요'로 고치는 것이 낫다.
    ③ '이해 증진에 있어'의 '-에 있어'는 번역 투이므로, '이해를 돕고자 한다.'와 같이 고쳐야 한다.
    ④ '이해를 돕고자 하며'와 구조를 같게 '교육 공동체 형성에 기여하고자 합니다.'와 같이 맞추어야 한다.

11. ④ 【해설】 작문
    심야 시간은 결국 교통 혼잡할 때의 시간을 피해간 것이므로 근본적인 해결 방식으로 이해하기가 어렵다.
    ① 자전거 및 도포 인프라를 확대하여 자가용 중심의 교통 문화에서 다른 관점으로 접근한 것이다.
    ② 자가용 이용 억제를 위해 충분히 통행료를 도입할 필요가 있다.
    ③ 대중교통 환승 시스템을 개선하고 보조금을 지급하면, 교통 혼잡을 어느 정도 개선할 수 있을 것으로 보인다.

12. ③ 【해설】 독서
    '이때의 벚꽃은 단순한 자연 경관이 아니라, 가족과 친구, 직장 동료들과 함께하는 시간의 배경이 되며, 지나간 계절을 보내고 새로운 시작을 맞이하는 감정을 상징한다.'와 '벚꽃은 아름답

게 피었다가 빠르게 지는 특징 때문에, 덧없고도 찬란한 삶의 한순간을 되새기게 한다.'에서 알 수 있듯이, 인생의 무상함을 떠올리게 하는 감성적 매개체로 이해된다.

13. ④ 【해설】 독서
㉠: '사실주의 화가들'을 의미한다.
㉡: '사실주의 화가들'을 의미한다.
㉢: '기득권층'을 의미한다.
㉣: '사실주의 화가들'을 의미한다.
따라서 지시 대상은 '㉠, ㉡, ㉣'이 같으므로 ④가 정답이다.

14. ③ 【해설】 독서
(1) (가)에서는 인간이 즉각적인 보상에 얼마나 잘 끌리는지를 위해 알아본 실험이 제시되어 있고, (나)는 즉각적인 보상을 추구하는 성향은 생존 본능과 관련이 있으므로, (가)보다 (나)가 먼저 제시되어야 실험을 하는 설득력이 생긴다.
(2) 이와 달리 (다)는 이러한 경향이 해롭다면서 우려의 말을 전하는데, (라)는 앞에 언급한 '마시멜로 실험'에 대한 이야기이므로, 연결이 어렵지 않다.
(3) 정리하자면, (나)-(가)-(라)의 정리가 중요하며, 이 사이에 (다)를 어느 위치에 배치하면 좋을지 고민해야 한다는 의미이다. 맥락상 현대 사회에서는 '만족을 유보하는 능력'이 중요함을 강조하였으므로, (나)-(다)의 연결이 자연스럽다. 따라서, 이를 초반에 배치한 ③만 정답이다.

15. ② 【해설】 독서
출근길 시민들이 정해진 동선 외에는 관심이 적기 때문이다. '출근길 시민들도 예술을 쉽게 접할 수 있도록 한 것이다.'란 정보를 확인해야 한다.

16. ④ 【해설】 독서
'화가의 눈으로 그려진 작품은 숨겨진 의미를 포착한 소우주이며, 낯섦과 기대를 동시에 던진다. 하지만 이런 작품은 쉽게 해석되지 않는다.'에서 알 수 있듯이, 의미가 분명히 드러나지 않는다.
① '우리가 빌려온 눈이 아닌 거짓 없는 눈으로 세상을 보면, 비밀로 가득한 세상이 모습을 드러낸다. 어린이의 눈에 세상이 비밀스럽게 보이는 것도 그 때문이다.'에서 확인할 수 있는 내용이다.
② '우리는 여러 관점과 상상의 힘으로 대상을 이해하는 즐거움을 느낄 수 있기 때문이다.'에서 확인할 수 있는 내용이다.
③ '익숙한 지식에 길들여진 우리의 맹목적인 시각이 이 눈을 가린다.'에서 확인할 수 있는 내용이다.

17. ④ 【해설】 독서
'전기=사실 중심, 역사 소설=상상력 중심'이라는 글의 핵심 논지를 반영한다.
① 실존 인물을 배제하지 않는다.
② 전기 문학은 인물의 생애를 사실에 근거하여 서술하므로 상상에 의존한 글쓰기라고 말할 수 없다.
③ 문학적 상상력이 필요한 것은 역사 소설이다.

18. ② 【해설】 독서
㉠(○): '한 사람이 동시에 부모, 직장인, 친구로 존재할 수 있는데, 이는 각각의 사회적 기대에 따라 특정한 행동이 요구되기 때문이다.'에서 확인할 수 있는 내용이다.
㉢(○): '각각의 사회적 기대에 따라 특정한 행동이 요구되기 때문이다.'에서 확인할 수 있는 내용이다.
①, ③, ④ ㉡(×): 개인의 성향이 문제가 아니라 사회적 맥락 속에서 개인이 감당해야 하기 때문에 벌어진 일이다.

19. ② 【해설】 독서
㉢(○): '거짓말하는 것을 보편 법칙으로 만드는 일은 결코 원할 수 없다는 사실을 깨닫게 된다. 왜냐하면 그와 같은 법칙에 따르게 되면 약속이란 것은 아예 성립할 수조차 없을 것이기 때문이다.'에서 알 수 있듯이, 거짓 약속을 보편 법칙으로 인지해 버리면, 이는 결국 약속 자체의 성립이 불가능함을 의미한다.
③ ㉠(×): '나의 그러한 준칙은, 그것이 보편 법칙으로 됨과 동시에 곧바로 파기되고 만다.'에서 알 수 있듯이, 언제나 될 수 없는 것이 아니라 될 수도 있으므로 이와 같이 말하는 것은 거짓이다.
①, ③, ④ ㉡(×): 글의 논점이 약속에 따른 인간관계의 상관성을 표현한 데에 있지 않다.

20. ② 【해설】 독서
㉢(×): 인간 지능의 필요충분조건이란 말은 '인간의 뇌를 구성하는 세포 조직의 물리적 특성'이 곧 '인간 지능'을 좌우한다는 의미이다. 그런데, 해당 지문에서는 '물론 인간 뇌를 구성하는 세포 조직의 어떤 측면이 우리의 지능에 필수적인 것은 사실이지만, 그 물리적 특성들로는 충분하지 않다.'고 밝혔으므로, '필요충분조건'이라고 말할 수 없다.
③ ㉠(○): '뇌 조직이 그 신비의 물질이 아닌가 생각해 볼 수 있다. 다윈은 뇌가 정신을 '분비한다'라고 적었고, 최근에 철학자 존 설은 유방의 세포 조직이 젖을 만들고 식물의 세포 조직이 당분을 만드는 것처럼, 뇌 조직의 물리화학적 특성들이 정신을 만들어 낸다고 주장했다.'에서 알 수 있듯이, '뇌 조질'이 인간 정신의 근원으로 이해된다.
①, ③, ④ ㉡(○): '정신에 대한 전통적인 설명에 따르면, 인간의 육체는 비물질적 실체인 영혼으로 가득 차 있으며 그 영혼이 때때로 유령이나 귀신의 모습으로 나타난다.'는 내용은 '유령이 어떻게 유형의 물질과 상호작용하는가?'와 '정신은 곧 뇌의 활동임을 보여주는 엄청난 증거들도 극복할 수 없는 문제다.'를 고려해 볼 때, 내적 모순에서 자유롭지 않다는 것을 알 수 있다.

## 영 어

출제교수: 김세현 교수님

**1. ④** 【해설】
접속사 but을 기준으로 but 앞에 포옹에 개방적인 내용이 있으므로 but 다음에는 이와 반대·대조의 내용이 뒤따라야 한다. 따라서 빈칸에 들어가기에 가장 적절한 것은 ④ detest이다.
【해석】
이탈리아와 같은 지중해권 문화는 모든 종류의 포옹에 매우 개방적이다. 하지만 북유럽의 국가들은 낯선 사람들과의 신체적 접촉을 혐오한다.
【어휘】
mediterranean 지중해의  embrace 포옹하다, 껴안다  physical 신체적인, 육체적인  contact 접촉, 연결하다  advocate 옹호하다  dedicate 헌신하다, 몰두하다  pursue 추구하다, 추적하다  detest 혐오하다, 몹시 싫어하다

**2. ④** 【해설】
빈칸 앞에 세계 10위 경제대국을 자랑한다는 내용이 있고 However 다음 부정적인 내용이 이어져야 하므로 빈칸에 들어가기에 가장 적절한 것은 ④ uprooting이다.
【해석】
한국은 세계 10위 경제대국을 자랑한다. 하지만, 부패를 뿌리 뽑지 못한다면 한국은 경제적, 사회적 진보에 한계가 따를 것이다.
【어휘】
boast of~ ~을 자랑하다, 뽐내다  corruption 부패, 타락  alternate 번갈아 하다, 번갈아 나오다  excavate 발굴하다  conserve 보존하다  uproot 뿌리 뽑다, 근절하다

**3. ②** 【해설】
② 'so + 형용사(부사) + V + S 도치 구문'을 묻고 있다. 하지만 문맥상 동사 protest를 수식하는 것은 부사여야 하므로 형용사 vigorous는 부사 vigorously로 고쳐 써야 한다.
① 양보절을 유도하는 접속사 though는 형용사 보어가 접속사 앞에 위치할 수 있고 was의 형용사 보어가 필요한 자리이므로 Eloquent의 사용은 어법상 적절하다.
③ '긍정문 ~+so+V+S 도치 구문'을 묻고 있다. 따라서 일반동사 has를 대신하는 대동사 do의 사용은 어법상 옳다.
④ 'only + 딸린 어구(시간·장소 개념) + V + S 도치 구문'을 묻고 있다. 따라서 주어 it의 동사 is의 사용은 어법상 적절하다.
【해석】
① 그녀는 설득력 있기는 했지만 그를 설득할 수 없었다.
② 그가 너무 격렬히 항의해서 그와 관련된 사건을 그들은 재검토하기로 했다.
③ 바다에 해류가 있듯이 강이나 호수도 그러하다.
④ 이런 식으로만 그들의 행동을 설명하는 것은 가능하다.
【어휘】
eloquent ① 달변의, 말 잘하는 ② 설득력 있는  persuade 설득하다  vigorously 격렬하게, 힘차게  protest 항의하다, 시위하다  reconsider 재고하다  case ① 사건 ② 경우  current ① 해류, 흐름 ② 현재의, 지금의

**4. ④** 【해설】
④ '주요명제동사 (that) + S + (should) + 동사원형' 구문을 묻고 있다. 따라서 과거동사 took은 동사원형 take로 고쳐 써야 한다.
① 'might as well + 동사원형 ~ as + 동사원형 …' 구문을 묻고 있다. 따라서 동사원형 give up의 사용은 어법상 적절하다.
② 'might as well + 동사원형 ~ as + 동사원형 …' 구문을 묻고 있다. 따라서 동사원형 surrender의 사용은 어법상 옳다.
③ 글의 전반적인 시제는 과거시제이므로 과거사실에 대한 강한 부정추측이 필요하므로 cannot have accepted의 사용은 어법상 적절하다.
【해석】
그 조종사는 적에게 항복하느니 차라리 비행을 하지 않겠다고 단호하게 말했다. 그는 협박에 굴복하는 것을 받아들이지 않았음에 틀림없다. 그는 군인이 자신의 책임을 다해야 한다고 주장했다.
【어휘】
rigidly 엄격하게, 단호하게  might as well A as B B하느니 차라리 A하다  surrender 항복하다, 굴복하다  enemy 적  accept 받아들이다, 수락하다  threat 위협  natural 당연한, 자연스러운  responsibility 책임

**5. ③** 【해설】
③ 동사 수일치를 묻는 문제이다. 관계대명사 that 다음 we think는 삽입절이고 뒤에 이어지는 damages의 주어는 선행사 things(복수)이므로 단수동사의 사용은 어법상 적절하지 않다. 따라서 단수동사 damages를 복수동사 damage로 고쳐 써야 한다.
① 비교급 more 앞에 비교급 강조부사 much의 사용은 어법상 적절하다.
② postpone은 동명사를 목적어로 사용해야 하므로 동명사 doing의 사용은 어법상 옳다.
④ 대등접속사 or를 기준으로 smoking, drinking과 병렬을 이루는 taking의 사용은 어법상 적절하다.
【해석】
만일 건강한 삶을 산다면 훨씬 더 빠르게 건강을 회복할 수 있을 것이다. 우리 모두는 흡연, 음주, 유해 약물 복용 같은 몸에 해를 끼친다는 것을 생각하게 하는 일들을 미룰 수 있다.
【어휘】
lead ① 이끌다 ② 납  probably 아마  postpone 미루다, 연기하다  damage 손상, 피해  harmful 해로운

**6. ②** 【해설】
빈칸 앞에 Mina가 게시판 사용 허락을 받았다고 말했고 Jin이 무엇을 게시할 건지 궁금해하며 긍정적으로 반응하므로, 빈칸에 들어갈 말로 가장 적절한 것은 ② '포스터 디자인 아이디어 들려줄까?'이다.
【해석】
Jin: 이봐, 학교 게시판 사용 허락 받았어? (2:45 pm)
Mina: 응, 방금 선생님한테 승인받았어! 포스터 디자인 아이디어 들려줄까? (2:46 pm)
Jin: 물론이지! 뭘 게시할 건지 듣고 싶어. (2:47 pm)
Mina: 다음 주 동아리 행사 포스터를 만들고 있어! (2:48 pm)
Jin: 멋지다. 디자인할 때 필요하면 알려줘. (2:49 pm)
Mina: 고마워! 내일 초안 보여줄게. (2:49 pm)
① 선생님 답변 받으려고 오래 기다려야 했어
③ 그 행사는 학교 강당에서 열리는 거야
④ 게시판 사용 규칙은 확인해 봤어
【어휘】
permission 허락  approval 승인  bulletin board 게시판  event 행사  terrific 멋진, 훌륭한  draft 초안  hold 열다, 개최하다  auditorium 강당  check 확인하다

**7. ③** 【해설】
주어진 지문은 약을 복용하는 시간에 따른 치료의 성공률에 관한 내용의 글이므로 ③ '치료의 성공이 환자와 의사와의 협력에 있다'는 내용은 글의 전체 흐름과 무관하다.
【해석】
점점 더 많은 일련의 증거가 하루 중 약을 복용하는 시간이 치료에 얼마나 성공적일지에 차이를 만들 수 있다고 보여준다. 예를 들어, 천식환자들은 밤에 발작을 일으킬 가능성이 낮보다 몇 백 배 높다. 그렇지만, 의사들은 여전히 하루 중 모든 시간대에 동일한 양의 약을 처방하도록 교육을 받고 있다. (치료의 성공은 어느 정도 환자와 의사의 협력에 의해 좌우된다.) 현장에서 일하는 의사들은 의학 수련과정이 질병의 일상리듬에 관한 교육과 시간대별 치료에 관한 연구를 포함하도록 요구하고 있다.
【어휘】
a body of evidence 일련의 증거  treatment 치료  asthma 천식  be likely to ~할 가능성이 있다  have an attack 발병하다  prescribe 처방하다  dose 복용량  across the course of the day 하루 중, 하루에  to some degree 어느 정도

cooperation 협력  physician (내과)의사  call for 요구하다, 요청하다  specific 특정한

**8. ①** 【해설】
'비교급 than all the other + 복수명사와 비교급 than any other + 단수명사'구문을 묻고 있다. 앞에 비교급 prettier가 있으므로 than이 필요하므로 빈칸에 들어가기에 가장 적절한 것은 ① 'than all the other girls'이다.
【해석】
그녀는 학급에서 가장 예쁜 소녀이다.

**9. ①** 【해설】
빈칸 다음 A가 10시까지 가야 하니 일찍 출발하자고 했으므로 빈칸에 들어갈 말로 가장 적절한 것은 ① '몇 시에 너희 집에 가면 될까?'이다.
【해석】
A: 내일 내 여동생 병원에 데려다주는 걸 도와줘서 다시 한번 고마워.
B: 괜찮아! 몇 시에 너희 집에 가면 될까?
A: 응, 오전 10시까지 가야 하니까 일찍 출발하자.
B: 알았어. 혹시 모르니까 신분증이랑 보험카드 챙길게.
A: 고마워. 혹시 기다릴 수도 있으니까 간식도 챙길게.
B: 좋은 생각이야. 내가 차에 기름도 충분히 넣어놓을게.
A: 고마워. 나 좀 긴장되는데 네가 같이 가줘서 정말 든든해.
B: 걱정 마, 다 잘 될 거야.
A: 동생이 병원 가는 걸 무서워해서, 네가 좀 달래줄 수 있으면 좋겠어.
B: 물론이지, 최선을 다해서 편하게 해줄게.
② 병원 갈 때 운전 조심해야 해.
③ 저녁에 병원에 가는 게 더 나을까?
④ 아마 방문 일정을 다시 잡아야 할 거야.
【어휘】
take 데리고 가다, 가지고 가다  little sister 여동생  leave 출발하다  bring 가져오다  pack 챙기다  snack 간식  gas 기름  nervous 초조한, 긴장된  scared 무서워하다  calm 진정시키다  do one's best 최선을 다하다  thoughtful 배려심 있는  prepare 준비하다  careful 조심하는  probably 아마도  reschedule 일정을 다시 잡다

**10. ②** 【해설】
의사의 성급한 태도, 냉담함, 반응 부족, 의학적인 문제나 치료에 대한 설명을 잘해주지 않는 등 의사들이 환자들을 대하는 태도가 나쁜 것을 지적하고 있으므로 이 글의 제목으로 가장 적절한 것은 ② '의사들의 좋은 태도는 도대체 어디에 있는가?'이다.
【해석】
병원에서 장기적으로 피부암 치료를 받고 있던 한 여자가 정기 검진과 치료를 받으러 병원에 가는 것을 미루기 시작했다. 그녀의 가족들이 왜 그녀가 예정대로 병원에 가지 않는지를 묻자 그녀는 "그들이 내게 새 피부과 의사를 보냈는데 별로 친절하지 않아. 그가 나를 숫자 취급을 해서 그와 대화하는 것이 불편해. 또한 그는 내가 질문을 하면 얕보는 투로 말을 해." 많은 환자들이 의사와의 부정적인 경험에 대한 이야기를 가지고 있으면 이런 경험은 사람들이 자신이 필요로 하는 치료를 미루거나 중단하게 할 수 있다. 이런 이야기들은 종종 의사의 성급한 태도, 냉담함, 바로바로 응답을 주지 않는 것, 의학적인 문제나 치료를 설명하지 않는 것, 또는 치료를 계획하는데 환자를 마지못해 포함시키는 것과 관련이 있다.
① 심리치료 요법으로 불안 장애 치료하기
③ 왜 환자들은 의사에게 가기를 두려워하는가?
④ 의사들의 불친절한 매너의 원인
【어휘】
on a regular basis 정기적으로  procrastinate 미루다, 연기하다  periodic 주기적인, 정기적인  on schedule 시간표대로, 정확하게  reply 응답하다  dermatologist 피부과 의사  treat 치료하다  talk down 말로 얕보다  insensitivity 둔감, 무감각  lack ① 부족하다 ② 부족, 결핍  responsiveness 응답, 대답  unwillingness 내키지 않음  treatment 치료  anxiety ① 걱정, 근심 ② 갈망, 열망  disorder 장애  psychotherapy 심리치료  on earth (주로 의문사와 함께)도대체  manners 예의범절, 매너 *manner 방식

**11. ④** 【해설】
④ Benefits and Outcomes 마지막 문장에서 '주최 측은 참가자들이 앞으로도 지속 가능한 선택을 할 수 있도록 자료와 후속 자료를 제공한다'고 했으므로 본문의 내용과 일치하지 않는다.
① Introduction 마지막 문장에서 '새로운 곳을 탐험할 때 책임감 있는 선택을 하도록 돕는다'고 했으므로 본문의 내용과 일치한다.
② Workshop Activities 첫 번째 문장에서 '참가자들은 윤리적 야생 관광, 플라스틱 폐기물 감소 같은 주제를 다루는 상호작용 세션에 참여한다'고 했으므로 본문의 내용과 일치한다.
③ Benefits and Outcomes 두 번째 문장에서 '주최 측은 자료와 후속 자료를 제공한다'고 했으므로 본문의 내용과 일치한다.
【해석】
**2025년 지속 가능한 여행 워크숍**
**소개**
기후 변화에 대한 우려가 커지면서, 많은 여행자들이 환경 영향을 줄일 방법을 찾고 있다. 지속 가능한 여행 워크숍 2025는 참가자들에게 친환경 관광을 위한 실용적인 전략을 제공하며, 새로운 장소를 탐험할 때 책임감 있는 선택을 하도록 돕는다.
**워크숍 활동**
참가자들은 더 친환경적인 교통 수단을 선택하고, 친환경 인증 숙소에 머물러 탄소 배출을 최소화하는 방법을 배운다. 그들은 윤리적 야생동물 관광, 플라스틱 쓰레기 줄이기, 공정 거래를 통한 지역 사회 지원 같은 주제를 다루는 상호작용 세션에 참가한다.
**혜택과 결과**
많은 참가자들은 워크숍 후 책임감 있게 여행할 자신감이 생겼다고 보고한다. 주최 측은 참가자들이 앞으로도 지속 가능한 결정을 이어갈 수 있도록 자료와 후속 자료를 제공한다. 일부 참가자들은 뜻이 맞는 여행자들과 팁과 경험을 공유하기 위해 온라인 커뮤니티에 가입하기도 한다.
① 워크숍은 여행자들이 친환경적인 선택을 하도록 가르친다.
② 참가자들은 윤리적이고 지속 가능한 관광에 관한 상호작용 세션에 참여한다.
③ 워크숍 후 주최 측은 후속 자료와 자료를 제공한다.
④ 주최자들은 행사 후 어떤 후속자료도 제공하지 않는다.
【어휘】
sustainable 지속 가능한  participant 참가자  practical 실용적인  strategy 전략  eco-friendly 친환경의  tourism 관광  responsible 책임감 있는  explore 탐험하다  minimize 최소화하다  carbon emission 탄소 배출  transportation 교통  accommodation 숙소  eco-certified 친환경 인증된  interactive 상호작용하는  ethical 윤리적인  wildlife 야생동물  reduce 줄이다  plastic waste 플라스틱 폐기물  support 지원하다  local community 지역 사회  fair 공정한  trade 거래  benefit 혜택  outcome 결과  empower 권한을 주다  organizer 주최자  resource 자료  follow-up 후속  material 자료  decision 결정  online community 온라인 커뮤니티  share 공유하다  experience 경험  like-minded 뜻이 맞는

**12. ②** 【해설】
주어진 지문은 책을 제본하는 기술이 도입되면서, 책의 앞뒤로 가서 예전에 읽은 구절을 찾거나 멀리 떨어져 있는 부분 사이에서 이것저것 찾아보는 것이 가능해졌다는 내용의 글이므로 빈칸에 들어가기에 가장 적절한 것은 ② '정보를 찾아내는'이다.
【해석】
사람들이 파피루스처럼 펼쳐지는 것보다 넘길 수 있는 페이지를 가진 책을 제본하기 시작했을 때, <u>정보를 찾아내는</u> 과정이 변했다. 이제 독자는 본문에서 쉽게 뒤로 가서 예전에 읽은 구절을 찾거나 동일한 작품의 멀리 떨어져 있는 부분 사이에서 이것저것 찾아볼 수도 있다. 하나의 기술적 변화로 인해, 앞뒤

- 2 -

참조가 가능해졌고 동시에 전집을 소장하기에 필요한 물리적 공간이 급격하게 줄어들었다. 색인이 가능해진 것처럼 페이지 수를 매기는 것이 가능해졌다. 목차표가 참조할 수 있는 사항이 되었다.
① 기술을 남용하는
③ 문서를 없애는
④ 등장인물을 만들어 내는
【어휘】
bind 묶다, 제본하다   unroll 펼치다   backward 뒤쪽으로   previously 이전에   passage 글, 지문   browse 이것저것 찾아보다, 휘 둘러보다   widely 널리, 멀리   separate 분리시키다   cross-reference (한 책 안의)앞뒤 참조   house 수용하다   reduce 줄다   index 색인, 찾아보기   contents 목차, 내용   workable 일할 수 있는   abuse 남용하다, 오용하다   eliminate 없애다, 제거하다   character ① 등장인물 ② 성격, 특성

13. ② 【해설】
주어진 지문은 좋은 교우관계를 만들고 유지하는 방법과 그것이 주는 긍정적 영향에 관한 글이므로 이 글의 제목으로 가장 적절한 것은 ② '긍정적인 교우관계를 만들고 유지하기'이다.
① 사회적 경계 설정의 중요성
② 긍정적인 교우관계 만들고 유지하기
③ 어떻게 기술이 실제 친구를 대체할까
④ 학교에서 또래 압력을 극복하기

14. ③ 【해설】
주어진 지문의 세 번째 단락 두 번째 문장에는 While it allows people to stay connected easily, it can also lead to misunderstandings or feelings of exclusion(소셜 미디어는 쉽게 연결되게 하지만 오해나 소외감을 일으킬 수도 있다)라고 하여 항상 긍정적인 역할만 한다는 내용은 아니므로, ③ '소셜 미디어는 교우관계에서 항상 긍정적인 역할만 한다'는 글의 내용과 일치하지 않는다.
【해석】
원만한 교우관계를 유지하는 것은 정서적 행복과 개인적 성장에 필수적이다. 강한 사회적 연결을 가진 사람들은 보통 스트레스를 덜 느끼고, 더 큰 행복을 경험하며, 더 나은 정신 건강을 가진다.
긍정적인 관계를 쌓기 위한 노력은 어린 시절부터 시작되지만, 또래의 영향력이 가장 강한 청소년기에는 특히 중요해진다. 학교와 가정은 청소년들이 공감, 의사소통 기술, 타인에 대한 존중을 발달시키는 데 핵심적인 역할을 한다.
오늘날 소셜 미디어는 교우관계에 기회와 도전을 모두 가져온다. 사람들을 쉽게 연결해 주는 동시에, 오해나 소외감을 불러일으킬 수도 있다. 친절을 실천하고, 적극적으로 경청하며, 건강한 경계를 설정하는 것은 강하고 존중하는 우정을 유지하는 데 필수적이다.
**당신도 우정을 강화할 수 있다:**
☐ 감사와 고마움을 표현하기
☐ 함께 질 좋은 시간을 보내기
☐ 친구가 어려운 시기를 겪을 때 지지해 주기
【어휘】
maintain 유지하다   essential 필수적인   well-being 행복   personal growth 개인적 성장   social connection 사회적 연결   mental health 정신 건강   effort 노력   build 쌓다   positive 긍정적인   relationship 관계   childhood 어린 시절   teenage years 청소년기   peer 또래   role 역할   develop 발달시키다   empathy 공감   respect 존중, 존경   social media 소셜 미디어   opportunity 기회   challenge 도전   misunderstanding 오해   exclusion 소외감   practice 실천하다   kindness 친절   actively 능동적으로, 적극적으로   boundary 경계   strengthen 강화하다   appreciation 감사   gratitude 고마움   support 지지하다   time 시기   importance 중요성   setting boundary 경계 설정   maintain 유지하다   technology 기술   replace 대체하다   real-life friends 실제 친구   peer pressure 또래 압력   overcome 극복하다

15. ② 【해설】
문맥상 distributed는 '배포된'이라는 뜻으로 사용되었으므로, 이와 가장 가까운 유의어는 ② 'delivered(배달된)'이다.

16. ① 【해설】
주어진 지문은 퍼레이드 장소가 변경되었음을 주민들에게 공지하는 내용이므로 이 글의 목적으로 가장 적절한 것은 ① '퍼레이드 장소 변경을 공지하려고'이다.
② 지역 퍼레이드의 역사를 설명하려고
③ 주민들을 이웃 모임에 초대하려고
④ 도로 공사의 목적을 설명하려고
【해석】
**지역 행사 알림**
다가오는 퍼레이드의 장소가 변경되었음을 모든 주민들에게 알리고자 합니다. 예상치 못한 도로 공사로 인해 퍼레이드는 더 이상 메인 스트리트에서 열리지 않습니다. 대신 리버사이드 애비뉴에서 개최될 예정입니다.
업데이트된 경로는 시 공식 웹사이트나 여러분의 동네에 배포된 전단지에서 확인할 수 있습니다. 이로 인해 불편을 드려 죄송하며, 여러분의 이해와 협조에 감사드립니다.
추가로, 새 퍼레이드 경로를 따라 추가 직원과 자원봉사자들이 배치되어 주민들을 안내하고 군중을 관리할 예정입니다. 모든 참가자들이 원활하고 즐거운 행사를 즐길 수 있도록 그들의 지시에 따르시길 권장합니다.
【어휘】
inform 알리다   residents 주민   location 장소   upcoming 다가오는   parade 퍼레이드   unexpected 예상치 못한   construction 공사   instead 대신에   route 경로   official 공식적인   flyer 전단지   distribute 배포하다, 분배하다   apologize 사과하다   inconvenience 불편, 불편함   understanding 이해   cooperation 협력   delay 지연   discomfort 불편함   excitement 흥분   entertainment 오락   describe 설명하다   invite 초대하다   explain 설명하다   purpose 목적

17. ④ 【해설】
a + 명사 다음 the + 명사가 와야 하므로 (C)가 먼저 시작되어야 하고(정관사 이용) (A)에 those destinations 앞에는 destinations가 있어야 하므로 (A) 앞에는 (B)가 있어야 한다. 따라서 글의 순서는 (C) - (B) - (A)가 된다.
【해석】
과거의 경험 많은 여행사 직원들이 여행지에 대한 직접적인 지식이 적은 새로운 여행사 직원들에 의해서 빠르게 대체되고 있다. 이런 새로운 종류의 여행사 직원들이 대하는 것은 지리에 대해 잘 모르지만 돈과 시간이 많은 고객들이다. 해결책은 이런 많은 것을 알고 있지 못하는 여행사 직원들에게 알맞은 여행지를 고객과 잘 맞춰 줄 수 있도록 도와줄 수 있는 컴퓨터와 비디오를 갖춰 주는 것이다. (C) 비결은 바로 고객이 염두에 두고 있는 선호하는 여행을 묻는 것이다. 특별히 요구하는 것이 있는데 이런 요구 가운데 가장 대표적인 것은 "나는 짐을 싸고 풀고 하는 것을 반복하고 싶지 않아요." 또는 "나는 빨리 돌아다니고 많은 것을 보고 싶지는 않아요."와 같은 것들이다. (B) 수집된 이런 반응들이 컴퓨터에 입력되고 고객이 선호하는 것과 어울리는 여행지와 여행 일정을 추천한다. (A) 그리고 나서 고객은 가장 맘에 드는 것으로 보이는 그런 목적지를 담고 있는 비디오를 보고 자신의 여행 계획을 마무리 짓는다. 이런 식으로 여행사들은 자기 직원들의 무경험을 보완하기 위해서 현대 기술을 이용한다.
【어휘】
travel agent 여행사 직원   *travel agency 여행사   first-hand 직접적인   destination 목적지   breed 새끼를 낳다; 기르다, 양육하다; 품종, 종류, 유형   at one's disposal 마음대로 쓸 수 있는   equip A with B A에게 B를 갖춰 주다   knowledgeable 지식이 있는   specific 특정한, 세부적인   representative 대표, 대표자   itinerary 여정(旅程), 여행 일정   preference 선호, 선호도   appealing 호소하는 듯한, 매력적인, 흥미를 끄는   finalize 끝손질(마무리)하다, 결말을 짓다   compensate for ~을 보충하다, 보상하다   payroll 임금대장   *on one's payroll ~에게 고용되어 있는

18. ① 【해설】
주어진 지문은 아파트 입주자의 실내장식 공사로 인해 발생할 공사 소음에 대해 입주민들의 양해를 구하는 내용의 글이므로 이 글의 목적으로 가장 적절한 것은 ① '아파트 실내장식 공사 소음에 대한 양해를 구하려고'이다.
② 주요 아파트 리모델링 완공을 발표하려고
③ 세대 점검 일정에 대해 입주민들에게 알리려고
④ 건물의 새로운 소음 저감 정책을 소개하려고

【해석】
수신: residents@greenvilleresidence.com
발신: management@greenvilleresidence.com
날짜: 2025년 7월 5일
제목: 공동생활 안내

그린빌 레지던스 입주민 여러분께,
안녕하세요. 이 메시지가 여러분께 잘 전달되길 바랍니다. 한 입주민이 세대 내 실내장식 공사를 시작했으며, 이로 인해 주간 시간 동안 공사 소음이 발생할 예정임을 알려드립니다. 이번 일로 불편을 끼쳐드려 진심으로 사과드리며, 입주민의 개선 계획을 지원하는 과정에서 여러분의 이해에 감사드립니다.
이번 공사는 2025년 7월 10일부터 7월 20일까지 매일 오전 9시부터 오후 5시 사이에 진행될 예정입니다. 이 기간 동안 여러분의 인내를 부탁드리며, 소음에 민감하신 분들은 그에 맞게 일정을 계획해 주시길 권장합니다.
긴급한 우려 사항이 있거나 과도한 방해를 경험하신다면, 건물 관리 사무실로 연락해 주세요. 저희는 모든 입주민에게 편안한 생활 환경을 보장하기 위해 최선을 다할 것이며, 문제를 신속히 해결하도록 노력하겠습니다.
여러분의 협조에 감사드립니다.
그린빌 레지던스 관리팀

【어휘】
notice 공지  regarding ~에 관한  interior 내부  renovation 리모델링  decoration 장식  tenant 입주민  involve 포함하다  construction 공사  noise 소음  apologize 사과하다  inconvenience 불편  improvement 개선  plan 계획  renovation 리모델링  expected 예정된  daily 매일의  recommend 추천하다  patience 인내  urgent 긴급한  concern 우려  excessive 과도한  disturbance 방해  management 관리  committed 헌신적인  ensure 보장하다  comfortable 편안한  environment 환경  cooperation 협조  request 요청하다  understanding 이해  inform 알리다  schedule 일정  maintenance 유지보수  inspection 점검  announce 발표하다  completion 완공  major 주요한  introduce 소개하다  reduction 감소  policy 정책

19. ④ 【해설】
주어진 문장의 this argument는 세계은행과 유엔이 생물 연료에 대한 접근 방법에 재검토가 있어야 한다고 주장했다는 내용을 가리키므로 주어진 문장은 ④에 들어가는 것이 가장 적절하다.

【해석】
생물 연료는 보통의 연료에 의해 만들어지는 온실 가스의 방출을 줄임으로써 지구 온난화를 예방하는 데 도움을 주기 위해 개발되어 왔다. 그러나 그것들은 또한 식량 생산을 위해 사용될 수 있는 땅과 자원을 사용하는 것 때문에 비판을 받아 왔다. 예를 들어, 생물 연료는 옥수수, 콩, 밀과 사탕수수와 같은 다양한 천연 자원으로부터 만들어진다. 생물 연료를 위해 사용되는 많은 형태의 식량 가격은 지난 2~3년 사이에 배로 올랐다. 그리하여 세계은행과 유엔은 생물 연료에 대한 접근 방법에 재검토가 있어야 한다고 주장했다. 이런 주장에 따라, 영국 수상은 생물 연료의 사용에 대한 정부의 목표를 다시 살펴보기로 약속했다. 반면에, 태국 수상은 세계은행과 유엔이 석유 수출 업자들을 지지하면서 생물 연료 생산자들을 비판한다고 말하면서 세계은행과 유엔을 공격했다.

【어휘】
argument ①주장 ②논쟁  biofuel 생물연료  emission 방출  fuel 연료  resource 자원  soybean 콩  sugar cane 사탕수수  Prime Minister 수상  attack 공격하다  criticize 비판하다  exporter 수출업자

20. ① 【해설】
① Event Introduction 첫 번째 문장에서 'middle and high school students (중·고등학생)'와 'design and build robots (로봇을 설계하고 제작)'라고 했으므로 본문의 내용과 일치한다.
② Registration Guidelines 첫 번째 문장에서 'ages of 12 and 18 (12~18세)'라고 했으므로 본문의 내용과 일치하지 않는다.
③ Competition Schedule 두 번째 문장에서 'final competition taking place on April 20 (결승전은 4월 20일에 열림)'이라고 했으므로 본문의 내용과 일치하지 않는다.
④ Awards Ceremony 첫 번째 문장에서 'families and friends are welcome to attend (가족과 친구도 참석 가능)'이라고 했으므로 본문의 내용과 일치하지 않는다.

【해석】
청소년 로봇 챌린지 2025
행사 소개
그린빌 이노베이션 센터는 중학생과 고등학생들을 2025년 청소년 로봇 챌린지에 초대합니다. 참가 팀들은 여러 가지 재미있고 복잡한 과제를 수행할 로봇을 설계하고 제작하게 됩니다. 이 행사는 창의성, 팀워크, 문제 해결 능력을 장려합니다.
등록 지침
참가자는 12세에서 18세 사이여야 합니다. 팀은 3월 15일까지 온라인으로 등록할 수 있으며, 등록비는 팀당 100달러로, 재료비와 이노베이션 랩 이용이 포함됩니다.
대회 일정
예선전은 4월 12일과 13일에 열리며, 결승전은 4월 20일에 개최됩니다. 모든 대회는 그린빌 이노베이션 센터에서 열리며, 상위 3개 팀은 시상됩니다.
시상식
챌린지 마지막에는 가족과 친구들이 시상식에 참석해 우승 팀들이 제작한 로봇의 실연을 관람할 수 있습니다.
① 이 행사는 중·고등학생들이 로봇을 설계하고 제작하도록 초대한다.
② 15세 이상의 학생만 대회에 등록할 수 있다.
③ 결승전은 4월 22일에 열릴 예정이다.
④ 참가자만 시상식에 참석할 수 있다.

【어휘】
youth 청소년  robotics 로봇공학  challenge 도전, 챌린지  innovation 혁신  invite 초대하다  design 설계하다  build 제작하다  task 과제  encourage 장려하다  creativity 창의성  problem-solving 문제 해결  registration 등록  guideline 지침  participant 참가자  fee 비용  material 자료  access 접근  lab 실험실  preliminary 예선  round 회차  final 결승전  competition 대회  host 개최하다  award 상  ceremony 시상식  showcase 선보이다  winning 이긴  action 실연

# 한 국 사

출제교수: 노범석 교수님

1. ③ 【해설】 신석기 시대
왼쪽 사진은 가락바퀴, 오른쪽 사진은 조개껍데기 가면으로 모두 신석기 시대의 유물들이다.
③ 신석기 시대에 들어와 자연의 섭리도 생각하게 되면서 자연 현상과 사물에 정령이 있다고 믿는 애니미즘, 특정한 동식물을 숭배하는 토테미즘, 무당의 주술적 힘을 믿는 샤머니즘 등이 등장하였다.
①, ② 청동기 시대, ④ 구석기 시대에 대한 설명이다.

2. ③ 【해설】 금관가야
제시된 자료는 법흥왕 때 금관가야의 왕인 김구해가 와서 항복한 것과 관련된 내용이다.
③ 대대로를 선출한 국가는 고구려이다.
① 금관가야에 대한 설명이다.
② 금관가야는 낙동강 하류에 위치하여 낙랑과 왜의 규슈 지방을 연결하는 중계·무역이 발달하였다.
④ 금관가야가 이끄는 전기 가야 연맹은 400년 고구려 광개토대왕의 공격을 받아 거의 몰락하였다.

3. ④ 【해설】 근초고왕
제시된 자료는 4세기 백제 근초고왕 때의 세력 판도를 나타낸 지도이다.
④ 백제 근초고왕 때 왕권을 강화하여 왕위의 부자 상속제를 확립하였다.
① 백제 침류왕 때 동진의 마라난타를 통해 불교를 수용하였다.
② 백제 성왕 때의 일이다.
③ 5세기 백제 비유왕 때의 일이다.

4. ① 【해설】 삼국 통일
ⓒ 660년 백제 멸망 과정에 대한 설명이다.
ⓔ 663년 백강 전투에 대한 설명이다.
⊙ 668년 고구려 멸망에 대한 내용이다.
ⓓ 676년 기벌포 전투에 대한 설명이다.

5. ② 【해설】 고려의 지방 제도
⊙ 성종 때 12목을 설치하고 최초로 지방관을 파견하였다.
ⓒ 고려 시대에는 5도에 안찰사를 파견하였다.
ⓑ, ⓔ 조선 시대의 지방 제도에 대한 설명이다.

6. ④ 【해설】 고려 태조
제시된 자료는 고려 태조가 남긴 '훈요 10조'의 내용이다.
④ 고려 태조는 신라 경순왕 김부를 시작으로 개경에 거주하는 고관들을 출신 지역의 사심관으로 임명하였다. 이에 따라 사심관 제도가 실시되었다.
① 고려 성종, ② 고려 광종의 업적이다.
③ 3대 국왕인 고려 정종 때의 일이다. 고려 정종은 서경으로 수도를 옮기려고 했으나, 신하들의 반발로 무산되었다.

7. ③ 【해설】 고려 문종
밑줄 친 '그'는 고려 문종을 일컫는다.
③ 고려 문종 때 전시과 제도를 개편하여 경정 전시과를 시행하였다.
① 고려 숙종 때 주전도감을 설치하여 해동통보, 은병 등의 화폐를 만들었다.
② 강조의 정변은 고려 목종 때 일어난 사건이다.
④ 고려 성종의 업적이다.

8. ① 【해설】 지눌
제시된 자료는 고려 승려인 지눌이 주장한 정혜쌍수와 수선사 결사 제창을 서술한 내용이다.
① 지눌은 꾸준한 수행으로 깨달음의 확인을 아울러 강조한 돈오점수를 주장하였다.
② 요세, ③ 혜심에 대한 설명이다.
④ 고려 의천은 해동천태종을 창시하였다.

9. ② 【해설】 태종
제시된 자료는 조선 태종 때 정치 상황을 서술한 것이다.
② 태종 때 호패법의 실시로 16세 이상의 모든 남성에게 호패 착용을 의무화하였다.
①, ④ 세종의 업적이다.
③ 조선 성종 때의 일이다.

10. ④ 【해설】 광해군
제시된 자료는 광해군의 업적을 나열한 것이다.
④ 광해군 때 북인이 정권을 장악하였다.
① 연산군, ② 조선 현종, ③ 선조 때의 일이다.

11. ② 【해설】 조선 후기의 정치
ⓒ 숙종 때인 1680년 경신환국이 일어나 남인 정권이 붕괴되고 서인 정권이 수립되었다.
ⓔ 이인좌의 난은 영조 집권 초반기인 1728년에 발생하였다.
⊙ 정조 때 실시한 정책이다.
ⓑ 순조 때의 공노비 해방과 관련된 내용이다.

12. ① 【해설】 조선 후기의 경제
제시된 자료는 조선 후기 신분제의 동요에 대한 내용이다.
① 조선 전기인 세종 때 '농사직설'을 편찬하였다.
②, ③, ④ 조선 후기의 경제 상황에 대한 설명이다.

13. ③ 【해설】 갑신정변
제시된 자료는 윤웅렬이 갑신정변의 실패 요인을 열거한 글이다. 윤웅렬은 윤치호의 아버지로, 군부대신 등 고위 관료를 역임한 인물이다.
③ 갑신정변이 발발하자, 김윤식·김홍집 등은 위안스카이에게 청국 군대의 개입을 요청하였다. 이에 청군이 개입하여 3일 만에 정변을 진압하였다.
①, ②, ④ 1882년에 일어난 임오군란과 관련된 내용이다.

14. ④ 【해설】 국권 피탈
ⓔ 1차 한·일 협약은 1904년 8월에 체결되었다.
ⓒ 1905년 11월에 체결된 을사조약과 관련된 내용으로, 이 조약이 체결됨에 따라 1906년 2월에 통감부가 설치되었다.
⊙ 일제는 1907년 한일 신협약(정미조약)을 체결하고, 이 조약의 부수 각서에 의거해 대한 제국의 군대를 해산시켰다.
ⓑ 1909년에 체결된 기유각서의 내용이다.

15. ② 【해설】 병인박해와 병인양요
⊙은 병인박해이며, ⓒ은 병인양요에 대한 설명이다.
② 병인양요 때 한성근·양헌수의 부대가 문수산성·정족산성에서 활약했다.
① 병인박해는 1866년의 일이고, 최제우의 처형은 1864년의 일이다.
③ '직지심체요절'은 병인양요 때 약탈당한 문화재가 아니다.
④ 병인박해와 병인양요는 제너럴 셔먼호 사건과는 연관성이 없다.

16. ④ 【해설】 정미의병
제시된 자료는 정미의병 당시, 의병부대가 서울 진공 작전을 시도한 것과 관련된 내용이다.
④ 정미의병 때 13도 창의군이 결성되어 서울 진공 작전을 계획하였다.
① 을사의병, ②, ③ 을미의병에 대한 설명이다.

17. ④ 【해설】 임시정부
④ 국민 대표회의의 결렬 이후 많은 애국지사들이 대한민국 임시정부를 떠나면서 임시 정부는 한동안 침체에 빠졌다.
① 임시정부는 이광수 등을 주필로 하여 기관지인 독립신문을 간행하였다.
② 대한민국 임시정부는 대통령 중심제(1차 개헌), 국무령 중심의 내각 책임제(2차 개헌), 국무 위원 중심의 집단 지도 체제

(3차 개헌), 주석 중심 지도 체제(4차 개헌), 주석-부주석 지도 체제(5차 개헌)로 총 5차례 개헌이 이루어졌다.
③ 대한민국 임시정부는 최초의 민주 공화제 정부로 3권 분립에 입각하였다.

18. ① 【해설】 제주 4·3 사건
제시된 자료는 1948년 4월에 일어난 제주 4·3 사건에 대한 내용이다.
① 대한민국 총선거는 1948년 5월 10일에 실시되었다.
② 1946년 3월의 일이다.
③ 1947년 7월에 여운형이 암살되었다.
④ 1947년 11월의 일이다.

19. ③ 【해설】 의열단
제시된 자료는 1922년 의열단 단원 김익상 등 3인이 주도한 황포탄 의거에 대한 설명이다.
③ 의열단은 김원봉, 윤세주 등 만주 신흥 무관 학교 출신 인물 13명을 중심으로 조직되었다.
① '흑색 공포단'은 백정기 등을 중심으로 조직된 무장 투쟁 단체이다.
② 대한광복회에 대한 설명이다.
④ 강우규는 대한 노인단 소속이다.

20. ① 【해설】 한국 독립군
제시된 자료는 한국 독립군의 활동과 관련된 내용이다.
① 지청천이 이끄는 한국 독립군은 중국의 호로군과 연합하여 쌍성보, 대전자령, 경박호 등에서 일본군을 크게 격파하였다.
②, ③ 한국 광복군, ④ 조선 의용대에 대한 설명이다.

# 행정법

출제교수: 강성빈 교수님

1. ③ 【해설】 행정법통론
   행정기본법 제7조

   > **행정기본법 제7조(법령등 시행일의 기간 계산)**
   > 법령등(훈령·예규·고시·지침 등을 포함한다. 이하 이 조에서 같다)의 시행일을 정하거나 계산할 때에는 다음 각 호의 기준에 따른다.
   > 3. 법령등을 공포한 날부터 일정 기간이 경과한 날부터 시행하는 경우 그 기간의 말일이 토요일 또는 공휴일인 때에는 그 말일로 기간이 만료한다.

   ① 행정기본법 제14조

   > **행정기본법 제14조(법 적용의 기준)**
   > ① 새로운 법령등은 법령등에 특별한 규정이 있는 경우를 제외하고는 그 법령등의 효력 발생 전에 완성되거나 종결된 사실관계 또는 법률관계에 대해서는 적용되지 아니한다.

   ② 행정기본법 제7조

   > **행정기본법 제7조(법령등 시행일의 기간 계산)**
   > 법령등(훈령·예규·고시·지침 등을 포함한다. 이하 이 조에서 같다)의 시행일을 정하거나 계산할 때에는 다음 각 호의 기준에 따른다.
   > 2. 법령등을 공포한 날부터 일정 기간이 경과한 날부터 시행하는 경우 법령등을 공포한 날을 첫날에 산입하지 아니한다.

   ④ 행정기본법 제14조

   > **행정기본법 제14조(법 적용의 기준)**
   > ③ 법령등을 위반한 행위의 성립과 이에 대한 제재처분은 법령등에 특별한 규정이 있는 경우를 제외하고는 법령등을 위반한 행위 당시의 법령등에 따른다. 다만, 법령등을 위반한 행위 후 법령등의 변경에 의하여 그 행위가 법령등을 위반한 행위에 해당하지 아니하거나 제재처분 기준이 가벼워진 경우로서 해당 법령등에 특별한 규정이 없는 경우에는 변경된 법령등을 적용한다.

2. ② 【해설】 행정절차법
   구 유통산업발전법에 따른 영업시간 제한 등 처분의 법적 성격, 구 유통산업발전법상 대규모점포 개설자에게 점포 일체를 유지·관리할 일반적인 권한을 부여한 취지 등에 비추어 보면, 영업시간 제한 등 처분의 대상인 대규모점포 중 개설자의 직영매장 이외에 개설자에게서 임차하여 운영하는 임대매장이 병존하는 경우에도, 전체 매장에 대하여 법령상 대규모점포 등의 유지·관리 책임을 지는 개설자만이 처분상대방이 되고, 임대매장의 임차인이 별도로 처분상대방이 되는 것은 아니다. 대법원 2015. 11. 19. 선고 2015두295 전원합의체 판결
   ① 처분이나 민원의 처리기간을 정하는 것은 신청에 따른 사무를 가능한 한 조속히 처리하도록 하기 위한 것이다. 처리기간에 관한 규정은 훈시규정에 불과할 뿐 강행규정이라고 볼 수 없다. 행정청이 처리기간이 지나 처분을 하였더라도 이를 처분을 취소할 절차상 하자로 볼 수 없다. 민원처리법 시행령 제23조에 따른 민원처리진행상황 통지도 민원인의 편의를 위한 부가적인 제도일 뿐, 그 통지를 하지 않았더라도 이를 처분을 취소할 절차상 하자로 볼 수 없다. 대법원 2019. 12. 13. 선고 2018두41907 판결
   ③ 신청에 따른 처분이 이루어지지 아니한 경우에는 아직 당사자에게 권익이 부과되지 아니하였으므로 특별한 사정이 없는 한 신청에 대한 거부처분이라고 하더라도 직접 당사자의 권익을 제한하는 것은 아니어서 신청에 대한 거부처분을 여기에서 말하는 '당사자의 권익을 제한하는 처분'에 해당한다고 할 수 없는 것이어서 처분의 사전통지대상이 된다고 할 수 없다. 대법원 2003. 11. 28. 선고 2003두674 판결
   ④ 불이익처분의 직접 상대방인 당사자 또는 행정청이 참여하게 한 이해관계인이 아닌 제3자에 대하여는 사전통지 및 의견제출에 관한 행정절차법 제21조, 제22조가 적용되지 않는다. 대법원 2009. 4. 23. 선고 2008두686 판결

3. ④ 【해설】 실효성 확보수단
   행정조사기본법 제20조

   > **행정조사기본법 제20조(자발적인 협조에 따라 실시하는 행정조사)**
   > ② 제1항에 따른 행정조사에 대하여 조사대상자가 조사에 응할 것인지에 대한 응답을 하지 아니하는 경우에는 법령등에 특별한 규정이 없는 한 그 조사를 거부한 것으로 본다.

   ① 행정조사기본법 제5조는 행정기관이 정책을 결정하거나 직무를 수행하는 데에 필요한 정보나 자료를 수집하기 위하여 행정조사를 실시할 수 있는 근거에 관하여 정한 것으로서, 이러한 규정의 취지와 아울러 문언에 비추어 보면, 단서에서 정한 '조사대상자의 자발적인 협조를 얻어 실시하는 행정조사'는 개별 법령 등에서 행정조사를 규정하고 있는 경우에도 실시할 수 있다. 대법원 2016. 10. 27. 선고 2016두41811 판결
   ② 행정조사기본법 제7조

   > **행정조사기본법 제7조(조사의 주기)**
   > 행정조사는 법령등 또는 행정조사운영계획으로 정하는 바에 따라 정기적으로 실시함을 원칙으로 한다. 다만, 다음 각 호 중 어느 하나에 해당하는 경우에는 수시조사를 할 수 있다.
   > 4. 법령등의 위반에 대한 신고를 받거나 민원이 접수된 경우

   ③ 행정조사기본법 제3조

   > **행정조사기본법 제3조(적용범위)**
   > ② 다음 각 호의 어느 하나에 해당하는 사항에 대하여는 이 법을 적용하지 아니한다.
   > 5. 조세·형사·행형 및 보안처분에 관한 사항
   > ③ 제2항에도 불구하고 제4조(행정조사의 기본원칙), 제5조(행정조사의 근거) 및 제28조(정보통신수단을 통한 행정조사)는 제2항 각 호의 사항에 대하여 적용한다.

4. ① 【해설】 행정구제법
   구 군인연금법이 정하고 있는 급여 중 사망보상금은 일실손해의 보전을 위한 것으로 불법행위로 인한 소극적 손해배상과 같은 종류의 급여이므로(대법원 2018. 7. 20. 선고 2018두36691 판결 등 참조), 군복무 중 사망한 망인의 유족이 국가배상을 받은 경우 피고는 사망보상금에서 소극적 손해배상금 상당액을 공제할 수 있을 뿐, 이를 넘어 **정신적** 손해배상금 상당액까지 공제할 수는 **없다**. 대법원 2022. 3. 31. 선고 2019두36711 판결
   ② 상호보증은 외국의 법령, 판례 및 관례 등에 의하여 승인요건을 비교하여 인정되면 충분하고 반드시 당사국과 조약이 체결되어 있을 필요는 없으며, 해당 외국에서 구체적으로 우리나라의 같은 종류의 판결을 승인한 사례가 없다고 하더라도 실제로 승인할 것이라고 기대할 수 있을 정도이면 충분하다. 대법원 2017. 5. 30. 선고 2012다23832 판결
   ③ 국가배상법 제2조 제1항 본문 전단 규정에 따른 배상책임을 묻는 사건에 대하여는 동법 제8조의 규정에 의하여 민법 제766조 소정의 단기소멸시효제도가 적용되는 것인 바, 여기서 가해자를 안다는 것은 피해자가 가해 공무원이 국가 또는 지방자치단체와의 간에 공법상 근무관계가 있다는 사실을 알고, 또한 일반인이 당해 공무원의 불법행위가 국가 또는 지방자치단체의 직무를 집행함에 있어서 행해진 것이라고 판단하기에 족한 사실까지도 인식하는 것을 의미한다. 대법원 1989. 11. 14. 선고 88다카32500 판결
   ④ 경찰공무원이 낙석사고 현장 주변 교통정리를 위하여 사고현장 부근으로 이동하던 중 대형 낙석이 순찰차를 덮쳐 사망하자, 도로를 관리하는 지방자치단체가 국가배상법 제2조 제1항 단서에 따른 면책을 주장한 사안에서, 경찰공무원 등이 '전투·훈련 등 직무집행과 관련하여' 순직 등을 한 경우 같은 법 및 민법에 의한 손해배상책임을 청구할 수 없다고 정한 국가배상법 제2조 제1항 단서의 면책조항은 구 국가배상법 제2조 제1항 단서의 면책조항과 마찬가지로 전투·훈련 또는 이에 준하는 직무집행뿐만 아니라 '일반 직무집행'에 관하여도 국가나 지방자치단체의 배상책임을 제한하는 것이라고 해석하여, 위 면책주장을 받아들인 원심판단을 정당하다고 한 사례. 대법원

2011. 3. 10. 선고 2010다85942 판결

5. ③ 【해설】 행정작용법
어떤 행정처분이 실효의 법리를 위반하여 위법한 것이라고 하더라도, 이러한 하자의 존부는 개별·구체적인 사정을 심리한 후에야 판단할 수 있는 사항이어서 객관적으로 명백한 것이라고 할 수 없으므로, 이는 행정처분의 취소사유에 해당할 뿐 당연무효사유는 아니다. 대법원 2021. 12. 30. 선고 2018다241458 판결
① 환경영향평가법령에서 정한 환경영향평가를 거쳐야 할 대상사업에 대하여 그러한 환경영향평가를 거치지 아니하였음에도 승인 등 처분을 하였다면 그 처분은 위법하다 할 것이나, 그러한 절차를 거쳤다면, 비록 그 환경영향평가의 내용이 다소 부실하다 하더라도, 그 부실의 정도가 환경영향평가제도를 둔 입법 취지를 달성할 수 없을 정도이어서 환경영향평가를 하지 아니한 것과 다를 바 없는 정도의 것이 아닌 이상(주: 이와 같은 경우에는 당연무효임), 그 부실은 당해 승인 등 처분에 재량권 일탈·남용의 위법이 있는지 여부를 판단하는 하나의 요소됨에 그칠 뿐, 그 부실로 인하여 당연히 당해 승인 등 처분이 위법하게 되는 것이 아니다. 대법원 2006. 3. 16. 선고 2006두330 전원합의체 판결
② 구 국가재정법에 규정된 예비타당성조사는 각 처분과 형식상 전혀 별개의 행정계획인 예산의 편성을 위한 절차일 뿐 각 처분에 앞서 거쳐야 하거나 근거 법규 자체에서 규정한 절차가 아니므로, 예비타당성조사를 실시하지 아니한 하자는 원칙적으로 예산 자체의 하자일 뿐, 그로써 곧바로 각 처분의 하자가 된다고 할 수 없어, 예산이 각 처분 등으로써 이루어지는 '4대강 살리기 사업' 중 한강 부분을 위한 재정 지출을 내용으로 하고 있고 예산의 편성에 절차상 하자가 있다는 사정만으로 각 처분에 취소사유에 이를 정도의 하자가 존재한다고 보기 어렵다고 한 사례. 대법원 2015. 12. 10. 선고 2011두32515 판결
④ 선행처분인 업무정지처분은 일정 기간 중개업무를 하지 못하도록 하는 처분인 반면, 후행처분인 이 사건 처분은 위와 같은 업무정지처분에 따른 업무정지기간 중에 중개업무를 하였다는 별개의 처분사유를 근거로 중개사무소의 개설등록을 취소하는 처분이다. 비록 이 사건 처분이 업무정지처분을 전제로 하지만, 양 처분은 그 내용과 효과를 달리하는 독립된 행정처분으로서, 서로 결합하여 1개의 법률효과를 완성하는 때에 해당한다고 볼 수 없다. 대법원 2019. 1. 31. 선고 2017두40372 판결

6. ② 【해설】 행정작용법
관세법 제78조 소정의 보세구역의 설영특허는 보세구역의 설치, 경영에 관한 권리를 설정하는 이른바 공기업의 특허로서 그 특허의 부여여부는 행정청의 자유재량에 속하며, 특허기간이 만료된 때에 특허는 당연히 실효되는 것이어서 특허기간의 갱신은 실질적으로 권리의 설정과 같으므로 그 갱신여부도 특허관청의 자유재량에 속한다. 대법원 1989. 5. 9. 선고 88누4188 판결
① 구 국민건강보험법 등의 내용을 종합하면, 요양기관이 속임수나 그 밖의 부당한 방법으로 보험자에게 요양급여비용을 부담하게 한 때에 구 국민건강보험법 제85조 제1항 제1호에 의해 받게 되는 요양기관 업무정지처분은 의료인 개인의 자격에 대한 제재가 아니라 요양기관의 업무 자체에 대한 것으로서 대물적 처분의 성격을 갖는다. 따라서 속임수나 그 밖의 부당한 방법으로 보험자에게 요양급여비용을 부담하게 한 요양기관이 폐업한 때에는 그 요양기관은 업무를 할 수 없는 상태일 뿐만 아니라 그 처분대상도 없어졌으므로 그 요양기관 및 폐업 후 그 요양기관의 개설자가 새로 개설한 요양기관에 대하여 업무정지처분을 할 수는 없다. 대법원 2022. 1. 27. 선고 2020두39365 판결
③ 무허가건물을 무허가건물관리대장에 등재하거나 등재된 내용을 변경 또는 삭제하는 행위로 인하여 당해 무허가 건물에 대한 실체상의 권리관계에 변동을 가져오는 것이 아니고, 무허가건물의 건축시기, 용도, 면적 등이 무허가건물관리대장의 기재에 의해서만 증명되는 것도 아니므로, 관할관청이 무허가건물의 무허가건물관리대장 등재 요건에 관한 오류를 바로잡으면서 당해 무허가건물을 무허가건물관리대장에서 삭제하는 행위는 다른 특별한 사정이 없는 한 항고소송의 대상이 되는 행정처분이 아니다. 대법원 2009. 3. 12. 선고 2008두11525 판결
④ 행정행위의 부관은 부담의 경우를 제외하고는 독립하여 행정소송의 대상이 될 수 없는 것인바, 행정청이 한 공유수면매립준공인가 중 매립지 일부에 대하여 한 국가귀속처분은 매립준공인가를 함에 있어서 매립의 면허를 받은 자의 매립지에 대한 소유권취득을 규정한 공유수면매립법 제14조의 효과 일부를 배제하는 부관을 붙인 것이므로 이러한 행정행위의 부관에 대하여는 독립하여 행정소송의 대상으로 삼을 수 없다. 대법원 1991. 12. 13. 선고 90누8503 판결

7. ② 【해설】 행정쟁송법
추가 또는 변경된 사유가 당초의 처분시 그 사유를 명기하지 않았을 뿐 처분시에 이미 존재하고 있었고 당사자도 그 사실을 알고 있었다 하여 당초의 처분사유와 동일성이 있는 것이라 할 수 없다. 대법원 2003. 12. 11. 선고 2001두8827 판결
① 행정처분의 집행정지는 행정처분집행 부정지의 원칙에 대한 예외로서 인정되는 일시적인 응급처분이라 할 것이므로 집행정지결정을 하려면 이에 대한 본안소송이 법원에 제기되어 계속 중임을 요건으로 하는 것이므로 집행정지결정을 한 후라도 본안소송이 취하되어 소송이 계속하지 아니한 것으로 되면 집행정지결정은 당연히 그 효력이 소멸되는 것이고 별도의 취소조치를 필요로 하는 것이 아니다. 대법원 1975. 11. 11. 선고 75누97 결정
③ 명의신탁등기 과징금과 장기미등기 과징금은 위반행위의 태양, 부과 요건, 근거 조항을 달리하므로, 각 과징금 부과처분의 사유는 상호 간에 기본적 사실관계의 동일성이 있다고 할 수 없다. 그러므로 그중 어느 하나의 처분사유에 의한 과징금 부과처분에 대하여 당해 처분사유가 아닌 다른 처분사유가 존재한다는 이유로 적법하다고 판단하는 것은 특별한 사정이 없는 한 행정소송법상 직권심사주의의 한계를 넘는 것으로서 허용될 수 없다. 대법원 2017. 5. 17. 선고 2016두53050 판결
④ 행정청에 대한 거부처분의 효력을 정지하더라도 거부처분이 없었던 것과 같은 상태, 즉 거부처분이 있기 전의 신청시의 상태로 되돌아가는 데에 불과하고 행정청에게 신청에 따른 처분을 하여야 할 의무가 생기는 것이 아니므로, 거부처분의 효력정지는 그 거부처분으로 인하여 신청인에게 생길 손해를 방지하는 데 아무런 보탬이 되지 아니하여 그 효력정지를 구할 이익이 없다. 대법원 1995. 6. 21.자 95두26 판결

8. ④ 【해설】 행정작용법
전결과 같은 행정권한의 내부위임은 법령상 처분권자인 행정관청이 내부적인 사무처리의 편의를 도모하기 위하여 그의 보조기관 또는 하급 행정관청으로 하여금 그의 권한을 사실상 행사하게 하는 것으로서 법률이 위임을 허용하지 않는 경우에도 인정되는 것이므로, 설사 행정관청 내부의 사무처리규정에 불과한 전결규정에 위반하여 원래의 전결권자 아닌 보조기관 등이 처분권자인 행정관청의 이름으로 행정처분을 하였다고 하더라도 그 처분이 권한 없는 자에 의하여 행하여진 무효의 처분이라고는 할 수 없다. 대법원 1998. 2. 27. 선고 97누1105 판결
① 행정규칙이 법령의 규정에 의하여 행정관청에 법령의 구체적 내용을 보충할 권한을 부여한 경우나 재량권행사의 준칙인 규칙이 그 정한 바에 따라 되풀이 시행되어 행정관행이 이룩되게 되면, 평등의 원칙이나 신뢰보호의 원칙에 따라 행정기관은 그 상대방에 대한 관계에서 그 규칙에 따라야 할 자기구속을 당하게 되는 경우에는 대외적인 구속력을 가지게 되는바, 이러한 경우에는 헌법소원의 대상이 될 수도 있다. 헌법재판소 2001. 5. 31. 선고 99헌마413 결정
② 행정청의 위법한 처분 등의 취소 또는 변경을 구하는 취소소송의 대상이 될 수 있는 것은 구체적인 권리의무에 관한 분쟁이어야 하고 일반적, 추상적인 법령이나 규칙 등은 그 자체로서 국민의 구체적인 권리의무에 직접적 변동을 초래케 하는 것이 아니므로 그 대상이 될 수 없다. 대법원 1992. 3. 10. 선고 91누12639 판결
③ 행정규칙의 내용이 상위법령에 반하는 것이라면 법치국가원리에서 파생되는 법질서의 통일성과 모순금지 원칙에 따라 그것은 법질서상 당연무효이고, 행정내부적 효력도 인정될 수

없다. 이러한 경우 법원은 해당 행정규칙이 법질서상 부존재하는 것으로 취급하여 행정기관이 한 조치의 당부를 상위법령의 규정과 입법 목적 등에 따라서 판단하여야 한다. 대법원 2019. 10. 31. 선고 2013두20011 판결

9. ④ 【해설】행정작용법
다만 그에 따른 양수인의 책임범위는 지위승계 후 발생한 유가보조금 부정수급액에 한정되고, 지위승계 전에 발생한 유가보조금 부정수급액에 대해서까지 양수인을 상대로 반환명령을 할 수는 없다. 유가보조금 반환명령은 '운송사업자등'이 유가보조금을 지급받을 요건을 충족하지 못함에도 유가보조금을 청구하여 부정수급하는 행위를 처분사유로 하는 '대인적 처분'으로서, '운송사업자'가 불법증차 차량이라는 물적 자산을 보유하고 있음을 이유로 한 운송사업 허가취소 등의 '대물적 제재처분'과는 구별되고, 양수인은 영업양도·양수 전에 벌어진 양도인의 불법증차 차량의 제공 및 유가보조금 부정수급이라는 결과 발생에 어떠한 책임이 있다고 볼 수 없기 때문이다. 대법원 2021. 7. 29. 선고 2018두55968 판결
① 사업양도·양수에 따른 허가관청의 지위승계신고의 수리는 적법한 사업의 양도·양수가 있었음을 전제로 하는 것이므로 그 수리대상인 사업양도·양수가 존재하지 아니하거나 무효인 때에는 수리를 하였다 하더라도 그 수리는 유효한 대상이 없는 것으로서 당연히 무효라 할 것이고, 사업의 양도행위가 무효라고 주장하는 양도자는 민사쟁송으로 양도·양수행위의 무효를 구함이 없이 막바로 허가관청을 상대로 하여 행정소송으로 위 신고수리처분의 무효확인을 구할 법률상 이익이 있다. 대법원 2005. 12. 23. 선고 2005두3554 판결
② 사실상 영업이 양도·양수되었지만 아직 승계신고 및 그 수리처분이 있기 이전에는 여전히 종전의 영업자인 양도인이 영업허가자이고, 양수인은 영업허가자가 되지 못한다 할 것이어서 행정제재처분의 사유가 있는지 여부 및 그 사유가 있다고 하여 행하는 행정제재처분은 영업허가자인 양도인을 기준으로 판단하여 그 양도인에 대하여 행하여야 할 것이고, 한편 양도인이 그의 의사에 따라 양수인에게 영업을 양도하면서 양수인으로 하여금 영업을 하도록 허락하였다면 그 양수인의 영업 중 발생한 위반행위에 대한 행정적인 책임은 영업허가자인 양도인에게 귀속된다고 보아야 할 것이다. 대법원 1995. 2. 24. 선고 94누9146 판결
③ 개인택시 운송사업을 양수한 사람은 양도인의 운송사업자로서의 지위를 승계하는 것이므로, 관할관청은 개인택시 운송사업의 양도·양수에 대한 인가를 한 후에도 그 양도·양수 이전에 있었던 양도인에 대한 운송사업면허 취소사유를 들어 양수인의 사업면허를 취소할 수 있고, 가사 양도·양수 당시에는 양도인에 대한 운송사업면허 취소사유가 현실적으로 발생하지 않은 경우라도 그 원인되는 사실이 이미 존재하였다면, 관할관청으로서는 그 후 발생한 운송사업면허 취소사유에 기하여 양수인의 사업면허를 취소할 수 있는 것이다. 대법원 2010. 4. 8. 선고 2009두17018 판결

10. ① 【해설】실효성 확보수단
구 주택건설촉진법 제52조의3 제1항 제6호는 "제32조 제2호의 규정을 위반하여 주택을 공급한 자"를 과태료에 처하도록 규정하고 있으나, 주택공급계약이 위 법 제32조, 위 규칙 제27조 제4항, 제3항에 위반하였다고 하더라도 그 사법적 효력까지 부인된다고 할 수는 없다. 대법원 2007. 8. 23. 선고 2005다59475 등 판결
② 질서위반행위규제법 제13조

**질서위반행위규제법 제13조(수개의 질서위반행위의 처리)**
① 하나의 행위가 2 이상의 질서위반행위에 해당하는 경우에는 각 질서위반행위에 대하여 정한 과태료 중 가장 중한 과태료를 부과한다.

③ 질서위반행위규제법 제25조

**질서위반행위규제법 제25조(관할 법원)**
과태료 사건은 다른 법령에 특별한 규정이 있는 경우를 제외하고는 당사자의 주소지의 지방법원 또는 그 지원의 관할로 한다.

④ 질서위반행위규제법 제38조

**질서위반행위규제법 제38조(항고)**
① 당사자와 검사는 과태료 재판에 대하여 즉시항고를 할 수 있다. 이 경우 항고는 집행정지의 효력이 있다.

11. ① 【해설】행정작용법
예산회계법(현 국가를 당사자로 하는 계약에 관한 법률)에 따라 체결되는 계약은 사법상의 계약이라고 할 것이고 동법 제70조의5의 입찰보증금은 낙찰자의 계약체결의무이행의 확보를 목적으로 하여 그 불이행시에 이를 국고에 귀속시켜 국가의 손해를 전보하는 사법상의 손해배상 예정으로서의 성질을 갖는 것이라고 할 것이므로 입찰보증금의 국고귀속조치는 국가가 사법상의 재산권의 주체로서 행위하는 것이지 공권력을 행사하는 것이거나 공권력작용과 일체성을 가진 것이 아니라 할 것이므로 이에 관한 분쟁은 행정소송이 아닌 민사소송의 대상이 될 수밖에 없다. 대법원 1983. 12. 27. 선고 81누366 판결
② 기부채납받은 공유재산을 무상으로 기부자에게 사용을 허용하는 행위는 사경제주체로서 상대방과 대등한 입장에서 하는 사법상 행위이지 행정청이 공권력의 주체로서 행하는 공법상 행위라고 할 수 없으므로, 기부자가 기부채납한 부동산을 일정기간 무상사용한 후에 한 사용허가기간 연장신청을 거부한 행정청의 행위도 단순한 사법상의 행위일 뿐 행정처분 기타 공법상 법률관계에 있어서의 행위는 아니다. 대법원 1994. 1. 25. 선고 93누7365 판결
③ 한국공항공단이 무상사용허가를 받은 행정재산에 대하여 하는 전대행위는 통상의 사인간의 임대차와 다를 바가 없고, 그 임대차계약이 임차인의 사용승인신청과 임대인의 사용승인의 형식으로 이루어졌다고 하여 달리 볼 것은 아니다. 대법원 2004. 1. 15. 선고 2001다12638 판결
④ 국유재산 등의 관리청이 하는 행정재산의 사용·수익에 대한 허가는 순전히 사경제주체로서 행하는 사법상의 행위가 아니라 관리청이 공권력을 가진 우월적 지위에서 행하는 행정처분으로서 특정인에게 행정재산을 사용할 수 있는 권리를 설정하여 주는 강학상 특허에 해당한다. 대법원 2006. 3. 9. 선고 2004다31074 판결

12. ① 【해설】정보공개법
공공기관의 정보공개에 관한 법률상 공개청구의 대상이 되는 정보란 공공기관이 직무상 작성 또는 취득하여 현재 보유·관리하고 있는 문서에 한정되는 것이기는 하나, 그 문서가 반드시 원본일 필요는 없다. 대법원 2006. 5. 25. 선고 2006두3049 판결
② 정보공개법 시행령 제2조

**정보공개법 시행령 제2조(공공기관의 범위)**
「공공기관의 정보공개에 관한 법률」 제2조 제3호 마목에서 "대통령령으로 정하는 기관"이란 다음 각 호의 기관 또는 단체를 말한다.
 1. 「유아교육법」, 「초·중등교육법」, 「고등교육법」에 따른 각급 학교 또는 그 밖의 다른 법률에 따라 설치된 학교 (주: 국·공립학교와 사립학교 모두 정보공개법상 공공기관에 해당함)

③ 정보공개법 제5조

**정보공개법 제5조(정보공개 청구권자)**
① 모든 국민은 정보의 공개를 청구할 권리를 가진다.

④ '진행 중인 재판에 관련된 정보'에 해당한다는 사유로 정보공개를 거부하기 위하여는 반드시 그 정보가 진행 중인 재판의 소송기록 자체에 포함된 내용일 필요는 없다. 그러나 재판에 관련된 일체의 정보가 그에 해당하는 것은 아니고 진행 중인 재판의 심리 또는 재판결과에 구체적으로 영향을 미칠 위험이 있는 정보에 한정된다고 보는 것이 타당하다. 대법원 2011. 11. 24. 선고 2009두19021 판결

13. ③ 【해설】행정작용법
장기미집행 도시계획시설결정의 실효제도는 도시계획시설부지로 하여금 도시계획시설결정으로 인한 사회적 제약으로부터 벗어나게 하는 것으로서 결과적으로 개인의 재산권이 보다 보

호되는 측면이 있는 것은 사실이나, 이와 같은 보호는 입법자가 새로운 제도를 마련함에 따라 얻게 되는 법률에 기한 권리일 뿐 헌법상 재산권으로부터 당연히 도출되는 권리는 아니다. 헌법재판소 2005. 9. 29. 선고 2002헌바84 등 전원재판부
① 도시기본계획이라는 것은 도시의 장기적 개발방향과 미래상을 제시하는 도시계획 입안의 지침이 되는 장기적·종합적인 개발계획으로서 직접적인 구속력은 없는 것이므로, 도시계획시설결정 대상면적이 도시기본계획에서 예정했던 것보다 증가하였다 하여 그것이 도시기본계획의 범위를 벗어나 위법한 것은 아니다. 대법원 1998. 11. 27. 선고 96누13927 판결
② 도시관리계획결정·고시와 그 도면에 특정 토지가 도시관리계획에 포함되지 않았음이 명백한데도 도시관리계획을 집행하기 위한 후속 계획이나 처분에서 그 토지가 도시관리계획에 포함된 것처럼 표시되어 있는 경우가 있다. 이것은 실질적으로 도시관리계획결정을 변경하는 것에 해당하여 구 국토의 계획 및 이용에 관한 법률에서 정한 도시관리계획 변경절차를 거치지 않는 한 당연무효이다. 대법원 2019. 7. 11. 선고 2018두47783 판결
④ 행정주체가 구체적인 행정계획을 입안·결정할 때 가지는 형성의 자유의 한계에 관한 법리는 주민의 입안 제안 또는 변경 신청을 받아들여 도시관리계획결정을 하거나 도시계획시설을 변경할 것인지를 결정할 때에도 동일하게 적용된다. 대법원 2012. 1. 12. 선고 2010두5806 판결

14. ③ 【해설】 행정작용법
자동차 운전면허 취소처분을 받은 사람이 자동차를 운전하였으나 운전면허 취소처분의 원인이 된 교통사고 또는 법규 위반에 대하여 범죄사실의 증명이 없는 때에 해당한다는 이유로 무죄판결이 확정된 경우에는 그 취소처분이 취소되지 않았더라도 도로교통법에 규정된 무면허운전의 죄로 처벌할 수는 없다고 보아야 한다. 대법원 2021. 9. 16. 선고 2019도11826 판결
① 조세의 과오납이 부당이득이 되기 위하여는 납세 또는 조세의 징수가 실체법적으로나 절차법적으로 전혀 법률상의 근거가 없거나 과세처분의 하자가 중대하고 명백하여 당연무효이어야 하고, 과세처분의 하자가 단지 취소할 수 있는 정도에 불과할 때에는 과세관청이 이를 스스로 취소하거나 항고소송절차에 의하여 취소되지 않는 한 그로 인한 조세의 납부가 부당이득이 된다고 할 수 없다. 대법원 1994. 11. 11. 선고 94다28000 판결
② 일반적으로 행정처분이나 행정심판 재결이 불복기간의 경과로 확정될 경우 그 확정력은, 처분으로 법률상 이익을 침해받은 자가 당해 처분이나 재결의 효력을 더 이상 다툴 수 없다는 의미일 뿐, 더 나아가 판결과 같은 기판력이 인정되는 것은 아니어서 그 처분의 기초가 된 사실관계나 법률적 판단이 확정되고 당사자들이나 법원이 이에 기속되어 모순되는 주장이나 판단을 할 수 없게 되는 것은 아니다. 대법원 2008. 7. 24. 선고 2006두20808 판결
④ 행정기본법 제37조

**행정기본법 제37조(처분의 재심사)**
① 당사자는 처분(제재처분 및 행정상 강제는 제외한다. 이하 이 조에서 같다)이 행정심판, 행정소송 및 그 밖의 쟁송을 통하여 다툴 수 없게 된 경우(법원의 확정판결이 있는 경우는 제외한다)라도 다음 각 호의 어느 하나에 해당하는 경우에는 해당 처분을 한 행정청에 처분을 취소·철회하거나 변경하여 줄 것을 신청할 수 있다.

15. ② 【해설】 행정쟁송법
거부처분을 취소하는 재결이 있더라도 그에 따른 후속처분이 있기까지는 제3자의 권리나 이익에 변동이 있다고 볼 수 없고 후속처분 시에 비로소 제3자의 권리나 이익에 변동이 발생한다. 이러한 점들을 종합하면, 거부처분이 재결에서 취소된 경우 재결에 따른 후속처분이 아니라 그 재결의 취소를 구하는 것은 실효적이고 직접적인 권리구제수단이 될 수 없어 분쟁해결의 유효적절한 수단이라고 할 수 없으므로 법률상 이익이 없다. 대법원 2017. 10. 31. 선고 2015두45045 판결
① 행정소송의 대상이 되는 행정처분은, 행정청 또는 그 소속기관이나 법령에 의하여 행정권한의 위임 또는 위탁을 받은 공공기관이 국민의 권리의무에 관계되는 사항에 관하여 공권력을 발동하여 행하는 공법상의 행위를 말하며, 그것이 상대방의 권리를 제한하는 행위라 하더라도 행정청 또는 그 소속기관이나 권한을 위임받은 공공기관의 행위가 아닌 한 이를 행정처분이라고 할 수 없다. 대법원 2008. 1. 31. 선고 2005두8269 판결
③ 근로자가 부당해고 구제신청을 할 당시 이미 정년에 이르거나 근로계약기간 만료, 폐업 등의 사유로 근로계약관계가 종료하여 근로자의 지위에서 벗어난 경우에는 노동위원회의 구제명령을 받을 이익이 소멸하였다고 보는 것이 타당하다. 대법원 2022. 7. 14. 선고 2020두54852 판결
④ 행정소송규칙 제6조

**행정소송규칙 제6조(피고경정)**
법 제14조제1항에 따른 피고경정은 사실심 변론을 종결할 때까지 할 수 있다.

16. ④ 【해설】 행정구제법
우리 헌법상 수용의 주체를 국가로 한정한 바 없으므로 민간기업도 수용의 주체가 될 수 있고, (중략) 민간기업에게 산업단지개발사업에 필요한 토지 등을 수용할 수 있도록 규정한 산업입지 및 개발에 관한 법률 제22조 제1항은 헌법에 위반된다고 할 수 없다. 헌법재판소 2009. 9. 24. 선고 2007헌바114 결정
① 토지보상법 제70조

**토지보상법 제70조(취득하는 토지의 보상)**
② 토지에 대한 보상액은 가격시점에서의 현실적인 이용상황과 일반적인 이용방법에 의한 객관적 상황을 고려하여 산정하되, 일시적인 이용상황과 토지소유자나 관계인이 갖는 주관적 가치 및 특별한 용도에 사용할 것을 전제로 한 경우 등은 고려하지 아니한다.

② 토지보상법 제85조

**토지보상법 제85조(행정소송의 제기)**
② 제1항에 따라 제기하려는 행정소송이 보상금의 증감에 관한 소송인 경우 그 소송을 제기하는 자가 토지소유자 또는 관계인일 때에는 사업시행자를, 사업시행자일 때에는 토지소유자 또는 관계인을 각각 피고로 한다.

③ 도시계획시설의 지정으로 말미암아 당해 토지의 이용가능성이 배제되거나 또는 토지소유자가 토지를 종래 허용된 용도대로도 사용할 수 없기 때문에 이로 말미암아 현저한 재산적 손실이 발생하는 경우에는, 원칙적으로 사회적 제약의 범위를 넘는 수용적 효과를 인정하여 국가나 지방자치단체는 이에 대한 보상을 해야 한다. 헌법재판소 1999. 10. 21. 선고 97헌바26 전원재판부

17. ② 【해설】 실효성 확보수단
단순한 부작위의무의 위반, 즉 관계 법령에 정하고 있는 절대적 금지나 허가를 유보한 상대적 금지를 위반한 경우에는 당해 법령에서 그 위반자에 대하여 위반에 의하여 생긴 유형적 결과의 시정을 명하는 행정처분의 권한을 인정하는 규정을 두고 있지 아니한 이상, 법치주의의 원리에 비추어 볼 때 위와 같은 부작위의무로부터 그 의무를 위반함으로써 생긴 결과를 시정하기 위한 작위의무를 당연히 끌어낼 수는 없으며, 또 위 금지규정(특히 허가를 유보한 상대적 금지규정)으로부터 작위의무, 즉 위반결과의 시정을 명하는 권한이 당연히 추론되는 것도 아니다. (중략) 부작위의무 위반행위에 대하여 대체적 작위의무로 전환하는 규정을 두고 있지 아니하므로 위 금지규정으로부터 그 위반결과의 시정을 명하는 원상복구명령을 할 수 있는 권한이 도출되는 것은 아니다. 결국 행정청의 원고에 대한 원상복구명령은 권한 없는 자의 처분으로 무효라고 할 것이고, 위 원상복구명령이 당연무효인 이상 후행처분인 계고처분의 효력에 당연히 영향을 미쳐 그 계고처분 역시 무효로 된다. 대법원 1996. 6. 28. 선고 96누4374 판결
① 이행강제금은 일정한 기한까지 의무를 이행하지 않을 때에는 일정한 금전적 부담을 과할 뜻을 미리 계고함으로써 의무자에게 심리적 압박을 주어 장래에 그 의무를 이행하게 하려는 행정상 간접적인 강제집행 수단의 하나로서 과거의 일정한 법률위반 행위에 대한 제재로서의 형벌이 아니라 장래의 의무이행의 확보를 위한 강제수단일 뿐이어서 범죄에 대하여 국가가

형벌권을 실행한다고 하는 과벌에 해당하지 아니하므로 헌법 제13조 제1항이 금지하는 이중처벌금지의 원칙이 적용될 여지가 없다. 헌법재판소 2011. 10. 25. 선고 2009헌바140 결정
③ 계고서라는 명칭의 1장의 문서로서 일정기간 내에 위법건축물의 자진철거를 명함과 동시에 그 소정기한 내에 자진철거를 하지 아니할 때에는 대집행할 뜻을 미리 계고한 경우라도 건축법에 의한 철거명령과 행정대집행법에 의한 계고처분은 독립하여 있는 것으로서 각 그 요건이 충족되었다고 볼 것이고, 이 경우 철거명령에서 주어진 일정기간이 자진철거에 필요한 상당한 기간이라면 그 기간 속에는 계고시에 필요한 '상당한 이행기간'도 포함되어 있다고 보아야 할 것이다. 대법원 1992. 6. 12. 선고 91누13564 판결
④ 행정대집행법 제2조

**행정대집행법 제2조(대집행과 그 비용징수)**
법률(법률의 위임에 의한 명령, 지방자치단체의 조례를 포함한다. 이하 같다)에 의하여 직접명령되었거나 또는 법률에 의거한 행정청의 명령에 의한 행위로서 타인이 대신하여 행할 수 있는 행위를 의무자가 이행하지 아니하는 경우 다른 수단으로써 그 이행을 확보하기 곤란하고 또한 그 불이행을 방치함이 심히 공익을 해할 것으로 인정될 때에는 당해 행정청은 스스로 의무자가 하여야 할 행위를 하거나 또는 제삼자로 하여금 이를 하게 하여 그 비용을 의무자로부터 징수할 수 있다.

18. ① 【해설】 행정법통론
구 국유재산법에 의한 변상금 부과·징수권은 민사상 부당이득반환청구권과 법적 성질을 달리하므로, 국가는 무단점유자를 상대로 변상금 부과·징수권의 행사와 별도로 국유재산의 소유자로서 민사상 부당이득반환청구의 소를 제기할 수 있다. 대법원 2014. 7. 16. 선고 2011다76402 전원합의체 판결
② 행정재산은 공용폐지가 되지 아니하는 한 사법상 거래의 대상이 될 수 없으므로 시효취득의 대상이 되지 아니하고, 관재당국이 이를 모르고 행정재산을 매각하였다 하더라도 그 매매는 당연무효이다. 대법원 1996. 5. 28. 선고 95다52383 판결
③ 지방재정법 제87조 제1항에 의한 변상금부과처분이 당연무효인 경우에 이 변상금부과처분에 의하여 납부자가 납부하거나 징수당한 오납금은 지방자치단체가 법률상 원인 없이 취득한 부당이득에 해당하고, 이러한 오납금에 대한 납부자의 부당이득반환청구권은 처음부터 법률상 원인이 없이 납부 또는 징수된 것이므로 납부 또는 징수시에 발생하여 확정되며, 그 때부터 소멸시효가 진행한다. 대법원 2005. 1. 27. 선고 2004다50143 판결
④ 행정기본법 제6조

**행정기본법 제6조(행정에 관한 기간의 계산)**
① 행정에 관한 기간의 계산에 관하여는 이 법 또는 다른 법령등에 특별한 규정이 있는 경우를 제외하고는 「민법」을 준용한다.

19. ② 【해설】 행정쟁송법
원고가 행정소송법상 항고소송으로 제기해야 할 사건을 민사소송으로 잘못 제기한 경우에 수소법원이 그 항고소송에 대한 관할을 가지고 있지 아니하여 관할법원에 이송하는 결정을 하였고, 그 이송결정이 확정된 후 원고가 항고소송으로 소 변경을 하였다면, 그 항고소송에 대한 제소기간의 준수 여부는 원칙적으로 처음에 소를 제기한 때를 기준으로 판단하여야 한다. 대법원 2022. 11. 17. 선고 2021두44425 판결
① 건물의 사용검사처분은 건축허가를 받아 건축된 건물이 건축허가 사항대로 건축행정 목적에 적합한지 여부를 확인하고 사용검사필증을 교부하여 줌으로써 허가받은 자로 하여금 건축한 건물을 사용·수익할 수 있게 하는 법률효과를 발생시키는 것이다. 입주자나 입주예정자들은 건물에 대한 사용검사처분을 취소하지 않고서도 민사소송 등을 통하여 분양계약에 따른 법률관계 및 하자 등을 주장·증명함으로써 사업주체 등으로부터 하자 제거·보완 등에 관한 권리구제를 받을 수 있으므로, 사용검사처분의 취소 여부에 의하여 법률적인 지위가 달라진다고 할 수 없다. 따라서 구 주택법상 입주자나 입주예정자는 사용검사처분의 취소를 구할 법률상 이익이 없다. 대법원 2014. 7. 24. 선고 2011두30465 판결
③ (미얀마 국적의 갑이 위명(僞名)인 '을' 명의의 여권으로 대한민국에 입국한 뒤 을 명의로 난민 신청을 하였으나 법무부장관이 을 명의를 사용한 갑을 직접 면담하여 조사한 후 갑에 대하여 난민불인정 처분을 한 사안에서) 처분의 상대방은 허무인이 아니라 '을'이라는 위명을 사용한 갑이므로, 갑은 처분의 취소를 구할 법률상 이익이 있다. 대법원 2017. 3. 9. 선고 2013두16852 판결
④ 통상 고시 또는 공고에 의하여 행정처분을 하는 경우에는 그 처분의 상대방이 불특정 다수인이고, 그 처분의 효력이 불특정 다수인에게 일률적으로 적용되는 것이므로, 그에 대한 행정심판 청구기간도 그 행정처분에 이해관계를 갖는 자가 고시 또는 공고가 있었다는 사실을 현실적으로 알았는지 여부에 관계없이 고시가 효력을 발생하는 날인 고시 또는 공고가 있은 후 5일이 경과한 날에 행정처분이 있음을 알았다고 보아야 한다. 대법원 2000. 9. 8. 선고 99두11257 판결

20. ④ 【해설】 행정쟁송법
(지방자치단체가 보조금 지급결정을 하면서 일정 기한 내에 보조금을 반환하도록 하는 교부조건을 부가한 사안에서) 보조사업자의 지방자치단체에 대한 보조금 반환의무는 행정처분인 위 보조금 지급결정에 부가된 부관상 의무이고, 이러한 부관상 의무는 보조사업자가 지방자치단체에 부담하는 공법상 의무이므로, 보조사업자에 대한 지방자치단체의 보조금반환청구는 공법상 권리관계의 일방 당사자를 상대로 하여 공법상 의무이행을 구하는 청구로서 당사자소송의 대상이 된다. 대법원 2011. 6. 9. 선고 2011다2951 판결
① 실질적으로는 행정청의 처분 등을 다투는 것이나 형식적으로는 처분 등의 효력을 다투지도 않고, 처분청을 피고로 하지도 않으며, 그 대신 처분 등으로 인해 형성된 법률관계를 다투기 위해 관련 법률관계의 일방 당사자를 피고로 하여 제기하는 소송을 형식적 당사자소송이라 하는데, 토지보상법에서 정하고 있는 보상금증감청구소송이 그 대표적인 예이다.
② 공법상 계약의 무효확인을 구하는 당사자소송에 있어서는 항고소송의 무효확인소송과 달리 확인의 이익(보충성)이 요구된다. 따라서 이행소송 등 다른 직접적인 구제수단이 있는 경우 무효확인을 구하는 당사자소송은 확인의 이익이 없어서 부적법하다.
③ 행정소송법 제8조 제2항에 의하면 행정소송에도 민사소송법의 규정이 일반적으로 준용되므로 법원으로서는 공법상 당사자소송에서 재산권의 청구를 인용하는 판결을 하는 경우 가집행선고를 할 수 있다. 대법원 2000. 11. 28. 선고 99두3416 판결

# 행 정 학

출제교수: 이명훈 교수님

1. ② 【해설】 행정학총론
신행정학은 사회적 형평성과 고객에의 대응성을 강조하는 이론이다. 따라서 복지정책의 폐지 등을 중시하는 신자유주의 행정개혁과는 상반된다. 기업식 정부운영을 주장하면서 신자유주의적 행정개혁에 앞장선 이론은 신행정학 이후에 등장한 신공공관리론이다.

2. ② 【해설】 정책론
설문은 정책네트워크 모형 중 정책공동체에 대한 설명이다. 정책공동체는 특정 분야에 대하여 전문지식이 있는 사람들이 공식적·비공식적으로 접촉하면서 형성된 공동체를 의미한다.

<<핵심체크>> 정책공동체

| 의의 | • 특정분야의 전문가들이 공식적·비공식적으로 접촉하면서 형성된 공동체<br>• 로즈(Rhodes)를 중심으로 한 영국의 학자들에 의해 발전된 개념 |
|---|---|
| 특징 | • 형성 : 정책문제별로 형성되며, 전문지식은 전문가들의 공식적·비공식적 상호접촉과 의견교환으로 획득됨<br>• 경계 및 관계 : 폐쇄적 경계를 지니며, 일시적이고 느슨한 집합체가 아니라 비교적 안정적이고 계속적인 활동을 하는 호혜적 협력관계를 지닌 공동체 |

3. ② 【해설】 재무행정론
국고채무부담행위란 국가가 법률에 따른 것과 세출예산금액 또는 계속비의 총액의 범위 안의 것 외에 채무를 부담하는 행위(외상공사 등 장래 국고부담이 예견되는 행위)를 말한다. 국고채무부담행위에 대한 국회의 의결은 국회가 행정부에게 채무를 부담할 권한만 부여한 것이지 채무부담에 대하여 지출할 수 있는 권한까지 부여한 것은 아니므로 지출을 하려면 다시 국회의 의결을 받아 예산으로 성립하여야 한다.

<<핵심체크>> 국고채무부담행위

| 의의 | 국가가 법률에 따른 것과 세출예산금액 또는 계속비의 총액의 범위 안의 것 외에 채무를 부담하는 행위(외상공사 등 장래 국고부담이 예견되는 행위) |
|---|---|
| 방식 | 국고채무부담행위는 사항마다 그 필요한 이유를 명백히 하고 그 행위를 할 연도 및 상환연도와 채무부담의 금액을 표시해야 함 |
| 통제 | 국고채무부담행위는 미리 예산으로서 국회의 의결을 얻어야 함 |
| 특징 | 국고채무부담행위에 대한 국회의 의결은 국회가 채무를 부담할 권한만 부여한 것이지, 지출할 수 있는 권한까지 부여한 것은 아니므로 지출을 하려면 다시 국회의 의결을 받아 예산으로 성립해야 함 |

4. ③ 【해설】 행정환류론
흑색부패란 관료가 부당하게 사익을 추구함으로써 사회체제에 명백하고 심각한 해를 끼치는 부패로 사회구성원 대부분이 처벌을 원하는 부패를 말한다. 반면, 하급행정관료들이 낮은 보수를 채우기 위해 생계유지 차원에서 저지르는 부패를 생계형 부패 또는 행정적 부패라 한다.

5. ① 【해설】 행정학총론
행정과 경영의 관계는 이론적 측면에서 일원론·이원론 등으로 시대와 상황에 따라 상이하게 전개되어 왔으나, 오늘날 전세계적인 정부개혁인 신공공관리론으로 인해 최근 행정과 경영의 유사점이 더욱 강조되고 있다.

6. ② 【해설】 정책론
정책지지연합모형(Advocacy Coalition Framework)은 상향적 접근방법의 분석단위(정책하위체제)를 채택하고, 여기에 영향을 미치는 요인으로 하향적 접근방법의 여러 가지 변수를 결합하였다.

<<핵심체크>> 정책지지연합모형

| 의의 | 다양한 집행 관련자들의 연합을 분석단위로 한 상향적 접근을 기본으로 하고, 사회경제적 조건과 법적 수단이 어떻게 참여자들의 행태를 제한하는지를 살피는 하향적 접근을 결합한 통합모형 |
|---|---|
| 내용 | • 정책하위체제(상향적 접근) : 행위자들은 정책신념을 지니며, 유사한 정책핵심신념체제를 지닌 동맹을 찾아 지지연합을 형성하고 다른 정책핵심신념체계를 가진 지지연합과 경쟁·대립하며 이를 정책중재자가 조정하는 과정에서 정책변동이 발생<br>• 정책하위체제에 영향을 미치는 조건(하향적 접근) : 문제의 속성, 법적 구조 등의 안정적 변수와 사회경제적 조건의 변화, 여론의 변화, 정치체제의 지배적 연합의 변화 등 외부적 사건 등이 정책하위체제에 영향을 미침 |
| 함의 | • 정책집행은 연속적이고 지속적인 정책변동의 과정(점진적 정책변동)<br>• 정책변동을 이해하기 위한 가장 유효한 분석단위는 정책하위시스템<br>• 정책변동을 야기하는 요인 : 지지연합 간의 상호작용, 정책하위체제에 영향을 미치는 조건의 변화, 정책지향적 학습(정책변동의 가장 중요한 요소)<br>• 정책중재자(국회의원, 관료, 시민단체 등)의 역할 중시<br>• 정책변동을 이해하기 위해서는 10년 이상 또는 20년 이상 장기간이 필요함 |

7. ① 【해설】 조직론
조직의 원리란 복잡한 조직을 합리적으로 구조화하고 능률적으로 관리하기 위해 적용되는 일반원칙을 말한다. 조직의 원리는 과학적 관리론에 영향을 받은 페이욜(Fayol), 귤릭(Gulick)과 어윅(Urwick), 무니(Mooney) 등 고전적 조직이론(행정관리학파)에 의해 제시되었다. 특히, 무니(Mooney)는 조직의 원리 중 조정의 원리를 조직관리의 제1원리로 제시하였다.

8. ④ 【해설】 행정학총론
탈신공공관리론은 정치·행정체제의 통제와 조정을 개선하기 위해 통치역량을 강화하고, 재집권화·재규제·구조 통합 등을 주창하는 개혁의 흐름으로 신공공관리론을 대체하기 위한 것이 아니라 조정 또는 보완을 목적으로 대두되었다. 탈신공공관리론은 행정의 효율성뿐만 아니라 민주성·형평성 등 전통적 행정가치를 중시한다.
① 탈신공공관리론은 신공공관리론을 전면적으로 거부하는 것이 아니라 보완 또는 조정을 목적으로 대두되었으며 민간과 공공 간 파트너십을 강조한다.
② 탈신공공관리론은 정부조직을 소규모의 준자율적 조직으로 분절화하는 신공공관리론을 비판하고 분절화의 축소(합체된 정부)를 주요 개혁방안으로 삼는다.
③ 탈신공공관리론은 신공공관리론의 지나친 탈관료제화를 비판하고 관료제와 탈관료제의 조화를 지향한다.

9. ① 【해설】 인사행정론
대표관료제는 사회를 구성하는 모든 주요 집단(인종·종교·성별·직업·신분·계층·지역 등)으로부터 한 나라의 인구 전체 안에서 차지하는 비율에 따라 관료를 충원하여 정부관료제가 그 사회의 모든 계층과 집단에 공평하게 대응하도록 하는 제도이다. 대표관료제는 관료들이 출신 집단의 이익에 봉사할 것이라는 가정에 기반하고 있다. 즉, 소극적 대표성이 저절로 적극적 대표성을 보장해 줄 것이라는 가정에 기반하고 있다.

10. ③ 【해설】 정책론
넛지(Nudge) 방식이란 정부가 강제적이지 않은 방법으로 정책대상집단을 유인하는 정책설계를 말한다. 넛지 방식은 선택

설계방식이며, 이념적 기초는 신자유주의가 아니라 자유주의적 개입주의이다.

<<핵심체크>> 신공공관리론과 넛지이론의 비교

| 구분 | 신공공관리론 | 넛지이론 |
|---|---|---|
| 학문적 토대 | 신고전학파 경제학, 공공선택론 | 행동경제학 |
| 합리성 | 완전한 합리성, 경제적 합리성 | 제한된 합리성, 생태적 합리성 |
| 이념적 기초 | 신자유주의, 시장주의 | 자유주의적 개입주의 |
| 정부역할의 근거 | 정부실패 | 행동적 시장실패 |
| 공무원의 역할 | 공공기업가(정치적 기업가) | 선택설계자 |
| 정책목표 | 고객주의, 개인의 이익 증진 | 행동변화를 통한 삶의 질 제고 |
| 정책수단 | 경제적 인센티브 | 넛지 |
| 정부모델 | 기업가적 정부 | 넛지 정부 |

11. ② 【해설】지방행정론
단체위임사무는 전국적 이해와 지방적 이해를 동시에 가지는 사무로 지방의회가 결정하고 단체장이 집행한다. 반면, 기관위임사무는 지방적 이해관계가 없는 국가사무로 중앙정부가 결정을 담당하고 지방정부가 집행을 담당한다.

12. ① 【해설】행정학총론
행정이념의 본질적 가치란 행정이 궁극적으로 추구하는 가치로 자유, 평등, 정의, 형평, 공익 등이 이에 속한다.

<<핵심체크>> 행정이념의 분류

| | 의의 | 내용 |
|---|---|---|
| 본질적 가치 | 행정이 궁극적으로 추구하는 가치 | 자유, 평등, 정의, 형평, 공익 등 |
| 수단적 가치 | 본질적 가치를 실현 가능케 하는 가치 | 민주성, 능률성, 효과성, 대응성, 합법성, 합리성, 책임성, 가외성, 투명성, 중립성 등 |

13. ④ 【해설】재무행정론
특별회계는 특정한 세입에 의해 특정한 세출을 충당하도록 편성한 예산을 말한다. 특별회계는 재정운영주체의 자율성을 증대함으로써 재정운영의 효율성을 증대할 수 있다는 장점이 있는 반면, 예산통제가 곤란하다는 단점을 지닌다. 따라서 예산통제를 강조한다면 특별회계의 수는 적을수록 바람직하다.

14. ④ 【해설】조직론
'구조적 관점'에서 관료제란 관료로 구성된 대규모 조직으로 계층제적 구조를 지니고 대량의 업무를 법령에 따라 처리하는 분업화된 조직구조를 말한다. 관료제에서 관료는 증오·열정·감정의 관계를 떠나서 법규에 의한 비개인성(몰인간성, 비정의성, 비사인성)을 유지하도록 요구된다.
① 관료제는 합법적 권위에 입각한 집권화된 조직구조이다.
② 관료제는 국가주의적 전통이 강한 유럽 국가에서 발달하였으며, 동양에서는 발달하지 못하였다.
③ 관료제에서 관료는 겸직이 허용되지 않으며(전임직), 고정된 보수와 연금을 받는다.

15. ④ 【해설】정책론
엘리슨모형Ⅱ(조직과정모형)은 조직을 하위조직들의 연합체로 인식하는 모형으로 정책결정과정의 일관성이 약하다.

<<핵심체크>> 엘리슨(Allison)모형

| 구분 | 합리자모형(Ⅰ) | 조직과정모형(Ⅱ) | (관료)정치모형(Ⅲ) |
|---|---|---|---|
| 의의 | 개인차원의 합리모형을 집단차원에 적용 | 회사모형의 논리개념을 이용하여 구성된 모형 | 개인차원의 점증모형을 집단차원에 적용 |
| 조직관 | 조정과 통제가 잘된 유기체 | 느슨하게 연결된 하위 조직들의 연합체 | 독립적인 개인적 행위자들의 집합체 |
| 권력의 소재 | 조직의 두뇌인 최고지도자가 보유 | 반독립적인 하위부서들이 분산 소유 | 개인적 행위자들의 정치적 자원에 의존 |
| 행위자의 목표 | 조직전체의 목표 | 하위부서들의 목표 | 개별 행위자들의 목표 |
| 응집성 | 매우 강함 | 약함 | 매우 약함 |
| 정책결정의 양태 | 합리적 정책결정 | SOP에 의한 의사결정, 갈등의 준해결 | 정치적 표결이 아닌 정치적 게임의 규칙에 따른 타협, 갈등, 흥정 |
| 합리성 | 완전한 합리성 | 제한된 합리성 | 정치적 합리성 |
| 일관성 | 매우 강함 | 약함 | 매우 약함 |
| 적용계층 | 모든 계층 | 주로 하위계층 | 주로 상위계층 |

16. ① 【해설】인사행정론
우리나라는 경력직 공무원과 특수경력직 공무원으로 공직을 분류하고 있다. 경력직 공무원이란 실적과 자격에 따라 임용되고 그 신분이 보장되며(실적주의), 평생 동안 공무원으로 근무할 것이 예정되어 있는 공무원(직업공무원제)을 말한다. 특수경력직 공무원이란 경력직 공무원 외의 공무원을 말한다.
② 특수경력직은 정무직 공무원과 별정직 공무원으로 구분된다.
③ 일정 기간을 정하여 임용하는 임기제 공무원은 경력직 공무원에 해당한다.
④ 일반직은 기술·연구 또는 행정 일반 업무를 담당하며, 특정직은 특수분야의 업무를 담당한다.

17. ② 【해설】지방행정론
주민자치는 영미법계에서 발달한 지방자치로 주민참여에 초점이 있어 민주주의의 원리에 입각해 있다면, 단체자치는 대륙법계에서 발달한 지방자치로 중앙정부로부터 지방정부에 사무를 위임하는 것에 초점이 있어 지방분권의 원리에 입각해 있다.

18. ② 【해설】정책론
무의사결정은 기득권 세력이 권력을 이용해 기존의 이익분배 상태를 유지하기 위한 것으로 정책과정 전반에서 발생한다.
① 무의사결정은 기득권 세력의 이익에 대한 현재적·잠재적 도전을 사전적으로 억압하는 현상이다.
③ 무의사결정은 기득권 세력의 이익에 반한 의사에 대한 의도적 억압만을 의미하며, 무지나 실책에 의한 억압은 포함되지 않는다.
④ 무의사결정의 수단 중 가장 직접적인 방법은 폭력의 행사이며, 가장 간접적인 방법은 편견의 수정·강화(기존의 규범이나 절차의 수정 또는 보완)이다.

19. ③ 【해설】행정학총론
㉠, ㉡, ㉣은 옳지 않고 ㉢은 옳다. 파킨슨의 법칙에 의하면 정부는 본질적 업무의 증가와 상관없이 공무원 수가 일정한 비율로 증가한다. 이는 부하배증에 따른 (파생적) 업무의 배증에 기인한 것이다(㉠). 파킨슨의 법칙은 '업무배증의 법칙'과 '부하배증의 법칙'의 상호작용으로 공무원 수가 증가한다고 본다(㉡). 파킨슨의 법칙은 정부실패의 유형 중 내부성(공무원이 개인적 이익이나 소속기관의 이익을 우선 고려함으로써 사회 전체의 목표와 관료의 목표가 괴리를 빚는 현상)과 관련된다(㉣).

20. ① 【해설】조직론
과학적 관리론, 베버(Weber)의 관료제, 행정관리론 등 고전적 조직이론은 행정관리설에 해당한다. 행정관리설은 정치로부터 행정을 분리하고 정치는 정책결정을, 행정은 정책집행을 담당한다고 보았다는 점에서 정치행정이원론에 해당한다.

2025 공무원 시험대비 【7월분】

## - 제3회 -
## [정답 및 해설]

이 름: _____

제1과목 국어
제2과목 영어
제3과목 한국사
제4과목 행정법총론
제5과목 행정학개론

주간 모의고사 정오표

합격까지 박문각

# 국 어

출제교수: 강세진 교수님

1. ② 【해설】 국어문법
'인물'이란 체언에 '이'가 결합하였는데, 이때 '이'는 '되다/아니다.' 앞에 있을 때로, 주어가 아니라 보어이다.
① '많이도 올랐구나'에서 알 수 있듯이, 부사인 '많이'에 보조사 도가 결합한 것을 알 수 있다.
③ '이니?'는 의문문으로 '날이다.'라는 서술격 조사가 결합한 것을 알 수 있다.
④ '샀다'의 '대상'으로 '구두와 모자'를 대등한 위치에 있도록 하였으므로, '접속 조사'로 쓰인 것임을 알 수 있다.

2. ④ 【해설】 국어문법
'간절하게'는 형용사 어간 '간절하-'에, 부사형 전성 어미인 '-게'가 결합한 부사어이다.
① '모든'은 관형사이고, 관형어이다.
② '가던'은 동사 '가다'에 관형사형 전성 어미 '-던'이 결합한 관형어이다.
③ '친한'은 형용사 어간에 관형사형 전성 어미 '-(으)ㄴ'이 결합한 관형어이다.

3. ② 【해설】 국어문법
'닫히었다'의 '-었-'은 과거를 뜻하는 선어말 어미이므로 ⓒ에 해당한다. 따라서 선어말 어미가 없다는 말은 적절하지 않다.
① '믿을'과 '있다'에는 선어말 어미가 쓰이지 않았으므로 ㉠에 해당한다.
③ '잊었다'의 '-었-'은 과거를 뜻하는 선어말 어미이므로 ⓒ에 해당한다.
④ '오시었겠지?'를 분석하면 '-시-(높임), -었-(과거), -겠-(추측)'과 같이 총 3개의 선어말 어미로 구성되어 있으므로 ⓒ에 해당한다.

4. ④ 【해설】 국어문법
'채소가 잘 다져지다'라는 문장과 '그는 채소를 샀다.'가 결합한 문장이다. 따라서 안긴문장의 주어가 생략된 문장이므로, '생략되지 않고 드러나 있다.'는 설명은 적절하지 않다.
① '범인이다'에 명사형 어미가 결합한 명사절로, 안은문장에서 목적어로 기능한다.
② '농사를 하다'에 명사형 어미인 '-기'가 결합한 명사절로, 여기에 부사격 조사 '에'가 결합함으로써 안은문장의 부사어가 되었다.
③ '운동장을 달리는'은 관형절이다. 관형절은 체언을 수식하는 기능이 있다.

5. ① 【해설】 어휘
'피로'와 유사한 의미가 있는 단어로 '노독'이 있으며, 따라서 ①이 정답이다.
※ 풀다(동사): 1 【…을】 「8」 피로나 독기 따위를 없어지게 하다.
②, ③ 풀다(동사): 1 【…을】 「1」 묶이거나 감기거나 얽히거나 합쳐진 것 따위를 그렇지 아니한 상태로 되게 하다.
④ 풀다(동사): 1 【…을】 「2」 생각이나 이야기 따위를 말하다.

6. ④ 【해설】 신유형
(1) 수아 → 재윤
(2) 재윤 → 하은
(3) 하은 → 민재
-------------------------------------------
(1)~(3)의 연쇄 추론: 수아 → 재윤 → 하은 → 민재
따라서, "수아가 노래를 부르면, 민재도 노래를 부른다."가 반드시 참이다. 그런데 선지는 이 명제의 대우인 "민재가 노래를 부르지 않으면, 수아도 부르지 않는다."를 제시하였으므로, ④가 정답이다.
① 민재 → 수아, 결론의 역은 반드시 참이 아니다.
② 재윤 → ~민재, 민재는 노래를 불러야 한다.
③ ~하은 → 수아, 하은이가 노래를 부르지 않으면, 재윤이도 노래를 부르지 않고, 재윤이가 노래를 부르지 않으면, 수아도 노래를 부르지 않는다. 따라서 '수아는 노래를 부르다.'는 거짓이 된다.

7. ③ 【해설】 신유형
(1) 야구 → ~축구, 축구 → ~야구 <대우 규칙>
(2) 농구 → 축구
(3) ~농구 → 골프, ~골프 → 농구 <대우 규칙>
-------------------------------------------
(1)~(3)의 연쇄 추론: ~골프 → 농구 → 축구 → ~야구
따라서, 연쇄 추론에 따르면, "어떤 사람이 골프를 좋아하지 않으면, 야구를 좋아하지 않는다."가 참이므로, 이 명제의 대우인, "어떤 사람이 야구를 좋아하면, 골프를 좋아한다."도 참이다. 따라서 ③이 정답이다.
① 축구 → 야구, 축구를 좋아하면, 야구를 좋아하지 않으므로, 해당 선지는 거짓이다.
② 골프 → 야구, 결론의 이는 반드시 참이 아니다.
④ ~골프 → ~농구, 어떤 사람이 골프를 좋아하지 않으면, 농구는 좋아하므로, '농구도 좋아하지 않는다.'는 말은 거짓이다.

8. ③ 【해설】 신유형
(가) 그림 → 공간 지각 능력 <전칭>
(나) 그림∧수학 <특칭>, 수학∧그림 <교환 법칙>
-------------------------------------------
결론: 수학∧그림∧공간 지각 능력 <특칭>
따라서 "수학을 잘하는 어떤 사람은 공간 지각 능력이 뛰어나다."인 명제가 결론에 들어가기가 가장 적절하다. 따라서 ③이 정답이다.
① 공간 지각 능력 → 수학, 결론의 특칭이 참이라고 하여 그 전칭이 반드시 참인 것은 아니다.
② 수학 → 공간 지각 능력, 수학, 결론의 특칭이 참이라고 하여 그 전칭이 반드시 참인 것은 아니다.
④ 공간 지각 능력∧~그림, 그림을 잘 그리는 어떤 사람은 공간 지각 능력이 뛰어나므로, '그림을 잘 그리지 못한다.'는 거짓이다.

9. ② 【해설】 신유형
(1) 시후와 준서는 화가 나면(전건), 항상 음악을 듣는다(후건).
→ 전건을 긍정하여 후건을 긍정하는 경우는 반드시 참이다.
→ 후건을 부정하여 전건을 부정하는 경우도 반드시 참이다.
(2) 따라서 후건을 부정하고 전건을 부정한 ②만 정답이다.
① 후건을 긍정해서 전건을 긍정하면 오류가 생긴다.
③ 전건을 부정해서 후건을 부정하면 오류가 생긴다.
④ 시후가 더 자주 화가 났는지는 알 수가 없다.

10. ④ 【해설】 작문
'참석'이 아니라 '참여'로 해야 맥락에 어울린다. '참석'은 자리에 착석해야 하는데, 건강 검진 확대를 요청하는 것이므로, '참여' 또는 '협조'로 고치는 것이 적절하다. 그리고 협조 요청을 하였기 때문에 맥락상 ㉣과 같이 고치는 것도 적절하지 않다.
① '리터러시'는 '이해하고 이용하여 표현하는 것' 정도로 해석이 되는데, 생소한 외래어에 해당하므로, '시민들의 건강 이해도 향상'으로 고치는 것이 적절하다.
② '우리 보건소'를 주어로 표현해야 하므로, '운영하고'로 고치는 것이 낫다.
③ '~에 두다'는 외국어 번역 투이므로, '해소를 목표로 하다.'로 고치면 된다.

11. ③ 【해설】 작문
'사교육 업체 육성을 통한 교육 기회의 다양화'는 공교육 신뢰 회복이라는 주제와 배치된다. 따라서 빈칸에 들어갈 내용으로 적절하지 않다.

12. ③ 【해설】 독서
'기업가 정신'은 미래가치를 창출하기 위해 생소한 영역에서 위험을 감수하고 모험을 감행하는 것을 의미한다. 그리고 이것을 준비하지 못한 자는, '그렇게 중요한지 몰랐다.'라고 말한

- 1 -

다. 이런 점에서 '새로운 기술을 도입할 수 있느냐의 여부'로 전체 맥락을 잡을 수 있으므로 ③이 정답이다.
① 인공지능을 생소하게 여기는 태도에 관한 글이 아니다.
② 인공지능의 이해 여부를 설명하고자 쓴 글이 아니다.
④ 신기술 투자는 일종의 모험이라고 보는 관점이 바탕을 이루고 있으며, '기업가 정신'을 갖추지 못한, 이해 부족으로 비롯한 것임을 밝힌 글이다. 따라서 인공지능을 모험이라고 보지 않는다는 이유로 처음을 시작할 이유가 없다.

13. ② 【해설】 독서
㉠: '중국의 산수화 화가들'을 의미한다.
㉡: 마찬가지로 '중국의 산수화 화가들'을 의미한다.
㉢: '궁정 화가들'을 의미한다.
㉣: 마찬가지로 '궁정 화가들'을 의미한다.
따라서 '㉠-㉡'과 '㉢-㉣'이 짝으로 이루어지며, 이 중 ②만이 답이 된다.

14. ④ 【해설】 독서
(1) (나)를 처음으로 글을 읽으면, '기억'은 '역동적인 정신 작용'이란 점을 밝히며, 글의 시작을 알려준다.
(2) 이를 바탕으로 (다)와 (라)를 보면, '당시의 감정'과 연결하여 해석을 해야 할지, 또는 '이러한 현상'을 바탕으로 해야 할지 내용을 확인해야 한다. (다)는 '기억이 정서적 맥락 속에서 구성된다는 것'을 강조하였고, (라)는 '기억과 감정을 담당하는 뇌 부위가 긴밀히 연결된다는 점'을 강조하며, '해마, 편도체'의 상호작용으로 구체적으로 설명하였다. (다)는 일상적 언어가 주를 이루고, (라)는 과학적 설명이 있다는 점에서 차이가 있으므로 결론인 (가)를 확인하여 전체 구성을 맞추면 된다.
(3) (가)는 '인간의 기억은 감정과 분리된 기능이 아니고, 재구성하고 해석하는 도구'라는 점으로 기억에 대한 정의를 정리하였다.
(4) 정리하자면, (나)-(라)-(다)-(가)로 이어진 ④가 정답이다.

15. ① 【해설】 독서
재난은 끔찍하고 비극적인 것은 맞지만, 분명한 것은 재난 속에서 나타난 열망과 가능성, 빛 같은 것도 있다. 따라서 해당 글의 주제는 '재난의 긍정적 효과'가 가장 적절하다.
② '재난 발생'이 일어난 원인을 '사회적 상황'에 맞추어 글을 쓴 것이 아니므로 주제로서 적절하지 않다.
③ '경제구조'와 '재난'의 관련성을 밝히고자 하였다면, 재산의 상황과 더불어 경제적 구조가 어떻게 되었는지 변화 과정에 목적을 두었을 것이다. 그러나 이것은 재난으로 인한 인간의 유대감이 주제이므로, 이렇게 보기가 어렵다.
④ 사회안전망의 확충, 재난 방지는 '재난' 자체를 문제로 보고 쓸 수 있는 주제인데, 이 글의 의도와 거리가 멀다.

16. ④ 【해설】 독서
'때때로 사람들은 철학적 질문을 불필요한 혼란이나 공허한 사변으로 치부한다. 이는 질문 자체가 지닌 성찰의 힘을 간과한 태도이다.'에서 알 수 있듯이, 실용적 가치 입장에서는 회의적인 태도와 연결된다.
① '삶을 더 깊이 이해하려는 노력의 출발점이다.'에서 확인할 수 있는 내용이다.
② '익숙하게 받아들이는 전제를 낯설게 바라보게 하며'에서 확인할 수 있는 내용이다.
③ '누구나 철학적 사유를 시작할 수 있다는 가능성을 열어 준다.'에서 확인할 수 있는 내용이다.

17. ② 【해설】 독서
'은유는 보다 강한 표현 효과와 상징적 함축을 지니게 된다.'에서 알 수 있듯이, 표현의 강도와 상상력을 확장시킨다.
① '직유가 설명적이고 인식의 거리를 유지한다면'에서 알 수 있듯이 직유와 관련된 설명이다.
③ '은유는 연결어 없이 하나의 사물을 다른 사물로 단정함으로써 독자가 두 사물을 동일시하게 만든다.'에서 알 수 있듯이, 직유와 관련된 설명이 아니다.
④ '그 거리를 제거하고'에서 알 수 있듯이, 거리를 유지한다고 말할 수 없다.

18. ② 【해설】 독서
㉢(○): '규범의 내면화가 널리 이뤄질수록 사회는 비교적 안정적인 상태를 유지할 수 있다.'에서 알 수 있듯이, 규범 내면화가 널리 퍼지면 비교적 안정적인 상태를 이루어진다는 측면을 고려해 볼 때, 사회질서를 유지하기 쉬워진다고 추론할 수 있다.
①, ③, ④ ㉠(×), ㉡(×): '규범은 외부에서 강제로 주입되는 것이 아니라, 성장 과정에서 자연스럽게 받아들여져 개인의 행동 기준으로 자리 잡는다.'에서 알 수 있듯이, 감시와 처벌에 의해 이루어지지 않는다.

19. ② 【해설】 독서
㉡(○): '신역의 성격으로 남녀 노비 모두에게 부과되었다. 그에 반해 양인이 지는 역은 봉공의 의무라는 국역의 성격을 지닌 것으로 남자에게만 부과되었다.'에서 알 수 있듯이, 남자와 여자가 지니는 의무가 다름을 알 수 있다. 남자는 모든 역을 부담하였고, 여성은 '국역의 성격을 지닌 것'은 부담하지 않았음을 알 수 있다.
①, ③ ㉠(×): '상민을 천하게 부를 때에 "상놈[常漢]"이라고 한 것도 양반과의 대칭을 염두에 둔 표현이라고 할 수 있다.'에서 알 수 있듯이, '천인'이 아니라 '상민'을 의미한다.
③, ④ ㉢(×): '조선은 국역을 지는 양인을 보다 많이 확보하기 위해 양천제의 법제화를 적극 추진해 나갔다.'에서 알 수 있듯이, 보다 많이 확보하려 한 대상은 천인이 아니라, 양인임을 알 수 있다.

20. ① 【해설】 독서
㉠(×): '태극 문양을 그린 기는 개항 이전에도 조선 수군이 사용한 깃발 등 여러 개가 있는데, 태극 문양과 4괘만 사용한 기는 개항 후에 처음 나타났다.'에서 알 수 있듯이, 이응준이 만든 기가 태극 문양이 담긴 최초의 기는 아니다.
㉡(×): 고종이 받은 기의 우측 상단에 있는 괘는 '물'을 상징하고, '조선의 기'의 좌측 하단에 있는 괘는 '땅'을 상징하므로 서로 상징하는 바가 다르다.
②, ③, ④ ㉢(○): 오늘날 태극기의 우측 하단에 있는 괘는 '땅'을 상징하고, 고종이 조선 국기로 채택한 기의 우측 하단에 있는 괘도 '땅'을 상징하므로, 둘은 동일하다.

# 영 어

출제교수: 김세현 교수님

## 1. ①
【해설】
반대/대조의 signal(Even though)을 이용해야 한다. 종속절에 현대예술작품들의 수요는 증가한다고 했으므로 주절의 빈칸에는 이와 반대되는 내용이 있어야 한다. 따라서 '감소'의 의미를 갖는 ① contraction이 빈칸에 들어가기에 가장 적절하다.
【해석】
현대 예술품의 수요는 올해 40퍼센트까지 증가했지만 전문가들은 위작의 증가 때문에 한국의 고미술 시장의 축소를 지적한다.
【어휘】
demand 수요  contemporary ① 동시대의 ② 현대의  point out 가리키다, 지적하다  antique ①골동품 ②옛날의  fake 가짜, 위조  contraction 수축, 축소 *contract ① 계약(하다), 계약서 ② 줄어들다, 수축하다  negotiation 협상  advocacy 옹호, 지지  surge ① 치솟다 ② 급증

## 2. ④
【해설】
혼자 자라서 누구의 말도 듣지 않는다고 했으므로 빈칸에 들어가기에 가장 적절한 것은 ④ stubborn이다.
【해석】
그녀는 홀로 자라고 아주 고집이 세기 때문에 어느 누구의 말도 듣지 않는다.
【어휘】
grow up 성장하다, 자라다  ubiquitous 널리 퍼져 있는, 어디에나 있는  affectionate 애정 어린  amiable 정감어린, 다정한  delightful 즐거운, 기분 좋은  stubborn 고집 센, 완고한, 끈질긴

## 3. ②
【해설】
use는 '사용하다, 이용하다'의 의미로 이와 가장 가까운 유의어는 ② exploit이다.
【해석】
이 공연이 여러 세대의 청중의 관심을 얻을 수 있었던 주된 이유는 인간이 가진 고뇌의 핵심을 이용하는 능력이다.
【어휘】
captivate (마음을)사로잡다  multi 다수의  generational 세대 간의  essence 핵심, 본질  angst 고뇌, 불안  allure 유혹하다, 매혹시키다  exploit 활용하다, 이용하다  bolster 북돋우다, 강화하다  postpone 연기하다, 미루다

## 4. ④
【해설】
confuse는 감정표현 동사이고 주체가 사물(event)이므로 현재분사가 필요하다. 또한 주어진 시제가 과거이므로 과거사실에 대한 추측(조동사+have+p.p)이 필요하다. 따라서 빈칸에 들어가기에 가장 적절한 것은 ④이다.
【해석】
당신이 관련되었던 이틀 전 행사는 그것을 목격하거나 들은 모든 사람들에게 혼란스러웠음에 틀림없다.
【어휘】
involve ①포함하다 ②관련시키다, 관계시키다  witness 목격하다  confuse 혼동시키다, 헷갈리게 하다

## 5. ②
【해설】
② 비교 구문에서 비교대상의 명사는 반복해서 사용하지 않으므로 orbit을 대신하는 대명사 that의 사용은 어법상 적절하다.
① be used to+동사원형은 '~하는데 사용되다'의 의미이므로 우리말과 영어문장이 서로 어울리지 않는다. 따라서 주어진 우리말을 영어로 적절하게 옮기려면 make를 making으로 고쳐 써야 한다.
③ to 부정사 사이에는 형용사가 아닌 부사가 위치해야 하므로 형용사 liberal은 부사 liberally로 고쳐 써야 한다.
④ than이 있으므로 앞에는 비교급이 필요하다. 따라서 문맥상 many는 more로 고쳐 써야 한다.
【어휘】
attempt 시도  spacecraft 우주선  orbit 궤도  identical 동일한  mechanic 수리공  liberal 자유로운  unemployment 실업  oddly enough 이상하게도  spouse 배우자

## 6. ②
【해설】
② 주어가 단수명사(system)이므로 복수동사 perform은 단수동사 performs로 고쳐 써야 한다.
① 앞에 사물명사 the issue가 있고 which 다음 문장구조가 불완전(전치사 over의 목적어가 없다)이므로 관계대명사 which의 사용은 어법상 적절하다.
③ 자릿값에 의해 준동사자리이고 뒤에 목적어가 없으므로 수동의 형태 called는 어법상 옳다. 참고로 'true intelligence'는 called의 목적격보어로 사용되었다.
④ such+명사 that S+V ~구문을 묻고 있다. 따라서 접속사 that의 사용은 어법상 적절하다.
【해석】
인공지능은 기술적, 경제적, 그리고 사회적인 문제로 이에 대한 의견이 분분하다. 인공지능은 약한 인공지능과 강한 인공지능으로 나눌 수 있다. 약한 인공지능은 특정 작업을 수행하도록 설계된 알고리즘을 통해 음성 인식이나 데이터 분석과 같은 기능을 수행하며 사용자들을 돕는다. 강한 인공지능은 '진정한 지능'이라고 불리며, 인간처럼 사고하고, 추론하며, 결정을 내릴 수 있는 기계를 의미한다. 사실, 인공지능 개발에 대한 논쟁이 아주 많아서 이 문제가 많은 산업에서 보편적으로 받아들여지지는 않고 있다.
【어휘】
artificial intelligence 인공지능(AI)  technological 기술적인  economic 경제적인  social 사회적인  issue 문제, 논쟁거리  opinion 의견, 견해  divide 나누다, 분리하다  weak 약한  algorithm 알고리즘, 연산 절차  specific 특정한, 구체적인  perform 수행하다, 실행하다  function 기능, 역할  voice recognition 음성 인식  analysis 분석  assist 돕다, 지원하다  reason 추론하다, 논리적으로 생각하다  make decisions 결정하다  a good deal of 아주 많은  debate 논쟁, 토론  universally 보편적으로  accept 받아들이다  industry 산업, 분야

## 7. ③
【해설】
자동차 도난사고를 당한 Mike에게 던진 Sue의 질문에 Mike가 '필요할 것 같지 않아서 안했다'라고 답했으므로, 대화의 흐름상 ③ '너 차에다 블랙박스는 달아놓았지'이 빈칸에 들어가기에 가장 적절하다.
【해석】
Mike: 나 너무 우울해. (2:45 pm)
Sue: 무슨 일인데? (2:46 pm)
Mike: 모르는 게 나을걸. 어젯밤 내 차가 털렸어. (2:47 pm)
Sue: 안됐다. 너 차에다 블랙박스는 달아놓았지, 안 그래? (2:48 pm)
Mike: 아니, 필요할 것 같지 않아서 안 달았지. (2:49 pm)
① 너 지난 주말에 자동차 고쳤잖아
② 자동차를 보험으로 고칠 필요가 있어
④ 경찰에 신고할 필요가 있어
【어휘】
depressed 우울한  break into 침입하다, 도둑이 들다  report 신고하다, 보고하다  fix 고치다, 수리하다  insurance 보험

## 8. ③
【해설】
빈칸 다음 B가 너무 무리하면 안 된다고 했으므로 문맥상 ③ 'need to prioritize your recovery (회복을 우선시하셔야 해요)'이 빈칸에 들어가는 것이 가장 적절하다.
【해석】
A: 제가 얼마나 쉬어야 하나요? 오늘 오후에 다시 일하러 돌아갈 수 있도록 통증을 완화시켜 줄 무언가를 주셨으면 했는데요.
B: 음, 지금은 어떤 형태의 힘든 일도 전혀 불가능할 것 같네요.

- 1 -

A: 정말 그렇게 심각한 건가요? 중요한 마감 일정이 몇 개 있는데요.
B: 네, 심각해요. 당신은 회복을 우선시하셔야 해요. 너무 빨리 무리하면 상황이 더 나빠질 수 있습니다.
① 벌써 회복이 됐네요
② 지금 당장 일을 시작할 수 있어요
④ 의사의 충고를 따를 필요가 없어요
【어휘】
ease 완화시키다   serious 심각한   recover 회복하다
*recovery 회복   prioritize 우선시하다

9. ③ 【해설】
주어진 지문은 예술 작품의 감상을 어디서든지 쉽게 접할 수 있다는 내용의 글이므로 이 글의 제목으로 가장 적절한 것은 ③ '미술 작품: 전에 없이 더 폭넓게 접근할 수 있다!'이다.
【해석】
누구나 <모나리자>와 미켈란젤로의 <다비드> 상이 어떻게 생겼는지 알고 있는데 정말 그럴까? 그 작품들은 너무 자주 복제되어서 우리는 한 번도 파리나 플로렌스에 가 본 적이 없지만 그것들을 안다고 느낄지 모른다. 둘 모두 셀 수 없이 많은 패러디 작품이 있다. 예를 들면 사각팬티를 입은 <다비드>나 콧수염 달린 <모나리자> 같은 것들이다. 미술품 복제는 도처에 널려 있다. 우리는 이제 잠옷을 입고 앉은 채, 인터넷이나 CD-ROM을 통해서 미술관과 박물관을 가상 투어로 즐길 수 있다. 우리는 장르와 화가들을 탐험할 수도 있으며 확대를 해서 세부사항을 더 자세히 살펴볼 수도 있다. 루브르 박물관의 웹사이트는 <밀로의 비너스> 같은 미술 작품들을 환상적인 360도 파노라마로 제공한다. 이런 투어들은 가상현실 기술에 힘입어 전보다 더욱 다중 감각화가 되었다. 이것엔 고글이나 장갑 같은 것도 포함한다. 조명이나 무대를 디자인 하는 사람들은 건축가들처럼 그들의 작품에 이미 이 기술을 이용하고 있다.
① 우리는 예술품 복제를 금지해야 하는가?
② 왜 그토록 가상 미술 작품이 인기가 있는가?
④ 미술관과 박물관이 사라져 버린 이유
【어휘】
reproduce ① 재생하다, 번식하다 ② 복제하다   countless 셀 수 없이 많은, 무수한   spoof 패러디, 풍자   boxer shorts 사각팬티   mustache 콧수염   ubiquitous 도처에 있는, 어디에나 존재하는   virtual 가상의   via ~을 통해서   genre 장르   scrutinize 면밀히 조사하다   spectacular 극적인, 환상적인   sensory 감각의   *multi-sensory 다중 감각의, 복합적 감각의   draw on ~에 의지하다

10. ④ 【해설】
주어진 지문은 원래 있던 곳으로 돌아가기 바라는 '향수병'에 관한 글이다. 따라서 빈칸에 들어가기에 가장 적절한 것은 ④ homesickness이다.
【해석】
내가 읽었던 책 속에서, 가끔 줄거리 상 필요할 때, 누군가 향수병을 앓곤 했다. 어떤 이는 썩 좋지 않은 상황을 벗어나 어딘가 좀 더 나은 곳으로 갔고, 그러고 나서 그 좋지 않은 곳으로 다시 돌아가길 갈망했다. 그처럼 나도 얼마나 조바심 내던 사람이었던가. 왜냐하면, 나 역시 아주 좋지 않은 상황에 처해 있다고 스스로 느끼곤 했었고 어디론가 떠나고 싶었다. 그러나 지금 나 역시 내가 왔던 곳으로 돌아가고 싶다. 나는 그것을 이해했고 내가 그곳(고향)에 있다는 것을 알았다. 만약 그 당시에 나의 미래를 그려보았더라면, 그건 아마도 어둡고 더 캄캄하고, 가장 새까만 색으로 둘러싸인 거대한 잿빛 조각이었을 것이다.
【어휘】
plot ① 줄거리, 구성 ② 음모   suffer from ① ~로부터 고통받다 ② (질병)~을 앓다, ~병에 걸리다   long 갈망하다, 바라다   impatient 참을성 없는, 조바심 내는   gray(= grey) ① 회색(의) ② 우울한, 암울한   patch ① 조각 ② 땅, 지역 ③ 시기, 때   drowsiness 졸음, 나른함   impatience 조급함   depression 우울(증)

11. ④ 【해설】
안내문 마지막 문장에서 등록은 온라인에서만 가능하다고 했으므로 ④는 안내문의 내용과 일치하지 않는다.
【해석】
유소년 테니스 캠프
2025 유소년 테니스 캠프는 아이들이 자격을 갖춘 경험 많은 강사들에게 테니스를 배울 수 있는 환상적인 기회입니다. 고품질의 실내 테니스 코트에서 열리는 이 캠프는 재미있고 흥미로운 환경에서 테니스의 기본 기술을 가르치는 데 중점을 둡니다. 아이가 초보자이든 기술을 향상시키고 싶든, 이 캠프는 모든 참가자가 성장할 수 있도록 긍정적이고 교육적인 경험을 제공하도록 설계되었습니다.
대상: 13세부터 18세까지
일정: 2025년 1월 15일부터 18일까지
시간: 월요일부터 목요일까지, 오전 9시부터 정오까지
등록비: $100 (점심 제공)
취소 정책
○ 수업 5일 전: 전액 환불
○ 수업 1~4일 전: 50% 환불
○ 수업 당일 및 이후: 환불 불가
유의사항
○ 외부 음식 반입 금지
○ 참가자는 자신의 테니스 장비를 지참해야 합니다. 등록은 온라인으로만 가능하며, 12월 16일부터 시작됩니다. 등록은 우리 웹사이트(www.ytc2025.com)를 방문하세요.
【어휘】
fantastic 환상적인   opportunity 기회   qualified 자격을 갖춘   experienced 경험 많은   instructor 강사   engaging 흥미로운   improve 향상시키다   participant 참가자   registration 등록   cancellation 취소   refund 환불   afterwards 그 후   fetch 가지고 오다, 데리고 오다   equipment 장비   available 이용 가능한

12. ③ 【해설】
two개념 (반대/대조의 공간개념)을 이용해야한다. ①과 ②는 인간 이외의 다른 종에 관한 내용이고 ③부터 인간에 대한 내용이 설명되고 있으므로 주어진 문장이 들어가기에 가장 적절한 곳은 ③이다.
【해석】
나무를 베어 버리면 집 뒤편 숲에 사는 새는 사라질 것이다. 모든 유사한 산림 환경을 베어 버리면 그러한 종의 다른 새들도 또한 사라질 것이다. 많은 생명체들이 매우 한정된 생태적 환경에 서식하여 겉보기에는 하찮은 서식지의 변화가 그 종을 멸종시킨다. 그럼에도 불구하고 지구상에 살고 있는 다른 동물들은 최고의 전문직업인들이다. 반면에, 인간은 가장 영리한 생명체일 뿐 아니라, 가장 월등하게 적응력도 좋다. 우리는 또한 부분적으로 이러한 능력 때문에 지구를 지배한다. 우리는 대자연이 우리에게 던져주는 것이면 무엇이든 대충 변통하여 사용할 수 있는 것 같다. 노동의 분야에서 본다면 이 말의 뜻은 우리 각자가 다양한 일을 맡아서 해낼 수 있다는 것이다. 충분한 지능을 고려하면, 평균적인 인간은 적절한 능력으로 어떤 일이든 해낼 수 있다.
【어휘】
human being 인간   creature 생물, 생명체   adaptable 적응(순응)할 수 있는   woods 숲   cut down (나무를)베다   species 종   vanish 사라지다   as well 또한   inhabit 살다, 거주하다   narrow 폭이 좁은, 한정된   ecological 생태계의   seemingly 겉보기에는   insignificant 하찮은, 사소한   habitat 서식지, 번식지   extinction 멸종   fellow 동료, 친구   inhabitant 거주자, 서식동물   dominate 지배하다   partially 부분적으로   seem to Ⓥ Ⓥ인 것 같다   make do with ~으로 임시변통하다, 때우다   Mother Nature 지구   translate into ~으로 번역하다   a wide range of 다양한, 광범위한   given ~을 고려하면   sufficient 충분한, 족한   intelligence 지능   average 평균(적인)   appropriate 적당한, 적절한   competence 능력, 자격

## 13. ②  【해설】
주어진 안내문은 한국 차 문화를 탐구하고 배울 수 있는 프로그램에 관한 내용이므로 이 안내문의 제목으로 가장 적절한 것은 ② '한국 차 문화를 발견하다: K-Tea 프로그램'이다.
① 현대 차 협회의 새로운 행사
③ 우리 가게에서 차 잎에 대해 배우기
④ 전통 한국 차: 얼마나 아름다운가

## 14. ④  【해설】
④ 안내문 마지막 문장에서 예약은 방문 하루 전(one day before your visit)에 이루어져야 한다고 했으므로 안내문의 내용과 일치하지 않는다.
【해석】
Evergreen Tea Society는 여러분을 두 번째 연례 K-Tea 문화 프로그램에 따뜻하게 초대합니다! 이 특별한 행사는 전통 한국 차 문화의 세계에 푹 빠질 수 있는 기회를 제공합니다. 진정한 한국 차 한 잔을 맛보며 수세기에 걸친 이 전통의 풍부한 역사와 관습을 탐구해 보세요. 또한, 전문가들이 올바른 차 준비 기술을 시연하고 한국에서 차의 문화적 중요성을 설명하는 참여형 세션에도 참여할 수 있는 기회를 얻게 됩니다. 이 편안하고 유익하며 차 열정가들과 교류할 수 있는 멋진 행사를 놓치지 마세요!
**프로그램 내용:**
1) 한국 차 문화의 역사에 관한 짧은 영상 시청하기
2) 한국 전통 차 의식('다도')의 시연 보기
3) 직접 그 의식에 참여하기
4) 쿠키와 함께 엄선된 차 맛보기
**일시:** 9월 24일 토요일 오후 3시~오후 5시
**장소:** Evergreen 문화 센터
**참가비:** 1인당 20달러(전통 찻잔 포함)
예약은 적어도 방문 하루 전까지 온라인(www.egtsociety.or.kr)으로 해야 합니다.
【어휘】
society 협회  warmly 따뜻하게  invite 초대하다  annual 연례의  unique 유일무이한, 독특한  offer 제공하다  opportunity 기회  immerse ①담그다 ②몰두하게 하다, 몰입시키다 ③빠져들게 하다  savor ①맛보다, 음미하다 ②즐기다, 만끽하다  refreshing 기운을 돋우는, 상쾌한  authentic 진짜의, 진정한  explore 탐구하다, 탐험하다  rich 풍부한  custom 관습  centuries-old 수세기 동안의, 몇백년 된, 오랜 역사를 가진  participate in 참석하다, 참가하다  interactive ①참여형 ②상호작용하는  demonstrate 설명하다  proper 적절한, 적당한  significance 중요성  occasion 행사  enthusiast 열정가, 열정적인 사람  observe 관찰하다  demonstration 시연, 시범  tea-ceremony 차 의식, 다도(茶道)  along with ~과 함께  reservation 예약  at least 적어도

## 15. ④  【해설】
(C)에 있는 these conventions가 지칭하는 것은 주어진 문장이므로 주어진 문장 다음 (C)가 위치해야 하고 (A)의 Rather 앞에는 부정문이 있어야 하고 그 부정문은 (B)에 있으므로 (A) 앞에는 (B)가 있어야 한다. 따라서 주어진 문장 다음 이어질 글의 순서로 가장 적절한 것은 ④ (C) - (B) - (A)이다.
【해석】
어떤 이는 아마도 뉴턴과 갈릴레오와 같은 초기 과학자들이 신비로운 연구의 결과로 느닷없이 마법으로 과학을 불러낸 작은 종파에 속했다는 인상을 가졌을지도 모른다. 이것은 그렇지 않았다. 그들의 작업은 문화적 공백에서 일어나지 않았다. 그것은 고대의 많은 전통의 산물이었던 것이다. (C) 이러한 전통들 중 하나가 그리스 철학이었는데, 그것은 논리, 추론, 수학으로 세상이 설명될 수 있다는 믿음을 부추겼다. 다른 하나는 농업이었는데, 이로부터 사람들은 갑작스럽고, 예측할 수 없는 재난에 의해 주기적으로 방해를 받는 자연의 순환과 리듬을 관찰함으로써 질서와 혼돈에 대해 배웠다. (B) 그리고 다음으로 창조된 세계 질서에 대한 믿음을 부추긴 종교가 있었다. 과학의 기초적인 가정은 물리적인 우주가 제멋대로이지도 터무니없지도 않다는 것이다. 그것은 우주가 단지 무작위로 나란히 놓인 사물과 현상의 무의미한 뒤범벅은 아니라는 것이다. (A) 오히려, 일관성 있는 '사물의 체계'가 있다. 이것은 흔히 자연에는 질서가 있다는 간단한 경구로 표현된다. 하지만 과학자는 이 막연한 개념을 넘어서 잘 정의된 '법칙' 체계를 정립해 왔다.
【어휘】
might have p.p. ~했을지도 모른다  out of the blue 갑자기  as a result of ~ ~의 결과로  mystical 신비한  investigation 연구, 조사  take place 발생하다  vacuum 진공 상태  product 산물, 결과물  ancient 고대의  coherent 일관성 있는  scheme 체계  express 표현하다  simple 간단한  order 질서  beyond ~ ~을 넘어  vague 모호한  notion 개념  formulate 공식화하다, 정립하다  well-defined 잘 정의된  law 법칙  religion 종교  found 기초를 이루다  assumption 가정  physical 물리적인  neither A nor B A도 B도 둘 다 아닌  random 무작위의  absurd 터무니없는  meaningless 의미 없는  jumble 뒤섞임  phenomena 현상들  randomly 무작위로  place 놓다  side by side 나란히  convention 전통, 관습  logic 논리  reasoning 추론  agriculture 농업  order 질서  chaos 혼돈  observe 관찰하다  cycle 순환  interrupt 방해하다, 가로막다  periodically 주기적으로  unpredictable 예측할 수 없는  disaster 재난

## 16. ③  【해설】
주어진 지문은 신세계 기간 동안 인디언의 인구감소가 구세계의 세균 때문이었다는 내용의 글이므로 ③은 전체 글의 흐름과 무관하다. 따라서 정답은 ③이다.
【해석】
전반적으로 신세계 기간 동안 콜럼버스의 도착 이후 한두 세기만에 인디언의 인구 감소는 95%에 달했던 것으로 추정된다. 주요한 사망요인은 구세계의 세균이었는데 인디언들이 이것에 노출된 경험도 없었고 그러므로 이에 대한 면역성이나 유전적 저항성을 전혀 가지지 못했다. 천연두, 홍역, 유행성 독감, 그리고 발진 티푸스는 사망원인의 수위를 차지하기 위해 경쟁했다. 예를 들어 1837년에 대평원에서 가장 정교한 문화중 하나를 가진 만단 인디언 부족은 세인트루이스에서 미주리 강을 거슬러 올라가는 증기선에서 천연두에 감염되었다. (만단 부족은 약간의 식량은 무역에서 나왔지만 사냥, 농업, 그리고 야생식물을 채집함으로써 주로 생존했다.) 한 만단 부족 마을의 인구 수는 몇 주내에 2000명에서 40명도 안되게 급감했다.
【어휘】
as a whole 전반적으로, 전체적으로  decline 감소하다  estimate 추정하다, 어림잡다  germ 병원균, 세균  expose 노출시키다, 드러내다  immune 면역의  genetic 유전적인  resistance 저항  smallpox 천연두  measles 홍역  influenza 유행성 독감  typhus 발진 티푸스  compete 경쟁하다  tribe 부족  elaborate 정교한  contract ①계약, 계약서 ②계약하다 ③줄어들다, 수축시키다 ④병에 걸리다  steamboat 증기선  mainly 주로  plummet 급감하다

## 17. ④  【해설】
문맥상 dispensing은 '내놓다'의 뜻으로 이와 가장 가까운 유의어는 ④ releasing이다.

## 18. ③  【해설】
주어진 지문은 자판기의 재고 보충과 유지보수가 필요하다고 요청하고 있으므로 글의 목적으로 가장 적절한 것은 ③이다.
【해석】
수신: 소중한 고객님들께
발신: 시설 보수 팀
날짜: 7월 21일
제목: 자판기 서비스
관리자님께,
안녕하세요. 이 글을 읽으시는 분께 좋은 하루가 되기를 바랍니다. 저는 사무실 건물 1층에 위치한 자판기와 관련된 문제를 알려드리기 위해 이 글을 씁니다. 지난 몇 주 동안, 저와 몇몇 동료들이 이 자판기에서 반복적으로 발생하는 문제들을 경험했습니다. 첫째, 과자나 음료수 같은 인기 있는 품목들이 자주

품절되어, 바쁜 업무 중 자판기에 의존하는 직원들에게 선택의 폭이 매우 제한됩니다. 둘째, 자판기가 종종 제대로 작동하지 않아 돈을 삼키거나 잘못된 품목을 내보내는 경우가 있습니다. 셋째, 몇몇 직원들은 한 번 구매를 시도했을 때 과도한 금액이 부과되거나, 결제가 여러 번 이루어졌다고 보고했습니다. 직원들에게 편리하고 신뢰할 수 있는 서비스를 제공하는 것이 중요하다고 생각하기 때문에, 자판기가 더 자주 재고가 보충되고, 이러한 문제들을 방지하기 위해 적절히 유지 보수되기를 요청드립니다. 이런 작은 개선이 건물 내 모든 사람들에게 큰 변화를 가져올 것이라고 믿습니다. 이 문제에 관심을 가져주셔서 감사합니다.
진심을 담아,
에밀리 존슨
【어휘】
facility manager 시설 관리자  attention 관심, 주목  regarding ~에 관하여, ~에 관한  vending machine 자판기  recurring 반복적으로 발생하는  colleague 동료, 직장 동료  frequently 자주, 빈번히  out of stock 품절된, 재고가 없는  limited options 제한된 선택지  malfunction 오작동하다, 제대로 작동하지 않다  swallow (꿀꺽)삼키다  dispense (상품 등을) 내보내다  overcharged 과도하게 청구된  multiple times 여러 번  reliable 신뢰할 수 있는, 믿을 수 있는  restocked 재고를 다시 채운, 재고가 보충된  maintain 유지 보수하다  prevent 방지하다, 예방하다  improvement 개선  difference 차이, 변화  retain 보유하다, 유지하다  insert 삽입하다, 끼워 넣다  confine 제한하다

19. ④ 【해설】
주어진 지문은 고객 서비스 센터 직원들의 예의바름과 친절함을 평가하는 고객 서비스 만족도 조사에 참여해 주기를 요청하는 내용의 글이므로 이 글의 목적으로 가장 적절한 것은 ④ '고객 서비스 센터 직원 친절도 평가를 요청하려고'이다.
① 고객 서비스 센터 이용 절차를 안내하려고
② 고객 만족도를 높이기 위한 이벤트를 홍보하려고
③ 고객 서비스 센터 시설 업그레이드 내용을 알리려고
【해석】
수신: 소중한 고객님들께
발신: Seaview 고객 서비스 센터
날짜: 7월 12일
제목: 서비스 향상
존경하는 고객님,
저희 Seaview 고객 서비스 센터에서는 서비스 품질을 향상시키기 위해 늘 노력하고 있습니다. 이 목표를 달성하기 위해, 우리는 고객님께 우리 센터 직원들의 예의바름과 친절함을 평가하는 고객 서비스 만족도 조사에 참여해 주시기를 요청 드립니다. 고객님의 피드백은 저희가 개선해야 할 영역을 확인하는 데 있어서 매우 큰 도움이 됩니다. 설문 조사는 5분 이내로 완료할 수 있으며, www.seaview.com/survey로 접속하실 수 있습니다. 설문에 참여해 주신 분들께는 감사의 징표로 50달러 기프트 카드 추첨 이벤트에 자동으로 응모됩니다. 추가 의견이나 즉각적인 문의 사항이 있으신 경우, 1-800-SERVICE-CARE로 연락 주시면 됩니다.
소중한 시간을 내어 의견을 공유해 주셔서 감사합니다. 앞으로도 Seaview Customer Service를 이용해 주시는 고객님께 최상의 서비스를 제공할 수 있도록 최선을 다하겠습니다.
진심을 담아,
【어휘】
esteem 존중하다  strive 노력하다, 애쓰다  improve 개선하다, 향상시키다  quality 품질  achieve 성취하다, 이루다  goal 목표  participate in ~에 참여하다  Customer Service Satisfaction Survey 고객 서비스 만족도 조사  specifically 특히  rate 평가하다  courtesy 예의, 공손함  invaluable 매우 귀중한, 매우 소중한  identify 확인하다  improvement 개선, 향상  survey 설문 조사  complete 완성하다  access 접근하다, 접속하다  token 징표, 표시  appreciation 감사, 고마움  draw 응모, 추첨  completion 완료, 완성  additional 추가적인  comment 의견  immediate 즉각적인  inquiry 문의(사항)  hesitate 주저하다  contact 연락하다  share 공유하다  thought 생각, 의견  trust 신뢰하다, 믿다  hostility 적대감  failure 실패

20. ① 【해설】
① 본문 첫 번째 문장에서 음식 선택에 대해서는 또래의 영향력에 취약하다 했으므로 내용과 일치한다.
② 본문 두 번째 문장에서 배가 고파도 친구들이 상추 샐러드만 먹는다고 했으므로 내용과 일치하지 않는다.
③ 본문 세 번째 문장에서 레슬러가 되고자 하는 학생은 주변 친구들처럼 많은 음식을 먹는다 했으므로 내용과 일치하지 않는다.
④ 본문 네 번째 문장에서 비만인 아이는 친구가 있을 때는 적게 먹고 없을 때는 많이 먹는다 했으므로 내용과 일치하지 않는다.
【해석】
음식을 선택하는 데 있어서 젊은 아이들은 특히 또래의 영향에 상당히 취약하다. 십대의 소녀는 상추 샐러드가 그녀의 친구들이 먹는 것이기 때문에 나중에 배가 고플지라도 점심으로 상추 샐러드만 먹을지도 모른다. 레슬링 팀을 만들고 싶어 하는 호리호리한 소년은 자기 학교의 레슬링 선수들처럼 '몸집을 불리기' 위해 판에 박힌 듯이 자기 접시를 탄수화물과 단백질이 많은 음식으로 가득 채울지 모른다. 과체중의 십대는 주변에 친구들이 있을 때는 적당히 먹을지 모르지만, 혼자 있게 되면 많은 양을 게걸스럽게 먹게 된다. 음식과 관련된 압박이 의도적으로 강요된 것이든 혹은 그렇지 않은 또래들로부터 그러한 압박에서 완전히 자유로운 젊은 사람들은 거의 없다.
① 음식선택에 관한 한 또래의 압력이 청소년들에게 강력한 영향을 준다.
② 비록 젊은 여자아이가 배고플지라도 그녀는 결코 점심으로 상추 샐러드는 먹지 않을 것이다.
③ 레슬러가 되고 싶은 마른 아이는 탄수화물과 단백질 같은 음식은 피하려고 한다.
④ 비만인 아이는 친구들과 함께 있을 때에는 탐욕스럽게 먹지 않지만 혼자 있을 때에는 적당히 먹을 수 있다.
【어휘】
when it comes to ~에 관한 한  considerably 상당히, 꽤 많이  vulnerable 취약한, 연약한  peer 또래, 동료  nothing but 단지, 다만, 오직  lettuce 상추  slim 날씬한, 호리호리한  routinely 일상적으로, 판에 박힌 듯  overload (짐을)너무 많이 싣다  dense 빽빽한, 밀집한  carbohydrate 탄수화물  protein 단백질  bulk up 커지다, 크게 하다  moderately 적당히  devour 게걸스럽게 먹다  huge 큰, 엄청난  portion ①부분 ②몫 ③(음식의)1인분  pressure 압박  impose 부과하다, 강요하다  intentionally 의도적으로, 일부러  greedily 탐욕스럽게  adequately 적절하게, 적당하게  starving 굶주린, 배고픈  with respect to ~에 관한(한)  juvenile 청소년  dodge 피하다

# 한국사

출제교수: 노범석 교수님

1. ③ 【해설】 옥저
제시된 자료는 옥저의 장례 풍습에 대한 내용이다.
③ 민며느리제는 옥저의 혼인 풍습이다. 이는 두 집의 남녀가 장래에 혼인할 것을 약속하면 여자가 어렸을 때 남자 집에 가서 살다가 성장한 후 남자가 예물을 치르고 혼인을 하는 것으로, 일종의 매매혼적 성격을 지녔다.
① 부여와 고구려에 대한 설명이다.
② 삼한, ④ 고조선에 대한 설명이다.

2. ③ 【해설】 법흥왕
제시된 자료는 법흥왕 때의 병부 설치, 대가야와 결혼 동맹 체결에 대한 내용이다.
③ 진흥왕 때 대가야를 정복하였다.
① 법흥왕은 율령을 반포하였다.
② 법흥왕 때 이차돈의 순교를 계기로 불교를 공인하였다.
④ 법흥왕의 업적이다.

3. ④ 【해설】 광개토대왕
밑줄 친 '태왕'은 광개토대왕이다.
④ 광개토대왕 때 신라에 침입한 왜를 낙동강 유역에서 격퇴하고, 한반도 남부에까지 영향력을 행사하였다.
① 장수왕 때의 일이다.
② 광개토대왕은 영락이라는 독자적 연호를 사용하였다. 건원은 신라 법흥왕이 사용한 연호이다.
③ 문자왕에 대한 설명이다.

4. ④ 【해설】 의상
(가) 승려는 의상이다. 의상은 문무왕의 정치적 자문 역할을 담당하며 통일 신라의 불교 발전에 기여하였다.
④ 의상은 '화엄일승법계도'를 저술하여 화엄 사상을 정리하였다.
① 원광은 화랑이 지켜야 할 '세속오계'를 지었다.
② 원효는 '십문화쟁론'을 지어 종파 간의 대립을 해소하고자 하였다.
③ 혜초는 인도와 중앙아시아 지역을 여행하고 돌아와 '왕오천축국전'을 저술하였다.

5. ② 【해설】 고려 후기의 정치
㉠ 1351년 공민왕이 원나라에서 귀국하여 왕위에 올랐다.
㉣ 공민왕 때인 1361년 홍건적의 침입으로 개경이 함락되었다.
㉢ 이성계의 위화도 회군은 우왕 때인 1388년의 일이다.
㉡ 박위가 쓰시마를 공격하여 300여척의 왜구 적선을 불태운 것은 창왕 때인 1389년의 사실이다.

6. ② 【해설】 시정 전시과
제시된 자료는 경종 때 제정된 시정 전시과의 내용이다.
② 시정 전시과에서는 관품과 인품을 함께 반영하였다.
①, ④ 문종 때의 경정 전시과, ③ 과전법에 대한 설명이다.

7. ④ 【해설】 고려 성종
제시된 자료는 고려 성종 때의 상평창 설치와 관련된 내용이다.
④ 고려 성종은 지배층의 위계질서를 재편성하기 위해 문무산계제를 실시하였다. 이를 통해 중앙과 지방의 지배층을 구분하였고 지방의 지배층은 격하시켰다.
① 고려 태조, ②, ③ 고려 광종에 대한 설명이다.

8. ① 【해설】 조선 세조
제시된 자료는 조선 세조가 실시한 정책들을 나열한 것이다.
① 세조는 자신을 비판하는 언관들을 견제하기 위해 집현전을 폐지하였다.
② 원나라 역법인 수시력을 채용한 것은 고려 후기인 충선왕 때의 일이다.
③ 세종, ④ 성종에 대한 설명이다.

9. ② 【해설】 조선의 정치 상황
조선 건국은 1392년, 삼포왜란은 중종 때인 1510년, 을묘왜변은 명종 때인 1555년, 임진왜란은 선조 때인 1592년의 일이다.
② 을사사화는 16세기 명종 즉위년인 1545년에 일어난 사건이다. 명종의 외척인 윤원형(소윤) 세력이 인종의 외척인 윤임(대윤) 세력을 몰아내는 과정에서 일부 사림들이 해를 입었다.
① 조선 인조 때의 일이다.
③ 조선 후기인 숙종 때의 일이다.
④ 조선 세종 때 대마도주와 계해약조를 맺어 무역선을 1년에 50척으로 제한하였다.

10. ③ 【해설】 조선 전기의 경제
③ 조선 전기, 공법의 시행으로 토지의 비옥도에 따라 기본 수세 단위인 결(結)의 실제 면적을 토지 등급마다 다르게 하여 조세를 차등 징수하였다.
① 고려시대의 경제 상황에 대한 설명이다.
② 조선 후기의 경제 상황에 대한 설명이다. 고구마는 18세기 영조 때, 감자는 19세기에 조선에 전래되어 구황 작물로 활용되었다.
④ 삼국 시대의 경제 상황에 대한 설명이다.

11. ① 【해설】 숙종
조선 숙종 때 백두산정계비를 건립하였다.
① 조선 숙종 때 병조 판서 김석주의 건의에 따라 병조 산하의 정초군(기병)과 훈련도감의 별대를 통합하여 금위영을 설치하였다.
② 영조, ③ 철종, ④ 정조에 대한 설명이다.

12. ③ 【해설】 홍경래의 난
제시된 자료는 순조 때인 1811년에 발생한 홍경래의 난에 대한 내용이다.
③ 홍경래의 난은 몰락 양반인 홍경래의 주도 아래 신흥 상공업 세력, 영세 농민, 광산 노동자 등이 합류하였다.
① 고려 시대의 민란인 망이·망소이의 난에 대한 설명이다.
② 동학 농민운동 때의 일이다.
④ 고려 시대에 일어난 묘청의 서경 천도 운동에 대한 설명이다.

13. ④ 【해설】 임오군란
제시된 자료는 1882년의 임오군란과 관련된 내용이다.
④ 임오군란의 결과, 조선은 청나라와 조·청 상민 수륙 무역 장정을 체결하였다.
① 청·일 전쟁이 발발한 것은 1894년의 일이다.
② 갑신정변의 결과에 대한 설명이다.
③ 동학 농민 운동 때의 일이다.

14. ② 【해설】 대한제국 시기의 사회
대한제국은 1897년에 성립되어 1910년까지 지속되었다.
② 1899년부터 전차가 운영되기 시작하였다.
① 나운규는 일제 강점기인 1926년에 영화 아리랑을 제작·발표하였다.
③ '한성순보'는 1883년에 창간되어 1884년까지 발간되었다.
④ 원산학사는 1883년에 설립되었다.

15. ② 【해설】 2차 한·일 협약(을사늑약)
제시된 자료는 1905년에 체결된 2차 한·일 협약(을사늑약)의 내용이다.
② 2차 한·일 협약(을사조약)에 따라 대한제국은 일본에게 외교권을 박탈당했으며, 이듬해 서울에 통감부가 설치되고 이토 히로부미가 초대 통감으로 취임하였다.
① 강화도 조약, ③ 1904년에 체결된 1차 한·일 협약에 대한 설명이다.
④ 1904년 2월에 체결된 한·일 의정서에 대한 설명이다.

16. ③ 【해설】 독립협회
③ 보안회의 활동에 대한 설명이다.
① 독립협회는 고종의 밀명을 받은 황국 협회 회원들과의 충돌을 계기로 해산되었다.

- 1 -

② 독립협회는 러시아의 절영도 조차 요구를 철회시켰다.
④ 독립협회의 활동에 대한 설명이다.

17. ② 【해설】 박은식
제시된 자료는 박은식이 저술한 '한국통사'의 내용이다.
② 박은식은 '한국독립운동지혈사'를 저술하여 일제의 불법적인 침략 행위를 규탄하고, 우리 민족의 독립 운동사를 정리하였다.
① 신채호에 대한 설명이다.
③ 백남운을 비롯한 사회 경제 사학자들에 대한 설명이다.
④ 정인보에 대한 설명이다.

18. ④ 【해설】 1910년대 무단통치
범죄 즉결례는 무단통치 시기인 1910년에 만들어진 법령이다.
④ 일제는 1910년 회사령을 제정하여 회사를 설립할 때 총독의 허가를 받도록 하였다.
① 대한제국 때 실시된 양전지계 사업에 대한 내용이다.
② 일제는 1920년에 동아일보, 조선일보와 같은 우리말 신문의 창간을 허용하였다.
③ 치안유지법을 제정한 것은 1925년의 일이다.

19. ④ 【해설】 한국광복군
제시된 자료는 임시정부의 직할부대로 1940년 충칭에서 창설된 한국광복군에 대해 서술한 내용이다. 한국 광복군은 총사령관에는 이청천, 참모장에는 이범석을 선임했다. 1943년에는 영국군과 연합군의 일원으로 인도, 미얀마에서 공동 작전을 전개하였다. 그리고 일본 패망 직전에 중국 주둔 미국 전략 정보국(OSS)과 합작하여 국내 진공 작전을 계획하였으나 실현되지 못했다.

20. ② 【해설】 조선 건국 준비 위원회
제시된 자료는 1945년 8월에 조직된 조선 건국 준비 위원회에서 발표한 강령의 내용이다.
② 1946년 7월에 결성된 좌·우 합작 위원회에 대한 설명이다.
①, ③, ④ 조선 건국 준비 위원회에 대한 설명이다.

# 행 정 법

출제교수: 강성빈 교수님

1. ④ 【해설】 행정법통론
(갑 주식회사가 교육환경보호구역에 해당하는 사업부지에 콘도미니엄을 신축하기 위하여 교육환경평가승인신청을 한 데 대하여, 관할 교육지원청 교육장이 갑 회사에 '관광진흥법 제3조 제1항 제2호 (나)목에 따른 휴양 콘도미니엄업이 교육환경보호에 관한 법률에 따른 금지행위 및 시설로 규정되어 있지는 않으나 성매매 등에 대한 우려를 제기하는 민원에 대한 구체적인 예방대책을 제시하시기 바람'이라고 기재된 보완요청서를 보낸 후 교육감으로부터 '콘도미니엄업에 관하여 교육환경보호구역에서 금지되는 행위 및 시설에 관한 교육환경 보호에 관한 법률 제9조 제27호를 적용하라'는 취지의 행정지침을 통보받고 갑 회사에 교육환경평가승인신청을 반려하는 처분을 한 사안에서) 위 처분은 신뢰의 대상이 되는 교육장의 공적 견해표명이 있었다고 보기 어렵고, 교육장의 교육환경평가승인이 공익 또는 제3자의 정당한 이익을 현저히 해할 우려가 있는 경우에 해당하므로 신뢰보호원칙에 반하지 않는다고 한 사례. 대법원 2020. 4. 29. 선고 2019두52799 판결
① 구 도로교통법 제93조 제1항 단서 제2호 중 '제44조 제1항(주: 음주운전 금지)을 위반한 사람이 다시 같은 조 제1항을 위반하여 운전면허 정지 사유에 해당된 경우'에 관한 부분(주: 음주운전 2회 적발 시 운전면허를 필요적으로 취소하도록 한 부분)은 헌법에 위반되지 아니한다. (중략) 행정법규 위반의 정도와 그에 대한 행정제재 간의 비례관계가 형사상 책임과 그에 대한 형벌 간의 비례관계와 비교하여 판단의 차원을 같이하는 것이라 볼 수 없다. 헌법재판소 2023. 6. 29. 선고 2020헌바182 등 전원재판부 결정
② 원고가 (행정서사업)허가를 받은 때로부터 20년이 다되어 피고가 그 허가를 취소한 것이기는 하나 피고가 취소사유를 알고서도 그렇게 장기간 취소권을 행사하지 않은 것이 아니고 1985. 9. 중순에 비로소 위에서 본 취소사유를 알고 그에 관한 법적 처리방안에 관하여 다각도로 연구검토가 행해졌고 그러한 사정은 원고도 알고 있었음이 기록상 명백하여 이로써 본다면 상대방인 원고에게 취소권을 행사하지 않을 것이란 신뢰를 심어준 것으로 여겨지지 않으니 피고의 처분이 실권의 법리에 저촉된 것이라고 볼 수 있는 것도 아니다. 대법원 1988. 4. 27. 선고 87누915 판결
③ 제1종 보통면허로 운전할 수 있는 승합자동차를 음주운전한 경우, 제1종 보통면허뿐만 아니라 제1종 대형면허까지 취소할 수 있다는 사례. 대법원 1997. 3. 11. 선고 96누15176 판결

2. ③ 【해설】 행정쟁송법
거부처분의 처분성을 인정하기 위한 전제요건이 되는 신청권의 존부는 구체적 사건에서 신청인이 누구인가를 고려하지 않고 관계 법규의 해석에 의하여 일반 국민에게 그러한 신청권을 인정하고 있는가를 살펴 추상적으로 결정되는 것이고, 신청인이 그 신청에 따른 단순한 응답을 받을 권리를 넘어서 신청의 인용이라는 만족적 결과를 얻을 권리를 의미하는 것은 아니다. 대법원 2009. 9. 10. 선고 2007두20638 판결
① 행정소송의 대상이 되는 행정처분은, 행정청 또는 그 소속기관이나 법령에 의하여 행정권한의 위임 또는 위탁을 받은 공공기관이 국민의 권리의무에 관계되는 사항에 관하여 공권력을 발동하여 행하는 공법상의 행위를 말하며, 그것이 상대방의 권리를 제한하는 행위라 하더라도 행정청 또는 그 소속기관이나 권한을 위임받은 공공기관의 행위가 아닌 한 이를 행정처분이라고 할 수 없다. 대법원 2008. 1. 31. 선고 2005두8269 판결
② 공기업·준정부기관이 입찰을 거쳐 계약을 체결한 상대방에 대해 위 규정들에 따라 계약조건 위반을 이유로 입찰참가자격 제한처분을 하기 위해서는 입찰공고와 계약서에 미리 계약조건과 그 계약조건을 위반할 경우 입찰참가자격 제한을 받을 수 있다는 사실을 모두 명시해야 한다. 대법원 2021. 11. 11. 선고 2021두43491 판결
④ 관계 법령이나 행정청이 사전에 공표한 처분기준에 신청기간을 제한하는 특별한 규정이 없는 이상 재신청을 불허할 법적 근거가 없으며, 설령 신청기간을 제한하는 특별한 규정이 있더라도 재신청이 신청기간을 도과하였는지는 본안에서 재신청에 대한 거부처분이 적법한가를 판단하는 단계에서 고려할 요소이지, 소송요건 심사단계에서 고려할 요소가 아니다. 대법원 2021. 1. 14. 선고 2020두50324 판결

3. ③ 【해설】 행정법통론
공무원이 한 사직 의사표시의 철회나 취소는 그에 터잡은 의원면직처분이 있을 때까지 할 수 있는 것이고, 일단 면직처분이 있고 난 이후에는 철회나 취소할 여지가 없다. 대법원 2001. 8. 24. 선고 99두9971 판결
① 사직원 제출자의 내심의 의사가 사직할 뜻이 아니었다 하더라도 그 의사가 외부에 객관적으로 표시된 이상 그 의사는 표시된 대로 효력을 발하는 것이며, 민법 제107조 제1항 단서의 비진의 의사표시의 무효에 관한 규정은 그 성질상 사인의 공법행위에 적용되지 아니하므로 원고의 사직원을 받아들여 의원면직처분한 것을 당연무효라고 할 수 없다. 대법원 2001. 8. 24. 선고 99두9971 판결
② 사설납골시설의 설치신고는, 같은 법 및 시행령에서 정한 설치기준에 부합하는 한 이를 수리하여야 하나, 보건위생상의 위해를 방지하거나 국토의 효율적 이용 및 공공복리의 증진 등 중대한 공익상 필요가 있는 경우에는 그 수리를 거부할 수 있다고 보는 것이 타당하다. 대법원 2010. 9. 9. 선고 2008두22631 판결
④ 행정기본법 제34조

> **행정기본법 제34조(수리 여부에 따른 신고의 효력)**
> 법령등으로 정하는 바에 따라 행정청에 일정한 사항을 통지하여야 하는 신고로서 법률에 신고의 수리가 필요하다고 명시되어 있는 경우(행정기관의 내부 업무 처리 절차로서 수리를 규정한 경우는 제외한다)에는 행정청이 수리하여야 효력이 발생한다.

4. ② 【해설】 행정작용법
토지대장은 토지의 소유권을 제대로 행사하기 위한 전제요건으로서 토지 소유자의 실체적 권리관계에 밀접하게 관련되어 있으므로, 이러한 토지대장을 직권으로 말소한 행위는 국민의 권리관계에 영향을 미치는 것으로서 항고소송의 대상이 되는 행정처분에 해당한다. 대법원 2013. 10. 24. 선고 2011두13286 판결
① 행정청이 도시 및 주거환경정비법 등 관련 법령에 근거하여 행하는 조합설립인가처분은 단순히 사인들의 조합설립행위에 대한 보충행위로서의 성질을 갖는 것에 그치는 것이 아니라 법령상 요건을 갖출 경우 도시 및 주거환경정비법상 주택재건축사업을 시행할 수 있는 권한을 갖는 행정주체(공법인)로서의 지위를 부여하는 일종의 설권적 처분의 성격을 갖는다고 보아야 한다. (중략) 조합설립결의는 조합설립인가처분이라는 행정처분을 하는 데 필요한 요건 중 하나에 불과한 것이어서, 조합설립결의에 하자가 있다면 그 하자를 이유로 직접 항고소송의 방법으로 조합설립인가처분의 취소 또는 무효확인을 구하여야 하고, 이와는 별도로 조합설립결의 부분만을 따로 떼어내어 그 효력 유무를 다투는 확인의 소를 제기하는 것은 원고의 권리 또는 법률상의 지위에 현존하는 불안·위험을 제거하는 데 가장 유효·적절한 수단이라 할 수 없어 특별한 사정이 없는 한 확인의 이익은 인정되지 아니한다. 대법원 2009. 9. 24. 선고 2008다60568 판결
③ 행정기본법 제14조

> **행정기본법 제14조(법 적용의 기준)**
> ② 당사자의 신청에 따른 처분은 법령등에 특별한 규정이 있거나 처분 당시의 법령등을 적용하기 곤란한 특별한 사정이 있는 경우를 제외하고는 처분 당시의 법령등에 따른다.

④ 가축분뇨법에 따른 처리방법 변경허가는 허가권자의 재량행위에 해당한다. 대법원 2021. 6. 30 선고 2021두35681 판결

5. ④ 【해설】 행정쟁송법
주택재건축사업조합이 새로 조합설립인가처분을 받는 것과 동일한 요건과 절차를 거쳐 조합설립변경인가처분을 받는 경우 당초 조합설립인가처분의 유효를 전제로 당해 주택재건축사업

조합이 매도청구권 행사, 시공자 선정에 관한 총회 결의, 사업시행계획의 수립, 관리처분계획의 수립 등과 같은 후속 행위를 하였다면 당초 조합설립인가처분이 무효로 확인되거나 취소될 경우 그것이 유효하게 존재하는 것을 전제로 이루어진 위와 같은 후속 행위 역시 소급하여 효력을 상실하게 되므로, 특별한 사정이 없으면 위와 같은 형태의 조합설립변경인가가 있다고 하여 당초 조합설립인가처분의 무효확인을 구할 소의 이익이 소멸된다고 볼 수는 없다. 대법원 2012. 10. 25. 선고 2010두25107 판결
① 개발제한구역 중 일부 취락을 개발제한구역에서 해제하는 내용의 도시관리계획변경결정에 대하여, 개발제한구역 해제대상에서 누락된 토지의 소유자는 위 결정의 취소를 구할 법률상 이익이 없다. 대법원 2008. 7. 10. 선고 2007두10242 판결
② 항고소송은 다른 법률에 특별한 규정이 없는 한 원칙적으로 소송의 대상인 행정처분을 외부적으로 행한 행정청을 피고로 하여야 하고, 다만 대리기관이 대리관계를 표시하고 피대리 행정청을 대리하여 행정처분을 한 때에는 피대리 행정청이 피고로 되어야 한다. 대법원 2018. 10. 25. 선고 2018두43095 판결
③ 부작위위법확인의 소는 부작위상태가 계속되는 한 그 위법의 확인을 구할 이익이 있다고 보아야 하므로 원칙적으로 제소기간의 제한을 받지 않는다. 그러나 행정소송법 제38조 제2항이 제소기간을 규정한 같은 법 제20조를 부작위위법확인소송에 준용하고 있는 점에 비추어 보면, 행정심판 등 전심절차를 거친 경우에는 행정소송법 제20조가 정한 제소기간 내에 부작위위법확인의 소를 제기하여야 한다. 대법원 2009. 7. 23. 선고 2008두10560 판결

6. ① 【해설】 행정작용법
행정처분이 취소되면 그 소급효에 의하여 처음부터 그 처분이 없었던 것과 같은 효과를 발생하게 되는바, 행정청이 의료법인의 이사에 대한 이사취임승인취소처분(제1처분)을 직권으로 취소(제2처분)한 경우에는 그로 인하여 이사가 소급하여 이사로서의 지위를 회복하게 되고, 그 결과 위 제1처분과 제2처분 사이에 법원에 의하여 선임결정된 임시이사들의 지위는 법원의 해임결정이 없더라도 당연히 소멸된다. 대법원 1997. 1. 21. 선고 96누3401 판결
② 지방병무청장이 재신체검사 등을 거쳐 현역병입영대상편입처분을 보충역편입처분이나 제2국민역편입처분으로 변경하거나 보충역편입처분을 제2국민역편입처분으로 변경하는 경우, 그 후 새로운 병역처분의 성립에 하자가 있었음을 이유로 하여 이를 취소한다고 하더라도 종전의 병역처분의 효력이 되살아난다고 할 수 없다. 대법원 2002. 5. 28. 선고 2001두9653 판결
③ 수익적 행정처분에 대한 취소권 등의 행사는 기득권의 침해를 정당화할 만한 중대한 공익상의 필요 또는 제3자의 이익보호의 필요가 있는 때에 한하여 허용될 수 있다는 법리는, 처분청이 수익적 행정처분을 직권으로 취소·철회하는 경우에 적용되는 법리일 뿐 쟁송취소의 경우에는 적용되지 않는다. 대법원 2019. 10. 17. 선고 2018두104 판결
④ 행정처분을 한 처분청은 그 처분의 성립에 하자가 있는 경우 이를 취소할 별도의 법적 근거가 없다고 하더라도 직권으로 이를 취소할 수 있다. 대법원 2002. 5. 28. 선고 2001두9653 판결

7. ① 【해설】 실효성 확보수단
단순한 부작위의무의 위반, 즉 관계 법령에 정하고 있는 절대적 금지나 허가를 유보한 상대적 금지를 위반한 경우에는 당해 법령에서 그 위반자에 대하여 위반에 의하여 생긴 유형적 결과의 시정을 명하는 행정처분의 권한을 인정하는 규정을 두고 있지 아니한 이상, 법치주의의 원리에 비추어 볼 때 위와 같은 부작위의무로부터 그 의무를 위반함으로써 생긴 결과를 시정하기 위한 작위의무를 당연히 끌어낼 수는 없으며, 또 위 금지규정(특히 허가를 유보한 상대적 금지규정)으로부터 작위의무, 즉 위반결과의 시정을 명하는 권한이 당연히 추론되는 것도 아니다. 대법원 1996. 6. 28. 선고 96누4374 판결
② 행정대집행법 제2조

**행정대집행법 제2조(대집행과 그 비용징수)**
법률(법률의 위임에 의한 명령, 지방자치단체의 조례를 포함한다. 이하 같다)에 의하여 직접명령되었거나 또는 법률에 의거한 행정청의 명령에 의한 행위로서 타인이 대신하여 행할 수 있는 행위를 의무자가 이행하지 아니하는 경우 다른 수단으로써 그 이행을 확보하기 곤란하고 또한 그 불이행을 방치함이 심히 공익을 해할 것으로 인정될 때에는 당해 행정청은 스스로 의무자가 하여야 할 행위를 하거나 또는 제삼자로 하여금 이를 하게 하여 그 비용을 의무자로부터 징수할 수 있다.

③ 구 공공용지의 취득 및 손실보상에 관한 특례법에 따른 토지 등의 협의취득은 공공사업에 필요한 토지 등을 그 소유자와의 협의에 의하여 취득하는 것으로서 공공기관이 사경제주체로서 행하는 사법상 매매 내지 사법상 계약의 실질을 가지는 것이므로, 그 협의취득시 건물소유자가 매매대상 건물에 대한 철거의무를 부담하겠다는 취지의 약정을 하였다고 하더라도 이러한 철거의무는 공법상의 의무가 될 수 없고, 이 경우에도 행정대집행법을 준용하여 대집행을 허용하는 별도의 규정이 없는 한 위와 같은 철거의무는 행정대집행법에 의한 대집행의 대상이 되지 않는다. 대법원 2006. 10. 13. 선고 2006두7096 판결
④ 관리권자인 보령시장이 행정대집행을 실시하지 아니하는 경우 국가에 대하여 이 사건 토지 사용청구권을 가지는 원고로서는 위 청구권을 보전하기 위하여 국가를 대위하여 피고들을 상대로 민사소송의 방법으로 이 사건 시설물의 철거를 구하는 이외에는 이를 실현할 수 있는 다른 절차와 방법이 없어 그 보전의 필요성이 인정되므로, 원고는 국가를 대위하여 피고들을 상대로 민사소송의 방법으로 이 사건 시설물의 철거를 구할 수 있다. 대법원 2009. 6. 11. 선고 2009다1122 판결

8. ① 【해설】 행정작용법
법외노조 통보는 적법하게 설립된 노동조합의 법적 지위를 박탈하는 중대한 침익적 처분으로서 원칙적으로 국민의 대표자인 입법자가 스스로 형식적 법률로써 규정하여야 할 사항이고, 행정입법으로 이를 규정하기 위하여는 반드시 법률의 명시적이고 구체적인 위임이 있어야 한다. 그런데 노동조합 및 노동관계조정법 시행령 제9조 제2항은 법률의 위임 없이 법률이 정하지 아니한 법외노조 통보에 관하여 규정함으로써 헌법상 노동3권을 본질적으로 제한하고 있으므로 그 자체로 무효이다. 대법원 2020. 9. 3. 선고 2016두32992 전원합의체 판결
② 국가공무원인 교원의 보수에 관한 구체적인 내용(보수 체계, 보수 내용, 지급 방법 등)까지 반드시 법률의 형식으로만 정해야 하는 '기본적인 사항'이라고 보기는 어렵고, 이를 행정부의 하위법령에 위임하는 것은 불가피하다. 대법원 2023. 10. 26. 선고 2020두50966 판결
③ 헌법 제38조, 제59조에서 채택하고 있는 조세법률주의의 원칙은 과세요건과 징수절차 등 조세권행사의 요건과 절차는 국민의 대표기관인 국회가 제정한 법률로써 규정하여야 한다는 것이나, 과세요건과 징수절차에 관한 사항을 명령·규칙 등 하위법령에 위임하여 규정하게 할 수 없는 것은 아니다. 대법원 1994. 9. 30.자 94부18 결정
④ 행정소송법 제6조

**행정소송법 제6조(명령·규칙의 위헌판결등 공고)**
① 행정소송에 대한 대법원판결에 의하여 명령·규칙이 헌법 또는 법률에 위반된다는 것이 확정된 경우에는 대법원은 지체없이 그 사유를 행정안전부장관에게 통보하여야 한다.

9. ② 【해설】 행정법통론
폐기물처리업의 허가를 받은 원고들이 피고의 시장으로부터 원고들이 진주시에서 발생하는 음식물류 폐기물의 수집·운반, 가로 청소, 재활용품의 수집·운반 업무를 대행할 것을 위탁받고, 각각 피고와 위 대행 업무에 관해 체결한 도급계약 및 위 계약체결 후 그 계약내용 중 일부를 변경하기로 한 변경계약을 사법상 계약으로 본 사례. 대법원 2018. 2. 13. 선고 2014두11328 판결
① 지방자치단체의 관할구역 내에 있는 각급 학교에서 학교회계직원으로 근무하는 것을 내용으로 하는 근로계약은 사법상 계약이다. 대법원 2018. 5. 11. 선고 2015다237748 판결
③ 공익사업을 위한 토지 등의 취득 및 보상에 관한 법령에 의

한 협의취득은 사법상의 법률행위이므로 당사자 사이의 자유로운 의사에 따라 채무불이행책임이나 매매대금 과부족금에 대한 지급의무를 약정할 수 있다. 대법원 2012. 2. 23. 선고 2010다91206 판결
④ 국유재산 등의 관리청이 하는 행정재산의 사용·수익에 대한 허가는 순전히 사경제주체로서 행하는 사법상의 행위가 아니라 관리청이 공권력을 가진 우월적 지위에서 행하는 행정처분으로서 특정인에게 행정재산을 사용할 수 있는 권리를 설정하여 주는 강학상 특허에 해당한다. (중략) 국립의료원 부설 주차장에 관한 위탁관리용역운영계약의 실질은 행정재산에 대한 국유재산법 제24조 제1항의 사용·수익 허가이므로, 위 계약에 따른 가산금 지급채무의 부존재를 주장하여 구제를 받으려면, 적절한 행정쟁송절차를 통하여 권리관계를 다투어야 할 것이지, 이 사건과 같이 피고에 대하여 민사소송으로 위 지급의무의 부존재확인을 구할 수는 없는 것이다. 대법원 2006. 3. 9. 선고 2004다31074 판결

10. ③ 【해설】 행정작용법
개인택시 운송사업을 양수한 사람은 양도인의 운송사업자로서의 지위를 승계하는 것이므로, 관할관청은 개인택시 운송사업의 양도·양수에 대한 인가를 한 후에도 그 양도·양수 이전에 있었던 양도인에 대한 운송사업면허 취소사유를 들어 양수인의 사업면허를 취소할 수 있고, 가사 양도·양수 당시에는 양도인에 대한 운송사업면허 취소사유가 현실적으로 발생하지 않은 경우라도 그 원인되는 사실이 이미 존재하였다면, 관할관청으로서는 그 후 발생한 운송사업면허 취소사유에 기하여 양수인의 사업면허를 취소할 수 있는 것이다. 대법원 2010. 4. 8. 선고 2009두17018 판결
① (마을버스 운수업자 甲이 유류사용량을 실제보다 부풀려 유가보조금을 과다 지급받은 데 대하여 관할 시장이 甲에게 부정수급기간 동안 지급된 유가보조금 전액을 회수하는 내용의 처분을 한 사안에서) 구 여객자동차 운수사업법 제51조 제3항에 따라 국토해양부장관 또는 시·도지사는 여객자동차 운수사업자가 '거짓이나 부정한 방법으로 지급받은 보조금'에 대하여 반환할 것을 명하여야 하고, 위 규정을 '정상적으로 지급받은 보조금'까지 반환하도록 명할 수 있는 것으로 해석하는 것은 문언의 범위를 넘어서는 것이며, 규정의 형식이나 체재 등에 비추어 보면, 위 환수처분은 국토해양부장관 또는 시·도지사가 지급받은 보조금을 반환할 것을 명하여야 하는 기속행위라고 본 원심판단을 정당하다고 한 사례. 대법원 2013. 12. 12. 선고 2011두3388 판결
② 건축허가권자는 건축허가신청이 건축법 등 관계 법규에서 정하는 어떠한 제한에 배치되지 않는 이상 당연히 같은 법조에서 정하는 건축허가를 하여야 하고, 중대한 공익상의 필요가 없음에도 불구하고, 요건을 갖춘 자에 대한 허가를 관계 법령에서 정하는 제한사유 이외의 사유를 들어 거부할 수는 없다. 대법원 2006. 11. 9. 선고 2006두1227 판결
④ 구 여객자동차운수사업법 제76조 제1항 제15호, 같은 법 시행령 제29조에는 관할관청은 개인택시운송사업자의 운전면허가 취소된 때에 그의 개인택시운송사업면허를 취소할 수 있도록 규정되어 있을 뿐 그에게 운전면허 취소사유가 있다는 사유만으로 개인택시운송사업면허를 취소할 수 있도록 하는 규정은 없으므로, 관할관청으로서는 비록 개인택시운송사업자에게 운전면허 취소사유가 있다 하더라도 그로 인하여 운전면허 취소처분이 이루어지지 않은 이상 개인택시운송사업면허를 취소할 수는 없다. 대법원 2008. 5. 15. 선고 2007두26001 판결

11. ② 【해설】 행정작용법
행정처분에 부담인 부관을 붙인 경우 부관의 무효화에 의하여 본체인 행정처분 자체의 효력에도 영향이 있게 될 수는 있지만, 그 처분을 받은 사람이 부담의 이행으로 사법상 매매 등의 법률행위를 한 경우에는 그 부관은 특별한 사정이 없는 한 법률행위를 하게 된 동기 내지 연유로 작용하였을 뿐이므로 이는 법률행위의 취소사유가 될 수 있음은 별론으로 하고 그 법률행위 자체를 당연히 무효화하는 것은 아니다. 대법원 2009. 6. 25. 선고 2006다18174 판결
① 행정처분에 붙은 부담인 부관이 제소기간의 도과로 확정되어 이미 불가쟁력이 생겼다면 그 하자가 중대하고 명백하여 당연 무효로 보아야 할 경우 외에는 누구나 그 효력을 부인할 수 없을 것이지만, 부담의 이행으로서 하게 된 사법상 매매 등의 법률행위는 부담을 붙인 행정처분과는 어디까지나 별개의 법률행위이므로 그 부담의 불가쟁력의 문제와는 별도로 법률행위가 사회질서 위반이나 강행규정에 위반되는지 여부 등을 따져보아 그 법률행위의 유효 여부를 판단하여야 한다. 대법원 2009. 6. 25. 선고 2006다18174 판결
③ 일반적으로 보조금 교부결정에 관해서는 행정청에게 광범위한 재량이 부여되어 있고, 행정청은 보조금 교부결정을 할 때 법령과 예산에서 정하는 보조금의 교부 목적을 달성 하는 데에 필요한 조건을 붙일 수 있다. 대법원 2021. 2. 4. 선고 2020두48772 판결
④ 행정청은 임시이사의 임기를 분명히 하기 위하여 임시이사를 선임하면서 임기를 예를 들어 1년 또는 2년과 같이 확정기한으로 정할 수 있다. 그러나 임시이사를 선임하면서 임기를 '후임 정식이사가 선임될 때까지'로 기재한 것은 근거 법률의 해석상 당연히 도출되는 사항을 주의적·확인적으로 기재한 이른바 '법정부관'일 뿐, 행정청의 의사에 따라 붙이는 본래 의미의 행정처분 부관이라고 볼 수 없다. 후임 정식이사가 선임되었다는 사유만으로 임시이사의 임기가 자동적으로 만료되어 임시이사의 지위가 상실되는 효과가 발생하지 않고, 관할 행정청이 후임 정식이사가 선임되었음을 이유로 임시이사를 해임하는 행정처분을 해야만 비로소 임시이사의 지위가 상실되는 효과가 발생한다. 대법원 2020. 10. 29. 선고 2017다269152 판결

12. ② 【해설】 실효성 확보수단
질서위반행위규제법 제42조 및 제43조

**질서위반행위규제법 제42조(과태료 재판의 집행)**
① 과태료 재판은 검사의 명령으로써 집행한다. 이 경우 그 명령은 집행력 있는 집행권원과 동일한 효력이 있다.

**질서위반행위규제법 제43조(과태료 재판 집행의 위탁)**
① 검사는 과태료를 최초 부과한 행정청에 대하여 과태료 재판의 집행을 위탁할 수 있고, 위탁을 받은 행정청은 국세 또는 지방세 체납처분의 예에 따라 집행한다.

① 질서위반행위규제법 제12조

**질서위반행위규제법 제12조(다수인의 질서위반행위 가담)**
② 신분에 의하여 성립하는 질서위반행위에 신분이 없는 자가 가담한 때에는 신분이 없는 자에 대하여도 질서위반행위가 성립한다.

③ 질서위반행위규제법 제15조

**질서위반행위규제법 제15조(과태료의 시효)**
① 과태료는 행정청의 과태료 부과처분이나 법원의 과태료 재판이 확정된 후 5년간 징수하지 아니하거나 집행하지 아니하면 시효로 인하여 소멸한다.

④ 질서위반행위규제법 제38조

**질서위반행위규제법 제38조(항고)**
① 당사자와 검사는 과태료 재판에 대하여 즉시항고를 할 수 있다. 이 경우 항고는 집행정지의 효력이 있다.

13. ② 【해설】 행정구제법
토지보상법 제74조

**토지보상법 제74조(잔여지 등의 매수 및 수용 청구)**
① 동일한 소유자에게 속하는 일단의 토지의 일부가 협의에 의하여 매수되거나 수용됨으로 인하여 잔여지를 종래의 목적에 사용하는 것이 현저히 곤란할 때에는 해당 토지소유자는 사업시행자에게 잔여지를 매수하여 줄 것을 청구할 수 있으며, 사업인정 이후에는 관할 토지수용위원회에 수용을 청구할 수 있다. 이 경우 수용의 청구는 매수에 관한 협의가 성립되지 아니한 경우에만 할 수 있으며, 사업완료일까지 하여야 한다.

① 사업인정고시는 수용재결절차로 나아가 강제적인 방식으로 토지소유자나 관계인의 권리를 취득·보상하기 위한 절차적 요건에 지나지 않고 영업손실보상의 요건이 아니다. 따라서 피고

가 시행하는 사업이 토지보상법상 공익사업에 해당하고 원고들의 영업이 해당 공익사업으로 폐업하거나 휴업하게 된 것이어서 토지보상법령에서 정한 영업손실 보상대상에 해당하면, 사업인정고시가 없더라도 피고는 원고들에게 영업손실을 보상할 의무가 있다. 대법원 2021. 11. 11. 선고 2018다204022 판결
③ 잔여지 수용청구의 의사표시는 관할 토지수용위원회에 하여야 하는 것으로서, 관할 토지수용위원회가 사업시행자에게 잔여지 수용청구의 의사표시를 수령할 권한을 부여하였다고 인정할 만한 사정이 없는 한, 사업시행자에게 한 잔여지 매수청구의 의사표시를 관할 토지수용위원회에 한 잔여지 수용청구의 의사표시로 볼 수는 없다. 대법원 2010. 8. 19. 선고 2008두822 판결
④ 위 규정이 정한 수용청구권은 토지보상법 제74조 제1항이 정한 잔여지 수용청구권과 같이 손실보상의 일환으로 토지소유자에게 부여되는 권리로서 그 청구에 의하여 수용효과가 생기는 형성권의 성질을 지니므로, 토지소유자의 토지수용청구를 받아들이지 아니한 토지수용위원회의 재결에 대하여 토지소유자가 불복하여 제기하는 소송은 토지보상법 제85조 제2항에 규정되어 있는 '보상금의 증감에 관한 소송'에 해당하고, 그 피고는 토지수용위원회가 아니라 사업시행자로 하여야 한다. 대법원 2015. 4. 9. 선고 2014두46669 판결

14. ④ 【해설】 행정작용법
민사소송에 있어서 어느 행정처분의 당연무효 여부가 선결문제로 되는 때에는 이를 판단하여 당연무효임을 전제로 판결할 수 있고 반드시 행정소송 등의 절차에 의하여 그 취소나 무효확인을 받아야 하는 것은 아니다. 대법원 2010. 4. 8. 선고 2009다90092 판결
① 상대방 있는 행정처분은 특별한 규정이 없는 한 의사표시에 관한 일반법리에 따라 상대방에게 고지되어야 효력이 발생하고, 상대방 있는 행정처분이 상대방에게 고지되지 아니한 경우에는 상대방이 인터넷 홈페이지 접속 등 다른 경로를 통해 행정처분의 내용을 알게 되었다고 하더라도 행정처분의 효력이 발생한다고 볼 수 없다. 대법원 2019. 8. 9. 선고 2019두38656 판결
② 서훈은 서훈대상자의 특별한 공적에 의하여 수여되는 고도의 일신전속적 성격을 가지는 것이다. (중략) 이러한 서훈의 일신전속적 성격은 서훈취소의 경우에도 마찬가지이므로, 망인에게 수여된 서훈의 취소에서도 유족은 그 처분의 상대방이 되는 것이 아니다. 이와 같이 망인에 대한 서훈취소는 유족에 대한 것이 아니므로 유족에 대한 통지에 의해서만 성립하여 효력이 발생한다고 볼 수 없고, 그 결정이 처분권자의 의사에 따라 상당한 방법으로 대외적으로 표시됨으로써 행정행위로서 성립하여 효력이 발생한다고 봄이 타당하다. 대법원 2014. 9. 26. 선고 2013두2518 판결
③ 행정절차법 제14조

행정절차법 제14조(송달)
③ 정보통신망을 이용한 송달은 송달받을 자가 동의하는 경우에만 한다. 이 경우 송달받을 자는 송달받을 전자우편주소 등을 지정하여야 한다.

15. ③ 【해설】 행정쟁송법
행정처분을 취소하는 확정판결이 제3자에 대하여도 효력이 있다고 하더라도 일반적으로 판결의 효력은 주문에 포함한 것에 한하여 미치는 것이니 그 취소판결 자체의 효력으로써 그 행정처분을 기초로 하여 새로 형성된 제3자의 권리까지 당연히 그 행정처분 전의 상태로 환원되는 것이라고는 할 수 없고, 단지 취소판결의 존재와 취소판결에 의하여 형성되는 법률관계를 소송당사자가 아니었던 제3자라 할지라도 이를 용인하지 않으면 아니된다는 것을 의미하는 것에 불과하다 할 것이다. 대법원 1986. 8. 19. 선고 83다카2022 판결
① 부작위위법확인의 소는 행정청이 국민의 법규상 또는 조리상의 권리에 기한 신청에 대하여 상당한 기간 내에 그 신청을 인용하는 적극적 처분 또는 각하하거나 기각하는 등의 소극적 처분을 하여야 할 법률상의 응답의무가 있음에도 불구하고 이를 하지 아니하는 경우, 판결(사실심의 구두변론 종결)시를 기준으로 그 부작위의 위법을 확인함으로써 행정청의 응답을 신속하게 하여 부작위 내지 무응답이라고 하는 소극적인 위법상태를 제거하는 것을 목적으로 하는 것이므로, 소제기의 전후를 통하여 판결시까지 행정청이 그 신청에 대하여 적극 또는 소극의 처분을 함으로써 부작위상태가 해소된 때에는 소의 이익을 상실하게 되어 당해 소는 각하를 면할 수가 없는 것이다. 대법원 1990. 9. 25. 선고 89누4758 판결
② 근거 법령의 추가를 통하여 위 제외처분의 성질이 기속행위에서 재량행위로 변경되고, 그로 인하여 위법사유와 당사자들의 공격방어방법 내용, 법원의 사법심사방식 등이 달라지며, 특히 종래의 법 위반 사실뿐만 아니라 처분의 적정성을 확보하기 위한 양정사실까지 새로 고려되어야 하므로, 당초 처분사유와 소송 과정에서 시장이 추가한 처분사유는 기초가 되는 사회적 사실관계의 동일성이 인정되지 않는다. 대법원 2023. 11. 30. 선고 2019두38465 판결
④ 「뇌혈관 질병 또는 심장 질병 및 근골격계 질병의 업무상 질병 인정 여부 결정에 필요한 사항」(고용노동부 고시)은 대외적으로 국민과 법원을 구속하는 효력은 없으므로, 근로복지공단이 처분 당시에 시행하던 '개정 전 고시'를 적용하여 산재요양 불승인처분을 한 경우라고 하더라도 해당 불승인처분에 대한 항고소송에서 법원은 '개정 전 고시'를 적용할 의무는 없고, 해당 불승인처분이 있은 후 개정된 고시의 규정 내용과 개정 취지를 참작하여 상당인과관계의 존부를 판단할 수 있다. 대법원 2020. 12. 24. 선고 2020두39297 판결

16. ① 【해설】 정보공개법
정보공개법 제9조 제1항 제5호에서의 '감사·감독·검사·시험·규제·입찰계약·기술개발·인사관리·의사결정과정 또는 내부검토과정에 있는 사항'은 비공개대상정보를 예시적으로 열거한 것이라고 할 것이므로 의사결정과정에 제공된 회의관련 자료나 의사결정과정이 기록된 회의록 등은 의사가 결정되거나 의사가 집행된 경우에는 더 이상 의사결정과정에 있는 사항 그 자체라고는 할 수 없으나, 의사결정과정에 있는 사항에 준하는 사항으로서 비공개대상정보에 포함될 수 있다. 대법원 2003. 8. 22. 선고 2002두12946 판결
② 공개청구의 대상이 되는 정보가 이미 다른 사람에게 공개하여 널리 알려져 있다거나 인터넷이나 관보 등을 통하여 공개하여 인터넷검색이나 도서관에서의 열람 등을 통하여 쉽게 알 수 있다는 사정만으로는 소의 이익이 없다거나 비공개결정이 정당화될 수는 없다. 대법원 2008. 11. 27. 선고 2005두15694 판결
③ 공공기관의 정보공개에 관한 법률은 비공개대상정보에 해당하지 않는 한 공공기관이 보유·관리하는 정보는 공개 대상이 된다고 규정하고 있을 뿐, 정보공개 청구권자가 공개를 청구하는 정보와 어떤 관련성을 가질 것을 요구하거나 정보공개청구의 목적에 특별한 제한을 두고 있지 아니하므로 정보공개 청구권자의 권리구제 가능성 등은 정보의 공개 여부 결정에 아무런 영향을 미치지 못한다. 대법원 2017. 9. 7. 선고 2017두44558 판결
④ 정보공개법 제9조

정보공개법 제9조(비공개 대상 정보)
① 공공기관이 보유·관리하는 정보는 공개 대상이 된다. 다만, 다음 각 호의 어느 하나에 해당하는 정보는 공개하지 아니할 수 있다.
  6. 해당 정보에 포함되어 있는 성명·주민등록번호 등 「개인정보 보호법」 제2조 제1호에 따른 개인정보로서 공개될 경우 사생활의 비밀 또는 자유를 침해할 우려가 있다고 인정되는 정보. 다만, 다음 각 목에 열거한 사항은 제외한다.
    라. 직무를 수행한 공무원의 성명·직위

17. ② 【해설】 행정쟁송법
심판대상조항은 국가가 당사자소송의 피고인 경우 가집행의 선고를 제한하여, 국가가 아닌 공공단체 그 밖의 권리주체가 피고인 경우에 비하여 합리적인 이유 없이 차별하고 있으므로 평등원칙에 반한다. 헌법재판소 2022. 2. 24. 선고 2020헌가12 전원재판부 결정(주: 종래 행정소송법은 제43조에서 국가를 상대로 하는 당사자소송의 경우에는 법원이 가집행선고를

할 수 없도록 규정하고 있었으나, 위 규정에 대해 헌법재판소가 평등원칙 위반을 이유로 위헌 결정을 내림으로써 이제는 국가를 상대로 하는 당사자소송의 경우에도 가집행선고가 가능하게 되었음)
① 행정소송법 제3조

**행정소송법 제3조(행정소송의 종류)**
행정소송은 다음의 네 가지로 구분한다.
 2. 당사자소송: 행정청의 처분등을 원인으로 하는 법률관계에 관한 소송 그 밖에 공법상의 법률관계에 관한 소송으로서 그 법률관계의 한쪽 당사자를 피고로 하는 소송

③ 공무원의 연가보상비청구권은 공무원이 연가를 실시하지 아니하는 등 법령상 정해진 요건이 충족되면 그 자체만으로 지급기준일 또는 보수지급기관의 장이 정한 지급일에 구체적으로 발생하고 행정청의 지급결정에 의하여 비로소 발생하는 것은 아니라고 할 것이므로, 행정청이 공무원에게 연가보상비를 지급하지 아니한 행위로 인하여 공무원의 연가보상비청구권 등 법률상 지위에 아무런 영향을 미친다고 할 수는 없으므로 행정청의 연가보상비 부지급 행위는 항고소송의 대상이 되는 처분이라고 볼 수 없다. 대법원 1999. 7. 23. 선고 97누10857 판결
④ 석탄광업자가 석탄산업합리화사업단을 상대로 석탄산업법령 및 석탄가격안정지원금 지급요령에 의하여 지원금의 지급을 구하는 소송은 공법상의 법률관계에 관한 소송인 공법상의 당사자소송에 해당한다. 대법원 1997. 5. 30. 선고 95다28960 판결

18. ④ 【해설】 행정구제법
헌법재판소 재판관의 위법한 직무집행의 결과 잘못된 각하결정을 함으로써 청구인으로 하여금 본안판단을 받을 기회를 상실하게 한 이상, 설령 본안판단을 하였더라도 어차피 청구가 기각되었을 것이라는 사정이 있다고 하더라도 잘못된 판단으로 인하여 헌법소원심판 청구인의 위와 같은 합리적인 기대를 침해한 것이고 이러한 기대는 인격적 이익으로서 보호할 가치가 있다고 할 것이므로 그 침해로 인한 정신상 고통에 대하여는 위자료를 지급할 의무가 있다. 대법원 2003. 7. 11. 선고 99다24218 판결
① 국가배상법 제2조 소정의 '공무원'이라 함은 국가공무원법이나 지방공무원법에 의하여 공무원으로서의 신분을 가진 자에 국한하지 않고, 널리 공무를 위탁받아 실질적으로 공무에 종사하고 있는 일체의 자를 가리키는 것으로서, 공무의 위탁이 일시적이고 한정적인 사항에 관한 활동을 위한 것이어도 달리 볼 것은 아니다. 대법원 2001. 1. 5. 선고 98다39060 판결
② 국가배상법이 정한 배상청구의 요건인 '공무원의 직무'에는 권력적 작용만이 아니라 행정지도와 같은 비권력적 작용도 포함되나 행정주체가 사경제주체로서 하는 활동만은 제외된다. 대법원 1998. 7. 10. 선고 96다38971 판결
③ 인사업무담당 공무원이 다른 공무원의 공무원증 등을 위조하는 행위는 비록 그것이 실질적으로는 직무행위에 속하지 아니한다 할지라도 적어도 외관상으로는 공무원증과 재직증명서를 발급하는 행위로서 직무집행으로 보여지므로 결국 그 위조행위는 국가배상법 제2조 제1항 소정의 공무원이 직무를 집행함에 당하여 한 행위로 인정된다. 대법원 2005. 1. 14. 선고 2004다26805 판결

19. ③ 【해설】 실효성 확보수단
'위반행위의 횟수에 따른 가중처분기준'이 적용되려면 실제 선행 위반행위가 있고 그에 대하여 유효한 제재처분이 이루어졌음에도 그 제재처분일로부터 1년 이내에 다시 같은 내용의 위반행위가 적발된 경우이면 족하다고 보아야 한다. 선행 위반행위에 대한 선행 제재처분이 반드시 구 시행령 [별표 1] 제재처분기준 제2호에 명시된 처분내용대로 이루어진 경우이어야 할 필요는 없으며, 선행 제재처분에 처분의 종류를 잘못 선택하거나 처분양정(량정)에서 재량권을 일탈·남용한 하자가 있었던 경우라고 해서 달리 볼 것은 아니다. 대법원 2020. 5. 28. 선고 2017두73693 판결
① 행정기본법 제30조

**행정기본법 제30조(행정상 강제)**
③ 형사, 행형 및 보안처분 관계 법령에 따라 행하는 사항이

나 외국인의 출입국·난민인정·귀화·국적회복에 관한 사항에 관하여는 이 절을 적용하지 아니한다.

② 구 건축법상 이행강제금을 부과받은 사람이 이행강제금사건의 제1심 결정 후 항고심결정이 있기 전에 사망한 경우, 항고심결정은 당연무효이고, 이미 사망한 사람의 이름으로 제기된 재항고는 보정할 수 없는 흠결이 있는 것으로서 부적법하다. 대법원 2006. 12. 8.자 2006마470 결정
④ 행정기본법 제23조

**행정기본법 제23조(제재처분의 제척기간)**
① 행정청은 법령등의 위반행위가 종료된 날부터 5년이 지나면 해당 위반행위에 대하여 제재처분(인허가의 정지·취소·철회, 등록 말소, 영업소 폐쇄와 정지를 갈음하는 과징금 부과를 말한다. 이하 이 조에서 같다)을 할 수 없다.
④ 다른 법률에서 제1항 및 제3항의 기간보다 짧거나 긴 기간을 규정하고 있으면 그 법률에서 정하는 바에 따른다.

20. ② 【해설】 행정절차법
행정절차법은 국가를 '당사자 등'에서 제외하지 않고 있다. 또한 행정절차법 제3조 제2항에서 행정절차법이 적용되지 않는 사항을 열거하고 있는데, '국가를 상대로 하는 행정행위'는 그 예외사유에 해당하지 않는다. 위와 같은 행정절차법의 규정과 행정의 공정성·투명성 및 신뢰성 확보라는 행정절차법의 입법 취지 등을 고려해 보면, 행정기관의 처분에 의하여 불이익을 입게 되는 국가를 일반 국민과 달리 취급할 이유가 없다. 따라서 국가에 대해 행정처분을 할 때에도 사전 통지, 의견청취, 이유 제시와 관련한 행정절차법이 그대로 적용된다고 보아야 한다. 대법원 2023. 9. 21. 선고 2023두39724 판결
① 행정절차법 제21조

**행정절차법 제21조(처분의 사전통지)**
④ 다음 각 호의 어느 하나에 해당하는 경우에는 제1항에 따른 통지를 하지 아니할 수 있다.
 2. 법령등에서 요구된 자격이 없거나 없어지게 되면 반드시 일정한 처분을 하여야 하는 경우에 그 자격이 없거나 없어지게 된 사실이 법원의 재판 등에 의하여 객관적으로 증명된 경우

③ '의견청취가 현저히 곤란하거나 명백히 불필요하다고 인정될 만한 상당한 이유가 있는 경우'에 해당하는지는 해당 행정처분의 성질에 비추어 판단하여야 하며, 처분상대방이 이미 행정청에 위반사실을 시인하였다거나 처분의 사전통지 이전에 의견을 진술할 기회가 있었다는 사정을 고려하여 판단할 것은 아니다. 대법원 2016. 10. 27. 선고 2016두41811 판결
④ 행정절차법 제2조 제4호가 행정절차법의 당사자를 행정청의 처분에 대하여 직접 그 상대가 되는 당사자로 규정하고, 도로법 제25조 제3항이 도로구역을 결정하거나 변경할 경우 이를 고시에 의하도록 하면서, 그 도면을 일반인이 열람할 수 있도록 한 점 등을 종합하여 보면, 도로구역을 변경한 이 사건 처분은 행정절차법 제21조 제1항의 사전통지나 제22조 제3항의 의견청취의 대상이 되는 처분은 아니라고 할 것이다. 대법원 2008. 6. 12. 선고 2007두1767 판결

# 행정학

출제교수: 이명훈 교수님

1. ② 【해설】 인사행정론
직위분류제는 공직을 직책 중심으로 직무의 성질 및 직무의 난이도와 책임의 경중에 따라 등급을 설정하고 이에 따라 공직을 분류하는 제도이다. 직위분류제는 지나친 직무 구조의 편협성과 비탄력적인 분류체계 때문에 역동적이고 불확실한 상황에 적절히 대응하지 못한다.

2. ④ 【해설】 행정학총론
ⓒ, ⓔ, ⓕ은 옳고, ⓐ, ⓒ, ⓒ은 옳지 않다. 뉴거버넌스론은 다양한 정부 및 비정부조직의 참여, 상호신뢰와 연결망을 통한 협력적 활동(ⓒ), 조직 간 관계 중시(ⓔ) 등을 특징으로 한다. 특히 정부는 이러한 협력체제에서 네트워크 조정자로서 역할(ⓕ)을 수행해야 한다.
ⓐ 뉴거버넌스는 공공과 민간이 협력하여 국정을 운영하는 방식이므로 공사구분이 모호해진다.
ⓒ 뉴거버넌스는 정부의 독점적 활동이 아닌 공공과 민간 간 협력적 활동을 지향한다.
ⓒ 뉴거버넌스는 결과(성과)보다는 (민주적·참여적) 과정을 중시한다.

3. ④ 【해설】 정책론
인과관계 증명을 위한 조건으로는 시간적 선행의 조건, 공동변화의 조건, 경쟁적 가설 배제의 원칙 등이 있다. 경쟁적 가설 배제의 조건은 정책결과는 오직 해당 정책수단에 의해서만 설명되어야 하며, 다른 요인들(허위변수, 혼란변수)은 배제되어야 한다는 조건이다.

<<핵심체크>> 인과관계 증명을 위한 조건

| | | |
|---|---|---|
| 의의 | | 독립변수(원인변수)가 종속변수(결과변수)의 결과를 가져왔다고 믿어지는 관계 |
| 인과관계 증명의 조건 | 시간적 선행의 조건 | 시차적으로 정책수단(독립변수)이 정책목표(종속변수)의 달성에 앞서 있어야 함 |
| | 공동변화의 조건 | 정책수단(독립변수)의 집행에 따른 변화의 방향과 정도가 정책 결과의 변화의 방향과 정도와 일치해야 함 (공변성, 연관성) |
| | 경쟁적 가설 배제의 조건 | 정책결과는 오직 해당 정책수단(독립변수)에 의해서만 설명되어야 하며, 다른 요인들(제3의 변수)은 배제되어야 함(비허위성) |

4. ① 【해설】 조직론
허즈버그(Herzberg)의 욕구충족요인 이원론은 인간은 위생요인과 동기요인이라는 이원적 욕구구조를 가지며, 이들은 서로 독립된 별개로 작용한다고 보았다. 즉, 위생요인은 불만을 제거할 뿐 동기를 유발하지 못하며, 동기요인이 만족감을 주어 동기유발을 가져온다고 보았다. 허즈버그에 의할 때 보수는 불만족만을 제거하는 위생요인에 속한다.

<<핵심체크>> 허즈버그(Herzberg)의 욕구충족요인 이원론

| 요인 | 위생요인(불만요인) | 동기요인(만족요인) |
|---|---|---|
| 개념 | 불만족을 느끼게 하는 요인 | 만족을 느끼게 하는 요인 |
| 성격 | 사람과 직무상황이나 환경과의 관계 | 사람과 사람이 하는 일 사이의 관계 |
| 역할 | 불만족만 제거(생산성은 높여주지 못함) | 동기부여(생산성을 높여줌) |
| 예 | 봉급, 감독방식과 내용, 작업조건, 대인관계(감독자와 부하와의 관계), 임금, 직위, 신분보장, 정책과 관리(조직의 방침과 관행) 등 | 성취감, 인정감, 책임감, 승진, 직무 그 자체, 직무에 대한 만족감, 보람 있는 일, 능력신장 등 |

5. ① 【해설】 재무행정론
추가경정예산은 이미 성립된 예산에 변경을 가할 필요가 있을 때 편성되는 예산이다. 추가경정예산은 본예산과 별도로 작성되므로 단일성의 원칙의 예외이며, 정부의 초과지출이나 예산 외의 지출이 요구될 때 작성되므로 (규모)한정성의 원칙의 예외이다.
② 추가경정예산안의 편성 및 심의절차는 본예산안과 원칙적으로 동일하나 본예산과 별도로 성립되며, 일단 성립되면 본예산에 흡수되어 본예산과 통산하여 전체로서 집행된다.
③ 전쟁이나 대규모 재해가 발생한 경우 추가경정예산을 편성할 수 있으며, 세계잉여금은 추가경정예산에 사용할 수 있다.
④ 정부는 국회에서 추가경정예산이 확정되기 전에 이를 미리 배정하거나 집행할 수 없다.

6. ② 【해설】 행정학총론
1980년대 이후 영·미 등 주요 선진국에서 추진된 신공공관리론적 행정개혁은 관료제의 내부규제(법규)를 철폐하여 내부통제를 완화한 대신 성과에 의한 통제를 지향한다.

7. ④ 【해설】 정책론
돼지 구유통 정치(pork barrel)가 이해당사자들 간에 이익을 보다 많이 얻기 위한 쟁탈전(경쟁)을 묘사한다면, 통나무굴리기식 의사결정(log-rolling)은 이해당사자들이 서로 담합(협력)하는 행태를 묘사한다는 점에서 서로 다른 의미를 지니고 있다. 다만, 현실에서는 유치경쟁(pork barrel)을 위한 담합(log-rolling)이 이루어져 로그롤링과 포크배럴이 동시에 발생하는 것이 일반적이며, 양자 모두 정부예산이 불필요하게 낭비되는 병리적 현상을 초래한다. 돼지 구유통 정치(pork barrel)와 통나무굴리기식 의사결정(log-rolling)은 배분정책에서 발생한다.

8. ② 【해설】 지방행정론
지방교부세는 경제력을 달리하는 자치단체 간의 재정력의 격차를 시정하기 위해 국세의 일부로서 징수한 재원을 일정 기준에 따라 자치단체에 배분함으로써 자치단체 간의 재정력 격차를 완화·조정하여 주는 제도이다. 지방교부세의 재원은 내국세 총액의 19.24%와 종합부동산세 및 담배에 부과되는 개별소비세 45%로 구성된다.

<<핵심체크>> 지방교부세

| | |
|---|---|
| 개념 | 경제력을 달리하는 자치단체 간의 재정력 격차를 시정하기 위해 국세의 일부를 일정기준에 따라 자치단체에 배분함으로써 자치단체 간의 재정력 격차를 완화·조정해 주는 제도 |
| 성격 | ① 수평적·수직적 재정조정제도, ② 공유된 독립재원(지방정부들이 공유), ③ 법정재원(내국세 총액의 19.24%와 종합부동세 전액 및 담배에 부과되는 개별소비세 총액의 45%), ④ 일반재원, ⑤ 무대응지원금, ⑥ 정액보조 |

9. ① 【해설】 행정환류론
옴부즈만에 의한 통제는 공식통제이면서 외부통제에 해당한다. 반면 정당에 의한 통제는 비공식통제이면서 외부통제에 해당하며, 독립통제기관에 의한 통제는 공식통제이면서 내부통제에 해당하고, 공무원노조에 의한 통제는 비공식통제이면서 내부통제에 해당한다.

10. ② 【해설】 행정학총론
공익과정설은 사익을 초월한 별도의 공익이란 존재할 수 없으며, 공익을 사익의 총합이거나 사익 간의 타협 또는 집단 간 상호작용의 산물로 보는 입장으로 다원주의 국가에서 일어나는 정책결정 과정을 전제로 한다.
① 공익과정설은 민주적 상호작용을 통하여 사익을 조정(타협과 흥정)해 공익을 산출할 수 있다고 보는 입장이다. 반면, 공

익실체설은 공익이란 사익과 구별되어 선험적으로 존재하는 규범적 실체로 인식하는 입장이다. 공익과정설과 공익실체설은 서로 대립되는 입장이다.
③ 행정의 최고 가치로서 공익개념은 정치행정일원론(공사행정이원론) 시대에 강조되었다.
④ 공익은 국가 권력에 정당성을 부여하며, 정책평가의 최상위의 기준으로 기능한다.

11. ① 【해설】 정책론
엘리슨(Allison)은 세 가지 모형이 정·반·합의 관계가 아니라 하나의 조직이나 정책에 동시에 적용 가능하다고 보았다. 즉, 정부의 정책결정과정은 일부 모형Ⅰ로 설명이 가능하며, 설명되지 않는 부분은 모형Ⅱ로 설명되고, 모형Ⅱ로도 설명되지 않는 부분은 모형Ⅲ으로 설명될 수 있다고 주장하였다.

12. ③ 【해설】 조직론
유기적 구조란 복잡성, 공식성, 집권성이 낮은 조직구조를 말한다. 유기적 구조는 모호한 조직목표와 과제를 지닌 조직구조로 성과측정이 어려운 과제에 적합하다.
<<핵심체크>> 기계적 구조와 유기적 구조

| 구분 | 기계적 구조 | 유기적 구조 |
|---|---|---|
| 기본변수 | 복잡, 공식, 집권 | 단순, 융통, 분권 |
| 장점 | 예측 가능성 | 적응성 |
| 조직 특성 | • 좁고 명확한 직무범위<br>• 표준운영절차(많은 규칙과 규정)<br>• 분명한 책임 관계<br>• 계층제<br>• 낮은 팀워크<br>• 공식적·몰인간적 대면 관계<br>• 좁은 통솔범위 | • 넓고 모호한 직무범위<br>• 적은 규칙과 절차<br>• 모호한 책임 관계<br>• 분화된 채널(채널의 분화)<br>• 높은 팀워크<br>• 비공식적·인간적 대면 관계<br>• 넓은 통솔범위 |
| 상황 조건 | • 명확한 조직목표와 과제<br>• 분업적 과제<br>• 단순한 과제<br>• 성과측정 가능<br>• 금전적 동기부여<br>• 권위의 정당성 확보(합법적 권위) | • 모호한 조직목표와 과제<br>• 분업이 어려운 과제<br>• 복합적 과제<br>• 성과측정 어려움<br>• 복합적 동기부여<br>• 도전받는 권위(지식에 의한 권위) |
| 조직 | 관료제, 기능구조 | 탈관료제, 학습조직, 네트워크 조직 |

13. ① 【해설】 행정학총론
사적목표의 설정이란 관료들이 공식적 목표인 공익보다는 비공식적 목표인 개인적 이익이나 소속기관의 이익을 우선함으로써 비공식적 목표가 공식적 목표를 대체하는 현상을 말하며, 정부실패의 요인이다. 반면, 비배제성과 비경합성을 지닌 재화(공공재)의 존재, 외부효과(외부경제효과와 외부불경제효과), 정보의 편재는 모두 시장실패의 유형에 해당한다.

14. ② 【해설】 지방행정론
조례안이 지방의회에서 의결되면 지방의회의 의장은 의결된 날부터 (5)일 이내에 그 단체장에게 이송하여야 한다. 단체장은 조례안을 이송받으면 (20)일 이내에 공포하여야 한다. 단체장이 (20)일의 기간에 공포하지 아니하거나 재의요구를 하지 아니하더라도 그 조례안은 조례로서 확정된다. 단체장은 확정된 조례를 지체 없이 공포하여야 한다. 조례가 확정된 후 또는 확정조례가 단체장에게 이송된 후 (5)일 이내에 단체장이 공포하지 아니하면 지방의회의 의장이 공포한다.

15. ③ 【해설】 정책론
정책 델파이의 참가자들은 예측의 초기 단계에서만 익명으로 응답하며, 대립되는 정책대안이나 결과가 표면화된 이후에는 공개적으로 화상회의 등을 통해 토론을 벌인다. 따라서 정책 델파이는 선택적 익명성을 특징으로 한다.

16. ③ 【해설】 재무행정론
성과주의예산(PBS)은 사업별, 활동별 예산제도로 이해하기 쉽다는 점에서 입법부의 예산심의가 용이하나, 지출품목을 알 수 없다는 점에서 회계책임 확보가 곤란하다.
<<핵심체크>> 성과주의예산(PBS)

| 개념 | 예산을 정부의 활동·사업을 중심으로 분류하여 편성하는 제도(관리지향적 예산) |
|---|---|
| 발달 | 제1차 후버위원회의 권고로 트루만 대통령이 도입(1950년) |
| 편성 | ① 업무단위의 개발(활동 또는 산출) ⇨ ② 예산액의 산정(단위원가[업무단위당 소요되는 비용]×업무량[전년도 실적×변동률] = 예산액) |
| 특징 | ① 능률지향적 예산, ② 관리지향적 예산, ③ 상향적·미시적 예산결정, ④ 점증주의적 성격, ⑤ 단위사업 중심(실·국 단위의 세부사업 중심), ⑥ 예산의 추가투입액 파악 용이, ⑦ 입법통제 약화·내부통제 강화, ⑧ 관리책임의 집중화 |
| 장점 | ① 국민의 이해 용이 및 예산심의 용이, ② 재정사업의 투명성 제고, ③ 자원배분의 합리화를 통한 능률적 행정관리, ④ 예산집행의 신축성 확보, ⑤ 예산 환류의 강화(예산집행의 실적을 차기 회계연도 예산에 반영), ⑥ 성과중심의 예산(산출중심), ⑦ 사업과 예산의 연계 강화, ⑧ 관리층에게 효과적인 관리수단 제공 |
| 단점 | ① 총괄계정에 부적합(실·국 단위의 세부사업 중심), ② 회계책임 확보 곤란(재정사용 파악 곤란), ③ 전략적 목표의식의 결여, ④ 점증주의적 성격, ⑤ 성과의 질적 측면 파악 곤란(산출 측면 강조), ⑥ 사업의 우선순위 파악 곤란, ⑦ 현금주의와 부조화(단위원가 계산시 발생주의 회계가 요구됨), ⑧ 업무측정단위의 선정과 단위원가 계산 곤란, ⑨ 적용영역의 제한성 |

17. ④ 【해설】 인사행정론
겸임은 한 사람에게 둘 이상의 직위를 부여하는 것으로 그 대상은 일반직 공무원이며, 겸임 기간은 2년 이내로 하고 특히 필요한 경우 2년의 범위에서 연장할 수 있다(「공무원임용령」 제40조).

18. ④ 【해설】 조직론
조직의 규모와 공식화는 정(+)의 관계를 지녀 조직의 규모가 커짐에 따라 공식화는 높아질 것이다.
① 비일상적 기술은 공식성과 부(-)의 관계를 지녀 비일상적 기술일수록 공식화가 낮아질 것이다.
② 환경의 불확실성은 집권성과 부(-)의 관계를 지녀 환경의 불확실성이 높을수록 집권화가 낮아질 것이다.
③ 비일상적 기술은 집권성과 부(-)의 관계를 지녀 비일상적 기술일수록 집권화가 낮아질 것이다.

19. ① 【해설】 정책론
㉠, ㉡은 옳고, ㉢, ㉣은 옳지 않다. 공중의제란 일반대중의 주목을 받을 만한 가치가 있으며, 일반대중이 정부가 해결방안을 강구해야 한다고 공감하는 일련의 이슈를 의미한다(㉠). 공중의제는 아직 정부의제화되지 않은 의제이므로 문서화되거나 공식화되지 않은 의제이다(㉡).
㉢ 사회문제의 성격이나 그 해결방안에 대하여 논란이 벌어지면 사회적 이슈가 된다.
㉣ 공중의제가 아닌 공식의제가 되어야 그 사회문제는 해결될 가능성이 매우 높아진다.

20. ④ 【해설】 행정학총론
호손 공장의 연구(Hawthorne Studies)는 과학적 관리론이 아닌 인간관계론의 실증적 근거가 되었다. 호손 공장의 연구는 서로 잘 모르는 남자 직공들에게 작업을 시키고 관찰해 본 결과 비공식적 조직이 자생적으로 형성되며, 그 조직 내에서 합의된 사회적 규범(집단규범)에 의해 작업능률이 좌우됨을 발견하였다.

2025 공무원 시험대비 【7월분】

## 주간 합격모의고사 7월

### - 제4회 -
### [정답 및 해설]

이 름: _____

제1과목 국어
제2과목 영어
제3과목 한국사
제4과목 행정법총론
제5과목 행정학개론

주간 모의고사 정오표

합격까지 박문각

# 국 어

출제교수: 강세진 교수님

1. ③ 【해설】 국어문법
'마저도'는 '마저'라는 조사와 '도'의 결합인데, 둘 다 보조사이므로, 격조사라고 할 수 없다.
① '만'은 보조사이고, '을'은 '믿다'의 대상인 목적어를 필요로 하므로, 이때의 '을'은 목적격 조사 볼 수 있다.
② '운동한' 주체는 '형'이다. 따라서 보조사 '도'는 주격 조사 자리에 나타난다고 할 수 있다.
④ 보조사 '는'은 '아침에'라는 부사어에 결합한 것을 알 수 있다.

2. ② 【해설】 국어문법
'저'와 '두' 모두 관형사로 '남자'를 꾸며주는 관형어에 해당한다. 관형사는 모두 체언을 수식한다.
① '고향'은 명사이고, '풍경'을 꾸며주는 관형어이다.
③ '이른'은 형용사의 어간 '이르-'에 관형사형 전성 어미 '-(으)ㄴ'이 결합하여 관형어가 된 것이다.
④ '고양이의'는 명사에 관형격 조사가 결합한 관형어이다.

3. ② 【해설】 국어문법
'들리었다'의 '-었-'은 선어말 어미가 맞으므로 ㉠의 예가 맞다. 그러나 추측이 아니라 시제 선어말 어미로 보아야 한다.
① '되었다'의 '-었-'은 과거의 의미가 드러난 것이 맞으며 ㉠의 예에 해당한다.
③ '깊어지었겠지'에서 선어말 어미는 '-었-'과 '-겠-'이 있는데, 두 개의 선어말 어미가 결합하였으므로, ㉡의 예에 해당하며, 순차적으로 결합한 것으로 보인다.
④ '안고 있었겠다'는 본용언과 보조 용언의 결합 구조이며, '있었겠다'에 선어말 어미 두 개가 쓰인 ㉡의 예에 해당한다.

4. ② 【해설】 국어문법
'그가 준비한'은 관형절이며, 이때 주어는 '그가'이므로 생략되어 있다는 설명은 적절하지 않다.
① '네가 꺼낸'은 관형절이며, 이때 '네가'는 안긴문장의 주어이다.
③ '부러진'은 관형절이며, 안긴문장의 주어는 '가지'인데, 안은문장의 기준에서 '목적어'로 나타난다.
④ '달려오는'은 관형절이며, 안긴문장의 주어는 '사람'이 인데, 안은문장의 목적어인 '사람을'과 동일하여 생략된 것이다.

5. ② 【해설】 어휘
㉠의 '진실'과 같이 무언가를 밝혀야 하는 대상이 있어야 한다. 이와 가장 유사한 것은 '원인'인데, '사건의 전모'와 차이가 있으므로 조심히 풀어야 한다. 그 이유는 해당 본문은 목적어만 필요하지만, ③은 '~에'와 같이 부사어가 필요하기 때문이다.
※ 밝히다(동사): ❶【…을】「6」 진리. 가치, 옳고 그름 따위를 판단하여 드러내 알리다.
① 밝히다(동사): ❶【…을】「4」 눈, 신경, 두뇌 따위의 작용을 날카롭게 하다.
③ 밝히다(동사): ❷【…에/에게 …을】 드러나지 않거나 알려지지 않은 사실, 내용, 생각 따위를 드러내 알리다.
④ 밝히다(동사): ❶【…을】「2」 빛을 내는 물건에 불을 켜다.

6. ① 【해설】 신유형
(1) 다현 → 유림
(2) 유림 → 하늘
(3) 하늘 → 서준
--------------------------------------------------
(1)~(3)의 연쇄 추론: 다현 → 유림 → 하늘 → 서준
따라서, "다현이가 독서를 하면, 서준이도 독서를 한다."가 반드시 참이다. 따라서 ①이 정답이다.
② 서준 → 다현, 결론의 역은 반드시 참이 아니다.
③ 유림 → 다현, (1)의 역은 반드시 참이 아니다.
④ ~하늘 → 유림, (2)의 대우는 반드시 참이지만, 유림이는 독서를 하지 않아야 하므로, 해당 명제는 거짓이다.

7. ③ 【해설】 신유형
(1) 루카(지하실) → ~세윤(지하실), 세윤(지하실) → ~루카(지하실) <대우 규칙>
(2) 다원(지하실 열쇠) → 세윤(지하실)
(3) ~다원(지하실 열쇠)→ 하나(옥상), ~하나(옥상) → 다원(지하실 열쇠) <대우 규칙>
--------------------------------------------------
(1)~(3)의 연쇄 추론: ~하나(옥상) → 다원(지하실 열쇠) → 세윤(지하실) → ~루카(지하실) <대우 규칙>
따라서, 연쇄 추론에 따르면, "하나가 옥상에 올라가지 않으면, 루카도 지하실에 들어가지 않는다."가 참이다. 그리고 이 명제의 대우인 "루카가 지하실에 들어가면, 하나는 옥상에 올라간다."가 참이다. 따라서 ③이 정답이다.
① 세윤 → 루카, 세윤이가 지하실에 들어가면, 루카는 가지 않는다. 따라서 루카도 들어간다는 거짓이다.
② 하나 → 루카, 결론의 이는 반드시 참이 아니다.
④ ~하나 → ~다원, '하나가 옥상에 올라가지 않으면, 다원이 지하실 열쇠를 찾는다.'이므로, '다원이는 열쇠를 찾지 않는다.'는 말은 거짓이다.

8. ② 【해설】 신유형
(1) 밀크티 → 유자차
(2) ~밀크티 → 콜라, ~콜라 → 밀크티 <대우 규칙>
(3) 커피 → ~유자차, 유자차 → ~커피 <대우 규칙>
--------------------------------------------------
(1)~(3)의 연쇄 추론: ~콜라 → 밀크티 → 유자차 → ~커피
따라서, 연쇄 추론에 따르면, "병이 콜라를 마시지 않으면, 정은 커피를 마시지 않는다."가 참이므로, 이 명제의 대우인, "정이 커피를 마시면, 병이 콜라를 마신다."가 참이다. 따라서 ②가 정답이다.
① 콜라 → 커피, 결론의 이는 반드시 참이 아니다.
③ 유자차 → 커피, 정이 커피를 마시지 않으므로, 커피를 마신다는 거짓이다.
④ ~콜라 → ~밀크티, 갑이 밀크티를 마시므로 거짓이다.

9. ② 【해설】 신유형
(가) 책 → 어휘력 <전칭>
(나) 책∧발표 <특칭>, 발표∧책 <교환 법칙>
--------------------------------------------------
결론: 발표∧책∧어휘력 <특칭>
따라서 "발표를 잘하는 어떤 사람은 어휘력이 풍부하다."가 참이므로 ②가 정답이다.
① 발표 → 어휘력, 결론의 특칭이 참이라고 하여 그 전칭이 반드시 참인 것은 아니다.
③ 어휘력 → 책, (가)의 역은 반드시 참이 아니다.
④ 어휘력∧~발표, 어휘력이 풍부한 어떤 사람은 발표를 잘하므로, '발표를 잘하지 않는다.'는 거짓이다.

10. ④ 【해설】 작문
기대효과가 크다를 커지다로 바꾸어도 외국어 번역 투를 고려하여 고친 것이 아니다. '기대효과가 클 것'은 영어식 번역 투에 해당하므로 '도움이 될 것으로 기대합니다.'로 고치는 것이 적절하다.
① '개선 추진 계획 수립 방안'은 지나치게 명사가 나열되어 있다. 맥락을 고려하여 '개선 계획을 마련하고 있다.'로 수정하는 것이 낫다.
② '본 시'가 주어이므로 '~를 강화하다'로 고치는 것이 맞다.
③ 대등 구조에 따르면 '담당자를 교육하고 시스템을 점검하다'로 맞추는 것이 맞다.

11. ④ 【해설】 작문
'개인 맞춤형 게임 콘텐츠 개발 및 보급'은 언뜻 보면 디지털 역량 강화나 창의력 증진처럼 보일 수 있지만, 인터넷 중독이라는 문제 상황에서는 오히려 중독 심화를 유발할 가능성이 크므로, 빈칸에 들어갈 내용으로 적절하지 않다.

12. ④ 【해설】 독서
    (1) 정부 관료 ×
    (2) 고전음악 지휘자∨대중음악 제작자
    (3) 전체 세대를 아우를 수 있어야 함.
    (4) 갑이나 을이 수석대표 → A는 참가함
    ----------------------------------------
    '정부 관료가 아니라는 것', 그리고 '전체 세대를 아우를 수 있어야 한다는 것'에서 확인할 수 있으므로, 조건에 충족된다.
    ① 고전음악 지휘자∧전체 세대를 아우를 수 있음: 그런데, '정부 관료'에 대한 여부가 없으므로 반드시 확정할 수 없다.
    ② 고전음악 지휘자∨대중음악 제작자, 이건 조건이 (2)에 따른 것이라 (1)과 (3)이 제외되어 있으므로, 빈칸에 들어갈 내용으로 적절하지 않다.
    ③ '정부 관료'면 이미 조건에 걸맞지 않다.

13. ③ 【해설】 독서
    ㉠: '바우하우스에 있는 예술가와 교수들'을 의미한다.
    ㉡: 바우하우스를 폐쇄한 주체이므로, '나치 정권 지지자'를 의미한다.
    ㉢: '바우하우스 출신의 예술가와 교수들'을 의미한다.
    ㉣: 마찬가지로 '바우하우스 출신의 예술가와 교수들'을 의미한다.
    따라서 '㉠, ㉢, ㉣'이 있는 ③이 정답이다.

14. ② 【해설】 독서
    (1) 다른 것은 먼저 제시되기가 어려우므로 (나)를 기준으로 분석해야 한다. (나)의 내용은 판단의 주체가 누구인가? 인간이 책임을 지는 구조란 점을 지적하며, 이제는 누구인가를 궁금해 하므로, 충분히 처음에 배치될 수 있다.
    (2) 다음으로 (가)와 (다)를 보면, (가)는 '의료나 법률'이라는 특수한 상황을 가정하고 있고, (다)는 인공지능에 법적 책임을 부여해야 하는 의견을 밝혔다.
    (3) 이런 것을 볼 때, 인공지능의 주체성을 중요하게 본다는 것이므로 (라)까지 읽어 보면, '인공지능이 도구에 불과하다, 기술의 윤리성은 다시 인간에게 출발해야 한다.'는 점을 지적한다.
    (4) 이런 맥락을 고려해 볼 때, 최종적으로 인간이 책임져야 한다는 (다)와 (라)의 맥락이 유사하므로, (나)-(가)-(다)-(라)로 이어진 ②가 정답이다.

15. ② 【해설】 독서
    도서관의 가치를 인식하지 못하고 디지털 기기에 집중하고 있는 것과 연결하여 ㉠의 원인을 파악해야 한다.

16. ③ 【해설】 독서
    '현재 재래시장 활성화를 위한 대표 방안으로는 시설 현대화 사업과 상품권 사업이 있으나, 각각 단순한 구조 개선과 일회성 소비 촉진에 그쳐 실효성이 낮다.'에서 알 수 있듯이, 제대로 된 효과를 내지 못하였다고 밝혔다.
    ① '상인들은 젊은이들의 기호를 파악하고 대형 유통 업체와의 차별화 전략을 모색해야 한다.'에서 확인할 수 있는 내용이다.
    ② '재래시장이 본래의 역할을 회복하려면 젊은 소비층을 끌어들일 수 있어야 하며'에서 확인할 수 있는 내용이다.
    ④ '이러한 자구 노력이 우선되어야 하고, 이후 정부나 지자체의 행정적·재정적 지원이 더해질 때 재래시장은 다시 경쟁력을 회복할 수 있다.'에서 확인할 수 있는 내용이다.

17. ④ 【해설】 독서
    풍자는 비판, 해학은 공감이라는 핵심 구도를 정확히 서술하였다. 따라서 ④가 정답이다.
    ① 이 웃음은 해학에 대한 설명이다.
    ② 이 웃음은 풍자에 대한 설명이다.
    ③ 사회 비판을 지향한다는 말과 어울리는 것은 '해학'이 아니라 '풍자'이고, 인간의 허물을 포용하는 것은 '풍자'가 아니라 '해학'이다.

18. ② 【해설】 독서
    ㉠(○): '인간은 노동을 통해 자신을 실현해야 하지만, 자본주의적 조건에서는 그 가능성이 원천적으로 차단된다는 것이다.'에서 알 수 있듯이, 자본주의 사회에서는 노동 자체가 자기실현의 수단으로 보기가 어렵다.
    ㉢(○): '마르크스는 이러한 소외가 단지 경제적 착취의 문제가 아니라, 인간 존재 자체를 파편화시키는 문제라고 보았다.'에서 알 수 있듯이, 인간 존재의 근본적 왜곡으로도 이해가 가능하다.
    ①, ③, ④ ㉡(×): '노동자가 만든 생산물은 자본가의 소유가 되며, 그 과정에서 노동자는 자기 노동의 결과와 단절된다.'에서 알 수 있듯이, 자율적인 노동은 불가능하다.

19. ① 【해설】 독서
    ㉡(○): '생명 조절의 기본적인 절차는 자동적이고 무의식적이기 때문에 의식적인 것으로 간주되는 느낌은 아예 불필요하다는 입장이 있다.'에서 알 수 있듯이, 생리적 과정은 자동적이고 무의식적이고, 이때 의식적인 것으로 간주한 '느낌'은 아예 불필요하다고 보는 입장과 연결된다.
    ③ ㉠(×): '생명의 조절 기능에서 결정적인 역할을 하는 이 신경 지도'에서 알 수 있듯이, 부수적인 역할이 아니라 결정적인 역할을 한다.
    ②, ③, ④ ㉢(×): '외상이나 감염에 의한 국소적 손상, 심장이나 신장 같은 기관의 기능 부전, 호르몬 불균형 등에서 이런 조절이 일어나는 것을 발견할 수 있다.'에서 알 수 있듯이, 신경 지도를 통해 신체에 어떤 일이 일어났는지 확인할 수 있다.

20. ④ 【해설】 독서
    ㉠(○): '바닷물은 온도가 낮고 염분 농도가 높을수록 밀도가 높아져 아래로 가라앉는다.'에서 확인할 수 있는 내용이다.
    ㉡(○): '바닷물은 온도가 낮고 염분 농도가 높을수록 밀도가 높아져 아래로 가라앉는다. 이 때문에 북대서양의 차갑고 염분 농도가 높은 바닷물은 심층수를 이루며 적도로 천천히 이동한다.'에서 확인할 수 있는 내용이다.
    ㉢(○): '과학자들은 컴퓨터 시뮬레이션을 통해 차가운 북대서양 바닷물에 빙하가 녹은 물이 초당 십만 톤 이상 들어오면 전 지구적인 해수의 연직 순환이 느려져 지구의 기후가 변화한다는 사실을 알아냈다.'와 2문단의 구체적 상황을 고려해 볼 때, 적절한 설명이다.

박문각 주간 합격모의고사　　　영　어　　4회

# 영　어
출제교수: 김세현 교수님

1. ④ 【해설】
series는 '연속' 뜻으로 이와 가장 가까운 유의어는 ④ succession이다.
【해석】
만약 우리가 미래에 대한 준비를 하지 않으면 우리는 고난의 연속에 직면할 것이다. 이것은 마치 주위에 아무도 없는 무인도에서 사는 것과 같다.
【어휘】
face ~에 직면하다　adversity 역경, 고난　inhabit 살다, 거주하다　*uninhabited island 무인도　alternative 대안　deficiency 부족, 결핍　suspicion 의심　succession 연속

2. ③ 【해설】
문맥상 새로 나온 소프트웨어가 구식 시스템을 대체한다는 내용의 글이므로 빈칸에 들어가기에 가장 적절한 것은 ③ take the place of이다.
【해석】
새로 나온 소프트웨어는 더 빠른 처리 과정과 향상된 기능을 제공하며 구식 시스템을 대체하도록 설계되었다.
【어휘】
brand new 새로 나온, 완전히 새로운　outdated 구식의, 시대에 뒤떨어진　offer 제공하다　processing 처리과정　improved 향상된　function 기능　put up with ~을 참다, 견디다　be absorbed in ~에 열중(몰두)하다　take the place of ~을 대신하다　lose one's temper 화를 내다

3. ③ 【해설】
부가의문문은 앞에 긍정문이 있을 때 뒤에 부정이 와야 하고 앞에 동사가 be동사일 때에는 be동사를 사용해야 하므로 밑줄 친 부분에 들어가기에 가장 적절한 것은 ③ isn't it이다.
【해석】
그녀가 자신의 아들이 더 이상 구글에 지원하는 것을 강요하지 않은 것은 놀랍죠?
【어휘】
shocking 놀라운　force 강요하다　not ~ any more 더 이상 ~않다　apply for ~에 지원하다

4. ④ 【해설】
④ require는 주요 명제 동사이므로 that절에는 (should) + 동사원형이 있어야 하므로 is를 (should)be로 고쳐 써야 한다.
① make는 5형식동사로 목적격보어자리에 형용사가 위치해야 하므로 형용사 invalid의 사용은 어법상 적절하다.
② because 다음 주어(it) + 동사(breached)가 이어지므로 접속사 because의 사용은 어법상 적절하다.
③ 자릿값에 의해 준동사 자리이고 뒤에 목적어(명사절)가 있으므로 능동의 형태는 어법상 옳다.
【해석】
태국 헌법재판소는 2월 2일 총선을 무효로 만들었다. 왜냐하면 그 선거는 투표과정이 전국적으로 같은 날에 끝나야 한다고 요구하는 법을 위반했기 때문이다.
【어휘】
constitutional 헌법의　declare A B A를 B라고 선언하다　invalid 무효　breach 위반　complete 끝내다, 완료하다

5. ④ 【해설】
빈칸 앞에 B가 의상 반납을 기꺼이 돕겠다고 긍정적으로 대답했고 A가 세탁, 접기, 영수증 확인, 무게 나누기 등 구체적인 일을 지시하며 이어지는 흐름이므로, 빈칸에 들어갈 말로 가장 적절한 것은 ④ '넌 항상 물건 반납을 훨씬 수월하게 만들어줘' 이다.
【해석】
A: 오늘 의상 반납하는 걸 도와줘서 정말 고마워.
B: 괜찮아! 넌 항상 물건 반납을 훨씬 수월하게 만들어줘.
A: 가기 전에 다 깨끗이 세탁하고 잘 접혀 있는지 확인해야 해.
B: 알았어. 영수증도 확인해서 빠뜨린 게 없는지 볼게.
A: 완벽해. 그리고 가게가 6시에 닫으니까 일찍 출발하자.
B: 좋은 생각이야. 네가 편하게 가게 내가 무거운 가방들을 들게.
A: 넌 정말 최고야! 나 혼자서는 이걸 다 못 했을 거야.
B: 도와줄 수 있어서 좋아! 어차피 이제 거의 다 끝났어.
A: 다 끝나면 커피 한잔하자.
B: 좋아. 우리 오늘 정말 고생했어!
① 의상은 사는 것보다 빌리는 게 더 좋아.
② 다음번엔 의상을 좀 덜 가져오는 게 좋겠어.
③ 오늘은 늦게 반납해서 연체료를 내야 할 수도 있어.
【어휘】
return 반납하다　costume 의상　make sure 확인하다　clean 깨끗한　folded 접힌　check 확인하다　receipt 영수증　miss 놓치다　leave 출발하다　store 가게　close 닫다　carry 들다　heavier 더 무거운　handle 처리하다　alone 혼자　almost 거의　done 끝난　grab some coffee 커피 한잔하다　deserve 자격이 있다　rent 빌리다　late return fee 연체료

6. ② 【해설】
빈칸 앞에 Noah가 선크림을 샀다고 말했고 Ella가 어떤 SPF를 골랐는지 궁금해하며 긍정적으로 반응하므로, 빈칸에 들어갈 말로 가장 적절한 것은 ② '내가 왜 이 선크림 골랐는지 알고 싶어?'이다.
【해석】
Ella: 이봐, 해변 여행용으로 선크림 샀어? (10:30 am)
Noah: 응, 방금 가게에서 사 왔어! 내가 왜 이 선크림 골랐는지 알고 싶어? (10:31 am)
Ella: 물론이지! 어떤 SPF 골랐는지 궁금해. (10:32 am)
Noah: SPF 50 샀어 - 우리한테 잘 맞을 거야. (10:33 am)
Ella: 좋아! 토요일에 꼭 챙겨와. (10:34 am)
Noah: 걱정 마, 이미 짐에 넣었어. (10:34 am)
① 사기 전에 브랜드를 많이 비교해야 했어
③ 병에 적힌 유통기한은 확인했어
④ 바다에서 수영할 때 방수 기능이 있어
【어휘】
sunscreen 선크림　beach trip 해변 여행　pick up 사다　store 가게　SPF 자외선 차단 지수　work well 잘 맞다　pack 짐에 넣다　compare 비교하다　expiration date 유통기한　bottle 병　water-resistant 방수 기능

7. ④ 【해설】
주어진 지문은 짧은 시간 안에 상대방을 설득시켜야 한다는 내용의 글이므로 ④ '면접 동안 긴장하지 않는 것이 어렵다'는 내용은 전체 글의 흐름에 어긋난다.
【해석】
방문 판매에서, 외판원은 거주자가 물건을 살지 말지를 결정하기 전에 오직 약 1분가량의 말할 수 있는 시간을 갖는다. 그렇기 때문에 외판원이 말하는 모든 것들은 듣는 사람의 관심을 사로잡고 유지할 수 있어야 한다. 이것은 당신이 일자리에 지원하고 면접을 볼 때에도 마찬가지이다. 그러나 판매용 감언이설 대신 당신은 엘리베이터 피치라 불리는 말을 해야 하는데 이는 당신을 고용할 힘을 가진 사람과 함께 엘리베이터에 있는 것을 의미한다. 엘리베이터가 최고층에 도달하는 짧은 시간 안에, 당신은 두드러질 만한 무엇인가를 말해야만 한다. (면접 동안 긴장하지 않는 것은 매우 어렵다.) 이것은 당신이 회사가 무엇을 바라는지를 정확히 알고 왜 당신이 최고의 후보자인지를 설명할 수 있어야 한다는 것을 의미한다.
【어휘】
door-to-door selling 방문 판매　resident 거주자　apply for 지원하다　spiel 감언이설, 능숙하게 떠벌리는 말　period 시간, 기간, 시기　stand out 두드러지다, 눈에 띄다　nervous 긴장한　look for 찾다, 구하다　candidate 후보자, 지원자

8. ④ 【해설】
④ be busy ~ing 구문을 묻고 있다. 따라서 동명사 trying의 사용은 어법상 적절하다.

- 1 -

① 전치사 for 다음 judgment 뒤에 명사절 whether절(의미상 목적어)이 있으므로 명사 judgment는 동명사 judging으로 고쳐 써야 한다.
② find 다음 가목적어가 있어야 하므로 them은 it으로 고쳐 써야 한다.
③ 형용사 several 다음에는 반드시 복수 명사가 필요하므로 단수명사 advantage는 복수명사 advantages로 고쳐 써야 한다.
【어휘】
experience 경험  basis 기초, 근간  judge 판단하다, 판사  instinct 본능  apparent 명백한, 분명한  respect 존경(하다), 측면  generally 일반적으로, 대체로  squeeze (쥐어)짜다, 짜내다

9. ③ 【해설】
주어진 지문은 신체활동이 정신건강에 주는 이점과 일상에서 운동량을 늘릴 방법을 소개하는 글이므로 이 글의 제목으로 가장 적절한 것은 ③ '신체활동의 정신건강 효과'이다.
① 과도한 운동의 위험 이해하기
② 프로 스포츠 경력을 위해 훈련하는 방법
④ 단체 운동이 개인 운동보다 더 효과적인 이유

10. ② 【해설】
주어진 지문 두 번째 단락 마지막 문장에서 운동이 기분을 좋게 한다고 했으므로 ② '운동을 자주 하면 우울증이 심해질 수 있다'는 글의 내용과 일치하지 않는다.
【해석】
규칙적인 신체활동은 단지 몸에만 중요한 것이 아니라, 좋은 정신 건강을 유지하는 데에도 핵심적인 역할을 한다. 연구에 따르면 규칙적으로 운동하는 사람들은 스트레스, 불안, 우울감을 덜 경험하는 경향이 있다.
운동과 기분의 관계는 2000년대 초부터 널리 연구되어 왔으며, 그 결과 많은 보건 기관들은 일주일에 대부분의 날에 최소 30분의 중간 강도 운동을 권장하고 있다. 신체활동은 엔도르핀과 세로토닌 같은 화학물질을 분비해 기분을 좋게 하고 전반적인 행복감을 높여준다.
오늘날 바쁜 세상에서 많은 사람들은 운동할 시간을 찾기 어려워한다. 하지만 계단을 이용하거나 쉬는 시간에 걷기, 짧은 홈 트레이닝 같은 작은 노력만으로도 정신적, 신체적 건강에 긍정적인 변화를 만들 수 있다.
**당신은 이렇게 활동량을 늘릴 수 있다:**
☐ 매일 걷거나 자전거 타기를 일정에 넣기
☐ 피트니스 수업이나 스포츠팀에 참여하기
☐ 현실적인 목표를 세우고 진행 상황을 기록하기
【어휘】
regular 규칙적인  physical activity 신체활동  mental health 정신 건강  maintain 유지하다  study 연구하다  stress 스트레스  anxiety 불안  depression 우울감  connection 관계  mood 기분  widely 널리  health organization 보건 기관  recommend 권장하다  moderate 적절한, 중간의  release 분비하다  chemical 화학물질  endorphin 엔도르핀  serotonin 세로토닌  boost 높이다  improve 향상시키다  overall 전반적인  well-being 행복감  struggle 어려움을 겪다, 투쟁하다  stair 계단  take the stairs 계단을 이용하다  break 쉬는 시간  workout 운동  positive 긍정적인  difference 변화  increase 늘리다  schedule 일정  bike ride 자전거 타기  join 참여하다  set 세우다  realistic 현실적인  goal 목표  track 기록하다  progress 진행 상황

11. ③ 【해설】
주어진 지문은 비가 초목이 자라는 데 도움을 주듯이 고통을 느끼며 흘리는 눈물도 우리가 성장하는 데 도움을 준다는 내용이므로, 글의 요지로 가장 적절한 것은 ③ '고난은 우리가 성장하는 데 도움을 준다'이다.
【해석】
남아메리카의 열대우림 같이 많은 푸른 잎과 나무를 갖고 있는 어떤 나라들이 세계에 있다. 세계의 아름답고 푸른 곳들은 눈으로 보기에 즐겁다. 그러나 그 모든 초목은 그것을 만들어 내는 많은 양의 비가 없이는 존재할 수 없을 것이다. 따라서 삶에서 우리가 겪어야 할 고민거리가 더 많을수록, 더 많은 눈물을 흘릴수록, 고통으로부터 배움으로써 고통을 유리하게 변화시킬 때 우리는 그만큼 더 풍요롭게 되는 것 같다. 그 모든 비를 빨아들여서 더 완전하게 자라는 데 도움을 주도록 사용하는 나무들과 마찬가지로, 우리도 우리의 모든 개인적인 슬픔과 고통을 우리 자신이 인간으로서 더 완전하게 성장하도록 도와주는 데 사용할 수 있다. 다음에 당신의 삶의 상황이 당신을 울게 만들 때, 그 눈물들은 당신이 성장하도록 도움을 주고 있다는 것을 명심하라. 왜냐하면 각각의 눈물방울은 바로 그 영혼에 물을 주는 것이기 때문이다.
① 우리는 영혼으로부터 많은 것을 배운다.
② 예방이 치료보다 더 좋다.
④ 모든 성장은 실질적인 기쁨에 달려 있다.
【어휘】
certain 어떤  foliage 잎  rainforest 열대우림  delight 기쁨, 즐거움  exist 존재하다  quantity 양  go through 겪다, 경험하다  shed 흘리다, 떨어뜨리다  soak (물기를) 빨아들이다  grief 슬픔  the next time S + V ~ 다음에 ~할 때  circumstance 상황  adversity 역경, 고난  actual 실질적인, 실제 하는

12. ② 【해설】
르네상스 예술가들은 물체들의 본질적인 형태를 인간의 눈에 보이는 대로 그렸다는 것과 실제 세계를 사실적이고 정확하고 3차원적으로 묘사했다고 했고 빈칸 앞에 부정어 kept(막다, 못하게 하다)가 있으므로 빈칸에는 이와 반대되는 내용인 ② '추상적으로'가 가장 적절하다.
【해석】
수학은 분명히 르네상스 예술에 영향을 주었다. 르네상스 예술은 여러 가지 면에서 중세의 예술과 달랐다. 르네상스 이전에는 그림에 있는 물체들이 외관상 사실적이라기보다는 평평하고 상징적이었다. 르네상스 시대의 예술가들은 그림을 다시 만들었다. 그들은 그림 속의 물체들이 추상적으로 표현되는 것을 막았다. 물체들의 본질적인 형태가 원근법으로, 다시 말해 인간의 눈에 보이는 대로 그리기 위해 수학이 사용되었다. 르네상스 시대의 예술가들은 기하학을 사용하여 원근법을 성취했는데 그것은 실제 세계를 사실적이고 정확하고 3차원적으로 묘사하게 했다. 수학을 예술, 특히 그림에 응용한 것은 르네상스 예술의 주된 특징 중 하나였다.
① 3차원적으로
③ 정확하게
④ 사실적으로
【어휘】
definitely 명확히  the Middle Ages 중세  prior to ~에 앞서, 먼저  object 물건, 물체  flat 평평한  symbolic 상징적인  in appearance 외견상  represent ① 대표하다, 대신하다 ② 설명하다, 묘사하다  *representation ① 대표, 대신 ② 설명, 묘사  reform 다시 만들다, 개편하다  portray 그리다, 묘사하다  perspective 원근법, 투시 화법  achieve 성취하다, 달성하다  geometry 기하학  naturalistic 사실적인  precise 정확한  three-dimensional 3차원의  application 응용, 적용  primary 첫째의, 주요한  characteristic 특징  abstraction 추상  accuracy 정확함

13. ① 【해설】
주어진 지문은 사람들이 독립적인 사고와 이성적인 판단보다는 동료들에게 동의하려는 성향이 더 강하다는 내용의 글이므로 빈칸에 들어가기에 가장 적절한 것은 ① '집단의 압력에 굴복했고'이다.
【해석】
심리학자 Solomon Asch는 사람들이 독립적인 사고와 이성적인 판단에 대한 성향보다 동료들에게 동의하려는 성향이 더 강한지 어떤지를 알고 싶었다. Asch는 20명의 대학생들로 이루어진 집단들을 모아서, 그들이 시각적 지각에 관한 실험에 참여할 거라고 알렸다. 그는 그들에게 줄 세 조각을 보여주고서 차

례대로 어느 줄이 가장 긴지를 각자에게 물었다. 그것은 쉬운 일이었고 정답은 명백했다. 하지만, Asch는 그 실험의 실제 피실험자에 해당하는 각 집단의 마지막 사람을 제외한 모든 사람들에게 은밀히 중간 길이의 줄이 가장 길다고 말하도록 지시했다. 나중에 밝혀진 것처럼 실제 피실험자의 70퍼센트 이상이 집단의 압력에 굴복했고 중간 길이의 줄이 가장 길다고 말했다.
② 정답을 이해했고
③ 다른 집단의 구성원과 관련되지 않았고
④ 의사결정에 있어서 이성적인 판단을 이용했고
【어휘】
psychologist 심리학자  tendency 경향, 성향  peer 또래, 동료  rational 이성적인  judgment 판단  assemble 모으다, 집합시키다, 소집하다  announce 알리다  take part in ~에 참여하다  visual perception 시각적 지각  segment 조각  obvious 명백한, 분명한  secretly 비밀로, 몰래  instruct 지시하다  subject 피험자, 실험 대상자  as it turned out 나중에 밝혀진 것처럼, 나중에 알고 보니  medium-length 중간 길이  yield to ~에 항복(굴복)하다  figure out 이해(파악)하다  be involved in ~와 관련(연관)이 있다  employ 이용하다  decision-making 의사결정

14. ① 【해설】
주어진 지문은 학교 축제 준비로 인해 9월 25일의 등교 시간이 평소보다 늦춰진다는 내용을 학생들에게 알리는 글이므로 이 글의 목적으로 가장 적절한 것은 ① '학교 축제로 인한 등교시간 변경을 알리려고'이다.
② 예기치 않은 연례 학교 축제 취소를 발표하려고
③ 흥미로운 새로운 학교 축제 활동을 소개하려고
④ 모든 학부모들을 다가오는 학교 축제에 초대하려고
【해석】
수신: students@greenvillehigh.edu
발신: principal@greenvillehigh.edu
날짜: 2025년 9월 20일
제목: 중요한 학교 공지
그린빌 고등학교 학생 여러분께,
다가오는 9월 25일, 학교 축제를 앞두고 모두 설레고 있기를 바랍니다. 이 연례 행사는 우리 학교의 주요 행사로, 학생들과 교직원이 준비한 공연, 전시, 그리고 재미있는 활동들로 가득합니다.
축제 준비로 인해 9월 25일 등교 시간이 평소 오전 8시 30분에서 오전 10시로 늦춰질 예정임을 알려드립니다. 일정에 맞게 시간을 조정해 늦지 않게 등교해 주세요. 이번 행사의 성공을 위해 여러분의 협조에 감사드립니다.
질문이나 우려 사항이 있으면 언제든 교무실로 연락해 주세요.
주의를 기울여 주셔서 감사드리며, 축제에서 여러분을 만나길 기대합니다!
감사합니다.
그린빌 고등학교 교장
【어휘】
announcement 공지  upcoming 다가오는  annual 연례의  event 행사  highlight ①하이라이트 ②강조하다  performance 공연  exhibition 전시(회)  activity 활동  organize 준비하다  staff 교직원  preparation 준비  inform 알리다  delay 지연하다  usual 평소의  adjust 조정하다  accordingly 따라서, 그에 맞게  cooperation 협동, 협조  concern 우려  contact 연락하다  unexpected 예기치 않은  cancellation 취소  exciting 흥미로운  introduce 소개하다  added 추가된  invite 초대하다  attend 참석하다

15. ② 【해설】
문맥상 treats는 '간식'이라는 뜻으로 사용되었으므로, 이와 가장 가까운 유의어는 ② 'snacks (간식, 먹을거리)'이다.

16. ① 【해설】
주어진 지문은 반려견 용품 할인 행사가 취소되었음을 알리고 그에 대해 사과하는 내용이므로 이 글의 목적으로 가장 적절한 것은 ① '반려견 용품 할인 행사 취소를 사과하려고'이다.

【해석】
② 온라인으로 할인된 반려견 용품을 구매하는 방법을 설명하려고
③ 이번 달 출시되는 새로운 반려동물 제품 라인을 소개하려고
④ 다른 가게들의 반려견 액세서리 가격을 비교하려고
【해석】
고객 알림
우리는 소중한 고객 여러분께 다가오는 반려동물 용품 할인 행사가 취소되었음을 알리게 되어 유감입니다. 예상치 못한 공급망 문제로 인해 계획한 대로 프로모션을 지원할 만큼 충분한 재고를 제공할 수 없게 되었습니다.
많은 분들이 할인된 가격으로 좋아하는 강아지 장난감, 간식, 액세서리를 구매하기를 기대하고 계셨다는 것을 잘 알고 있습니다. 이번 취소로 인해 불편을 드려 진심으로 사과드리며, 여러분의 이해에 감사드립니다.
우리는 공급업체들과 긴밀히 협력하여 이러한 문제를 최대한 빨리 해결하기 위해 노력하고 있습니다. 상황이 개선되면 행사를 다시 일정 잡을 예정이니 앞으로 있을 공지를 계속 확인해 주시기 바랍니다. 다시 한번 여러분의 인내와 충성심에 감사드립니다.
【어휘】
regret 유감으로 생각하다, 사과하다  inform 알리다  valued 소중한  discount 할인  event 행사  cancel 취소하다  unexpected 예상치 못한  supply chain 공급망  issue 문제  sufficient 충분한  stock 재고  support 지원하다  promotion 판촉  planned 계획된  heal 치료하다  treat 간식  accessory 액세서리  sincerely 진심으로  apologize 사과하다  inconvenience 불편  cancellation 취소  appreciate 감사하다  resolve 해결하다  announcement 공지  reschedule 다시 일정 잡다  situation 상황  improve 개선되다  patience 인내  loyalty 충성심  snack 간식  leash 목줄  shelter 보호소  explain 설명하다  purchase 구매하다  introduce 소개하다  compare 비교하다

17. ④ 【해설】
다른 사람이 간지럽게 하면 몸이 긴장하게 되어 참을 수 없는 반응을 일으키지만, 자신을 간지럽게 하면 그것을 의식하고 통제할 수 있기 때문에 전혀 간지러움을 느끼지 못한다는 흐름이 되어야 한다. 주어진 문장은 However로 시작하고 자신을 간지럽게 하는 경우를 언급하고 있으므로 다른 사람이 간지럽게 하는 경우에 대한 언급이 끝나는 부분에 와야 한다. 따라서 정답은 ④이다.
【해석】
당신이 자신을 간지럽게 하면 간질거리지 않지만, 다른 사람이 당신을 간지럽게 하면 그것을 참을 수 없게 되는 것은 무엇 때문인가? 어떤 사람이 당신을 간지럽게 해도 차분함을 유지하게 된다면 그것은 당신에게 아무런 영향을 주지 않을 것이다. 물론, 간지럽게 하는 것이 대부분의 우리들에게 불안감과 같은 긴장감을 유발하기 때문에 차분함을 유지하기가 어려울 것이다. 그러한 긴장감은 신체적 접촉, 억제력의 부족, 그리고 그것이 간질거리게 하는 것인지 아픔을 느끼게 하는 것인지에 대한 두려움 등 때문에 나오는 것이다. 그러나 당신이 자신을 간지럽게 하려 할 때 당신은 그러한 상황을 완전히 억제할 수 있는 상태가 된다. 긴장할 필요가 없고, 그리하여 아무런 반응도 없게 되는 것이다.
【어휘】
tickle 간지럽히다  stand 참다  tension 긴장감  *tense 긴장한  unease 불안  reaction 반응

18. ④ 【해설】
④ Expected Outcomes 마지막 문장에서 '일부 참가자들은 온라인 네트워크를 통해 계속 협력하며 연구와 아이디어를 공유한다'고 했으므로 '모든 참가자들이 계속적인 협력을 약속해야 한다'는 본문의 내용과 일치하지 않는다.
① Introduction 마지막 문장에서 '청소년들의 목소리가 세계 정책에 영향을 미치도록 플랫폼을 제공한다'고 했으므로 '정상 회담은 젊은 리더들이 세계 기후 정책에 목소리를 낼 수 있게

한다'는 본문의 내용과 일치한다.
② Summit Activities 첫 번째 문장에서 '참가자들은 패널 토론에 참여하고, 기후 행동 워크숍에 참석하며, 자신들의 혁신적인 프로젝트를 발표한다'고 했으므로 '참가자들은 정상회담에서 워크숍, 토론, 네트워킹 행사에 참여한다'는 본문의 내용과 일치한다.
③ Expected Outcomes 두 번째 문장에서 '주최 측은 후속 자료와 자원을 제공한다)고 했으므로 '주최 측은 참가자들이 새롭게 배운 내용을 적용할 수 있도록 후속 자료를 제공한다'는 본문의 내용과 일치한다.
【해석】
2025년 세계 청소년 기후 정상회의
소개
세계 청소년 기후 정상회의 2025는 전 세계의 젊은 리더들을 모아 기후 위기에 대한 해결책을 논의한다. 이 정상회의는 청소년들의 목소리가 세계 정책에 영향을 미칠 수 있는 플랫폼을 제공하며, 국가 간 협력을 장려한다.
정상회의 활동
참가자들은 패널 토론에 참여하고, 기후 행동 워크숍에 참석하며, 자신들의 혁신적인 프로젝트를 발표한다. 정상회의에는 젊은 리더들이 과학자, 정책 입안자, 활동가들과 연결될 수 있는 네트워킹 행사도 포함된다.
예상 결과
많은 참가자들은 정상회의를 마친 후 자국에서 기후 행동에 나설 영감을 얻었다고 보고한다. 주최 측은 참가자들이 배운 내용을 적용할 수 있도록 후속 자료와 자원을 제공한다. 일부 참가자들은 온라인 네트워크와 국제 청소년 연합을 통해 계속 협력하며 연구와 아이디어를 공유한다.
① 정상회담은 젊은 리더들이 세계 기후 정책에 목소리를 낼 수 있게 한다.
② 참가자들은 정상회담에서 워크숍, 토론, 네트워킹 행사에 참여한다.
③ 주최 측은 참가자들이 새롭게 배운 내용을 적용할 수 있도록 후속 자료를 제공한다.
④ 모든 참가자들은 온라인 네트워크를 통해 계속 협력하겠다고 약속해야 한다.
【어휘】
global 세계의 youth 청소년 summit 정상회의 leader 리더 crisis 위기 platform 플랫폼 influence ~에 영향을 주다 policy 정책 encourage 격려하다 collaboration 협력 participant 참가자 panel discussion 패널 토론 attend 참석하다 climate action 기후 행동 present 발표하다 innovative 혁신적인 policymaker 정책 입안자 activist 활동가 inspire 영감을 주다 take action 행동하다 follow-up 후속 material 자료 apply 적용하다 alliance 연맹, 연합 commit 약속하다, 다짐하다 activist 운동가

19. ④ 【해설】
(A)에 있는 this common characteristic은 (B)의 characterized as a lack of identification을 지칭하고 (C)에 These concepts and notions는 주어진 제시문의 ideas and concepts를 가리키므로 주어진 제시문 다음 이어질 글의 순서로 가장 적절한 것은 ④ (C)-(B)-(A)이다.
【해석】
사회학자는 규칙적으로 되풀이되는 사회 현상의 형태에 대해 일반적으로 확실한 해석을 찾아내는 데 주로 관심이 있다. 이러한 과정에서 그가 사용하는 생각과 개념의 뼈대는 사회학적인 이론을 구성한다. (C) 이러한 개념과 생각은 물리학에서의 '중력'이 그러하듯 추상적이고 정신적인 구조이다. 사회학자는 그가 관찰하는 것에 규칙성이나 패턴이 있다는 매우 기본적인 가정을 함으로써 이러한 개념에 도달한다. 마찬가지로 그는 어떤 신호나 지표가 있다는 것으로부터 근본적인 생각이 존재한다는 것을 추론할 것이다. (B) 예를 들어, 사회학자는 큰 공장의 노동자들의 행동과 대도시 빈민가 지역 아이들의 행동에 그들의 동료에 대한 동일시의 결여와 권위를 행사하는 사람들에 대한 신뢰감의 결여로 특징지어지는 어떤 유사점이 있다는 것을 알게 될 것이다. (A) 그는 이러한 공통적인 특징을 '소외'라는 추상적인 상태의 표명으로 인식할 것이다. 나중에 그는 특정한 범주의 사람들에 대한 '소외'를 그들의 지위 또는 아마도 그들이 투표하는 방식에 결부시키고자 할 것이다.
【어휘】
sociologist 사회학자 primarily 주로 valid 유효한 interpretation 해석 recur 되풀이하다, 반복하다 phenomena 현상들 constitute 구성하다 abstract 추상적인 construction 건설, 구성 assumption 추정, 생각 existence ① 생활 ② 존재 infer 추론하다 underlie 기저(초)를 이루다 indicator 지표 identification ① 확인 ② 동일시함 wield 행사하다 authority 권위, 권한 alienation 고립, 소외

20. ① 【해설】
① Activities & Exhibits 첫 번째 문장에서 '방문객들의 탄소 발자국 줄이는 방법에 대한 워크숍에 참석'이라고 했으므로 'include workshops on how to reduce one's carbon footprint'는 본문의 내용과 일치한다.
② Activities & Exhibits 두 번째 문장에서 '최신 전기차와 하이브리드차 전시'라고 했으므로 'only electric vehicles'는 본문의 내용과 일치하지 않는다.
③ Registration & Admission 첫 번째 문장에서 'This free event (무료 행사)'라고 했으므로 'must pay an entrance fee'는 본문의 내용과 일치하지 않는다.
④ Community Engagement 마지막 문장에서 '자원봉사자를 환영한다'고 했으므로 'volunteers are not allowed'는 본문의 내용과 일치하지 않는다.
【해석】
2025년 친환경 교통 박람회
행사 소개
그린빌 시의회는 10월 5일 리버사이드 공원에서 친환경 교통 박람회를 주최합니다. 이 무료 행사는 전기차, 자전거, 대중교통 등 지속 가능한 교통수단에 대한 인식을 높이는 것을 목표로 합니다.
활동 및 전시
방문객들은 상호작용 전시를 둘러보고, 전기 자전거를 시승하며, 자신들의 탄소 발자국을 줄이는 방법에 대한 워크숍에 참석할 수 있습니다. 지역 자동차 대리점들도 최신 전기차와 하이브리드차를 전시할 예정입니다.
등록 및 입장
박람회는 무료지만, 참석자들은 온라인 사전 등록을 하면 입장 시 무료 에코백을 받을 수 있습니다. 또한 등록자들을 대상으로 한 경품 추첨도 열립니다.
커뮤니티 참여
행사에는 환경 운동가와 도시 계획가 등 초청 연사들이 참석해 그린빌의 미래 교통 프로젝트에 대해 논의할 예정입니다. 자원봉사자들은 행사 운영과 방문객 지원에 도움을 줄 수 있습니다.
① 박람회에는 개인의 탄소 발자국을 줄이는 방법에 관한 워크숍이 포함된다.
② 교통 박람회에는 전기차만 전시된다.
③ 방문객은 교통 박람회에 참석하기 위해 입장료를 내야 한다.
④ 안전 문제로 인해 자원봉사자는 행사에 도움을 줄 수 없다.
【어휘】
eco-friendly 친환경의 transportation 교통 fair 박람회 city council 시의회 host 주최하다 awareness 인식 option 선택지 electric vehicle 전기차 bicycle 자전거 public transit 대중교통 interactive 상호작용하는 exhibit 전시 test-ride 시승하다 carbon footprint 탄소 발자국 dealership 대리점 showcase 전시하다 latest 최신의 hybrid car 하이브리드차 admission 입장 attendee 참석자 encourage 장려하다 advance 미리 tote bag 토트백, 에코백 prize drawing 경품 추첨 guest speaker 초청 연사 activist 활동가 city planner 도시 계획가 volunteer 자원봉사자 logistics 운영 support 지원 workshop 워크숍 reduce 줄이다 pay 지불하다 entrance fee 입장료 only 오직 allow 허락하다 safety concern 안전 문제

# 한 국 사

출제교수: 노범석 교수님

1. ③ 【해설】 부여
제시된 자료는 부여의 제천 행사에 대한 내용이다.
③ 부여에서는 왕 아래에 여섯 가축의 이름으로 관직명을 정했는데 전해지는 것으로 마가, 우가, 저가, 구가 등이 있었다.
① 고조선에는 상, 대부, 장군, 박사 등의 관직이 있었다.
② 옥저와 동예에 대한 설명이다.
④ 삼한에 대한 설명이다.

2. ④ 【해설】 삼국의 발전 과정
ⓒ 광개토대왕릉비는 장수왕 대인 414년에 건립되었다.
ⓛ 고구려 장수왕은 남하 정책의 일환으로 427년 국내성에서 평양으로 천도하였다.
㉠ 고구려의 남하 정책에 대응하여 433년 백제와 신라는 나·제 동맹을 체결하였다.
ⓒ 6세기 무령왕 때 지방에 22담로를 설치하고 왕족을 파견하였다.

3. ① 【해설】 신라 촌락 문서(민정 문서)
민정 문서는 1933년 일본 도다이사 정창원에서 발견된 서원경과 그 부근의 4개 촌락에 대한 자료이다.
① 민정문서는 지방관이 아니라 토착 세력인 촌주가 3년마다 작성하였다.
② 신라 민정 문서에서 호(戶)는 사람의 많고 적음에 따라 상상호(上上戶)에서 하하호(下下戶)까지 9등급으로 나누어 파악하고 있다.
③ 민정문서는 인구를 연령에 따라 6등급까지 나누었는데, 소아의 수까지 파악한 것으로 보아 인구를 중시하였음을 알 수 있다.
④ 민정 문서는 촌락의 경제력을 파악하기 위해 가축과 과실나무의 수까지 자세히 기록하였다.

4. ④ 【해설】 공민왕
제시된 자료에서 괄호 안에 들어갈 국왕은 고려 공민왕이다.
④ 공민왕은 반원 정치의 일환으로 친원 세력인 기철 일파를 제거하였다.
① 공양왕 때인 1391년의 일이다.
② 충선왕의 업적이다.
③ '동국병감'은 조선 문종 대 김종서의 주도하에 고조선에서 고려 말까지의 전쟁사를 정리한 책이다.

5. ② 【해설】 궁예
궁예는 계속되는 전쟁을 치르기 위해 지나치게 조세를 거둬들였고, 죄 없는 관료와 장군을 살해하였을 뿐 아니라, 미륵 신앙을 이용하여 전제 정치를 도모하였다. '삼국사기'에 따르면 궁예는 반신라 감정을 지니고 있었는데, 부석사에 갔을 때 벽에 그려진 신라 왕의 그림을 보고 칼을 뽑아 그것을 훼손했다는 일화가 전해지고 있다.

6. ④ 【해설】 고려 시대의 사회 모습
④ 고려 시대에 여성은 자신의 재산을 독립적으로 소유하였다. 결혼 후에도 호적상에 남편과 아내의 노비를 구분하여 기록하였고, 남편이 사망하여 아내가 본가로 돌아갈 때 자기 소유의 노비를 찾아갈 수 있었다.
① 고려 시대에는 모든 자식들이 돌아가며 제사를 지냈다.
② 고려 시대에 여성의 재가는 비교적 자유롭게 이루어졌다.
③ 고려 시대에는 사위가 처가의 호적에 입적하여 처가에서 생활하는 경우가 제법 많았다.

7. ③ 【해설】 세종
제시된 자료는 세종 때인 1419년 상왕(태종)과 세종이 신하들을 불러 대마도 정벌을 논의한 것과 관련된 내용이다.
③ 세종 때는 6조 직계제가 아니라 의정부서사제를 실시하였다.
①, ②, ④ 조선 세종의 업적에 대한 설명이다.

8. ② 【해설】 6세기의 정치 상황
신라 지증왕은 503년 국호를 신라로 정하고, 중국식 '왕'이라는 왕호를 사용하였다. 그리고 신라 진흥왕은 562년 이사부를 보내 대가야를 정복하였다.
② 백제 성왕이 사비로 도읍을 옮긴 것은 538년의 일이다.
① 4세기 침류왕 때의 일이다.
③, ④ 4세기 근초고왕 때의 일이다.

9. ④ 【해설】 붕당 정치의 전개(남인)
제시된 자료는 갑인예송(2차예송) 당시 남인이 주장한 내용이다.
④ 갑인예송 때 남인의 주장이 채택되었다.
①, ② 서인에 대한 설명이다.
③ 북인에 대한 설명이다.

10. ② 【해설】 영조
제시된 자료는 영조가 실시한 탕평책에 대해 서술한 내용이다.
② 영조는 '속대전', '동국문헌비고' 등을 편찬하여 문물제도를 정비하였다.
① 흥선 대원군의 집권기에 추진된 정책에 대한 설명이다.
③ 정조는 문체반정을 통해 당시 유행하던 신문체를 배척하고, 순정고문으로 환원시키고자 하였다.
④ 정조는 수령이 향약을 직접 주관하도록 해서 지방 사족의 향촌 지배를 억제하고 백성에 대한 국가의 통치력을 강화시켰다.

11. ② 【해설】 박제가
제시된 자료는 박제가가 '북학의'에서 주장한 내용이다.
② 박제가는 승지 박평의 서자로 태어나, 정조의 총애를 받아 규장각 검서관이 되어 활약하였다.
①, ③ 홍대용, ④ 박지원에 대한 설명이다.

12. ③ 【해설】 원산 지역사
밑줄 친 '이곳'은 원산이다.
③ 원산은 강화도 조약으로 인해 개항된 곳으로, 러시아와 지리적으로 인접하여 군사적인 목적으로 개항된 지역이다.
① 대구, ② 평양(서경)에 대한 설명이다.
④ 의주 지역에 대한 설명이다.

13. ② 【해설】 물산장려운동
제시된 자료는 조선 물산 장려회에서 발표한 것으로, 물산 장려 운동에 대한 내용이다.
② 물산 장려 운동은 평양에서 조만식을 중심으로 시작되어 전국으로 확산되었다.
① 물산 장려 운동은 1920년대에 전개된 민족 운동이다.
③ 사회주의 계열에서는 물산 장려 운동이 부르주아의 이익만 추구하는 것이라고 비난하였다.
④ 국채 보상 운동에 대한 설명이다.

14. ① 【해설】 통일 정책(노태우 정부)
제시된 자료는 노태우 정부에서 제시한 국정 시책의 내용이다.
① 남북 기본 합의서는 1991년 12월 노태우 정부 때 합의 및 채택되었다.
② 김대중 정부 때의 일이다.
③ 박정희 정부 때인 1972년 7·4 남북 공동 성명을 통해서 남북한은 통일 문제의 협의를 위해 남북 조절 위원회를 설치하기로 합의하였다.
④ 전두환 정부 때인 1985년의 일이다.

15. ② 【해설】 일제의 경제 수탈 정책
② 중·일 전쟁(1937)이 아니라 만주사변(1931) 이후, 일제는 남면북양 정책을 추진하였다.
① 일제는 1912년에 토지조사령을 공포하여 토지 조사 사업을 본격적으로 진행하였다.
③ 일제는 학생, 여성, 농촌의 노동력을 강제로 동원하기 위해서 근로보국대를 조직하였다(1938).
④ 제1차 세계 대전을 계기로 일본에서 자본주의가 발전함에 따라 도시 인구, 노동자 수가 폭발적으로 증가하고, 쌀의 수요도 급증하였다. 이러한 자국의 식량 문제를 해결하기 위해 일

제는 산미 증식 계획을 실시하였다.

16. ③ 【해설】 6·10 만세 운동
③ 6·10 만세 운동은 학생들과 사회주의 진영, 천도교 일부 세력과 협력하여 계획·추진되었다.
① 3·1 운동에 대한 설명이다.
② 광주 학생 항일 운동에 대한 설명이다.
④ 조선 청년 총동맹은 1924년에 결성되었고, 6·10 만세 운동은 1926년에 일어났기 때문에 시기상 맞지 않다.

17. ② 【해설】 여운형
제시된 자료는 여운형의 주요 연보이다.
② 여운형은 1945년 8월 조선 건국 동맹을 모체로 좌우 연합의 조선 건국 준비 위원회를 조직하고, 위원장으로 활동하였다.
① 이승만에 대한 설명이다.
③ 여운형은 5·10 총선거 실시 이전인 1947년에 암살당하였다.
④ 김규식에 대한 설명이다.

18. ② 【해설】 대한제국
② 대한제국은 양전 사업을 실시하여 지계를 발급하였다.
① 1차 갑오개혁, ③ 2차 갑오개혁에 대한 설명이다.
④ 1차 갑오개혁 때 신분제도를 혁파하여 양반과 평민의 계급을 철폐하였다.

19. ③ 【해설】 영남만인소
제시된 자료는 이만손 등이 올린 영남 만인소의 내용이다.
③ 이만손은 영남 만인소를 통해 2차 수신사로 일본에 갔던 김홍집이 가지고 와 유포한 '조선책략'의 내용을 비판하였다.
① 병인양요는 1866년, 신미양요는 1871년의 일이다.
② 을미의병의 배경에 대한 설명이다.
④ 1876년 강화도 조약 체결의 배경이 된 운요호 사건(1875)에 대한 설명이다.

20. ③ 【해설】 동학농민운동
ⓒ 1894년 4월 황토현 전투에서 동학농민군은 관군을 격파하였다.
ⓒ 1894년 5월의 일이다.
ⓔ 1894년 6월 일본의 기습공격으로 청·일 전쟁이 발발하였다.
㉠ 1894년 11월의 일이다.

# 행정법

출제교수: 강성빈 교수님

1. ② 【해설】행정작용법
   마약류 관련 수형자에 대하여 마약류반응검사를 위하여 소변을 받아 제출하게 한 것은 권력적 사실행위로서 헌법재판소법 제68조 제1항의 공권력의 행사에 해당한다. 헌법재판소 2006. 7. 27. 선고 2005헌마277 결정
   ① (교도소장이 수형자를 '접견내용 녹음·녹화 및 접견 시 교도관 참여대상자'로 지정한 사안에서) 위 지정행위는 수형자의 구체적 권리의무에 직접적 변동을 가져오는 행정청의 공법상 행위로서 항고소송의 대상이 되는 '처분'에 해당한다. 대법원 2014. 2. 13. 선고 2013두20899 판결
   ③ 행정관청이 토지거래계약신고에 관하여 공시된 기준지가를 기준으로 매매가격을 신고하도록 행정지도 하여 왔고 그 기준가격 이상으로 매매가격을 신고한 경우에는 거래신고서를 접수하지 않고 반려하는 것이 관행화되어 있다 하더라도 이는 법에 어긋나는 관행이라 할 것이므로 그와 같은 위법한 관행에 따라 허위신고행위에 이르렀다고 하여 그 범법행위가 사회상규에 위배되지 않는 정당한 행위라고는 볼 수 없다(주: 판례는 위법한 행정지도에 따라 행한 사인의 행위는 법령에 명시적인 정함이 없는 한 위법성이 조각되지 않는 것으로, 즉 위법한 것으로 봄). 대법원 1992. 4. 24. 선고 91도1609 판결
   ④ 국가배상법이 정한 배상청구의 요건인 '공무원의 직무'에는 권력적 작용만이 아니라 행정지도와 같은 비권력적 작용도 포함되며 단지 행정주체가 사경제주체로서 하는 활동만 제외된다. 대법원 1998. 7. 10. 선고 96다38971 판결

2. ④ 【해설】행정쟁송법
   공법상 당사자소송의 소 변경에 관하여 행정소송법은, 공법상 당사자소송을 항고소송으로 변경하는 경우 또는 처분변경으로 인하여 소를 변경하는 경우에 관하여만 규정하고 있을 뿐, 공법상 당사자소송을 민사소송으로 변경할 수 있는지에 관하여 명문의 규정을 두고 있지 않다. 그러나 공법상 당사자소송에서 민사소송으로의 소 변경이 금지된다고 볼 수 없다. 이유는 다음과 같다. (중략) 따라서 공법상 당사자소송에 대하여도 청구의 기초가 바뀌지 아니하는 한도 안에서 민사소송으로 소 변경이 가능하다고 해석하는 것이 타당하다. 대법원 2023. 6. 29. 선고 2022두44262 판결
   ① 행정소송법 제39조

   > **행정소송법 제39조(피고적격)**
   > 당사자소송은 국가·공공단체 그 밖의 권리주체를 피고로 한다.

   ② 지방소방공무원의 초과근무수당 지급청구권은 법령의 규정에 의하여 직접 그 존부나 범위가 정하여지고 법령에 규정된 수당의 지급요건에 해당하는 경우에는 곧바로 발생한다고 할 것이므로, 지방소방공무원이 자신이 소속된 지방자치단체를 상대로 초과근무수당의 지급을 구하는 청구에 관한 소송은 당사자소송의 절차에 따라야 한다. 대법원 2013. 3. 28. 선고 2012다102629 판결
   ③ 석탄산업법 및 같은법시행령의 각 규정의 취지를 모아보면, 피재근로자가 석탄산업합리화사업단에 대하여 가지는 재해위로금의 지급청구권은 위 규정이 정하는 지급요건이 충족되면 당연히 발생함과 아울러 그 금액도 확정되는 것이지 위 사업단의 지급결정 여부에 의하여 그 청구권의 발생이나 금액이 좌우되는 것이 아니므로 (중략) 위 사업단이 표시한 재해위로금 지급거부의 의사표시에 불복이 있는 경우에는 위 사업단을 상대로 그 지급거부의 의사표시에 대한 항고소송을 제기하여야 하는 것이 아니라 직접 공법상의 당사자소송을 제기하여야 한다. 대법원 1999. 1. 26. 선고 98두12598 판결

3. ④ 【해설】행정작용법
   의제된 인허가는 통상적인 인허가와 동일한 효력을 가지므로, 적어도 '부분 인허가 의제'가 허용되는 경우에는 그 효력을 제거하기 위한 법적 수단으로 의제된 인허가의 취소나 철회가 허용될 수 있고, 이러한 직권 취소·철회가 가능한 이상 그 의제된 인허가에 대한 쟁송취소 역시 허용된다. 따라서 주택건설사업계획 승인처분에 따라 의제된 인허가가 위법함을 다투고자 하는 이해관계인은, 주택건설사업계획 승인처분의 취소를 구할 것이 아니라 의제된 인허가의 취소를 구하여야 하며, 의제된 인허가는 주택건설사업계획 승인처분과 별도로 항고소송의 대상이 되는 처분에 해당한다. 대법원 2018. 11. 29. 선고 2016두38792 판결
   ① 행정기본법 제26조

   > **행정기본법 제26조(인허가의제의 사후관리 등)**
   > ① 인허가의제의 경우 관련 인허가 행정청은 관련 인허가를 직접 한 것으로 보아 관계 법령에 따른 관리·감독 등 필요한 조치를 하여야 한다.

   ② 행정기본법 제25조

   > **행정기본법 제25조(인허가의제의 효과)**
   > ① 제24조제3항·제4항에 따라 협의가 된 사항에 대해서는 주된 인허가를 받았을 때 관련 인허가를 받은 것으로 본다.

   ③ 건축불허가처분을 하면서 그 처분사유로 건축불허가 사유뿐만 아니라 형질변경불허가 사유나 농지전용불허가 사유를 들고 있다고 하여 그 건축불허가처분 외에 별개로 형질변경불허가처분이나 농지전용불허가처분이 존재하는 것이 아니므로, 그 건축불허가처분을 받은 사람은 그 건축불허가처분에 관한 쟁송에서 건축법상의 건축불허가 사유뿐만 아니라 같은 도시계획법상의 형질변경불허가 사유나 농지법상의 농지전용불허가 사유에 관하여도 다툴 수 있는 것이지, 그 건축불허가처분에 관한 쟁송과는 별개로 형질변경불허가처분이나 농지전용불허가처분에 관한 쟁송을 제기하여 이를 다투어야 하는 것은 아니며, 그러한 쟁송을 제기하지 아니하였어도 형질변경불허가 사유나 농지전용불허가 사유에 관하여 불가쟁력이 생기지 아니한다. 대법원 2001. 1. 16. 선고 99두10988 판결

4. ① 【해설】행정절차법
   행정처분의 상대방이 통지된 청문일시에 불출석하였다는 이유만으로 행정청이 관계 법령상 그 실시가 요구되는 청문을 실시하지 아니한 채 침해적 행정처분을 할 수는 없을 것이므로, 행정처분의 상대방에 대한 청문통지서가 반송되었다거나, 행정처분의 상대방이 청문일시에 불출석하였다는 이유로 청문을 실시하지 아니하고 한 침해적 행정처분은 위법하다. 대법원 2001. 4. 13. 선고 2000두3337 판결
   ② 행정청이 당사자와 사이에 도시계획사업의 시행과 관련한 협약을 체결하면서 관계 법령 및 행정절차법에 규정된 청문의 실시 등 의견청취절차를 배제하는 조항을 두었다고 하더라도, 국민의 행정참여를 도모함으로써 행정의 공정성·투명성 및 신뢰성을 확보하고 국민의 권익을 보호한다는 행정절차법의 목적 및 청문제도의 취지 등에 비추어 볼 때, 위와 같은 협약의 체결로 청문의 실시에 관한 규정의 적용을 배제할 수 있다고 볼 만한 법령상의 규정이 없는 한, 이러한 협약이 체결되었다고 하여 청문의 실시에 관한 규정의 적용이 배제된다거나 청문을 실시하지 않아도 되는 예외적인 경우에 해당한다고 할 수 없다. 대법원 2004. 7. 8. 선고 2002두8350 판결
   ③ 퇴직연금의 환수결정은 당사자에게 의무를 과하는 처분이기는 하나, 관련 법령에 따라 당연히 환수금액이 정하여지는 것이므로, 퇴직연금의 환수결정에 앞서 당사자에게 의견진술의 기회를 주지 아니하여도 행정절차법 제22조 제3항이나 신의칙에 어긋나지 아니한다. 대법원 2000. 11. 28. 선고 99두5443 판결
   ④ 묘지공원과 화장장의 후보지를 선정하는 과정에서 서울특별시, 비영리법인, 일반 기업 등이 공동 발족한 협의체인 추모공원건립추진협의회가 후보지 주민들의 의견을 청취하기 위하여 그 명의로 개최한 공청회는 행정청이 도시계획시설결정을 하면서 개최한 공청회가 아니므로, 위 공청회의 개최에 관하여 행정절차법에서 정한 절차를 준수하여야 하는 것은 아니다. 대법원 2007. 4. 12. 선고 2005두1893 판결

5. ④ 【해설】행정쟁송법
   행정심판법 제48조

   > **행정심판법 제48조(재결의 송달과 효력 발생)**
   > ④ 처분의 상대방이 아닌 제3자가 심판청구를 한 경우 위원

회는 재결서의 등본을 지체 없이 피청구인을 거쳐 처분의 상대방에게 송달하여야 한다.
① 행정심판법 제15조

**행정심판법 제15조(선정대표자)**
① 여러 명의 청구인이 공동으로 심판청구를 할 때에는 청구인들 중에서 3명 이하의 선정대표자를 선정할 수 있다.
④ 선정대표자가 선정되면 다른 청구인들은 그 선정대표자를 통해서만 그 사건에 관한 행위를 할 수 있다.

② 행정심판법 제31조

**행정심판법 제31조(임시처분)**
① 위원회는 처분 또는 부작위가 위법·부당하다고 상당히 의심되는 경우로서 처분 또는 부작위 때문에 당사자가 받을 우려가 있는 중대한 불이익이나 당사자에게 생길 급박한 위험을 막기 위하여 임시지위를 정하여야 할 필요가 있는 경우에는 직권으로 또는 당사자의 신청에 의하여 임시처분을 결정할 수 있다.

③ 행정심판법 제43조의2

**행정심판법 제43조의2(조정)**
① 위원회는 당사자의 권리 및 권한의 범위에서 당사자의 동의를 받아 심판청구의 신속하고 공정한 해결을 위하여 조정을 할 수 있다. 다만, 그 조정이 공공복리에 적합하지 아니하거나 해당 처분의 성질에 반하는 경우에는 그러하지 아니하다.

6. ① 【해설】 행정작용법
행정청은 임시이사의 임기를 분명히 하기 위하여 임시이사를 선임하면서 임기를 예를 들어 1년 또는 2년과 같이 확정기한으로 정할 수 있다. 그러나 임시이사를 선임하면서 임기를 '후임 정식이사가 선임될 때까지'로 기재한 것은 근거 법률의 해석상 당연히 도출되는 사항을 주의적·확인적으로 기재한 이른바 '법정부관'일 뿐, 행정청의 의사에 따라 붙이는 본래 의미의 행정처분 부관이라고 볼 수 없다. 후임 정식이사가 선임되었다는 사유만으로 임시이사의 임기가 자동적으로 만료되어 임시이사의 지위가 상실되는 효과가 발생하지 않고, 관할 행정청이 후임 정식이사가 선임되었음을 이유로 임시이사를 해임하는 행정처분을 해야만 비로소 임시이사의 지위가 상실되는 효과가 발생한다. 대법원 2020. 10. 29. 선고 2017다269152 판결
② 행정처분이 취소되면 그 소급효에 의하여 처음부터 그 처분이 없었던 것과 같은 효과를 발생하게 되는바, 행정청이 의료법인의 이사에 대한 이사취임승인취소처분(제1처분)을 직권으로 취소(제2처분)한 경우에는 그로 인하여 이사가 소급하여 이사로서의 지위를 회복하게 되고, 그 결과 위 제1처분과 제2처분 사이에 법원에 의하여 선임결정된 임시이사들의 지위는 법원의 해임결정이 없더라도 당연히 소멸된다. 대법원 1997. 1. 21. 선고 96누3401 판결
③ 도시환경정비사업을 직접 시행하려는 토지 등 소유자들은 시장·군수로부터 사업시행인가를 받기 전에는 행정주체로서의 지위를 가지지 못한다. 따라서 그가 작성한 사업시행계획은 인가처분의 요건 중 하나에 불과하고 항고소송의 대상이 되는 독립된 행정처분에 해당하지 아니한다고 할 것이다. 대법원 2013. 6. 13. 선고 2011두19994 판결
④ 인가권자인 국토해양부장관 또는 시·도지사는 조합 등의 설립인가 신청에 대하여 자동차관리사업의 건전한 발전과 질서 확립이라는 사업자단체 설립의 공익적 목적에 부합하는지 등을 함께 검토하여 설립인가 여부를 결정할 재량을 가진다. 대법원 2015. 5. 29. 선고 2013두635 판결

7. ② 【해설】 행정작용법
구 여객자동차 운수사업법 시행규칙 제31조 제2항 제1호, 제2호, 제6호는 구 여객자동차 운수사업법 제11조 제4항의 위임에 따라 시외버스운송사업의 사업계획변경에 관한 절차, 인가기준 등을 구체적으로 규정한 것으로서, 대외적인 구속력이 있는 법규명령이라고 할 것이고, 그것을 행정청 내부의 사무처리준칙을 규정한 행정규칙에 불과하다고 할 수는 없다(주: 시행규칙의 내용이 제재적 처분기준을 정하고 있는 것이 아니라 수익적인 인허가의 기준을 정하고 있는 경우, 그 기준은 법규명령으로 봄). 대법원 2006. 6. 27. 선고 2003두4355 판결
① 법률조항의 위임에 따라 대통령령으로 규정한 내용이 헌법에 위반될 경우라도 그 대통령령의 규정이 위헌으로 되는 것은 별론으로 하고, 그로 인하여 정당하고 적법하게 입법권을 위임한 수권법률조항까지도 위헌으로 되는 것은 아니라고 할 것이다. 헌법재판소 2019. 2. 28. 선고 2017헌바245 전원재판부 결정
③ 법원이 구체적 규범통제를 통해 위헌·위법으로 선언할 심판대상은, 해당 규정의 전부가 불가분적으로 결합되어 있어 일부를 무효로 하는 경우 나머지 부분이 유지될 수 없는 결과를 가져오는 특별한 사정이 없는 한, 원칙적으로 해당 규정 중 재판의 전제성이 인정되는 조항에 한정된다. 대법원 2019. 6. 13. 선고 2017두33985 판결
④ 헌법 제107조 제2항의 규정에 따르면 행정입법의 심사는 일반적인 재판절차에 의하여 구체적 규범통제의 방법에 의하도록 명시하고 있으므로, 당사자는 구체적 사건의 심판을 위한 선결문제로서 행정입법의 위법성을 주장하여 법원에 대하여 당해 사건에 대한 적용 여부의 판단을 구할 수 있을 뿐 행정입법 자체의 합법성의 심사를 목적으로 하는 독립한 신청을 제기할 수는 없다. 대법원 1994. 4. 26.자 93부32 결정

8. ① 【해설】 실효성 확보수단
국토계획법 및 국토의 계획 및 이용에 관한 법률 시행령이 정한 이행강제금의 부과기준은 단지 상한을 정한 것에 불과한 것이 아니라, 위반행위 유형별로 계산된 특정 금액을 규정한 것이므로 행정청에 이와 다른 이행강제금액을 결정할 재량권이 없다고 보아야 한다. 대법원 2014. 11. 27. 선고 2013두8653 판결
② 이행강제금은 일정한 기한까지 의무를 이행하지 않을 때에는 일정한 금전적 부담을 과할 뜻을 미리 계고함으로써 의무자에게 심리적 압박을 주어 장래에 그 의무를 이행하게 하려는 행정상 간접적인 강제집행 수단의 하나로서 과거의 일정한 법률위반 행위에 대한 제재로서의 형벌이 아니라 장래의 의무이행의 확보를 위한 강제수단일 뿐이어서 범죄에 대하여 국가가 형벌권을 실행한다고 하는 과벌에 해당하지 아니하므로 헌법 제13조 제1항이 금지하는 이중처벌금지의 원칙이 적용될 여지가 없다. 헌법재판소 2011. 10. 25. 선고 2009헌바140 결정
③ 이행강제금의 본질상 시정명령을 받은 의무자가 이행강제금이 부과되기 전에 그 의무를 이행한 경우에는 비록 시정명령에서 정한 기간을 지나서 이행한 경우라도 이행강제금을 부과할 수 없다. 대법원 2018. 1. 25. 선고 2015두35116 판결
④ 공정거래법상 기업결합 제한위반행위자에 대한 이행강제금이 부과되기 전에 시정조치를 이행하거나 부작위 의무를 명하는 시정조치 불이행을 중단한 경우 과거의 시정조치 불이행기간에 대하여 이행강제금을 부과할 수 있다고 봄이 타당하다. 대법원 2019. 12. 12 선고 2018두63563 판결

9. ③ 【해설】 실효성 확보수단
행정상 즉시강제란 급박한 행정상 장해를 제거할 필요가 있으나 미리 의무를 명할 시간적 여유가 없을 때 또는 그 성질상 의무를 명해서는 목적달성이 곤란한 경우에 직접 국민의 신체 또는 재산에 실력을 가하여 행정상 필요한 상태를 실현하는 행정작용을 말한다(즉시강제는 의무의 불이행을 전제로 하지 않음).
① 행정기본법 제23조

**행정기본법 제23조(제재처분의 제척기간)**
③ 행정청은 제1항에도 불구하고 행정심판의 재결이나 법원의 판결에 따라 제재처분이 취소·철회된 경우에는 재결이나 판결이 확정된 날부터 1년(합의제행정기관은 2년)이 지나기 전까지는 그 취지에 따른 새로운 제재처분을 할 수 있다.

② 성업공사(현 한국자산관리공사)가 체납압류된 재산을 공매하는 것은 세무서장의 공매권한 위임에 의한 것으로 보아야 할 것이므로, 성업공사가 한 그 공매처분에 대한 취소 등의 항고소송을 제기함에 있어서는 수임청으로서 실제로 공매를 행한 성업공사를 피고로 하여야 하고, 위임청인 세무서장은 피고적격이 없다. 대법원 1997. 2. 28. 선고 96누1757 판결

④ 음주운전 여부에 대한 조사 과정에서 운전자 본인의 동의를 받지 아니하고 또한 법원의 영장도 없이 채혈조사를 한 결과를 근거로 한 운전면허 정지·취소 처분은 도로교통법 제44조 제3항을 위반한 것으로서 특별한 사정이 없는 한 위법한 처분으로 볼 수밖에 없다. 대법원 2016. 12. 27. 선고 2014두46850 판결

10. ④ 【해설】 개인정보 보호법
개인정보 보호법 제37조의2

> 개인정보 보호법 제37조의2(자동화된 결정에 대한 정보주체의 권리 등)
> ① 정보주체는 완전히 자동화된 시스템(인공지능 기술을 적용한 시스템을 포함한다)으로 개인정보를 처리하여 이루어지는 결정(「행정기본법」 제20조에 따른 행정청의 자동적 처분은 제외하며, 이하 이 조에서 "자동화된 결정"이라 한다)이 자신의 권리 또는 의무에 중대한 영향을 미치는 경우에는 해당 개인정보처리자에 대하여 해당 결정을 거부할 수 있는 권리를 가진다.

① 개인정보 보호법 제39조

> 개인정보 보호법 제39조(손해배상책임)
> ① 정보주체는 개인정보처리자가 이 법을 위반한 행위로 손해를 입으면 개인정보처리자에게 손해배상을 청구할 수 있다. 이 경우 그 개인정보처리자는 고의 또는 과실이 없음을 입증하지 아니하면 책임을 면할 수 없다.

② 「개인정보 보호법」 제39조 제1항은 정보주체가 개인정보처리자의 「개인정보 보호법」 위반행위로 입은 손해의 배상을 청구하는 경우에 개인정보처리자의 고의나 과실을 증명하는 것이 곤란한 점을 감안하여 그 증명책임을 개인정보처리자에게 전환하는 것일 뿐이고, 개인정보처리자가 「개인정보 보호법」을 위반한 행위를 하였다는 사실 자체는 정보주체가 주장·증명하여야 한다. 대법원 2024. 5. 17. 선고 2018다262103 판결
③ 개인정보 보호법 제39조

> 개인정보 보호법 제39조(손해배상책임)
> ③ 개인정보처리자의 고의 또는 중대한 과실로 인하여 개인정보가 분실·도난·유출·위조·변조 또는 훼손된 경우로서 정보주체에게 손해가 발생한 때에는 법원은 그 손해액의 5배를 넘지 아니하는 범위에서 손해배상액을 정할 수 있다. 다만, 개인정보처리자가 고의 또는 중대한 과실이 없음을 증명한 경우에는 그러하지 아니하다.

11. ① 【해설】 행정법통론
구 산림법령상 채석허가는 대물적 허가의 성질을 가지는 점 등을 감안하여 보면, 수허가자가 사망한 경우 특별한 사정이 없는 한 수허가자의 상속인이 수허가자로서의 지위를 승계한다고 봄이 상당하다. (중략) 산림을 무단형질변경한 자가 사망한 경우 당해 토지의 소유권 또는 점유권을 승계한 상속인은 그 복구의무를 부담한다고 봄이 상당하고, 따라서 관할 행정청은 그 상속인에 대하여 복구명령을 할 수 있다고 보아야 한다. 대법원 2005. 8. 19. 선고 2003두9817 판결
② 검사의 임용 여부는 임용권자의 자유재량에 속하는 사항이나, (중략) 법령상 검사임용 신청 및 그 처리의 제도에 관한 명문 규정이 없다고 하여도 조리상 임용권자는 임용신청자들에게 전형의 결과인 임용 여부의 응답을 해줄 의무가 있다고 할 것이며, 응답할 것인지 여부조차도 임용권자의 편의재량사항이라고는 할 수 없다. 대법원 1991. 2. 12. 선고 90누5825 판결
③ 근로자가 퇴직급여를 청구할 수 있는 권리도 헌법상 바로 도출되는 것이 아니라 퇴직급여법 등 관련 법률이 구체적으로 정하는 바에 따라 비로소 인정될 수 있는 것이다. 헌법재판소 2011. 7. 28. 선고 2009헌마408 결정
④ 사관생도는 군 장교를 배출하기 위하여 국가가 모든 재정을 부담하는 특수교육기관인 육군3사관학교의 구성원으로서, 학교에 입학한 날에 육군 사관생도의 병적에 편입하고 준사관에 준하는 대우를 받는 특수한 신분관계에 있다. 따라서 그 존립 목적을 달성하기 위하여 필요한 한도 내에서 일반 국민보다 상대적으로 기본권이 더 제한될 수 있으나, 그러한 경우에도 법률유보원칙, 과잉금지원칙 등 기본권제한의 헌법상 원칙들을 지켜야 한다. 대법원 2018. 8. 30. 선고 2016두60591 판결

12. ④ 【해설】 행정구제법
국가나 지방자치단체가 행정절차를 진행하는 과정에서 주민들의 의견제출 등 절차적 권리를 보장하지 않은 위법이 있다고 하더라도 그 후 이를 시정하여 절차를 다시 진행한 경우, 종국적으로 행정처분 단계까지 이르지 않거나 처분을 직권으로 취소하거나 철회한 경우, 행정소송을 통하여 처분이 취소되거나 처분의 무효를 확인하는 판결이 확정된 경우 등에는 주민들이 절차적 권리의 행사를 통하여 환경권이나 재산권 등 사적 이익을 보호하려던 목적이 실질적으로 달성된 것이므로 특별한 사정이 없는 한 절차적 권리 침해로 인한 정신적 고통에 대한 배상은 인정되지 않는다. 대법원 2021. 7. 29 선고 2015다221668 판결
① 공무원이 고의 또는 과실로 그에게 부과된 직무상 의무를 위반하였을 경우라고 하더라도 국가는 그러한 직무상의 의무 위반과 피해자가 입은 손해 사이에 상당인과관계가 인정되는 범위 내에서만 배상책임을 지는 것이고, 이 경우 상당인과관계가 인정되기 위하여는 공무원에게 부과된 직무상 의무의 내용이 단순히 공공 일반의 이익을 위한 것이거나 행정기관 내부의 질서를 규율하기 위한 것이 아니고 전적으로 또는 부수적으로 사회구성원 개인의 안전과 이익을 보호하기 위하여 설정된 것이어야 한다. 대법원 2010. 9. 9. 선고 2008다77795 판결
② 안전성을 갖추지 못한 상태, 즉 타인에게 위해를 끼칠 위험성이 있는 상태라 함은 당해 영조물을 구성하는 물적 시설 그 자체에 있는 물리적·외형적 흠결이나 불비로 인하여 그 이용자에게 위해를 끼칠 위험성이 있는 경우뿐만 아니라, 그 영조물이 공공의 목적에 이용됨에 있어 그 이용상태 및 정도가 일정한 한도를 초과하여 제3자에게 사회통념상 수인할 것이 기대되는 한도를 넘는 피해를 입히는 경우까지 포함된다고 보아야 한다. 대법원 2005. 1. 27. 선고 2003다49566 판결
③ 소음 등을 포함한 공해 등의 위험지역으로 이주하여 들어가서 거주하는 경우와 같이 위험의 존재를 인식하거나 과실로 인식하지 못하고 이주한 경우에는 손해배상액의 산정에 있어 형평의 원칙상 과실상계에 준하여 감경 또는 면제사유로 고려하여야 한다. 대법원 2010. 11. 11. 선고 2008다57975 판결

13. ③ 【해설】 행정쟁송법
만약 소송에서 추가·변경할 수 있는 다른 사유가 있었음에도 처분청이 이를 적절하게 주장·증명하지 못하여 법원이 그 처분을 위법하다고 판단하여 취소하는 판결이 확정되면, 처분청이 그 다른 사유를 근거로 다시 종전과 같은 내용의 처분을 하는 것은 허용되지 않는다. 어떤 처분의 당초 처분사유와 기본적 사실관계의 동일성이 인정되지 않는 다른 사유가 있다면, 그 처분에 대한 취소소송에서 처분사유 추가·변경은 허용되지 않지만, 처분청이 그 처분에 대한 취소판결 확정 후 그 다른 사유를 근거로 별도의 처분을 하는 것은 허용된다. 대법원 2020. 12. 24. 선고 2019두55675 판결
① (부작위위법확인판결이 있은 후) 피신청인이 신청인을 승진 임용하는 처분을 하는 경우는 물론이고, 승진임용을 거부하는 처분을 하는 경우에도 위 확정판결의 취지에 따른 처분을 하였다고 볼 것이다. 그런데 위 확정판결이 있은 후에 피신청인은 신청인의 승진임용을 거부하는 처분을 하였다. 따라서 결국 신청인의 이 사건 간접강제신청은 그에 필요한 요건을 갖추지 못하였다는 것이다. 대법원 2010. 2. 5.자 2009무153 판결
② 위헌인 법률에 근거한 행정처분이 당연무효인지의 여부는 위헌결정의 소급효와는 별개의 문제로서, 위헌결정의 소급효가 인정된다고 하여 위헌인 법률에 근거한 행정처분이 당연무효가 된다고는 할 수 없고 오히려 이미 취소소송의 제기기간을 경과하여 확정력이 발생한 행정처분에는 위헌결정의 소급효가 미치지 않는다고 보아야 할 것이므로, 어느 행정처분에 대하여 그 행정처분의 근거가 된 법률이 위헌이라는 이유로 무효확인 청구의 소가 제기된 경우에는 다른 특별한 사정이 없는 한 법원으로서는 그 법률이 위헌인지 여부에 대하여는 판단할 필요 없이 위 무효확인청구를 기각하여야 할 것이다. 대법원 1994. 10. 28. 선고 92누9463 판결
④ 거부처분에 대한 취소의 확정판결이 있음에도 행정청이 아무런 재처분을 하지 아니하거나, 재처분을 하였다 하더라도 그것이 종전 거부처분에 대한 취소의 확정판결의 기속력에 반하는 등으로 당연무효라면 이는 아무런 재처분을 하지 아니한 때

와 마찬가지라 할 것이므로 이러한 경우에는 행정소송법 제30조 제2항, 제34조 제1항 등에 의한 간접강제신청에 필요한 요건을 갖춘 것으로 보아야 한다. 대법원 2002. 12. 11.자 2002무22 결정

14. ② 【해설】 행정법통론
어떠한 법률조항에 대하여 헌법재판소가 헌법불합치결정을 하여 그 법률조항을 합헌적으로 개정 또는 폐지하는 임무를 입법자의 형성 재량에 맡긴 이상, 그 개선입법의 소급적용 여부와 소급적용의 범위는 원칙적으로 입법자의 재량에 달린 것이다. 대법원 2008. 1. 17. 선고 2007두21563 판결
① 행정기본법 제7조

행정기본법 제7조(법령등 시행일의 기간 계산)
법령등(훈령·예규·고시·지침 등을 포함한다. 이하 이 조에서 같다)의 시행일을 정하거나 계산할 때에는 다음 각 호의 기준에 따른다.
2. 법령등을 공포한 날부터 일정 기간이 경과한 날부터 시행하는 경우 법령등을 공포한 날을 첫날에 산입하지 아니한다.

③ 개정 법령이 기존의 사실 또는 법률관계를 적용대상으로 하면서 국민의 재산권과 관련하여 종전보다 불리한 법률효과를 규정하고 있는 경우에도 그러한 사실 또는 법률관계가 개정법령이 시행되기 이전에 이미 완성 또는 종결된 것이 아니라면 (주: 부진정소급입법이라는 의미) 이를 헌법상 금지되는 소급입법에 의한 재산권 침해라고 할 수는 없으며, 그러한 개정 법령의 적용과 관련하여서는 개정 전 법령의 존속에 대한 국민의 신뢰가 개정 법령의 적용에 관한 공익상의 요구보다 더 보호가치가 있다고 인정되는 경우에 그러한 국민의 신뢰를 보호하기 위하여 그 적용이 제한될 수 있는 여지가 있을 따름이다. 대법원 2009. 9. 10. 선고 2008두9324 판결
④ 법령이 변경된 경우 신 법령이 피적용자에게 유리하여 이를 적용하도록 하는 경과규정을 두는 등의 특별한 규정이 없는 한 헌법 제13조 등의 규정에 비추어 볼 때 그 변경 전에 발생한 사항에 대하여는 변경 후의 신 법령이 아니라 변경 전의 구 법령이 적용되어야 한다. 대법원 2002. 12. 10. 선고 2001두3228 판결

15. ③ 【해설】 행정작용법
처분의 근거 법령이 행정청에 처분의 요건과 효과 판단에 일정한 재량을 부여하였는데도, 행정청이 자신에게 재량권이 없다고 오인한 나머지 처분으로 달성하려는 공익과 그로써 처분상대방이 입게 되는 불이익의 내용과 정도를 전혀 비교형량 하지 않은 채 처분을 하였다면, 이는 재량권 불행사로서 그 자체로 재량권 일탈·남용으로 해당 처분을 취소하여야 할 위법사유가 된다. 대법원 2019. 7. 11. 선고 2017두38874 판결
① 행정절차법 제40조의2

행정절차법 제40조의2(확약)
④ 행정청은 다음 각 호의 어느 하나에 해당하는 경우에는 확약에 기속되지 아니한다.
2. 확약이 위법한 경우

② 교육인적자원부장관의 대학총장들에 대한 이 사건 학칙시정요구는 고등교육법 제6조 제2항, 동법시행령 제4조 제3항에 따른 것으로서 그 법적 성격은 대학총장의 임의적인 협력을 통하여 사실상의 효과를 발생시키는 행정지도의 일종이지만, 그에 따르지 않을 경우 일정한 불이익조치를 예정하고 있어 사실상 상대방에게 그에 따를 의무를 부과하는 것과 다를 바 없으므로 단순한 행정지도로서의 한계를 넘어 규제적·구속적 성격을 상당히 강하게 갖는 것으로서 헌법소원의 대상이 되는 공권력의 행사라고 볼 수 있다. 헌법재판소 2003. 6. 26. 선고 2002헌마337 결정
④ 상위법령이 개정됨에 그친 경우, 개정법령과 성질상 모순, 저촉되지 아니하고 개정된 상위법령의 시행에 필요한 사항을 규정하고 있는 이상 그 집행명령은 상위법령의 개정에도 불구하고 당연히 실효되지 아니하고 개정법령의 시행을 위한 집행명령이 제정, 발효될 때까지는 여전히 그 효력을 유지한다. 대법원 1989. 9. 12. 선고 88누6962 판결

16. ③ 【해설】 행정쟁송법
지방자치단체의 장이 공유재산법에 근거하여 기부채납 및 사용·수익허가 방식으로 민간투자사업을 추진하는 과정에서 사업시행자를 지정하기 위한 전 단계에서 공모제안을 받아 일정한 심사를 거쳐 우선협상대상자를 선정하는 행위와 이미 선정된 우선협상대상자를 그 지위에서 배제하는 행위는 민간투자사업의 세부내용에 관한 협상을 거쳐 공유재산법에 따른 공유재산의 사용·수익허가를 우선적으로 부여받을 수 있는 지위를 설정하거나 또는 이미 설정한 지위를 박탈하는 조치이므로 모두 항고소송의 대상이 되는 행정처분으로 보아야 한다. 대법원 2020. 4. 29. 선고 2017두31064 판결
① 과세관청이 사업자등록을 관리하는 과정에서 위장사업자의 사업자명의를 직권으로 실사업자의 명의로 정정하는 행위는 당해 사업사실 중 주체에 관한 정정기재일 뿐 그에 의하여 사업자로서의 지위에 변동을 가져오는 것이 아니므로 항고소송의 대상이 되는 행정처분으로 볼 수 없다. 대법원 2011. 1. 27. 선고 2008두2200 판결
② 사회기반시설에 대한 민간투자법 상 민간투자사업의 사업시행자지정처분은 행정처분이다. 대법원 2009. 4. 23. 선고 2007두13159 판결
④ 상표원부에 상표권자인 법인에 대한 청산종결등기가 되었음을 이유로 상표권의 말소등록이 이루어졌다고 해도 이는 상표권이 소멸하였음을 확인하는 사실적·확인적 행위에 지나지 않고, 말소등록으로 비로소 상표권 소멸의 효력이 발생하는 것이 아니어서, 상표권의 말소등록은 국민의 권리의무에 직접적으로 영향을 미치는 행위라고 할 수 없다. 대법원 2015. 10. 29. 선고 2014두2362 판결

17. ① 【해설】 행정작용법
구 도시계획법 제78조 제1항에 정한 처분이나 조치명령을 받은 자가 이에 위반한 경우 이로 인하여 같은 법 제92조에 정한 처벌을 하기 위하여는 그 처분이나 조치명령이 적법한 것이라야 하고, 그 처분이 당연무효가 아니라 하더라도 그것이 위법한 처분으로 인정되는 한 같은 법 제92조 위반죄가 성립될 수 없다(주: 형사법원은 조치명령의 위법성 여부를 심사하여 유무죄를 판단할 수 있다는 의미). 대법원 1992. 8. 18. 선고 90도1709 판결
② 국가배상청구는 처분의 효력을 다투는 것이 아니므로 불가쟁력이 발생한 행정행위로 인해 손해를 입은 국민은 국가배상청구를 할 수 있다.
③ 일반적으로 행정처분이나 행정심판 재결이 불복기간의 경과로 확정될 경우 그 확정력은, 처분으로 법률상 이익을 침해받은 자가 당해 처분이나 재결의 효력을 더 이상 다툴 수 없다는 의미일 뿐, 더 나아가 판결과 같은 기판력이 인정되는 것은 아니어서 그 처분의 기초가 된 사실관계나 법률적 판단이 확정되고 당사자들이나 법원이 이에 기속되어 모순되는 주장이나 판단을 할 수 없게 되는 것은 아니다. 대법원 2008. 7. 24. 선고 2006두20808 판결
④ 불가변력은 당해 행정행위에만 인정되는 것이므로, 비록 동종의 행정행위라 하더라도 그 대상을 달리할 때에는 불가변력은 인정될 여지가 없다. 대법원 1974. 12. 10. 선고 73누129 판결

18. ② 【해설】 실효성 확보수단
구 개인정보 보호법은 제2조 제5호, 제6호에서 공공기관 중 법인격이 없는 '중앙행정기관 및 그 소속 기관' 등을 개인정보처리자 중 하나로 규정하고 있으면서도, 양벌규정에 의하여 처벌되는 개인정보처리자로는 같은 법 제74조 제2항에서 '법인 또는 개인'만을 규정하고 있을 뿐이고, 법인격 없는 공공기관에 대하여도 위 양벌규정을 적용할 것인지 여부에 대하여는 명문의 규정을 두고 있지 않으므로, 죄형법정주의의 원칙상 '법인격 없는 공공기관'을 위 양벌규정에 의하여 처벌할 수 없고, 그 경우 행위자 역시 위 양벌규정으로 처벌할 수 없다고 봄이 타당하다. 대법원 2021. 10. 28. 선고 2020도1942 판결
① 어떤 행정법규위반의 행위에 대하여 이를 단지 간접적으로 행정상의 질서에 장애를 줄 위험성이 있음에 불과한 경우로 보아 행정질서벌인 과태료를 과할 것인지 아니면 직접적으로 행정목적과 공익을 침해한 행위로 보아 행정형벌을 과할 것인지

는 기본적으로 입법권자가 제반사정을 고려하여 결정할 입법재량에 속하는 문제이다. 헌법재판소 1998. 5. 28. 선고 96헌바83 결정
③ 지방국세청장 또는 세무서장이 조세범 처벌절차법 제17조 제1항에 따라 통고처분을 거치지 아니하고 즉시 고발하였다면 이로써 조세범칙사건에 대한 조사 및 처분 절차는 종료되고 형사사건 절차로 이행되어 지방국세청장 또는 세무서장으로서는 동일한 조세범칙행위에 대하여 더 이상 통고처분을 할 권한이 없다. 대법원 2016. 9. 28. 선고 2014도10748 판결
④ 효력기간이 정해져 있는 제재적 행정처분의 효력이 발생한 이후에도 행정청은 특별한 사정이 없는 한 상대방에 대한 별도의 처분으로써 효력기간의 시기와 종기를 다시 정할 수 있다. 이는 당초의 제재적 행정처분이 유효함을 전제로 그 구체적인 집행시기만을 변경하는 후속 변경처분이다. (중략) 이러한 후속 변경처분 권한은 특별한 사정이 없는 한 당초의 제재적 행정처분의 효력이 유지되는 동안에만 인정된다. 당초의 제재적 행정처분에서 정한 효력기간이 경과하면 그로써 처분의 집행은 종료되어 처분의 효력이 소멸하는 것이므로, 그 후 동일한 사유로 다시 제재적 행정처분을 하는 것은 위법한 이중처분에 해당한다. 대법원 2022. 2. 11. 선고 2021두40720 판결

19. ③ 【해설】 행정쟁송법
특정인에 대한 행정처분을 주소불명 등의 이유로 송달할 수 없어 관보·공보·게시판·일간신문 등에 공고한 경우에는, 공고가 효력을 발생하는 날에 상대방이 그 행정처분이 있음을 알았다고 볼 수는 없고, 상대방이 당해 처분이 있었다는 사실을 현실적으로 안 날에 그 처분이 있음을 알았다고 보아야 한다. 대법원 2006. 4. 28. 선고 2005두14851 판결
① 행정청이 공무원에 대하여 새로운 직위해제사유에 기한 직위해제처분을 한 경우 그 이전에 한 직위해제처분은 이를 묵시적으로 철회하였다고 봄이 상당하므로, 그 이전 처분의 취소를 구하는 부분은 존재하지 않는 행정처분을 대상으로 한 것으로서 그 소의 이익이 없어 부적법하다. 대법원 2003. 10. 10. 선고 2003두5945 판결
② 행정소송법 제18조

> **행정소송법 제18조(행정심판과의 관계)**
> ③ 제1항 단서의 경우에 다음 각 호의 1에 해당하는 사유가 있는 때에는 행정심판을 제기함이 없이 취소소송을 제기할 수 있다.
>   1. 동종사건에 관하여 이미 행정심판의 기각재결이 있은 때

④ 원고가 행정소송법상 항고소송으로 제기해야 할 사건을 민사소송으로 잘못 제기한 경우에 수소법원이 그 항고소송에 대한 관할을 가지고 있지 아니하여 관할법원에 이송하는 결정을 하였고, 그 이송결정이 확정된 후 원고가 항고소송으로 소 변경을 하였다면, 그 항고소송에 대한 제소기간의 준수 여부는 원칙적으로 처음에 소를 제기한 때를 기준으로 판단하여야 한다. 대법원 2022. 11. 17. 선고 2021두44425 판결

20. ② 【해설】 정보공개법
군사법원법 제309조의3은 군검사가 공소제기된 사건과 관련하여 보관하고 있는 서류 또는 물건의 공개 여부나 공개 범위, 불복절차 등에 관하여 정보공개법과 달리 규정하고 있는 것으로 볼 수 있다. 결국 정보공개법 제4조 제1항에서 정한 '정보의 공개에 관하여 다른 법률에 특별한 규정이 있는 경우'에 해당한다. 따라서 군검사가 공소제기된 사건과 관련하여 보관하고 있는 서류 또는 물건에 관하여는 피고인이나 변호인의 정보공개법에 의한 정보공개청구가 허용되지 아니한다. 대법원 2024. 5. 30. 선고 2022두65559 판결
① 견책의 징계처분을 받은 갑이 사단장에게 징계위원회에 참여한 징계위원의 성명과 직위에 대한 정보공개청구를 하였으나 위 정보가 공공기관의 정보공개에 관한 법률 제9조 제1항 제1호, 제2호, 제5호, 제6호에 해당한다는 이유로 공개를 거부한 사안에서, 비록 징계처분 취소사건에서 갑의 청구를 기각하는 판결이 확정되었더라도 이러한 사정만으로 위 처분의 취소를 구할 이익이 없어지지 않고, 사단장이 갑의 정보공개청구를 거부한 이상 갑으로서는 여전히 정보공개거부처분의 취소를 구할 법률상 이익이 있으므로, 이와 달리 본 원심판결에 법리오해의 잘못이 있다고 한 사례. 대법원 2022. 5. 26. 선고 2022두33439 판결
③ 갑이 외교부장관에게 '2015. 12. 28. 일본군위안부 피해자 합의와 관련하여 한일 외교장관 공동 발표문의 문안을 도출하기 위하여 진행한 협의 협상에서 일본군과 관헌에 의한 위안부 강제연행의 존부 및 사실인정 문제에 대해 협의한 협상 관련 외교부장관 생산 문서'에 대한 공개를 청구하였으나, 외교부장관이 갑에게 '공개 청구 정보가 공공기관의 정보공개에 관한 법률 제9조 제1항 제2호에 해당한다.'는 이유로 비공개 결정을 한 사안에서, (중략) 위 합의를 위한 협상 과정에서 일본군과 관헌에 의한 위안부 '강제연행'의 존부 및 사실인정 문제에 대해 협의한 정보를 공개하지 않은 처분이 적법하다고 본 원심판단이 정당하다고 한 사례. 대법원 2023. 6. 1. 선고 2019두41324 판결
④ 구 정보공개법 제9조 제1항 제6호는 공공기관이 보유·관리하고 있는 개인정보의 공개 과정에서의 개인정보를 보호하기 위한 규정으로서 「개인정보 보호법」 제6조에서 말하는 '개인정보 보호에 관하여 다른 법률에 특별한 규정이 있는 경우'에 해당한다. 따라서 공공기관이 보유·관리하고 있는 개인정보의 공개에 관하여는 구 정보공개법 제9조 제1항 제6호가 「개인정보 보호법」에 우선하여 적용된다. 대법원 2021. 11. 11. 선고 2015두53770 판결

# 행 정 학

출제교수: 이명훈 교수님

1. ① 【해설】 정책론
프레스만과 윌다브스키(Pressman & Wildavsky)의 공동행위의 복잡성이론에 의하면 정책집행은 집행기간 동안 지속적인 결정이 이루어지는 과정이라고 보면서 집행과정에서 참여자 수가 너무 많아 이들이 거부점으로 행동하여 정책실패를 야기하였다고 보았다.
<<핵심체크>> 프레스만과 윌다브스키의 공동행위의 복잡성이론

| 의의 | • 오클랜드 사업(소수민족취업정책)의 집행 실패 연구<br>• '정책집행은 집행기간 동안 끊임없이 재설계되는 지속적인 결정과정'이라고 보고 정책실패요인을 제시 |
|---|---|
| 실패 요인 | • 집행과정에서 다수의 참여자 : 집행과정에서 참여자 수가 너무 많아 이들이 의사결정점(거부점)으로 행동<br>• 집행관료의 빈번한 교체 : 정책집행의 일관성 결여<br>• 타당한 인과모형 결여 : 적절하지 못한 집행수단 선택(수단과 목표 간 인과관계 결여, 집행수단이 간접적)<br>• 부적절한 집행기관 : 집행기관이 정책의도를 왜곡 |

2. ② 【해설】 조직론
변혁적 리더십에서 리더는 부하들에게 미래에 대한 비전과 사명감을 제시하고 이것을 효과적으로 전달하는 카리스마를 기반으로 한다. 다만, 부하의 과업을 정확히 이해하고 행동지침을 명료하게 제시하는 리더십은 변혁적 리더십이 아니라 거래적 리더십이다.

3. ④ 【해설】 행정학총론
모두 옳지 않은 지문이다. 전통적 행정론은 책임성 확보 방안으로 관료가 민주적으로 선출된 대표자에게 책임을 다하는 것을 강조한다(㉠). 신공공관리론은 예산지출 위주의 정부 운영 방식에서 탈피하여 수입 확보 위주의 정부 운영 방식을 활성화하고자 한다(㉡). 신공공관리론은 시민을 자율적인 고객으로 인식하고 공공서비스의 질을 향상시켜 시민의 만족도를 높이고자 한다(㉢). 신공공서비스론은 민주행정의 규범적 모델을 제시하고 있으나 이를 실현하기 위한 구체적 처방을 제시하지 못하고 있다는 비판을 받는다(㉣).

4. ③ 【해설】 지방행정론
주민발의제도(주민 조례 제·개폐 청구)는 주민이 직접 조례의 제정 및 개폐를 청구할 수 있는 제도로, 주민은 지방의회에 이를 청구하게 되어 있다.

5. ① 【해설】 정책론
A는 외부주도형, B는 내부주도형, C는 공고화형, D는 동원형에 해당한다.
<<핵심체크>> 메이(May)의 정책의제설정모형

| 주도자 \ 대중적 지지 | 높음 | 낮음 |
|---|---|---|
| 민간(사회적 행위자들) | 외부주도형 | 내부주도형 |
| 정부 | 굳히기형(공고화형) | 동원형 |

6. ② 【해설】 재무행정론
예산의결주의는 예산을 법률보다 하위의 예산서의 형태로 국회의 의결을 얻는 것으로 공포를 효력요건으로 하지 않으며, 국회의 의결로 확정된다.
<<핵심체크>> 예산법률주의와 예산의결주의

| 구분 | 예산법률주의 | 예산의결주의 |
|---|---|---|
| 의의 | 예산을 법률의 형식으로 국회의 의결을 얻는 것 | 예산을 법률보다 하위의 예산서의 형태로 국회의 의결을 얻는 것 |
| 채택국가 | 영국, 미국 | 한국, 일본, 대륙법계 국가 |
| 특징 | 세입과 세출예산 모두 매년 국회가 법률로 확정(세입과 세출이 모두 법적 구속력 지님) | 행정부가 편성한 예산을 매년 국회가 의결(세출은 대정부 구속력, 세입은 참고자료) |
| 대통령의 거부권 | 원칙적으로 거부권 행사 가능 | 거부권 행사 불가능 |
| 조세에 대한 시각 | 1년세주의(세입·세출예산을 매년 의회가 법률로 확정하고 법적 구속력을 부여하기 때문에 세입도 1년간의 효력만을 가짐) | 영구세주의(세입예산은 구속력이 없기 때문에 따로 법률로 규정하며, 법률은 제·개정이 되기 전까지 효력을 가짐) |

7. ④ 【해설】 인사행정론
공무원의 징계에는 견책, 감봉, 정직, 강등, 해임, 파면이 있다. 정직은 1개월 이상 3개월 이하의 기간 동안 공무원 신분은 보유하나 직무에 종사하지 못하며, 그 기간 중 보수의 전액을 감한다.

8. ③ 【해설】 조직론
학습조직이란 조직의 성장과 발전 또는 문제해결능력을 개선하기 위하여 개방체제와 자아실현적 인간관을 바탕으로 구성원이 새로운 지식을 창출하고 이를 조직 전체에 보급하여 지속적인 학습활동을 전개하는 조직을 말한다. 학습조직은 조직 제일의 봉사인으로서 조직의 임무와 구성원들을 지원하는데 헌신하는 사려 깊은 리더의 학습형 리더십을 중시한다.

9. ① 【해설】 정책론
비용편익분석의 기법으로는 순현재가치(NPV), 비용편익비(B/C ratio), 내부수익률(IRR), 자본의 회수기간 등이 있다. 자본의 기회비용은 비용편익분석의 기법이 아닌 할인율의 종류 중 하나이다.

10. ③ 【해설】 행정학총론
신공공관리론은 공사행정일원론의 시각으로 정부와 기업을 동일시함으로써 기업의 경영원리와 기법을 무비판적으로 정부에 도입하여 행정의 정체성의 위기를 초래하고 있다는 비판을 받는다.
① 신공공관리론은 과정보다는 결과에 초점을 맞추고 있으나 조직 간 관계보다 조직 내 관계를 주로 다루고 있다.
② 신공공서비스론에 의하면 행정가가 책임져야 하는 것은 행정 업무 수행에서 효율성이 아니라 모든 사람에게 더 나은 생활을 보장하는 것이다.
④ 거버넌스론은 정부 주도의 공공서비스 전달 또는 공공문제 해결을 넘어 협력적 네트워크 구축 및 관리라는 대안을 제시한다.

11. ② 【해설】 인사행정론
직무평가란 각 직위의 직무에 대한 책임도·난이도·곤란도 등을 기준으로 직무의 상대적 가치를 평가하여 등급을 결정하는 것을 말한다. 직무평가방법으로는 서열법, 분류법, 점수법, 요소비교법이 있다. 이 중 분류법은 등급기준표에 따라 직무 전체를 종합적으로 평가하는 절대평가방법으로 정부에서 많이 활용된다.

12. ④ 【해설】 행정학총론
개방체제는 외부로부터 에너지나 기타 자원을 받아들여 엔트로피를 낮추려는 부(-)의 엔트로피 성향을 지니고 있다. 여기에서 엔트로피란 유기체의 해체, 소멸, 무질서, 노쇠현상을 말한다.
<<핵심체크>> 개방체제의 특징

| | |
|---|---|
| 항상성 | 환경이 기존의 질서나 균형을 깨려는 방향으로 작용할 때 자기 내부의 기능을 통제하여 본래의 규칙성을 유지하려는 경향 |
| 부(−)의 엔트로피 | 외부로부터 자원을 받아들여 해체, 소멸 등의 엔트로피 현상을 낮추려는 경향 |
| 등종국성 | 신축적인 전환과정을 통해 투입과 전환을 달리해도 동일한 목표를 달성할 수 있는 성질(비선형적 인과관계) |
| 동태적 균형 | • 투입·전환·산출·환류 등이 반복적 상호작용하면서 균형을 유지하는 경향<br>• 투입(정책에 대한 요구와 인적·물적 자원의 지지), 전환(체제 내의 업무처리과정), 산출(환경에 내보내는 정책과 서비스), 환류(평가 및 시정조치), 환경(체제 밖의 모든 영역) |
| 기타 | 내부구조와 기능의 다양성, 체제의 진화(분화와 통합의 동시 증진) |

13. ③ 【해설】 정책론
  설문은 재분배정책에 대한 것이다. 재분배정책은 재산·소득·권력 등을 상대적으로 많이 가진 계층(집단)으로부터 적게 가진 계층(집단)으로 이전시키는 정책을 의미한다. 재분배정책은 정책과정에서 기득권층(부자)의 이데올로기적 저항이 심각하게 야기되며, 정부당국의 정책 역시 환경에 좌우되어 타율성이 강하다. 재분배정책은 비용부담자(부자)와 수혜자(빈자)가 명확하게 구분되므로 그들 간에 치열한 영합게임(zero-sum game)이 발생하며, 세부사업 간에 강한 결속력과 연계관계를 지녀 세부사업 단위로 독립적인 집행이 불가능하다.

14. ① 【해설】 조직론
  페로우(Perrow)의 기술유형론에 의하면 ⓐ은 공학적 기술, ⓑ은 비일상적 기술, ⓒ은 일상적 기술, ⓓ은 장인 기술을 의미한다.
  <<핵심체크>> 페로우(Perrow)의 기술유형론

| 구분 | | 분석가능성 | |
|---|---|---|---|
| | | 높음 | 낮음 |
| 과제 다양성 | 높음 | 공학기술<br>: 자동차 엔진 생산 | 비일상적 기술<br>: 핵추진장치 |
| | 낮음 | 일상적 기술<br>: 표준화된 제품 생산 | 장인기술(기예적 기술)<br>: 고급유리그릇 생산 |

15. ② 【해설】 재무행정론
  우리나라의 예산편성 절차는 중기사업계획서 제출(ㄹ) → 예산편성지침 통보(ㄱ) → 예산요구서 작성 및 제출(ㅁ) → 예산의 사정(ㄴ) → 국무회의 심의와 대통령 승인(ㄷ) 순으로 이루어진다.

16. ② 【해설】 행정학총론
  공유재는 비배제성과 경합성을 지닌 서비스이다. 공유재는 경합성을 지녀 자원을 개인이 사용하거나 이용할 경우 그 양이 줄어들거나 혼잡의 문제가 발생한다.
  <<핵심체크>> 공유재

| 의의 | 경합성과 비배제성을 지닌 서비스 |
|---|---|
| 예 | 천연자원, 해저광물, 바다물고기, 지하수, 공기, 강·하천·호수, 연안어장, 관계시설, 국립도서관, 올림픽주경기장, 시내도로 등 |
| 성격 | 비용회피와 과잉소비로 인한 공유지의 비극 초래 |
| 정부 역할 | 정부가 공급비용부담과 무분별한 사용 억제를 위한 규칙 설정을 위해 개입 |

17. ① 【해설】 정책론
  설문은 내적 타당도에 대한 것이다. 내적 타당도란 정책효과가 다른 경쟁적 원인들에 의해서라기보다는 조작화된 처리에 기인된 것이라고 볼 수 있는 정도를 말한다.
  <<핵심체크>> 정책평가의 타당성

| 내적 타당성 | • 집행된 정책(원인변수)과 발생한 효과(결과변수) 간에 존재하는 인과관계 추론의 정확도(경쟁적 가설 배제의 정도)<br>• 1차적으로 확보되어야 할 가장 중요한 타당도 |
|---|---|
| 외적 타당성 | • 어떤 특정한 상황에서 내적 타당성을 확보한 정책평가가 다른 상황에서도 적용될 수 있는 정도<br>• 특정한 상황에서 얻은 실험결과를 다른 상황에까지 일반화할 수 있는 정도 |
| 구성적 타당성 | • 처리·결과·모집단 및 상황들에 대한 이론적 구성 요소들이 성공적으로 조작된 정도<br>• 이론적 구성요소들을 측정하고자 구성된 척도가 측정대상을 실질적으로 측정해 내는 정도 |
| 통계적 결론의 타당성 | • 정책의 결과를 측정하기 위해 충분히 정밀하고 강력하게 연구설계가 이루어진 정도<br>• 제1종 오류, 제2종 오류가 발생하지 않는 정도 |

18. ④ 【해설】 지방행정론
  자치구의 자치권의 범위는 법령으로 정하는 바에 따라 시·군과 다르게 할 수 있다. 따라서 자치구는 법령에 의하여 자치권을 제한할 수 있어 시·군에 비해 자치권의 범위가 협소하고 지방세목의 수도 적다.

19. ② 【해설】 행정환류론
  의무론적 윤리관은 공무원의 부도덕한 동기실현의 사전제어에 초점이 있는 윤리관이다. 비위면직자의 취업제한은 공무원의 행위에 대한 사후적인 적발과 처벌을 강조하는 결과주의 윤리관에 입각한 제도이다.
  <<핵심체크>> 공직윤리의 철학적 기초

| 결과주의 (목적론) | • 공무원의 행위에 대한 사후적인 적발과 처벌 강조(통제):「부패방지법」,「부정청탁 및 금품 등 수수의 금지에 관한 법률」 등 |
|---|---|
| 의무론 | • 공무원의 부도덕한 동기실현의 사전제어 강조(안내나 관리):「공직자 윤리법」, 이해충돌방지제도 등 |

20. ④ 【해설】 행정학총론
  정부실패의 유형으로는 사적목표의 설정, 파생적 외부효과, 권력의 편재, X-비효율성, 비용과 수익의 절연 등이 있다. 비용과 수익의 절연이란 시장의 '수익자부담주의'와 달리 정부는 편익 집단과 비용 집단이 서로 단절되어 있어 공급자인 정부는 원가개념 없이 과잉생산하고, 소비자인 국민은 비용개념없이 과잉소비함으로써 정부실패를 야기하는 현상을 말한다. 비용과 수익의 절연은 특별한 해결방안이 없다.